これで合格

宅建士

基本テキスト　下巻

2024年版

Kenビジネススクール　田中　嵩二

はじめに

ご購入頂きありがとうございます。
本書は、短期間で宅建試験に合格するため、出題範囲を網羅しつつも、よく出題される分野を重点的にまとめている、受験勉強に特化したテキスト2分冊のうちの下巻となります。
この下巻では、「権利関係後半」「法令上の制限」「税・価格の評定」「免除科目」の科目について収載・記述しています。本書を読み進めつつ、本書に準拠した宅建合格アプリ等で、併行して問題を解き込んで頂ければ、短期間で確実に合格する力を身に付けることができるよう工夫が凝らされております。
独学でも十分に合格できるように作られておりますが、効率を上げるためには、本書を使用したKenビジネススクールの講座を受講することもお勧め致します。
一人でも多くの方が、本書を活用して、宅建試験に合格し、不動産取引に関わる多くのお客様の笑顔を作り出せるようになることを願っております。

宅建試験の難易度

2014 年度に「主任者」から「士」に格上げされてから、受験者は増え続けており、 2023 年度の試験では 23 万人を突破しました。合格率は一般受験者で 15～17 %、 5 問免除者(宅建業者に勤務して、登録講習という公的な講習を受講し、修了した者)で 20 %前後を推移しています。
宅建試験は競争試験です。 50 問のマークシート式の試験で、例年 75 %程度の 37 点前後が合格ラインとなっています。 2020 年度 10 月実施に関しては 38 点と過去最高を記録し、苦手分野があると合格できない試験になっています。

年　度	受験者数	合格者数	一般合格率	免除合格率	合格点
2017 年	209,354	32,644	15.6%	19.9%	35
2018 年	213,993	33,360	15.6%	20.6%	37
2019 年	220,797	37,481	17.0%	22.9%	35
2020 年	204,250	34,338	16.8%	19.4%	38※1
2021 年	209,749	37,579	17.9%	21.3%	34※2
2022 年	226,048	38,525	17.0%	17.3%	36
2023 年	233,276	40,025	17.2%	24.1%	36

※1 12 月実施の試験では 36 点以上が合格点でした。
※2 12 月実施の試験では 34 点以上が合格点でした。

試験の出題範囲（概要）

科目	法令	出題問番	目標得点
権利関係	民法、借地借家法、建物区分所有法、不動産登記法	問1～14 (14問)	8問
法令上の制限	都市計画法、建築基準法、国土利用計画法、農地法、土地区画整理法、宅地造成及び特定盛土等規制法等	問15～22 (8問)	6問
税法	所得税、贈与税、印紙税、登録免許税、固定資産税、不動産取得税	問23～24 (2問)	1問
鑑定評価	地価公示法、不動産鑑定評価基準	問25 (1問)	1問
宅建業法等	宅地建物取引業法、住宅瑕疵担保履行法	問26～45 (20問)	18問
免除	住宅金融支援機構法、景品表示法及び関連法令、不動産の需給統計、土地・建物の知識	問46～50 (5問)	4問

近年の主な法改正などについて

宅建試験は試験年の4月1日現在で施行中の法令に基づいて出題されます。本書では、必要な法改正点につきまして最新の法令に基づいて収載しております。
法改正情報の追加や、法改正に伴うテキストの変更点などにつきましては、Kenビジネススクールのホームページでも随時ご紹介してまいります。

本書を活用した学習方法

学習のはじめの段階では、少し難しく感じると思いますが、解らないところはどんどん読み飛ばし、過去問集などで問題を解きながら、虫食い状態でよいので学習を進めて下さい。
学習がある程度進んでくると本書が合格に必要な情報を網羅していることに気付きます。合格に近付くと、学習の中心は問題演習となります。その際に、不明な制度や言葉を調べるときに役立つのが本書です。資格試験においてテキストは問題演習の際の辞書のようなものと捉えて下さい。
なお、初学者は、さらにかみ砕いた法律入門書（マンガなども多数出版されています）や著者が無料アップロードしている本書の全体像を解説した動画などを活用すると、理解が進みます。

学習の順番

学ぶ順番は人それぞれだと思います。法学部に所属しているような方は、権利関係科目のうちの民法から学習したほうが学部の授業の予習・復習にもなり一石二鳥です。建築関係の勉強をしたことがある方は、法令上の制限から学習したほうが、イメージがわきやすいかと思います。そして、既に不動産会社にお勤めの方は、宅地建物取引業法から学習したほうが日々の仕事に役立ち楽しくなると思います。
お勧めは、宅地建物取引業法または民法（権利関係）から勉強し、法令上の制限、税法、その他の分野に進めるという順番です。早い時期から学べるのであれば、最も理解に時間がかかる民法（権利関係）から学ぶべきでしょう。夏から勉強をはじめる場合は、手っ取り早く点数につながる宅地建物取引業法・法令上の制限を先に学んだほうが効率的です。

アプリと書籍の両方で学びましょう

スマホのアプリを活用することは、現代の資格試験勉強では常識になっています。いつでもどこでも問題演習でき、登録者間で正答率や解答数を競い合ったり、一日にどれだけ学習したか、あとどれだけ学習すべきか、自分の苦手分野は何かが瞬時に分析されるので、活用しないと他の受験者に差を付けられます。ただし、本テキスト等の書籍を持ち歩くことも重要です。書籍にはどんどんシャープペンシルなどで書き込みし、関連情報を付箋に書き、貼り付けましょう。後で自分の字を目にすることで、前に問題を解いたときの自分の思考がよみがえり、記憶の定着を図ることができます。

令和６年３月　株式会社 Ken ビジネススクール

代表取締役社長　田中嵩二

基本テキストの使い方

過去 10 年分の出題実績表
選択肢レベルで 1 つでも出題されていれば●を付けています。●が多い分野は何度も繰り返し読み込み、正確に暗記する必要があります。

重要度ランキング
A…出題頻度が高く重要度が高い
B…毎年は出題されないが重要度が高い
C…出題頻度は低いが一読は必要

学習時間の目安
一読して、10 年 分の過去問を一回転するために必要な学習時間の目安です。

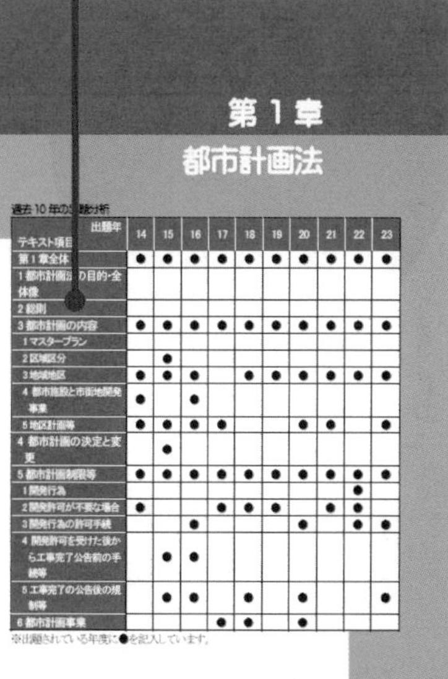
第 1 章
都市計画法

過去 10 年の出題分析

テキスト項目 ＼ 出題年	14	15	16	17	18	19	20	21	22	23
第 1 章全体	●	●	●	●	●	●	●	●	●	●
1 都市計画法の目的・全体像										
2 総則										
3 都市計画の内容	●	●	●	●	●	●	●	●	●	●
1 マスタープラン										
2 区域区分		●								
3 地域地区	●	●	●		●	●	●	●	●	●
4 都市施設と市街地開発事業	●		●							
5 地区計画等	●	●	●	●			●	●		●
4 都市計画の決定と変更		●								
5 都市計画制限等	●	●	●	●	●	●	●	●	●	●
1 開発行為									●	
2 開発許可が不要な場合	●			●	●	●		●	●	
3 開発行為の許可手続			●				●		●	●
4 開発許可を受けた後から工事完了公告前の手続等		●	●							
5 工事完了の公告後の規制等		●	●		●		●			●
6 都市計画事業				●	●		●			

※出題されている年度に●を記入しています。

1 免許の種類と申請

知事免許と大臣免許の2つがあります

学習時間 15分

(1)免許の種類～どこに行けば宅建業の免許を受けられるの？

事務所が1つの場合と、2つ以上でそれぞれが別の都道府県にある場合とでは申請先が異なります。

1 つの都道府県内に事務所を設置する場合は、その都道府県知事の免許を受けなければなりません。その際は、都道府県知事に直接申請します。

複数の都道府県内に事務所を設置する場合は、国土交通大臣の免許を受けなければなりません。その際は、主たる事務所（本社のこと）の所在地を管轄する都道府県知事を経由して申請します。

甲県知事に直接申請

本店　支店　甲県　乙県
甲県知事を経由して国土交通大臣に申請

(2)申請書の記載事項～免許の申請書には何を書くの？

免許申請書には以下の事項を記載する必要があります。

①商号または名称
②法人（会社など）の場合は役員や政令で定める使用人の氏名
③個人業者の場合は、その個人や政令で定める使用人の氏名
④事務所の名称と所在地
⑤成年者である専任の取引士の氏名
⑥他に事業を行っているときはその事業の種類※

※申請時に記載する必要がありますが、免許取得後に他の事業を行うようになった場合でも「変更の届出」は必要ありません。

ここではコレを覚える　過去問　11-26　14-27　16-35　17-36　18-36　20-26

□1つの都道府県内に事務所を設置する場合、その都道府県知事の免許を受ける。→直接知事に申請
□複数の都道府県内に事務所を設置する場合、国土交通大臣の免許を受ける。→主たる事務所の所在地を管轄する都道府県知事を経由して申請

▶ 12 ◀

一行ポイント
項目ごとにその全体像または主要となる内容について一行で解説しています。

ここではコレを覚える
項目の最後に、暗記すべきポイントを箇条書き等でまとめています。

過去問情報
過去の出題実績について、西暦下二桁と問番号を提示しています。アプリ等で学習する際に便利です。

③従業者名簿の備付け

一定の事項を記載した**従業者名簿**を備えなければなりません。

本社(主たる事務所)だけに一括して保管することは違法になります。その保存期間は**最終の記載をした日から 10 年間**です。従業者名簿には、従業者の氏名、従業者証明書番号、生年月日、主たる職務内容、**取引士であるか否かの別**、その事務所の従業者になった年月日、その事務所の従業者でなくなったときはその年月日を記載しなければなりません。

もちろん、今のご時世、パソコンのデータで保存するのが普通なので、エクセルなどのデータで保存することも可能です。ただし、プリントアウトできる状態でなければなりません。宅建業者は、**取引の関係者から請求があったときは従業者名簿をその者に閲覧させなければなりません。**

④帳簿の備付け

業務に関する**帳簿**を備えなければなりません。ちなみに、この帳簿は一般的にいう会社の経理に関する帳簿とは違います。不動産取引の詳細を入力した記録のことです。また、宅建業に関し**取引のあったつど**、帳簿に、その年月日、その取引に係る宅地または建物の所在および面積等を**記載しなければなりません。**もちろん、従業者名簿と同じく、パソコンのデータで保存することができます。ただし、**従業者名簿と異なり、取引関係者から請求されても閲覧させる義務はありません。**

この帳簿は、各事業年度の末日をもって閉鎖し、閉鎖後 **5 年間保存**しなければなりません。ただし、宅建業者が**自ら売主となる新築住宅の場合は 10 年間**保存しなければなりません。

⑤成年者の専任の取引士の設置義務

従業者等の数の **5 分の 1 以上**となる数の成年者である**専任の取引士**を置かなければなりません。この人数の条件を満たさない事務所は開設することができません。「専任」とは、原則として、宅建業者の通常の勤務時間を勤務することをいいますが、ITの活用等により適切な業務ができる体制を確保した上で、事務所以外において通常の勤務時間を勤務する場合(テレワーク等)でも「専任」の要件を満たします。

また、条件を満たさなくなった場合は**2 週間以内に**必要な措置をとらなければなりません。そして、新たに専任の取引士を設置した場合は、**免許権者へ 30 日以内に届け出なければなりません。**

付け足し

宅建業者または法人である場合においてはその**役員**(業務を執行する社員、取締役、執行役またはこれらに準ずる者)が**取引士**であるときは、その者が**自ら主として業務に従事**する事務所については、その者は、その事務所に置かれる**専任の取引士とみなされます**。また、①宅建業の事務所が建築士事務所、建設業の営業所等を兼ね、その事務所における

それはなぜ？
従業者名簿について
宅地建物の取引には、宅建業者だけでなく多くの関係業者が関与するのが普通なので、誰がどのような立場で関与しているのかを明らかにする目的です。

それはなぜ？
帳簿について
大臣や知事による立入検査の際に提示できるようにしておく必要があるからです。

用語
従業者等
原則として、代表者、役員(非常勤の役員を除く)およびすべての従業員等が含まれ、受付、秘書、運転手等の業務に従事する者も対象となりますが、宅地建物の取引に直接的な関係が乏しい業務に臨時的に従事する者は含まれません。

3 宅建業の免許

▶ 17 ◀

それはなぜ？
本文の制度が作られた理由をまとめています。制度趣旨を意識して勉強すると理解度が増します。

用 語
本文の下線部分の難しい法律用語について解説しています。

付け足し
直接出題される可能性は低いですが本文の内容に深みを持たせるための発展的な制度や判例を紹介しています。

②不当な報酬の要求

宅建業者は、その業務に関して、その相手方等に対して不当に高額の報酬を要求してはなりません。

要求とは、社会通念上その取引では請求することができない報酬の額であることを認識しあえてこれを支払うよう求める行為をいい、**その要求行為があれば**、つまり**実際には報酬を受け取らなくても**犯罪が成立します。

違反した場合は、指示処分、業務停止処分の対象となり、情状が特に重い場合等には免許の取消処分の対象となります。また、1 年以下の懲役もしくは 100 万円以下の罰金に処せられ、またはこれが併科されます。

③宅建業の業務に関し行った行為の取消制限

宅建業者(個人に限り、未成年者を除く)が、宅建業の業務に関し行った行為は、**行為能力の制限によっては取り消すことができません。**成年被後見人等の制限行為能力者が宅建業の免許を受け、その業務に関し行った契約等について、それを理由に取り消しを認めると法律関係が不安定となるため制限しています。ただし、未成年者であることを理由に契約等を取り消すことはできる点に注意が必要です。

(3)契約の申込みの撤回または解除の場面におけるルール

①預り金の返還の拒否の禁止

宅建業者は、宅建業取引に係る契約に関して、相手方等が契約の申込みの撤回を行うに際し、すでに受領した預り金を返還することを拒むことをしてはなりません。

違反した場合は、指示処分、業務停止処分の対象となり、情状が特に重い場合等には免許の取消処分を受けます。ただし、刑事罰の規定はありません。

②預り金の返還の拒否の禁止

宅建業者は、宅建業取引に係る契約に関して、相手方等が手付を放棄して契約の解除を行うに際し、正当な理由なく、契約の解除を拒みまたは妨げることをしてはなりません。

違反した場合は、指示処分、業務停止処分の対象となり、情状が特に重い場合等には免許の取消処分を受けます。刑事罰の規定はありません。

(4)勧誘・契約・撤回または解除の場面におけるルール

①威迫行為の禁止

宅建業者等は、宅建業に係る契約を締結させ、または宅建業に係る契約の申込みの撤回もしくは解除を妨げるため、その相手方等を威迫してはなりません。

脅迫のように恐怖心を生じさせる程度のものであることを要しません。

違反した場合は、指示処分、業務停止処分の対象となり、情状が特に重い場合等には免許の取消処分を受けます。刑事罰の規定はありません。

参考資料
報酬告示に定めた額をわずかに超えて請求し、これを受け取った場合は、別の犯罪行為(100 万円以下の罰金)にあたりますが、不当な報[illegible]ません

具体例
分譲[illegible]で宅建業者が購入希望者から契約申込金等を預かった後、購入希望者が購入申し込みを撤回したにもかかわらず、その返還請求を無視して応じないこと等。

具体例
買主による手付解除が法律的に可能であるにもかかわらず、手付解除を申し出た買主に対し「売主の弊社が履行の着手をしたから買主は手付解除ができない」等と不当な主張をすることなど。

具体例
相手方に対して、「なぜ会わないのか」、「契約しないと帰さない」などと声を荒げ、面会を強要したり、拘束したりする等。

7 業務上の規制

▶ 117 ◀

参考資料
本文にある赤線部分の補足を欄外で説明しています。

具体例
本文にある下線部分について具体例を挙げて解説しています。

3-3-2 用途地域以外の地域地区＜都市計画の内容

頻出度 A

用途地域の規制では不十分、さらにきめ細かな規制です　学習時間 120分

1 都市計画法

用途地域の他に地域の特性をより具体化するプランがあります。これを補助的地域地区と呼ぶ場合もあります。

(1)用途地域内にのみ定めることができるもの

①特別用途地区

用途地域内の一定の地区における当該地区の**特性にふさわしい土地利用の増進、環境の保護等の特別の目的の実現を図るため**当該用途地域の指定を**補完**して定める地区です。地域により異なりますが、文教地区、特別工業地区、低層階商業業務誘導地区など各自治体で活用されています。

特別用途地区の写真
東京都新宿区大久保

付け足し
建築基準法上、用途地域の規制以外にも、その地区の指定の目的のためにする建築物の建築の制限または禁止……は、地方公共団体の条例で定めます。また、地方公共団体は、目的達成に必要と認める場合、**国土交通大臣の承認**を得て、条例で、用途地域の規制による制限を緩和することができます。

②特例容積率適用地区

一定の用途地域内（＝**低層住居専用地域・田園住居地域・工業専用地域を除いた用途地域内**）の適正な配置および規模の公共施設を備えた土地の区域において、建築物の容積率の限度からみて未利用となっている建築物の容積の活用を促進して土地の高度利用を図るため定める地区です。

特例容積率適用地区の写真
東京都中央区東京駅前

付け足し
建築基準法上、特例容積率適用地区内における建築物の高さは、特例容積率適用地区に関する都市計画において建築物の高さの最高限度が定められたときは、原則として、当該最高限度以下でなければなりません。

③高層住居誘導地区

住居と住居以外の用途とを適正に配分し、**利便性の高い高層住宅の建設を誘導**するため、一定の用途地域（**第1種住居地域、第2種住居地域、準住居地域、近隣商業地域、準工業地域**）で、建築物の容積率が10分の40または10分の50と定められたものの内において、建築物の**容積率**の最高限度、建築物の**建蔽率**の最高限度および建築物の**敷地面積**の最低限度を定

高層住居誘導地区の写真
東京都江東区東雲

付け足し
都心に高層住宅の建築を誘導し、居住人口の都心回帰を促そうとする目的で1997年に創設されたものです。都市内の住宅の適正な配置を目指し、容積率の制限の緩和、斜線制限の緩和などが都市計画で定められます。

▶ 139 ◀

写真でイメージ
言葉での解説だけではイメージがわかない箇所は、写真を貼付して解説しています。

ここを押さえる過去問1・2・3

4 宅地建物取引士

問1 甲県に事務所を設置する宅建業者A（甲県知事免許）が、乙県所在の宅地の売買の媒介をする場合、Aは国土交通大臣に免許換えの申請をしなければならない。(2018)

問2 いずれも取引士ではないAとBが宅建業者C社の取締役に就任した。Aが常勤、Bが非常勤である場合、C社はAについてのみ役員の変更を免許権者に届け出る必要がある。(2018)

問3 宅建業者は、自己の名義をもって、他人に、宅建業を営む旨の表示をさせてはならないが、宅建業を営む目的をもってする広告をさせることはできる。(2019)

問4 都道府県知事は、不正の手段によって宅建試験を受けようとした者に対しては、その試験を受けることを禁止することができ、また、その禁止処分を受けた者に対し2年を上限とする期間を定めて受験を禁止することができる。(2008)

問5 甲県で宅建士資格試験に合格した後1年以上登録の申請をしていなかった者が宅建業者（甲県知事免許）に勤務することとなったときは、甲県知事あてに登録の申請をしなければならない。(2020)

問6 業務停止の処分に違反したとして宅建業の免許の取消しを受けた法人の政令で定める使用人であった者は、当該免許取消しの日から5年を経過しなければ、登録を受けることができない。(2019)

問7 甲県知事の登録を受けている取引士は、乙県に所在する宅建業者の事務所の業務に従事しようとするときは、乙県知事に対し登録の移転の申請をし、乙県知事の登録を受けなければならない。(2018)

問8 取引士は、従事先として登録している宅建業者の事務所の所在地に変更があったときは、登録を受けている都道府県知事に変更の登録を申請しなければならない。(2020)

問9 取引士が心身の故障により、当該事務を適正に行うことができなくなったときは、その本人又は法定代理人等は、30日以内に、その旨を登録している都道府県知事に届け出なければならない。(2016)

▶ 47 ◀

過去問演習
重要過去問1問1答式の問題と解答が掲載されています。

目　次

第4編 税・価格の評定 285

第5編 免除科目 321

第２編　権利関係※

出　題	問1～問14（14問）
合格ライン	8問以上正解
最低学習時間	3か月
出題頻度の高いもの	意思表示　代理　物権変動　建物区分所有法　不動産登記法　債務不履行と契約不適合責任　不法行為　相続　賃貸借

※下巻では、第8章「債権の履行確保の手段」から収載しております。

(1)テキストの見出しによる過去出題数

出題年 テキスト項目	14	15	16	17	18	19	20	21	22	23
1 民法の基本原則と全体像										
2 権利の主体	●		●		●			●	●	●
3 法的効果が有効に発生する流れ	●	●	●	●	●	●	●	●	●	
4 時効	●	●		●	●	●	●		●	●
5 物に対する権利(物権)	●	●	●	●	●	●	●	●	●	●
6 債権の発生から満足して消滅するまで		●	●	●	●	●	●	●	●	●
7 債権の効力に問題が生じたときの措置	●	●	●	●		●	●	●	●	●
8 債権の履行確保の手段	●	●	●	●	●	●	●	●	●	●
9 不法行為(債権発生原因)	●		●			●	●	●		
10 相続	●	●	●	●	●	●	●	●	●	●
11 貸借	●	●	●	●	●	●	●	●	●	●

※3の分野からは2問、5の分野からは3問、9の分野からは2問、11か
らは2問出題されています。なお、表内項目の1～7は、上巻に収載の
項目となります。

(2)権利関係の学習ポイント

合格者は例年7割以上の得点をする分野です。
民法に関しては一朝一夕では修得することができません。ある程度余裕をもって一つ一つ丁寧に学習を進めて下さい。
まずは、テキストを読み進み、読み進んだ分の過去問をアプリや問題集で解き、テキストにアンダーラインを引いたり、余白に書き込んだり、ポイントをノートに書き写したりしながら、知識を正確にしましょう。
民法は、判例学習が重要です。言葉や制度を文字・数字としてだけ暗記せずに、その背景にある事件を意識して、どのように解釈すれば複数の当事者や利害関係人が納得行く結果を導き出せるのか、という視点でも学習すると記憶に残りやすいでしょう。

第 8 章

債権の履行確保の手段

過去 10 年の出題分析

テキスト項目 ＼ 出題年	14	15	16	17	18	19	20	21	22	23
第 8 章全体	●	●	●	●	●	●	●	●	●	●
1 債権の回収	●	●	●		●			●		
1 債権譲渡	●		●		●			●		
2 債権譲渡の対抗要件		●	●					●		
2 債務者の責任財産の保全										
3 債権の担保	●	●	●	●	●	●	●	●	●	
1 保証債務		●					●			
2 連帯債務				●				●		
3 連帯保証		●					●			
4 抵当権	●	●	●	●	●	●			●	●
5 質権・留置権・先取特権				●						

※出題されている年度に●を記入しています。

1-1 債権譲渡＜債権の回収

頻出度 A

債権も財産なので売買できます

学習時間 60分

それはなぜ？

民法が作られた当時(近代革命当初)は、売買等の目的は、形のある物(有体物)がその対象でした。しかし、現在、売買されるものは有体物に限らず、債権という目には見えない権利を売買することが多く行われております。投資ビジネスなどはその典型です。

債権の履行確保の手段として、債権の回収、債権の保全、債権の担保の
大きく3つに分けることができます。

債権の回収	債権譲渡等
債権の保全	債権者代位権と詐害行為取消権
債権の担保	人的担保(保証)と物的担保(抵当権・質権・留置権・先取特権)

(1)債権譲渡とは～債権譲渡とは？

債権は、不動産等の有形物と同様に、1つの財産権なので、その同一性を保ちつつ売却することができます。これを債権譲渡といいます。
たとえば、AがBに対して来月末に請求できる賃料債権があったとして、Aがすぐに現金がほしい場合に、その債権を少し割り引いてCに売却する等です。

(2)債権の譲渡性～債権は自由に譲渡できるの？

債権も財産権なので、これを自由に譲渡することができます。ただし、その性質上許されない場合(年金を受給する権利等)は譲渡ができません。
なお、債権譲渡は、普通の売買契約と同じく、譲受人と譲渡人との合意によって成立する契約です(**諾成契約**)。そして、債権譲渡契約によってその瞬間に債権は譲受人のところに移転するという法的性質をもっています(**準物権契約**)。

それはなぜ？

債権譲渡により債権者がコロコロ変わったり、過酷な取り立てをする債権者に譲渡されたりすることは、必ずしも債務者にとって都合のよい話ではありません。そこで、契約で債権を譲渡することを禁止したり、または制限したりすることがあります(譲渡制限特約)。
ただ、譲渡制限特約によって、立場の弱い債権者が自分の債権を第三者に譲渡して資金調達する機会を失ってしまうのも良くありません。

(3)譲渡制限特約～譲渡を禁止・制限する特約も有効？

譲渡制限特約をした債権でも譲渡できるのが原則ですが、譲渡制限特約がされたことを知り、または重大な過失によって知らなかった譲受人その他の第三者に対しては、債務者は、その債務の履行を拒むことができ、かつ、譲渡人に対する弁済その他の債務を消滅させる事由をもってその第三者に対抗することができます。

たとえば、A(債権者)の B(債務者)に対する譲渡制限特約のある債権を、AがCに譲渡した場合で、Cがその特約を知っていたり、重大な過失により知らなかったときは、Cは自分が新債権者であることをBに主張できず、逆に、重大な過失なく知らなかったときは、主張できます。また、重大な過失なく知らないBがAに弁済した場合は、弁済によって債務が消滅したことをCに主張できます。

(4)悪意・重過失の第三者でも債務者に請求できる場合

譲渡制限特約が付されている債権が、悪意・重過失の譲受人に譲渡され、債務者がその特約を対抗して譲受人への弁済を拒絶した場合、譲受人は、**譲渡人へ履行するよう催告する**ことができ、相当期間経過後もなお履行がなされない場合は、**債務者は特約を譲受人に対抗できなくなります**。つまり、譲受人に弁済しなければならなくなるわけです。

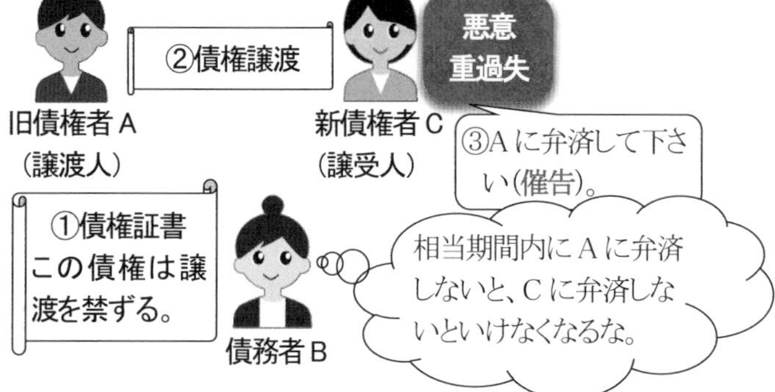

前記の例でいえば、Cが悪意か重過失のときは、BはCに対して譲渡制限特約を対抗できますが、Bが履行しないような場合にまで保護する必要はありません。そこで、CがBに対してAに相当期間内に弁済するように催告しても、それでもなおBが弁済しないような場合には、Cが直接Bに対して弁済の請求ができるわけです。

(5)譲渡制限付き金銭債権に係る債務者の供託～お金を預ける？

債務者は、譲渡制限特約付きの金銭債権が譲渡された場合、その全額に相当する金銭を債務の履行地(債務の履行地が債権者の現在の住所により定まる場合にあっては、譲渡人の現在の住所を含む)の供託所に供託することができます。
供託をした債務者は、遅滞なく、譲渡人及び譲受人に供託の通知をしなければなりません。
供託をした金銭は、譲受人に限り、還付を請求することができます。

それはなぜ？

改正前民法では、譲受人の主観的態様により債権譲渡の効力が左右されていたので、債務者には債権者不確知を理由とする供託が認められていました。しかし、改正後民法では、譲受人が悪意・重過失の場合でも債権譲渡は効力を生じるので、債務者が過失なく債権者を確知することができない事態は生じません。ただ、債務者の中には、見知らぬ譲受人ではなく、弁済の相手方を譲渡人に固定したいという者もいます。そうした債務者の利益に配慮し、この規定を定めました。

(6)将来債権の譲渡性～まだ生じていない債権も譲渡できるの？

債権の譲渡は、その意思表示の時に債権が現に発生している必要はありません。そのような債権が譲渡された場合、譲受人は、発生した債権を当然に取得します。
また、将来債権譲渡の債務者対抗要件(通知または承諾)が具備される時までに譲渡制限特約が付されたときは、債務者の利益を優先し、譲受人その他の第三者がそのことを知っていたものとみなして、債務者は、譲渡制限特約を譲受人その他の第三者に対抗することができます。

ここではコレを覚える 過去問 11-5 14-5 16-1,5 18-7 21-6

□当事者が債権の**譲渡制限**の意思表示をしたときであっても、債権の譲渡は**有効**である。しかし、その意思表示がされたことを**知り**、又は**重大な過失**によって知らなかった譲受人その他の第三者に対しては、債務者は、その債務の履行を拒むことができる。
□債務者が債務を履行しない場合において、譲受人その他の第三者が**相当の期間**を定めて譲渡人への履行の**催告**をし、その期間内に履行がないときは、その第三者は債務者に対して弁済の請求ができる。

1-2 債権譲渡の対抗要件＜債権の回収

債権譲渡を債務者や第三者に対抗するには通知・承諾が必要

学習時間 60分

(1)通知と承諾～債権譲渡を債務者に対抗するには？

債権の譲受けを債務者に対抗するためには、**債務者に対する通知または債務者の承諾**が必要です。この場合、**通知できるのは譲渡人**です。ただし、譲受人が譲渡人を代理して通知することはできます。それに対して、債務者の承諾は譲渡人・譲受人のどちらに対して行ってもかまいません。

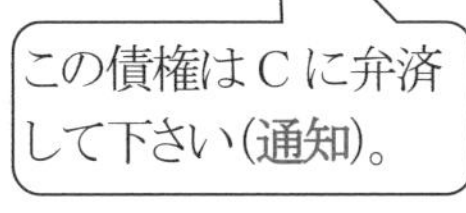

この債権はCに弁済して下さい(通知)。
この債権は譲渡してもらってかまいません(承諾)。
債務者 B

(2)確定日付のある証書～債務者以外の第三者に対抗するには？

債権が二重に譲渡された場合の優劣は、**譲渡人から債務者への確定日付のある証書による通知または確定日付のある債務者の承諾の有無**で決めます。

また、二重譲渡の場合で、確定日付のある証書による通知がともにある場合には、その**到達の先後**で決めます。さらに、**確定日付のある証書による通知が同時に到達**した場合、各譲受人はそれぞれ、譲受債権の全額について、債務者に弁済を請求することができます。

用語

確定日付のある証書…①公正証書、②公証人役場または登記所で日付のある印章を押した私署証書、③内容証明郵便等、④指定公証人が電磁的記録に記録する方式で作成した日付情報のいずれかをいいます。

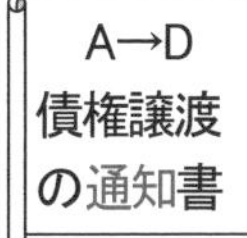

(3)債務者が債権者に主張できたことは譲受人にも主張できる

債権譲渡によって債務者がこれまでよりも不利な立場に一方的におかれてしまうということは許されるべきではありません。したがって、**債務者は誰が債権者になろうが今まで主張できた抗弁はすべて主張することができます。**

この抗弁は、単に同時履行の抗弁権のようなもののみならず、そもそも債権が不成立だったとか、取消、契約解除、弁済による消滅など、あらゆる主張を対抗することができると解釈されています。ただし、これらの抗弁事由は**対抗要件具備時**までに存在していたものでなければなりません。

付け足し　債務の引受けとは？

債務者とは別に新しい債務者が債務を引き受けることを債務引受といい、併存的債務引受と免責的債務引受の２種類があります。

	内容	要件
併存的債務引受	旧債務者と新債務者の双方がともに連帯債務者として債務を負担するもの	・債権者と引受人との契約で成立する ・債務者と引受人との契約でも成立する
免責的債務引受	旧債務者とは別に新債務者が債務を引き受け、新債務者だけが旧債務者が負担していた債務を負担するもの	・債権者と引受人との契約で成立する ・債権者の承諾を受ければ旧債務者と引受人との契約でも成立する

ここではコレを覚える　過去問　11-5,6　15-1　16-5　21-6

□第三者に対する対抗要件を備えた債権譲渡の優劣は、**通知の到達日時または承諾日時の先後**によって決定する。

□確定日付のある通知が同時に到達した場合、各譲受人はそれぞれ、**譲受債権の全額**について、債務者に弁済を請求することができる。

頻出度 C

2-1 債権者代位権＜債務者の責任財産の保全

債務者が権利を行使してくれない場合に役立つ代位権

学習時間 20分

民法上、債務者の責任財産の保全を目的とした制度として、債権者代位権と詐害行為取消権という２つがあります。

それはなぜ？
お金を借りた債務者が約束した期日に弁済してくれない場合、債権者は債務者の財産（責任財産）に対して強制執行をかけることがあります。しかし、強制執行をかけてみたものの、債務者が無一文の状態になっていたのでは、債権回収はうまく行きません。そこで、強制執行する前に、債務者の財産を保全する必要があります。

(1)債権者代位権とは

債権者代位権とは、債務者がその財産権を行使しない場合に債権者がその債権を保全するために債務者に代わり、自己の名においてその債権を行使して債務者の責任財産の維持・充実を図る制度をいいます。

(2)債権者代位権を行使する要件

①債権者が自己の債権を保全する必要があること 後の強制執行※の準備として必要となる場面は、**債務者が無資力**（債務者に債務を履行する十分な資力がないこと）のときです。
②債務者が自らその権利を行使しないこと
③債権が原則として弁済期に達していること

※ 強制執行とは、債務者等の財産を裁判所が強制的に売却（強制競売）し、その売買代金の中から債権者に弁済をする制度をいいます。

(3)債権者代位権の対象となる権利

被代位権利は、**財産権**でかつ**強制執行可能な権利**であることが必要です。したがって、一身専属上の権利や差押えを禁じられた権利は、代位することができません。

なお、債権者は、被代位権利を行使する場合において、被代位権利の目的が可分であるとき（金銭債権など）は、自己の債権の額の限度においてのみ、被代位権利を行使することができます。

用語
被代位権利…債権者代位権の対象となる権利をいいます。

参考資料
一身専属上の権利であっても、委任者の権利等（帰属上の一身専属権）は代位することができます。それに対して、親権や離婚請求権、夫婦間の契約取消権、人格権侵害による慰謝料請求権等（行使上の一身専属権）は代位することができません。

(4)債権者代位権の行使～どのように行使するの？

債権者代位権は、**裁判上でも裁判外でも行使**できます。裁判外でも行使できる点が、詐害行為取消権と異なるところです。

また、債権者が被代位権利を行使する場合、被代位権利が金銭の支払いまたは動産の引渡しを目的とするものであるときは、相手方に、自分に直接その支払いや引き渡すように要求できます。

付け足し

たとえば、AがBに事業資金を融資していたが、Bの資金繰りが上手く行かず倒産寸前になった場合で、Bには古くからの顧客であるCに対する売掛金があったと仮定します。この場合、AはCから直接その売掛金を回収できるでしょうか。

本来的には、Aは、Cから回収したお金はBに渡し、それを差し押さえて債権回収を図るのが筋です。しかし、お金等は使われてしまう可能性が高く、また、回収した売掛金でAに弁済するのであれば、直接Cから受け取る方が合理的なので、判例・実務で認められていました。そこで、2020年の改正によりそのことが条文に明記されました。

(5)登記等の請求権を保全するための債権者代位権

参考資料

BのAに対する移転登記請求権は、CのBに対する債権の引き当てとなる責任財産とはいえません。ただ、AがBに登記を移転してくれないと、CもBから登記を移転してもらえません。2020年改正前でも判例・実務上認められていた権利（債権者代位権の転用）でしたので、2020年の改正で明文化されました。

登記等をしなければ、物権変動による権利等を第三者に対抗することができない財産を譲り受けた者は、その譲渡人が第三者に対して有する登記手続等をすべきことを請求する権利を行使しないときは、債権者代位権の行使として、その権利を行使することができます。

たとえば、土地がA⇒B⇒Cと順次譲渡された場合に、Cは、自分への移転登記を確実に行うために、BのAに対する**移転登記請求権を代位行使**することができるわけです。

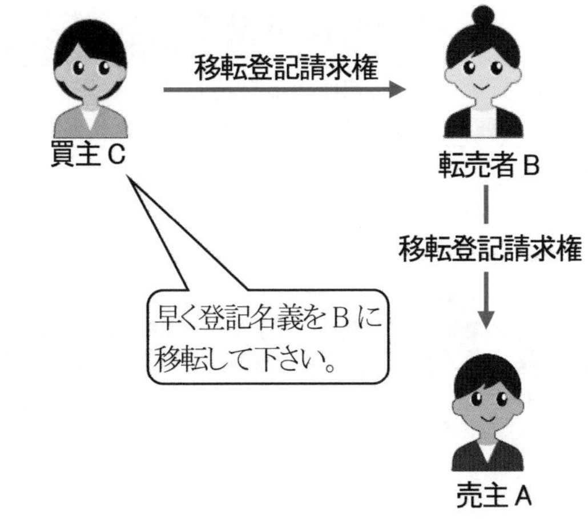

ここではコレを覚える

□債務者の資力が十分でないのに、債務者が自ら権利を行使しない場合、債権者は、その権利を代位行使することができる。

2-2 詐害行為取消権＜債務者の責任財産の保全

債務者が財産を売り逃げしようとしたらその契約を取り消します 学習時間 10分

詐害行為取消権とは、**債務者がその債権を害することを知って行為をなした場合、債権者がその取消を裁判所に請求できる権利**のことをいいます。

(1)詐害行為取消権が認められるための要件

①**債権者の債権（被保全債権）が詐害行為の前に成立**し、詐害行為時に存在していること ⇒その履行期が到来している必要はありません。
②債務者が詐害行為を行ったこと
③詐害行為によって利益を受けた者（受益者）・転得者が債権者を害することを知っていること

(2)詐害行為とは

債務者が債権者を害することを知りながら行う財産権を目的とする行為をいいます。

詐害行為といえるかどうかの判断は、詐害行為の前と後とで債務者の財産のプラス・マイナスを計算し、その残額がこの行為によっていっそう少なくなり、債権者が債権全額の弁済を得られなくなるときに詐害性が認められます。

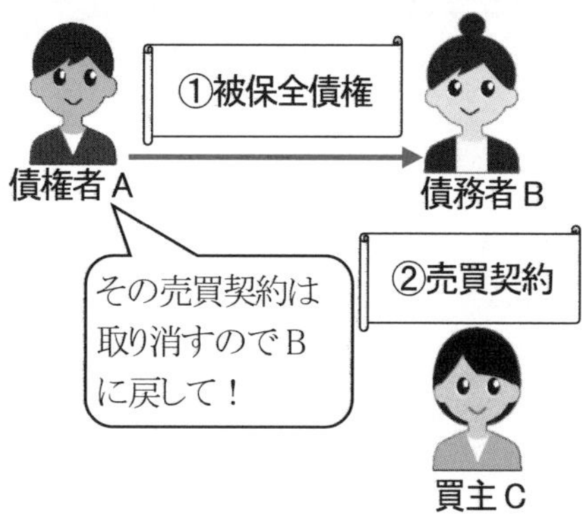

また、詐害行為取消権を行使するためには、詐害行為時だけでなく、取消権行使時にも、債務者が無資力でなければなりません。

参考資料
不動産を相当価格で売却する場合も詐害行為になることがあります。不動産に対して消費しやすい金銭に代えることは、実質的に責任財産の価値を減少させるからです。

(3)詐害行為取消権を行使する方法

詐害行為取消権は**裁判上の行使**しか認められていません。

この訴えは、債務者が債権者を害することを知って行為をしたことを、債権者が知った時から 2 年を経過したときは、提起することができません。

また、行為の時から 10 年を経過したときもできません。

3 債権の担保

債権を補強する手段には人的担保と物的担保があります

学習時間 10分

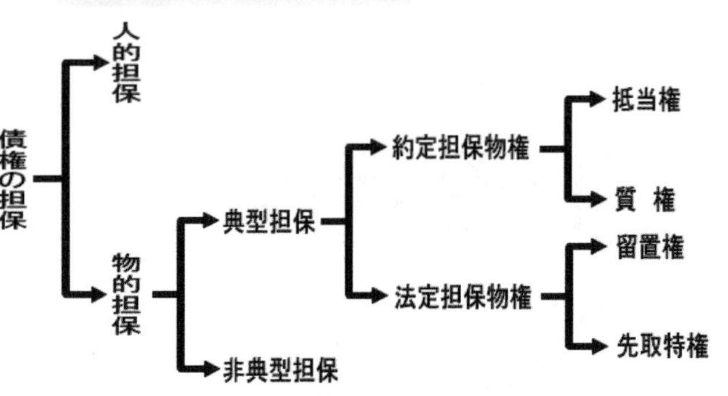

債権の担保とは、債権一般の効力にのみ依存するのではなく、それを**補強するために用いられる法的な手段**をいいます。民法に定められている債権の担保としては2種類の方法があります。**物的担保**(物を担保に供する方法で、物に質権・抵当権を設定するなど)と、**人的担保**(債務者以外の人が担保となり債務者が履行しなかったらその人が履行する形式のもので、保証が典型)です。

《人的担保と物的担保》

	人的担保	物的担保
契約当事者は?	主たる債務者以外の者との間で保証契約を締結します。	主たる債務者の財産に設定を受ける場合、主たる債務者以外の第三者の財産に設定を受ける場合(物上保証)があります。
被担保債権は?	主たる債務に対する責任のほか保証債務という債務を負います。	主たる債務に対する責任のみを負います。
責任の範囲は?	無限責任を負います。	担保物権の設定された特定の財産のみが主たる債務に引き当てとなるにすぎません。
費用対効果は?	比較的容易に保証契約が締結でき、その実行も容易ですが、保証人が無資力になれば、意味のない担保となりかねません。	設定にも実行にも時間と費用を要しますが、担保価値の評価を誤らない限り、債権の担保機能は高いです。

8-1-1 保証債務の発生＜債権の担保

債務者が弁済してくれない場合に代わりに弁済するのが保証人

保証とは、債務者が債務を履行しない場合に、保証人がその債務者の代わりに債務を履行する義務を負う制度をいいます。
この保証人によって保証される他人（主たる債務者といいます）の債務を主たる債務といい、保証人の債務を保証債務といいます。

それはなぜ？
本来、債権は債権者から債務者に対してだけしか履行を請求できないところを、債務者以外の者に対しても請求できるようにしておくことで、債権回収を確実にする手段です。

1）保証債務の成立～どうしたら成立するの？

保証債務は**債権者と保証人との間の保証契約によって成立**します。この場合の保証契約はあくまでも**債権者と保証人との間の契約**となり、**主たる債務者と保証人との間の委任契約の影響を受けることはありません**。
また、その性質上、保証人は債務を負担する能力がなければなりません。

名前を貸しただけです。私に請求されても弁済しません！

さらに、保証人は主たる債務者に何かあった場合にはその債務を肩代わりすることになるので、**口約束ではなく書面（または電磁的記録）でその契約を結ばなければなりません**。これに違反した保証契約は無効となります。

2）保証人となる要件～誰でも保証人になれるの？

主たる債務者が保証人を立てる義務を負う場合には、保証人は①**行為能力者**で、かつ、②**弁済の資力を有する者**でなければなりません。
保証人が②の条件を欠いてしまった場合には、債権者は②の条件を備える者に保証人を代えるよう請求することができます。
ただし、債権者が保証人を指名した場合はこのような請求はできません。

(3)個人根保証～建物賃借人の保証人は根保証契約？

①個人根保証契約とは

一定の範囲に属する不特定の債務を主たる債務とする保証契約（**根保証契約**）であって**保証人が法人でない保証契約**をいいます。不動産賃貸借における保証人が典型例です。

賃貸借契約
ＢはＡに毎月賃料を支払う。

根保証契約
債権者：Ａ 保証人：Ｃ
極度額：〇〇円

②極度額の定めと保証人の責任

その根保証人は、極度額（上限額のこと）を限度として履行をする責任を負います。個人根保証契約において極度額の定めは効力要件なので、これがない場合には契約自体が無効となります。そして、この極度額の定めも保証契約を記載した書面（または電磁的記録）に記載される必要があります。

それはなぜ？

根保証人が負うことになる責任の範囲を金額の側面から明確化し、保証人の予測可能性を確保するとともに、根保証契約の締結時において根保証の要否及び必要とされる金額的な範囲についての慎重な判断を求めようとする趣旨です。

③個人根保証契約の元本の確定

債権者が、根保証人の財産について、金銭の支払を目的とする債権についての強制執行または担保権の実行を申し立てたときや、根保証人が破産したとき、主たる債務者または根保証人が死亡したときは、主たる債務の元本が確定し、その後の債務について、根保証人は負担を免れます。

ここではコレを覚える 過去問 12-3 15-1 20-2

□保証債務は債権者と保証人との間の保証契約によって成立する。この場合の保証契約はあくまでも債権者と保証人との間の契約となり、主たる債務者と保証人との間の委任契約の影響を受けない。
□保証契約は書面でしなければ無効となる。

頻出度 A

3-1-2 保証債務の内容＜債権の担保

保証人はどこまで責任を負うのでしょうか

学習時間 20分

1) 保証債務の範囲～保証人はどこまで責任を負うのか？

保証債務には、**主たる債務に関する利息、違約金、損害賠償その他その債務に従たるすべてのものが含まれます**。もちろん、保証契約で別の定めをすることは可能です。保証債務についてのみ違約金または損害賠償の額を約定するなどです。

参考資料

特定物の売買における売主の保証人は、特に反対の意思表示のない限り、売主の債務不履行により契約が解除された場合に、原状回復義務である既払代金の返還義務についても保証責任があります。

付け足し **賃貸借契約の更新と保証債務**

期間の定めのある建物賃貸借における賃借人のための保証人は、反対の趣旨をうかがわせる特段の事情がない限り、更新後**の賃貸借から生ずる賃借人の債務についても保証の責任を負います**。

勝手に賃貸借契約を更新したのね。私は保証しないよ！
保証人 C

2) 保証債務の目的または態様～保証債務だけが重くはならない？

保証人の負担が債務の目的また態様において主たる債務より重いときは、主たる債務の限度に減縮されます。主たる債務が 100 万円なのに、保証債務が 150 万円を保証するものとして保証契約が結ばれたような場合、保証債務は 100 万円となります。

また、主たる債務の目的または態様が保証契約の締結後に加重された場合でも、保証人の負担は加重されません。

(3)催告の抗弁権と検索の抗弁権～保証人に履行を求めてきたら？

それはなぜ？

主たる債務者が履行しないときにはじめて履行しなければならなくなる性質を**補充性**と呼びます。その具体的な現れが催告の抗弁権と検索の抗弁権です。ただ、あらかじめ合意でこれら抗弁権を排除することもできます。

①催告の抗弁権

債権者が主たる債務者に催告することなく、いきなり保証人に請求してきた場合には、原則として保証人は、「まず、主たる債務者に催告してくれ」と言って、**請求を拒む**ことができます（**催告の抗弁権**）。
ただし、主たる債務者が破産手続開始の決定を受けたときや、行方が知れないときは、催告の抗弁権がありません。
なお、この抗弁権を行使できるのは１回限りです。

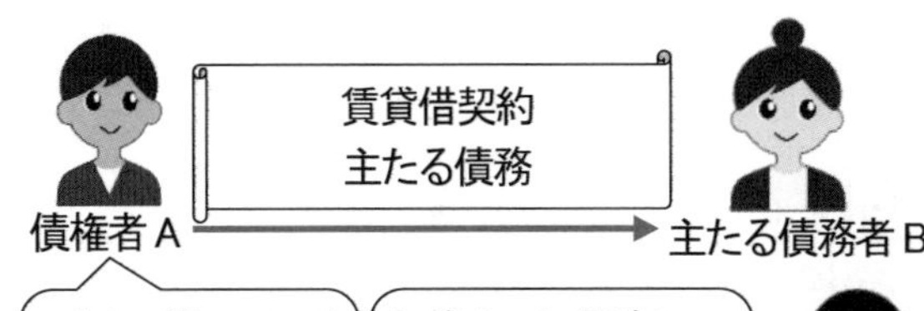

Ｃさん、滞っているＢの家賃分を支払って下さい。
まずはＢに催告して。支払いは拒否します。（催告の抗弁）
保証人Ｃ

付け足し

催告の抗弁権または検索の抗弁権により、保証人の請求または証明があったにもかかわらず、債権者が催告または執行をすることを怠ったために主たる債務者から全部の弁済を得られなかったときは、保証人は、債権者が直ちに催告または執行をすれば弁済を得ることができた限度において、その義務を免れます。

②検索の抗弁権

債権者が主たる債務者に催告をした後でも、保証人が、①**主たる債務者に弁済の資力があり**、②**強制執行が容易にできることを証明した場合**には、債権者は、まず、主たる債務者の財産について執行をしなければなりません（**検索の抗弁権**）。動産や金銭債権は一般に執行が容易で、不動産は執行が困難と判断されやすいです。

Ｂに催告したが支払ってくれないので、Ｃさんよろしく。
Ｂが所有する車に強制執行かけてみたら？（検索の抗弁）
保証人Ｃ

ここではコレを覚える 過去問 13-7 20-2,7

□債権者が保証人に債務の履行を請求したときは、保証人は、まず主たる債務者に催告をすべき旨を請求することができる。ただし、主たる債務者が破産手続開始の決定を受けたとき、またはその行方が知れないときはこの抗弁はできない。
□債権者が主たる債務者に催告をした後であっても、保証人が主たる債務者に弁済をする資力があり、かつ、執行が容易であることを証明したときは、債権者は、まず主たる債務者の財産について執行をしなければならない。

頻出度
A

3-1-3 共同保証・主たる債務との関係く債権の担保

保証人は複数いると頭数で割った分だけ責任を負います

学習時間 20分

1)共同保証の場合の分別の利益

①分別の利益

保証人が数人いる場合(共同保証)には、各保証人は、主たる債務**の額を保証人の頭数で割った額**についてのみ保証債務を負担します(**分別の利益**)。

ただし、**連帯保証人は、保証人間に連帯の特約がなくても、分別の利益を有しません。**

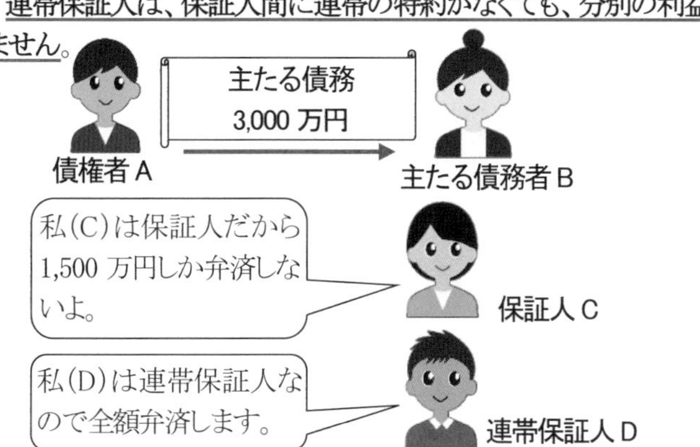
主たる債務
3,000 万円
債権者 A
主たる債務者 B
私(C)は保証人だから1,500 万円しか弁済しないよ。
保証人 C
私(D)は連帯保証人なので全額弁済します。
連帯保証人 D

参考資料

AがBに3,000万円を貸し付けて、Cを保証人、Dを連帯保証人とした場合で、AがCに請求したとき、Cは分別の利益を主張して1,500万円を超える支払いを拒むことができます。それに対して、Dに請求した場合は、Dは分別の利益を主張できないので3,000万円の支払い義務が生じます。

②保証人の求償権

保証債務を履行した保証人は、主たる債務者に対して求償することができ、また、他の保証人に対しても、本来自分が負担すべき部分を超える部分について、求償することができます(**保証人の求償権**)。

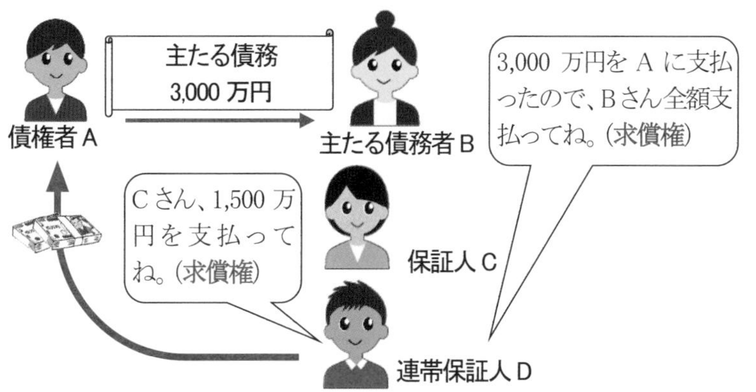
主たる債務
3,000 万円
債権者 A
主たる債務者 B
3,000 万円を A に支払ったので、B さん全額支払ってね。(求償権)
C さん、1,500 万円を支払ってね。(求償権)
保証人 C
連帯保証人 D

(2)主たる債務者について生じた事由の効力

主たる債務者について生じた事由の効力は、原則として、すべて保証人について効力を及ぼします(付従性)。

たとえば、請求による時効の完成猶予および更新だけでなく、主たる債務者が債権者に対し債務の承認をした場合も、その効力が保証人に及びます。

ただし、主たる債務者が時効利益を放棄しても、保証人は主たる債務の消滅時効を援用することができます。

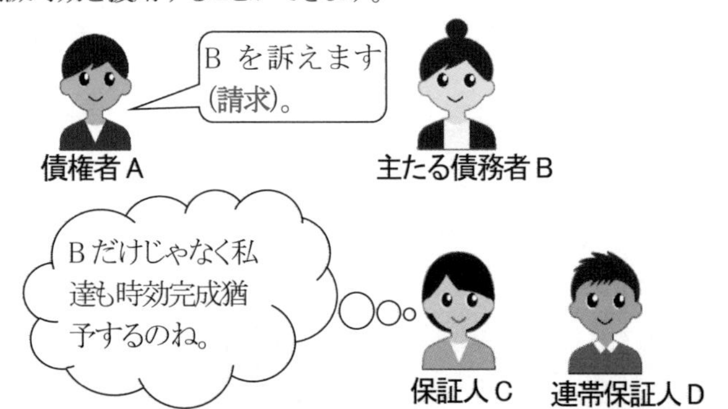

(3)保証人について生じた事由の効力

保証人について生じた事由は、原則として、主たる債務者に対して影響を及ぼしません。

たとえば、保証人が債務を承認しても主たる債務の時効は完成猶予しません。また、保証人に対して債権譲渡の通知をしても、主たる債務者に対する通知とはなりません。

ただし、主たる債務を消滅させる行為(弁済・代物弁済・供託・相殺・更改・受領遅滞)は主たる債務者に影響します。

ここではコレを覚える 過去問 20-7

□共同保証人の 1 人が弁済した場合、他の共同保証人に対しても求償できる。
□主たる債務者に生じた事由は、原則として保証人にも効力が生じる。

3-2-1 連帯債務＜債権の担保

複数の債務者が連帯債務関係になると責任が重くなります

学習時間 15分

連帯債務とは、数人の債務者が、同一内容の給付について、各人が独立に**全部の給付**をなすべき債務を負担し、そのうちの１人の給付があれば、他の債務者の債務も消滅する多数当事者の債務をいいます。

たとえば、A･B･C が D から 3,000 万円の不動産を購入して、連帯債務者となった場合、D は A にも B にも C にも全額の 3,000 万円の請求ができて、3,000 万円の弁済を受ければ、債権が消滅するというものです。

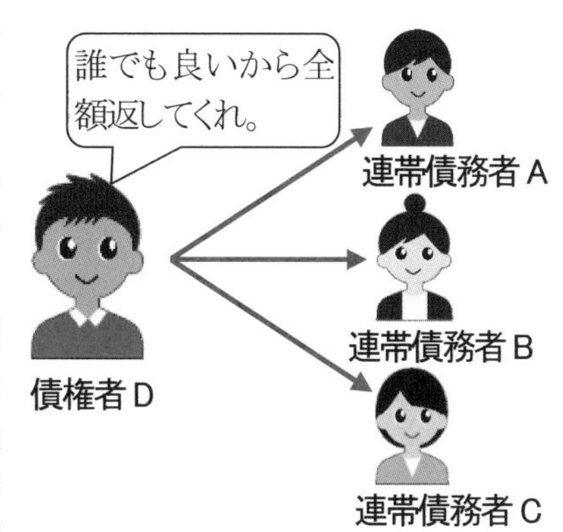

(1) 連帯債務の成立要件～どうすれば連帯債務になるの？

①同一の債務につき債務者が複数いること、②債務の目的が**性質上可分**であること、③**法令の規定**（共同不法行為、使用者責任、夫婦の日常家事債務、併存的債務引受など）または**当事者の意思表示**（特約、遺言）があることです。

(2) 連帯債務者に対する請求～どのような請求ができるの？

数人が連帯債務を負担するときは、債権者は、その連帯債務者の１人に対し、または同時もしくは順次にすべての連帯債務者に対し、全部または一部の履行を請求することができます。

誰か１人から全額回収できれば、その段階で債務が消滅するので、前記の例において、全員から 3,000 万円ずつ 9,000 万円取れるというわけではありません。

付け足し 連帯債務は例外？

不動産取引実務では連帯債務が普通なので、テキストにもそれを中心に載せていますが、民法の中では例外の扱いになります。民法では、当事者間に別段の意思表示がない限り、平等の割合で分割された債務を有するのが原則です（分割債務）。

(3)連帯債務者の１人による弁済の効果

連帯債務者の１人が弁済をした場合、その連帯債務者は、その免責を得た額が自己の負担部分を超えるかどうかにかかわらず、他の連帯債務者に対し、その免責を得るために支出した財産の額(その財産の額が共同の免責を得た額を超える場合にあっては、その免責を得た額)のうち各自の負担部分に応じた額の求償権を有します。

用語

負担部分…債務者間で各自が負担すべき割合をいいます。

参考資料

Aが3,000万円ではなく、1,200万円を弁済した場合はいくら求償できるでしょうか。この場合も負担部分に応じて、AはBとCにそれぞれ400万円を求償することができます。

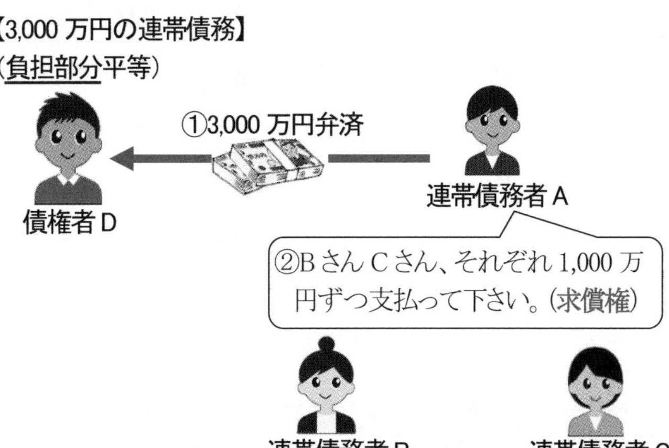

たとえば、前記と同様の例で、A･B･C間の取り決めで負担部分を1,000万円ずつとしていた場合で、AがDに3,000万円を弁済したときは、AはBとCにそれぞれ1,000万円ずつ支払いを請求することができます。これを求償権といいます。

ここではコレを覚える

□債務の目的がその性質上可分である場合において、法令の規定または当事者の意思表示によって数人が連帯して債務を負担するときは、債権者は、その連帯債務者の１人に対し、または同時にもしくは順次に全ての連帯債務者に対し、全部または一部の履行を請求することができる。

3-2-2 連帯債務者の1人に生じた事由の影響く債権の担保

連帯債務者の１人を訴えても他の連帯債務者に影響しません

学習時間 30分

連帯債務者の１人に生じた事由は、他の連帯債務者に影響を与えることがあるのでしょうか。

たとえば、連帯債務者の１人が未成年者であり、法定代理人の同意を得ておらず取り消された場合、その影響が他の連帯債務者に影響するのかなどで問題となります。

連帯債務の場合は相対効が原則となります。つまり、１人につき生じた事由は原則として他の連帯債務者に影響を及ぼしません。

ただし、債権者及び他の連帯債務者の１人が別段の意思を表示したとき（特約など）は、当該他の連帯債務者に対する効力は、その別段の意思に従います。

たとえば、連帯債務者の１人が**債務の承認**をしても、他の連帯債務者の債務には影響しません（時効は更新しない）。

また、連帯債務者の１人に問題があり**取消・無効**となっても、他の連帯債務者の債務に影響しません。

参考資料

影響を与える事由を絶対効、影響を与えない事由を相対効と呼びます。

(1)連帯債務者の１人に対して履行を請求した場合

債権者が連帯債務者の１人に対して履行を請求した場合でも、その効力は、原則どおり、他の連帯債務者には及びません。

ただし、債権者及び他の連帯債務者の１人との間で締結される特約によって別段の定めをすることはできます。

それはなぜ？

連帯債務者の1人に対する請求の効力（たとえば時効の完成猶予）が他の連帯債務者にも及ぶとすると、他の連帯債務者にとって不意打ちにもなりかねず、過酷な結果になるからです。

付け足し 更改・混同による消滅と絶対効

更改による消滅と絶対効

当事者が債務の要素を変更する新たな契約をして、旧債務を消滅させることをいいます。この「債務の要素を変更する」とは、更改前の債務(旧債務といいます。)が消滅して更改後の新たな債務(新債務といいます。)が成立したといえるほど、債務内容の重要な部分を変更することをいいます。たとえば債権者と連帯債務者の 1 人との話し合いにより代金の支払いに代えて所有する不動産の引渡しに変更するなどです。この規定は、更改契約当事者の意思を推定して置かれたものです。

混同による消滅と絶対効

混同とは、債権と債務が同一人に帰して、当然に債権債務が消滅することをいいます。たとえば、債権者が死亡して連帯債務者の 1 人がその債権者を相続した場合などです。連帯債務者の 1 人と債権者との間で混同があった場合、その連帯債務者は弁済をしたものとみなされます。この場合、混同のあった連帯債務者は、他の連帯債務者に対して負担部分を求償できます。この規定は、求償関係の簡素化をはかったものです。

(2)債務履行の拒絶～連帯債務者の１人が反対債権を持っていたら？

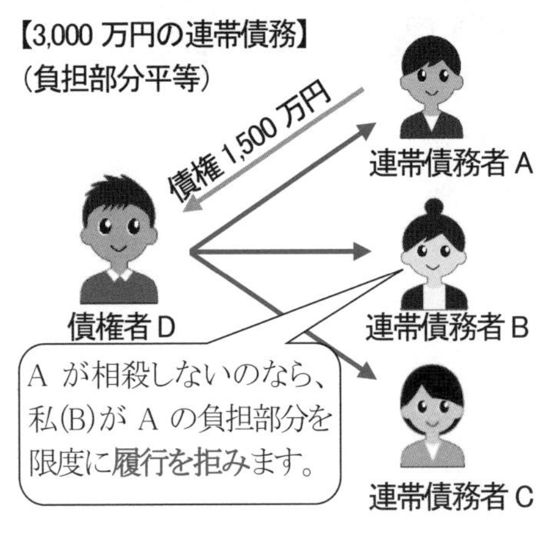

債権者 D が ABC を連帯債務者として 3,000 万円の金銭債権を有していた場合を前提に解説します(負担部分は平等とします)。

まず、A が D に対して 1,500 万円の金銭債権を有していた場合において、A がその全額について相殺を主張したときは、3,000 万円の債権のうち 1,500 万円分について消滅し、残りの 1,500 万円について、ABC が連帯債務者として義務を負います。もちろん、A は、B と C に負担部分に応じて求償することができます。

次に、同じく、A が D に対して 1,500 万円の金銭債権を有していた場合において、A が相殺の主張をしない間は、**A の負担部分である 1,000 万円を限度に、他の連帯債務者の BC は、D に対して債務の履行を拒むこと**ができます。他の連帯債務者が相殺を援用できるわけではありません。

3)免除～連帯債務者の１人を免除しても他に影響を与えない？

連帯債務者の 1 人に対する**免除**は、**他の連帯債務者に何ら影響しません**。つまり、債権者は他の連帯債務者にそれまで同様に、全額請求が可能で、弁済した他の連帯債務者は免除された者に対して求償することもできます。

付け足し　連帯債権～債権者が複数の場合

連帯債権とは、数人の債権者が、1 人の債務者に対し、性質上可分な同一内容の給付について、各自が独立に全部または一部の給付を請求する権利を有する一方で、債権者の1人が給付を受領すれば、その範囲内で他の債権者のためにも債権が消滅する多数当事者の債権関係をいいます。

たとえば、複数の金融機関が同金利・条件で融資する場合や売買を仲介した複数の宅建業者の報酬請求権等が典型例です。また、建物転貸借における原賃貸人と転貸人の転借人に対する賃料債権関係等も連帯債権と類似の関係となり得ます。

その成立要件は、①債権者が数人あること、②性質上可分な給付であること(金銭債権等が典型)、③法令の規定(転貸借や債権の二重譲渡が想定し得る)または当事者の意思表示(全債権者と債務者との合意)による連帯が必要です。

その効果は、連帯債権者は、各自、債務者に対して債務の全部または一部を履行するよう請求する権利を有します。なお、連帯債権者の1人がした請求の効果は他の連帯債権者にも及びます(時効の完成猶予等)。その他、更改・免除・相殺・混同の効果も及びます。

ここではコレを覚える　過去問　11-10　17-8　21-2

□債権者が連帯債務者の 1 人に対して**履行を請求**しても、他の連帯債務者には影響しない(原則)。

□連帯債務者の 1 人に生じた事由は他の連帯債務者に影響を与えないのが原則であるが、自らの債権で**相殺**したり、**更改**したり、**混同**が生じたりした場合は影響を与える。

□一部の連帯債務者への**免除**、**時効完成**は負担部分についても他の連帯債務者へ影響を及ぼさない(原則)。

3-3 連帯保証＜債権の担保

頻出度 A

保証債務に連帯債務の性質を持たせたものが連帯保証債務

学習時間 10分

参考資料

普通の保証に比べて連帯保証の方が債権を担保する効力が強いため、債権者としては安心して債権管理・回収を行うことができます。

連帯保証とは、**保証人が主たる債務者と連帯して債務を負担する旨合**意した保証をいいます。債権者は、弁済期になれば、**主たる債務者、連**帯**保証人のいずれに対しても、全額の請求をすることができます。**

(1)連帯保証人には補充性がない

連帯保証人には、催告の抗弁権と検索の抗弁権がありません。

(2)主たる債務者・連帯保証人の一方に生じた事由

主たる債務者に生じた事由は連帯保証人にも及ぶのは、通常の保証と同じです。また、連帯保証人に生じた事由も、通常の保証と同じく、更改・混同・弁済といった債務が消滅する行為の効果は主たる債務者にも影響を与えます。

債権者 A
C は保証人として代金を支払え！(請求)
主たる債務者 B
C を訴えても、私の時効は止まらない！

付け足し

債権者から見て、保証債務の不便性を解消し、連帯債務の利点(絶対効)を組み合わせた保証形態と捉えるとわかりやすいでしょう。つまり、保証人だと、催告の抗弁、検索の抗弁、分別の利益を主張され債権回収が煩雑となります。こういった面を解消するわけです。

(3)連帯保証人には分別の利益もない

連帯保証人には分別の利益がありません。したがって、保証人の数により分割されず、債権者は連帯保証人の誰に対しても全額を請求できます。

ここではコレを覚える

□連帯保証人は、**催告・検索の抗弁権**を行使することができない。また、**分別の利益**もない。

□連帯保証人に生じた事由は、履行・相殺(自己の債権での相殺)の他に、**混同・更改**についても、主たる債務者に対して効力が生じる。

※( )内の数字は出題年度です。

問1 譲渡制限の意思表示がされた売買代金債権が譲渡された場合、当該債権譲渡の効力は妨げられないが、債務者は、その債権の金額に相当する金額を供託することができる。(2021)

問2 売買代金債権が譲渡された場合、その意思表示の時に債権が現に発生していないときは、譲受人は、その後に発生した債権を取得できない。(2021)

問3 売買代金債権(以下この問において「債権」という。)の譲渡(令和5年7月1日に譲渡契約が行われたもの)に関し、譲渡制限の意思表示がされた債権の譲受人が、その意思表示がされていたことを知っていたときは、債務者は、その債務の履行を拒むことができ、かつ、譲渡人に対する弁済その他の債務を消滅させる事由をもって譲受人に対抗することができる。(2021)

問4 債権が二重に譲渡され、確定日付のある各債権譲渡通知が同時に債務者に到達したときは、各債権譲受人は、債務者に対し、債権金額基準で按分した金額の弁済請求しかできない。(2007)

問5 Aは、Bに対する債権者であるが、Bが債務超過の状態にあるにもかかわらずB所有の甲土地をCに売却し所有権移転登記を経た。対象となる詐害行為が行われた時点において、AのBに対する債権が、発生済みでかつ履行期が到来している場合でなければ、Aは取消権を行使できない。(2008)

問6 保証人となるべき者が、口頭で明確に特定の債務につき保証する旨の意思表示を債権者に対してすれば、その保証契約は有効に成立する。(2010)

問7 連帯保証ではない場合の保証人は、債権者から債務の履行を請求されても、まず主たる債務者に催告すべき旨を債権者に請求できる。ただし、主たる債務者が破産手続開始の決定を受けたとき、又は行方不明であるときは、この限りではない。(2010)

問 8 連帯保証人が 2 人いる場合、連帯保証人間に連帯の特約がなくても、連帯保証人は各自全額につき保証責任を負う。(2010)

問 9 A は、自己所有の土地を B に売却し、B の売買代金の支払債務について C が A との間で保証契約を締結した。C の保証債務に B と連帯して債務を負担する特約がない場合、B に対する履行の請求その他時効の完成猶予は、C に対してもその効力を生ずる。(2003)

問 10 A と B とが共同で、C から、C 所有の土地を 2,000 万円で購入し、代金を連帯して負担する(連帯債務)と定め、C は A・B に登記、引渡しをしたのに、A・B が支払をしない場合、C は、A に対して 2,000 万円の請求をすると、それと同時には、B に対しては、全く請求をすることができない。(2001)

問 11 A、B、C の 3 人が D に対して負担部分平等で 900 万円の連帯債務を負っている。D が A に対して履行の請求をした場合、B 及び C について、その効力が生じる。(2017)

問 12 A は、自己所有の土地を B に売却し、B の売買代金の支払債務について C が A との間で連帯保証契約を締結した場合、C に対する履行の請求による時効の完成猶予は、B に対してもその効力を生ずる。(2013)

問 1:(○) 問 2:(×)将来的に発生する予定の債権も譲渡でき、譲受人は発生した債権を当然に取得します。 問 3:(○) 問 4:(×)各譲受人は債務者に対しそれぞれの譲受債権全額の弁済を請求することができます。 問 5:(×)履行期が到来していなくても行使できます。 問 6:(×)保証契約は原則として書面でしなければ無効です。 問 7:(○) 問8:(○) 問9:(○) 問10:(×)同時に請求できます。 問11:(×)特約がなければ BC に効力が及びません。 問12:(×)主たる債務者に対してはその効力を生じません。

頻出度 B

3-4-1 抵当権の設定＜債権の担保

土地・建物を担保にお金を借りる方法です

学習時間 10分

AがBにお金を貸していた場合で、もしBがお金を返せなかったときでも、回収する方法として、抵当権という権利(物権)があります。

Bがお金を返せなかった場合は、あらかじめ指示していた建物等(抵当権の設定)を、裁判所を通じて売却し(競売)、**他の一般債権者**(抵当権を持っていない普通の債権者)**よりも先に、優先的に、その代金で、お金を返してもらう**というものです(優先弁済権)。抵当権の便利なところは、抵当権を付けた建物等を、債権者が取り上げないで、**建物等の所有者の手元にとどめたままでよい**という点です(非占有担保)。

抵当権者A
(債権者)
まず私が全額回収します(優先弁済権)。
抵当権者じゃない私は、残りがあれば回収かな。
被担保債権
(3,000万円を融資)
競売
抵当権
抵当権設定者B
(債務者)
競売されるまで使えて便利です(非占有担保)。
一般債権者C

用語

抵当権者…抵当権を持っている人のこと。
抵当権設定者…自分の不動産を抵当に入れた人のこと。
被担保債権…抵当権によって担保されている債権のこと。

1)抵当権の設定〜抵当権はどうやって設定するの？

抵当権は、**抵当権設定者との抵当権を設定する旨の合意だけで成立**し、書面の作成などは不要です。この合意を抵当権設定契約といいます。ただし、抵当権は所有権などと同じく物権(物に対する権利)とされていることから、**第三者に対抗するためには登記**をしておく必要があります。

抵当権の目的物は、不動産(土地・建物)、地上権、永小作権です。

2))抵当権の消滅〜借金を返済し終わったら抵当権も消滅する？

被担保債権が成立しなければ抵当権も成立せず、被担保債権が消滅すれば抵当権も消滅します。抹消登記手続きを待たずに当然に抵当権は消滅します。

ここではコレを覚える 過去問 13-5 17-10

□抵当権の設定には、抵当権の目的物の引渡しは不要である。
□抵当権の実行段階では、設定者の権利はすべて奪われるが、それまでは、設定者は抵当権の目的物を使用し収益を上げることができる。

3-4-2 抵当権の効力＜債権の担保

頻出度 A

抵当権は設定時の従物にもその効力が及びます

学習時間 30分

参考資料

利息その他の定期金…登記をしなければ、抵当権の効力はまったく利息には及びません。
また、その他定期金とは、賃借料・小作料などのために抵当権がされた場合です。

用語

最後の2年分…競売を開始した時からさかのぼって 2 年分という意味です。

それはなぜ？

抵当権が設定された不動産については後順位抵当権者や第三取得者、差押え債権者など利害関係を有する者が登場する機会が多く、これらの者は登記のみを基準として抵当権の存在を認識するので、登記により予想される程度を超えて被担保債権額が大きくなることを防いで、これらの者を保護しました。

(1)被担保債権の範囲～抵当権を実行しても利息は 2 年分に制限？

抵当権が実行されるような場合、債務者は他からも借金していることがあります。そうすると、後順位抵当権が設定されていたり、一般債権者も差し押さえてきたりします。

そこで、抵当権者は、利息その他の定期金を請求する権利を有するときは、原則として、その**満期となった最後の 2 年分についてのみ**、その抵当権を行使することができます。

たとえば、3,000 万円の一番抵当権があることを承知で二番抵当権を取得した者がある場合に、その一番抵当権の担保する債権の利息がたまっていて、被担保債権の額が倍額の 6,000 万円にもなっているとしたら、二番抵当権者は驚いてしまいます。そこで、最後の 2 年分に限定しています。

ただし、後順位抵当権者等がいない場合には、抵当権者は、満期のきた最後の2年分を超える利息についても抵当権を行うことができます。後順位抵当権者のように、抵当不動産について正当な利益を有する第三者を保護する制度だからです。

(2)抵当権の効力の及ぶ目的物の範囲

抵当権は、抵当地の上に存する建物を除き、その目的とされた**不動産に**付加して一体となっている物(これを付加一体物といいます)に及びますまた、反対の意思表示のない限り、**抵当権設定当時に存在した抵当不動産の従物**にも及びます。

付け足し　判例が認めた従物や従たる権利

・借地人が所有するガソリンスタンド用店舗建物に抵当権を設定した場合、抵当権の効力はその建物の従物である地下タンク等に及びます。
・土地賃借人が賃借土地上に所有する建物について抵当権を設定した場合には、特段の事情のない限り、抵当権の効力はその建物の所有に必要な**賃借権に及びます**。

付け足し　主物と従物

独立の物でありながら、客観的・経済的には他の物（主物）に従属して、その効用を助ける物を従物といいます。従物と認められるためには、①継続的に主物の効用を助けること、②主物に付属すると認められる程度の場所的関係にあること、③主物と同一の所有者に属すること、④独立性を有することの要件を満たす必要があります。

用語

果実…果実には天然果実と法定果実があります。その果実を生む物を元物といいます。物の用法に従い収取する産出物を天然果実といいます。たとえば、牛という元物に対しての牛乳などです。物の使用の対価として受けるべき金銭その他の物を法定果実といいます。たとえば、家屋という元物に対する家賃などです。

(3)果実に対する効力～債務不履行の場合は賃料を差し押さえる？

抵当権は、その担保する債権について**不履行があったとき**は、**その後に生じた抵当不動産の果実に及びます**。具体的には、抵当権が実行された場合、抵当権設定者がまだ受領していない果実（賃料）があれば、そのうちの債務不履行発生後のものについて抵当権の効力が及ぶことになります。

ここではコレを覚える　過去問　13-5　15-6　16-4　17-10

□抵当権者が、利息その他の定期金を請求する権利を有するときは、その**満期となった最後の２年分**についてのみ優先的に弁済を受けることができる。後順位抵当権者等がいない場合にはこのような制限はない。
□抵当権は、抵当地の上に存する建物を除き、その目的である**不動産に付加して一体となっている物**に及ぶ。
□反対の意思表示のない限り、**抵当権設定当時**に存在した抵当不動産の**従物**に及ぶ。

頻出度 A

3-4-3 物上代位＜債権の担保

抵当権は抵当物から生じる賃料や保険金請求権にも及びます

学習時間 60分

抵当権は、その目的物の売却、賃貸、滅失または損傷によって**債務者が**受けるべき金銭その他の物に対しても、行使することができます。これを**物上代位**といいます。

(1)物上代位の要件～物上代位するにはどのような手続を？

物上代位は、支払前に差押えをしなければなりません。
また、差押えの対象となるのは、**売却代金債権、賃料債権、保険金請求権、損害賠償請求権**です。

(2)被担保債権が譲渡された場合～譲渡されても物上代位できるの？

被担保債権が譲渡された場合でも、抵当権者は物上代位権を行使できます。たとえば、抵当権が設定されている建物から生じる賃料債権が譲渡された場合でも、その賃料債権を差し押さえることができます。

参考資料
法理論的には、債権譲渡が、物上代位権の要件である「払渡しまたは引渡し」に当たるのか否かの問題です。最高裁は、債権譲渡は払渡しまたは引渡しに該当しないと判断しました(最判平成10年1月30日)。

(3)賃料債権の差押えと敷金の充当～どちらが優先するの？

抵当権者が物上代位権を行使して賃料債権を差し押さえた場合でも、賃貸借契約が終了し、目的物が明け渡されたときは、賃料債権は、敷金の充当によりその限度で消滅します(最判平成14年3月28日)。つまり、**賃借人は、賃料の消滅を抵当権者に対抗できます。**

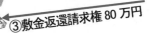

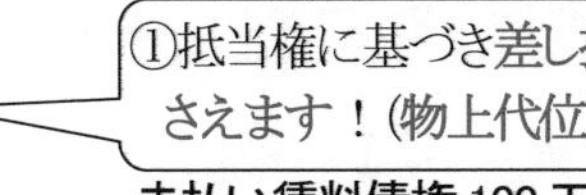

(4)転貸賃料債権と物上代位～サブリース業者の転貸賃料は？

抵当権者は、原則として、賃借人が取得する転貸賃料債権について物上代位権を行使することができません(最判平成12年4月14日)。

ただし、所有者Bの取得すべき賃料を減少させたり、抵当権の行使を妨げるために法人名義を濫用したり、虚偽の賃貸借を装って転貸借関係を作り出したりと、抵当不動産の賃借人Cを所有者Bと同視することを相当とする場合には、Cが取得する転貸賃料債権に対して物上代位権を行使することができます。

それはなぜ？

抵当不動産の所有者は被担保債権の履行について物的責任を負担するものであるのに対し、抵当不動産の賃借人は、このような責任を負担するものではなく、自己に属する債権を被担保債権の弁済に供されるべき立場にはないからです。また、転貸賃料債権を物上代位の目的とすることができるとすると、正常な取引により成立した抵当不動産の転貸借関係における賃借人(転貸人)の利益を不当に害することにもなります。

(5)賃料債権の差押え後の相殺

抵当権者が物上代位権を行使して賃料債権の差押えをした後は、抵当不動産の賃借人は、抵当権設定登記の後に賃貸人に対して取得した債権を自働債権とする賃料債権との相殺をもって、抵当権者に対抗することはできません(最判平成13年3月13日)。

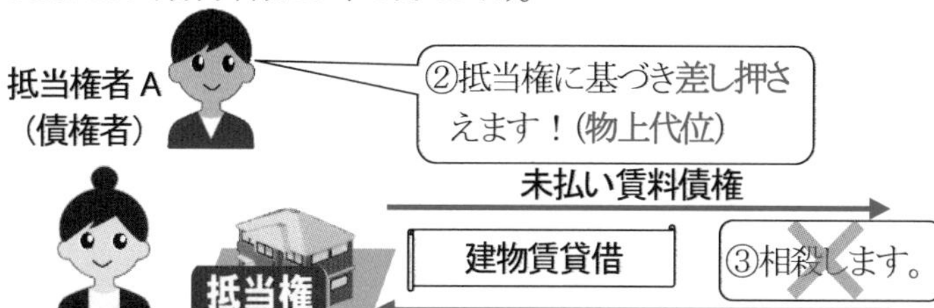

ここではコレを覚える 過去問 11-6 12-7 13-5

- □抵当権は、その目的物の売却、賃貸、滅失または損傷によって債務者が受けるべき金銭(目的物の滅失・毀損により抵当権設定者が第三者から受けるべき損害賠償金・保険金)その他の物に対しても行使することができる。
- □物上代位をするためには、抵当権者は、その払渡しまたは引渡しの前に差押えをしなければならない。

3-4-4 抵当権侵害とこれに対する保護・優先弁済権く債権の担保

頻出度 B

抵当権の実行を邪魔すると抵当権侵害になります

学習時間 20分

(1)差止め請求～抵当不動産が侵害されたら？

抵当権は、抵当権設定者がその**抵当物を自由に使用できるのが原則**です。

しかし、抵当物の**価値を下げる行為**については、抵当権者は、侵害行為をやめてくれとその差止めを求めることができます。

参考資料

抵当権設定者による目的物の使用・収益、目的物を賃貸もしくは譲渡し、あるいは担保に提供すること、抵当権の目的である土地の分割・地目の変更、抵当権の目的物を他人が無権原に占有しこれを使用収益すること等は、原則として抵当権侵害にはなりません。

(2)抵当権侵害～どんな行為が侵害になるの？

抵当山林の伐採、抵当家屋の取壊しや、**目的物の第三取得者が抵当権の実行を故意に妨げその間に抵当物件の値下がりが生じたような場合**に、抵当権侵害となります。

(3)優先弁済を受ける効力～抵当権者は他の一般債権者より強い？

抵当目的物から優先的に弁済を受けられることは抵当権の本来的な効力です。たとえば、B が A・C・D に対してそれぞれ 1,000 万円ずつ債務を負担していて、その唯一の財産が時価 1,500 万円の土地だとします。この場合、A・C・D のいずれもが B に対して抵当権等を有していない一般債権者だったとすると、A・C・D は、債権者平等の原則により、B 所有の不動産を換価して、それぞれ 500 万円ずつ弁済を受けるに止まります。しかし、A が B 所有の不動産に抵当権を設定していた場合、A はその土地を競売して、その代金 1,500 万円から、他の債権者の C・D に優先して 1,000 万円の弁済を受けることができます。このような権利を優先弁済権といいます。

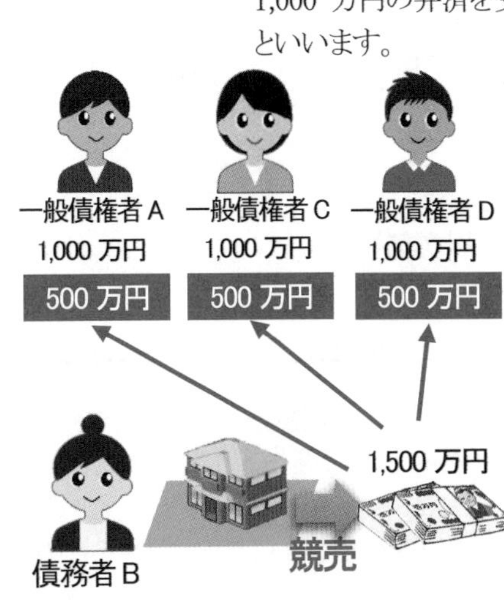

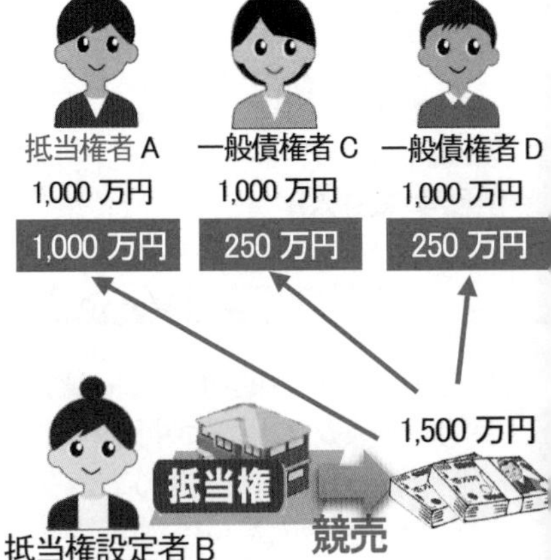

4)抵当権の順位～1 つの不動産に複数の抵当権が設定されたら？

抵当権は、他の物権と異なり、1 つの不動産に複数設定できるという特徴があります。そして、同一の不動産について数個の抵当権が設定されたときは、その抵当権の順位は、**登記の前後によります**。

また、先順位の抵当権が消滅した場合には、後順位の抵当権の順位が上昇します。さらに、順位は各抵当権者の合意によって変更することができます。ただし、利害関係を有する者があるときは、その**承諾**を得なければなりません。

順位の変更は登記をしなければ効力を生じません。

5)抵当権の実行

抵当権は優先弁済的効力を有するので、抵当債務者の弁済期がきても弁済がない場合、抵当目的物を売却して、その売却代金から優先的に弁済を受けることができます。

参考資料

抵当不動産の第三取得者は、その競売において買受人となることができます。

ここではコレを覚える 過去問 13-5 16-4

□抵当権設定者は、抵当権者の同意がなくとも、自由に目的物を使用・収益・処分することができる(原則)。しかし、抵当権者は、抵当権設定者が通常の利用方法を逸脱して抵当不動産等を毀損した場合には、抵当権に基づく妨害排除請求をすることができる。

3-4-5 法定地上権＜債権の担保

抵当権設定時に建物があり同一人所有の場合は地上権が付く

学習時間 60分

同じ人が所有する土地と建物が、競売によって所有者を異にするようになった場合、建物所有者に敷地利用権がなく、建物を収去せざるを得ないという事態になる可能性があります。これを回避するため、一定の要件を満たせば、法律上当然に地上権が成立するとして、建物所有者を保護するのが法定地上権です。

(1)法定地上権～なぜ法定地上権が必要なの？

法定地上権が必要とされる背景としては、**土地と建物が別個の不動産であるということと、自己借地権（自分で所有する土地を自分が借りるということ）の設定が認められていないという2つの前提**があります。

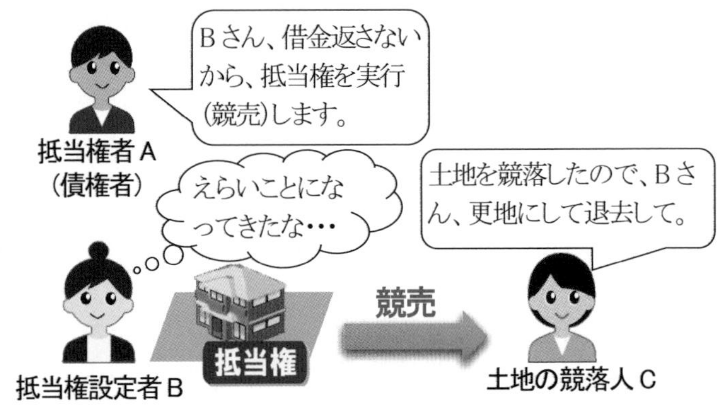

上図の例で、Bが大変な状況に陥ったということがわかるでしょうか？BとCとの間には、もちろん賃貸借契約などありません。しかも、Bに事前に借地権を設定しておくこともできません（自己借地権の禁止）。ということは、Bは他人Cの土地の上に建物を建てている状況になり、Bが土地を利用する権利を有していない以上、建物を取り壊して土地をCに明け渡さなければならなくなります。そこで、**土地と建物が同一人所有**で、**競売によって土地と建物が別人所有になったとき**には、法律上当然にその**建物のために地上権を認めようという制度が法定地上権**なのです。

(2)法定地上権の成立要件～どんな場合に成立するの？

以下の要件をすべて満たすと法定地上権が成立します。

①抵当権設定時に、土地の上に建物が存在すること
⇒建物について登記がなされている必要はありません。

②抵当権設定時に、土地と建物の所有者が同一人であること
⇒抵当権設定後に、土地あるいは建物のどちらかが譲渡され、土地と建物が別人の所有に属した場合でもかまいません。
⇒土地と建物は、同一人のものであればよく、登記名義まで同一である必要はありません。

③土地と建物の一方または両方に抵当権が存在すること

④抵当権実行の結果、土地と建物の所有者が別々になること

付け足し

同一の**土地**に複数の抵当権が設定された場合、法定地上権が成立するかどうかは、**1番抵当権設定時を基準に判断**されます。

(3)一括競売～更地に抵当権が設定された場合は？

更地に抵当権が設定され、その後に設定者が建物を建てた場合は、法定地上権の成立要件を満たしません。したがって、法定地上権は成立せず、土地の抵当権が実行された場合は、建物を壊して出ていかなければなりません。しかし、それではあまりにも建物所有者である抵当権設定者にとって不利益であるし、社会経済上の損失も大きいといえます。

そこで、**土地と建物を一括して競売し、その建物の経済的な価値を維持する制度が認められています**（一括競売）。

ただ、この場合、抵当権者はあくまでも土地の抵当権者なので、土地の売却代金から優先弁済を受けることはできても、**建物の売却代金から優先弁済を受けることはできません**。

更地は価値が高いので1億円融資します。

抵当権者A
（債権者）

抵当権設定者B

抵当権

抵当権設定後に建築

土地と建物を一括して競売できる

ここではコレを覚える 過去問 15-6 16-4 18-6 22-4

□抵当権設定時に土地の上に建物が存在しないと、法定地上権は成立しない。
□土地と建物は、同一人のものであればよく、登記名義まで同一である必要はない。
□土地に1番抵当権が設定された時に、法定地上権の成立要件を満たしていなければ、2番抵当権設定時に要件を満たすようになっていても、法定地上権は成立しない。

頻出度 C

3-4-6 抵当不動産の第三取得者の地位く債権の担保

抵当権付きの不動産を購入する際に抵当権を消滅させられます

学習時間 20分

(1)代価弁済～抵当権者からのアプローチ

代価弁済とは、抵当不動産について、所有権または地上権を買い受けた者、すなわち第三取得者が、**抵当権者の請求**に応じてその売買の代金を抵当権者に弁済したときには、以後、抵当権をその者に対する関係で消滅させる制度をいいます。簡単にいえば、抵当権が設定されている不動産を買った人は、本来ならば売主に代金を支払うのですが、抵当権者が代価弁済の請求をしてきた場合は、抵当権者に直接支払うというものです。代価弁済が行われた場合は、たとえ弁済額が抵当債権額(抵当権設定者が借りたお金の残高)に満たなくても、抵当権は消滅します。つまり、残りの額は無担保の債権ということになります。

抵当権者 A
(債権者)
Bに支払うべき代金を私に弁済してくれたら抵当権が消滅します(代価弁済)。
売買契約
抵当権
抵当権設定者 B
買主 C

(2)抵当権消滅請求①～第三取得者からのアプローチ

抵当権消滅請求とは、第三取得者自らが代価を評価して、抵当権者に対してその価額をもって抵当権を消滅させるよう請求する制度をいいます。これも**代価弁済と同様に不動産の第三取得者の保護を図る制度**ですが代価弁済と異なり、**第三取得者に主導権がある**ことが大きな違いです。

抵当権者 A
(債権者)
Aさん、○○円を支払う代わりに、抵当権を消滅して下さい(抵当権消滅請求)。
売買契約
抵当権
抵当権設定者 B
買主 C

(3)抵当権消滅請求②～いつまでに行えばよいの？

抵当不動産の第三取得者は、**抵当権の実行としての競売による差押えの効力が発生する前に**、抵当権消滅請求をしなければなりません。

(4)抵当権消滅請求③～請求された場合の対抗策は？

債権者が、前記の**書面の送付を受けた後 2 か月以内に抵当権を実行して競売の申立てをしないとき**は、抵当不動産の第三取得者がその書面に記載した代価または金額を**承諾したものとみなされます**。

(5)抵当権消滅請求④～請求できない人もいるの？

借金した本人（主たる債務者）や保証人およびその承継人は、抵当権消滅請求をすることができません。主たる債務者や保証人にはそもそも弁済する義務があるからです。

付け足し

その際、抵当不動産の第三取得者は、登記をした各債権者に対し、一定の書面を送付しなければなりません。ただし、その送付する書面につき事前に裁判所の許可を受ける必要まではありません。

付け足し　抵当不動産の第三取得者のその他の対応策

第三取得者は、当事者があらかじめ反対の意思を表示していない場合には、債務者に代わって債務を弁済し、抵当権の実行を防止することができます。そして、代わりに弁済した第三取得者は、弁済額の償還を債務者に求めることができます（第三者弁済）。

第三取得者は、自ら競落（競売で落札）することができます（自ら競落）。一方、債務者は競落人になれません。

第三取得者が、自ら費用を支出して所有権を保存した場合、売主に対し、その費用の償還を請求することができます。

第三取得者は、抵当権消滅請求の手続が終わるまでは、代金の支払を拒むことができます。ただし、売主は、買主に対して、遅滞なく抵当権消滅請求の手続をするように請求することができます。

ここではコレを覚える 過去問 15-6 16-4 22-4

- □抵当不動産の第三取得者は、自己の権利取得代金または自己の指定した金額を、抵当権者に弁済または供託して、抵当権を消滅させることができる。ただし、抵当権の実行としての競売による差押えの効力が発生する前にしなければならない。
- □抵当不動産の第三取得者は、抵当権消滅請求をするときは、登記をした各債権者に対し、一定の書面を送付しなければならない。その送付書面につき事前に裁判所の許可を受ける必要はない。債権者が、**その書面の送付を受けた後2か月以内に**抵当権を実行して競売の申立てをしないときは、抵当不動産の第三取得者が同書面に記載した代価または金額を承諾したものとみなされる。

3-4-7 抵当権と不動産賃借人の関係く債権の担保

頻出度
B

抵当権に対抗できない賃借権でも対抗できる場合があります

学習時間 20分

参考資料

対抗要件…抵当権であればその登記、不動産賃貸借であれば賃借権の登記、または借地権であれば借地上の建物の登記、借家であれば建物の引渡しがそれぞれ対抗要件となります。

それはなぜ？

抵当権の登記に遅れる賃借権は、いつ抵当権の実行によりくつがえされるか分からないというのでは、目的不動産の安定した利用・収益を図ることができないからです。

(1)抵当権と不動産賃借権～どっちが優先するの？

抵当権と不動産賃借権の関係は、物権の対抗関係と同じように考えると分かりやすいです。つまり、先に対抗要件を備えた方が第三者対抗力を有します。

(2)抵当権に遅れる不動産賃借権～勝ち目はないの？

抵当権の登記のある不動産(土地・建物)を賃借した者は、対抗要件で遅れることになるので、抵当権者に賃借権を対抗できません。
しかし、この場合でも、不動産賃借権の登記をした賃貸借は、その登記前に登記をした抵当権を有するすべての者が同意をし、かつ、その同意の登記があるときは、その同意をした抵当権者に対抗することができます(出て行かなくてもよい)。
抵当権者がその同意をするには、その抵当権を目的とする権利を有する者その他抵当権者の同意によって不利益を受けるべき者の承諾を得なければなりません。

抵当権者A
(債権者)
不動産賃借権の登記、抵当権者全員の同意とその登記があれば、貸主が変更になっても賃借権を主張できますね。

①抵当権設定
②不動産賃貸借契約
抵当権設定者B

不動産の賃借人C

3)建物賃貸借～賃借人はすぐに退去しなければならないの？

抵当権の登記のある建物を賃借した者も、同じく、対抗要件で遅れることになるので、抵当権者に賃借権を対抗できません。

ただ、土地賃貸借とは異なり**建物賃貸借については**、抵当権者に対抗することができない賃借人であっても、**次に掲げる者(抵当建物使用者)**は、その建物の競売における買受人の**買受けの時から 6 か月を経過するまでは**、その建物を買受人に引き渡す必要がありません。

①競売手続の開始前から使用または収益をする者
②強制管理または担保不動産収益執行の管理人が競売手続の開始後にした賃貸借により使用または収益をする者

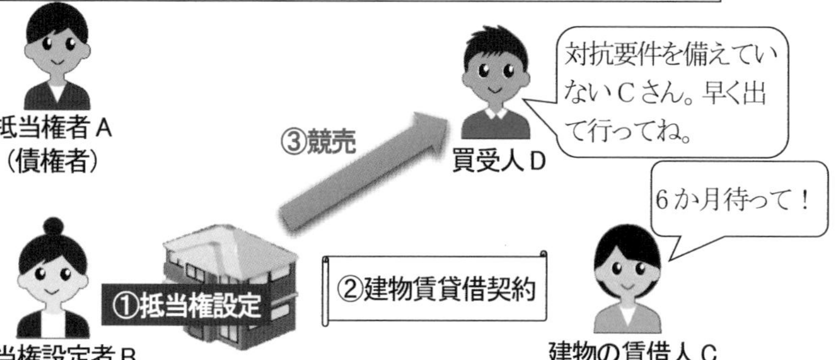

ただし、買受人の買受けの時より後にその建物の使用をしたことの対価について、買受人が抵当建物使用者に対し相当の期間を定めてその 1 か月分以上の支払いの催告をし、その相当の期間内に履行がない場合には、前記の 6 か月の猶予期間はありません。

それはなぜ？

競売による買受人との間には、賃貸借の関係が存在するわけではないので、賃料は存在しませんが、従来の賃借権者が明け渡しまでの賃料相当の対価を支払う義務があります。この支払いを怠った場合の制度です。

ここではコレを覚える 過去問 22-4

□登記した賃貸借(建物だけでなく土地も含む)は、先に登記をしたすべての抵当権者が賃貸借の存続に同意をし、その同意の登記をしたときは、その賃貸借は同意をした抵当権者に対抗することができる。

□抵当権の設定登記後に設定された建物賃貸借で、競売手続開始前からその建物の使用・収益をしていた賃借人等については、その抵当権が実行された場合に、買受けの時から6か月**はその建物の明渡しが猶予**される。

3-4-8 抵当権の処分＜債権の担保

頻出度 B

抵当権の譲渡・放棄と、抵当権の順位の譲渡・放棄は異なります

学習時間 40分

抵当権を処分する方法には次の 7 つがあり、これらすべてをあわせて抵当権の処分といいます。

抵当権を被担保債権と共に処分する方法	①抵当権付き債権の譲渡
	②抵当権付き債権の質入れ
抵当権を被担保債権から切り離して処分する方法	③転抵当
	④抵当権の譲渡
	⑤抵当権の放棄
	⑥抵当権の順位の譲渡
	⑦抵当権の順位の放棄

(1)転抵当～抵当権をさらに抵当に入れることもできるの？

たとえば、A が B に対し 1,000 万円の抵当権付き債権をもっている場合に、その抵当権を担保にして、C から 500 万円を借り受ける制度です。転抵当権の被担保債権額は、原抵当権の被担保債権額を超過しないことが必要です。

(2)抵当権の譲渡～譲渡するとどうなる？

抵当権の譲渡は、抵当権者から**抵当権を有しない債権者に対して**その利益のために行われます。その結果、譲渡人は無担保債権者となり、譲受人は譲渡人の抵当権の被担保債権額の範囲と順位において自己の債権について抵当権を取得します。

たとえば、債務者 A が所有する甲土地に、債権者 B が 1 番抵当権(債権額 2,000 万円)、債権者 C が 2 番抵当権(債権額 2,400 万円)、債権者 D が 3 番抵当権(債権額 4,000 万円)をそれぞれ有しており、A にはその他に担保権を有しない債権者 E(債権額 2,000 万円)がいた場合で、甲土地の競売に基づく売却代金が 5,400 万円であったときを例に説明します。

B が E の利益のために抵当権を譲渡した場合、譲渡人 B は無担保債権者となり、譲受人 E は B の被担保債権額 2,000 万円の範囲について 1 番抵当権を取得します。よって、配当は、E が 2,000 万円、C が 2,400 万円、D が 1,000 万円、B が 0 円となります。

(3)抵当権の放棄～放棄するとどうなるの？

抵当権の放棄は、抵当権者から**抵当権を有しない債権者に対して**その利益のために行われます。その結果、放棄した者は、放棄の利益を受けた者に対する関係では優先権を有しないことになり、放棄した者の抵当

権債権額が両者でその**債権額に比例して分配**されます。

前記の例でBがEの利益のため、抵当権を放棄した場合は、放棄したBの抵当権債権額 2,000 万円を、BE の債権額に比例して(B・2,000 万円:E・2,000 万円、すなわち、1 対 1 の比率)、分配されます。配当は、B が 1,000 万円、E が 1,000 万円、C が 2,400 万円、D が 1,000 万円となります。

(4)抵当権の順位の譲渡～順位を譲渡するとどうなるの？

抵当権の順位の譲渡は、先順位の抵当権者から**後順位の抵当権者の利益のために**行われます。その結果、両者の間で**抵当権の順位が交換**し、両者の受けるべき配当額の合計について、まず譲受人が抵当債権全額の弁済を受け、その残額だけを譲渡人が取得します。

前記の例で B が D の利益のため抵当権の順位を譲渡した場合は、BD 間の受けるべき配当額の合計は 3,000 万円(D は 3 番抵当権者なので BC の先順位の配当後の残額は 1,000 万円です。B の配当額 2,000 万円と合計すると 3,000 万円となります。)について、まず D が 1 番抵当権で 2,000 万円、3 番抵当権で 1,000 万円の弁済を受けます。残額はないので譲渡人 B に配当はありません。配当は、D が 3,000 万円、C が 2,400 万円、B が 0 円となります。

(5)抵当権の順位の放棄～順位を放棄するとどうなるの？

抵当権の順位の放棄は、先順位の抵当権者によって、**後順位の抵当権者の利益のために**行われます。その結果、放棄した者は、放棄の利益を受けた者に対する関係で**同順位**となり、**本来両者の受けるべき配当額の合計が両者の債権額に比例して分配**されます。

前記の例で B が D の利益のため、抵当権の順位を放棄した場合、1 番抵当権者Bが受けるべき2,000 万円、3 番抵当権者Dが受けるべき1,000 万円につき、両者の債権額に比例して(B・2,000 万円:D・4,000 万円、すなわち、1 対 2 の比率)、分配されます。したがって、配当は、B が 1,000 万円、C が 2,400 万円、D が 2,000 万円となります。

ここではコレを覚える 過去問　15-7　19-10　23-10

	受益者	効 果
抵当権の譲渡	一般債権者	受益者が優先
抵当権の放棄	一般債権者	受益者と処分者は同順位
抵当権の順位の譲渡	後順位抵当権者	相手方が優先
抵当権の順位の放棄	後順位抵当権者	相手方と処分者は同順位

3-4-9　根抵当権＜債権の担保

頻出度 B

付従性・随伴性を否定・緩和した抵当権が根抵当権です

学習時間 60分

(1)根抵当権とは～将来発生する債権を担保する？

それはなぜ？

企業取引に際し、頻繁に借り入れや返済をする場合、そのつど抵当権を設定するのは面倒なので、一定の範囲に属する不特定の債権を極度額(借入額の上限)の限度で担保する制度です。

根抵当権とは、抵当権の一種であって、根抵当権者と債務者との間に生じる現在および将来の不特定の債権のうち、一定の範囲に属するものを一括して一定の**極度額**(上限額のこと)の範囲内において**担保**するものをいいます。

根抵当権設定契約
極度額:1 億円
抵当権者 A
(債権者)
抵当権設定者 B
根抵当権を使って、じゃんじゃんお金借りちゃえ～
一定の範囲(不動産取引等)でしか貸せないよ！

(2)付従性の緩和～普通の抵当権だと都合が悪いの？

たとえば、土地に根抵当権を設定して、極度額を 1 億円に設定し登記した場合、債務者と抵当権者の間で取り決められた一定の債権(定期的に必要となる商品製造のための材料購入契約など)を繰り返し設定・消滅させることができます(お金を借りて返すことを繰り返す)。

普通の抵当権の場合、付従性があるので、一度お金を返済してしまうと被担保債権の消滅とともに抵当権も消滅してしまいます。

これを緩和したのが根抵当権です。

3)根抵当権の被担保債権の譲渡等～譲渡されても根抵当権は残る？

普通の抵当権は、被担保債権が譲渡されると抵当権もそれに伴って移転ます。これを随伴性と呼びます。それに対して、**根抵当権は、個々の被担保債権を他に譲渡しても、債権を譲り受けた者は根抵当権を取得しません**。

参考資料

まさに根をはって動かないイメージです。

4)根抵当権の元本の確定～根抵当権も実行する際には根が取れる？

根抵当権は<u>**元本の確定**</u>という手続によって、普通の抵当権に戻ります。ただし、2 年分の利息についての抵当権の規定については適用がありません。つまり、最後の 2 年分以上の利息についても競売代金等から優先弁済を受けられます。

参考資料

元本の確定…もうこれ以上は借りませんと決めることです。そうすると、それまでの残高合計が算出され、その金額について普通の抵当権と同様に、実行することができるようになります。

5)根抵当権の元本の確定請求～元本の確定請求もできる？

根抵当権設定者(不動産の所有者)は、根抵当権の**設定の時から 3 年を経過**したときは担保すべき元本の確定を請求することができます。この場合において担保すべき元本は、その**請求の時から 2 週間を経過することによって確定**します。それに対して、**根抵当権者**(債権者)は、**いつでも**担保すべき元本の確定を請求することができます。この場合において担保すべき**元本はその請求の時**に確定します。

ここではコレを覚える 過去問 11-4 14-4

□被担保債権は不特定の債権でよい。ただし、一定の範囲に属することが必要であり、包括根抵当権は認められていない。

□被担保債権に属する特定の債権が弁済により消滅しても根抵当権自体は消滅しない。また、普通抵当権は、被担保債権が譲渡されると抵当権もそれに伴って移転するが、根抵当権の場合、個々の被担保債権が他に譲渡されても債権の譲受人は根抵当権を取得しない。

□根抵当権の確定により根抵当権者が優先弁済権をもつ元本が確定する。利息等につき2年分等の制限排除の点を除けば普通抵当権と同じになる。

3-5 質権・留置権・先取特権＜債権の担保

C

抵当権以外の担保物権です

学習時間 30分

(1)質権

担保の目的物の占有を債権者に移転し、債権者は弁済があるまでこの目的物(動産・不動産・権利)を**留置**して、間接的に弁済を強制するとともに、弁済がない場合には、この目的物を競売し、その売却代金から他の債権者に優先して弁済を受けることができる効力を持つ約定担保物権を質権といいます。

参考資料

動産を質に取ることは現在でも質屋で広く行なわれていますが、不動産を質に取ることはほとんどあり得ません。したがって、不動産取引実務上で意義を有するのは、権利に対する質権です。
たとえば、金融機関が不動産所有者に融資をする場合には、不動産所有者が火災保険に加入し、その火災保険金の請求権について金融機関が質権を設定することがあります。火災があった場合、金融機関はこの質権を実行し、火災保険金から融資の優先返済を受けることができます。

(2)質権の特徴

質権の特徴は、**留置的な効力**があって、目的物を被担保債権の弁済があるまで留置することによって、債務者を心理的に圧迫して弁済を間接的に強制するというところにあります。ここが抵当権と大きく異なるところでもあります。その他、付従性、随伴性等は抵当権と同様に認められます。

(3)留置権

他人の物を占有している者が、**その物に関して生じた債権**を有する場合その債権の弁済を受けるまでその物を留置することによって債務の弁済を間接的に強制することができる**法定担保物権**を留置権といいます。

留置権者は、債権の全部の弁済を受けるまでは、留置物の全部についてその権利を行使することができます。
留置権は、抵当権や質権とは異なり、法定担保物権です。留置的効力は認められますが、**優先弁済的効力が認められない**というところに特徴があります。
また、留置権の趣旨は、当事者間の公平です。さらに、債務の弁済を間接的に強制するという機能があるので、担保物権に位置づけられております。その性質としては、付従性・随伴性等が認められます。しかし、物

上代位性はありません。というのは、留置権は目的物を留置することがそ
)主たる内容なので、抵当権などのように目的物の交換価値を把握する
奮利ではないからです。
占有が不法行為によって始まった場合には留置権の規定が適用されま
せん。

4)先取特権(さきどりとっけん)

去律の定める特殊な債権を有する者が、債務者の財産から法律上当然
こ優先弁済を受ける権利を先取特権といいます。先取特権は**法定担保
物権**なので、一定の趣旨に基づいて法律上当然に優先弁済権が認めら
ιています。
先取特権も、付従性・随伴性等という性質はすべて認められます。
先取特権は、その優先弁済の対象となる目的物の種類に応じて、一般先
取特権、動産先取特権、不動産先取特権の3つに分かれます。

5)不動産先取特権の効力

不動産の売主は不動産の代価や利息について売買の目的物である不
動産の上に先取特権を有し、その**不動産が賃貸されれば賃料の請求権
こ物上代位することができます**。また、先取特権の効力は、賃借権の譲
渡があったときは譲受人の動産、**転貸があったときは転借人の動産**にも
及びます。また、不動産の賃貸の先取特権は、その不動産の賃料その
他の賃貸借関係から生じた賃借人の債務に関し、賃借人の動産につい
て存在し、**転貸の場合には、転貸人が受けるべき金銭**についても及びま
す。さらに、賃貸人が敷金を受領している場合は、賃貸人はその敷金を
って弁済を受けられなかった部分の債権(賃料債権の額から敷金を差
し引いた残額の部分)についてのみ、先取特権を有します。

付け足し

借地借家法上の造作買取請求権に基づいて賃貸借契約の目的物である建物を留置することはできません。また、借家人が建物につき留置権を有する場合でも、建物所有者ではない土地所有者からの土地明渡請求に対して当然にその土地をも留置できる権利を有するものではありません。

ここではコレを覚える 過去問 11-7 17-10

□他人の物を占有している者は、その物に関して生じた債権を有し、その債権が弁済期にあるときは、その債権の弁済を受けるまで、その物を留置することができる(留置権)。
□先取特権は、留置権と同じで、一定の債権について法律上当然に発生するもの(法定担保物権)であり、この点で、当事者間の契約により成立する抵当権や質権(約定担保物権)とは異なる。

ここを押さえる過去問1・2・3

問1 Aは、A所有の甲土地にBから借り入れた3,000万円の担保として抵当権を設定した。甲土地上の建物が火災によって焼失してしまったが、当該建物に火災保険が付されていた場合、Bは、甲土地の抵当権に基づき、この火災保険契約に基づく損害保険金を請求することができる。(2016)

問2 Aは、B所有の建物に抵当権を設定し、その旨の登記をした。Bは、その抵当権設定登記後に、この建物をCに賃貸した。Bが、Cに対する将来にわたる賃料債権を第三者に譲渡し、対抗要件を備えた場合、Aは、Cが当該第三者に弁済する前であっても、物上代位権を行使して当該賃料債権を差し押さえることはできない。(2003)

問3 Aは、Bに対する貸付金債権の担保のために、当該貸付金債権額にほぼ見合う評価額を有するB所有の更地である甲土地に抵当権を設定し、その旨の登記をした。その後、Bはこの土地上に乙建物を築造し、自己所有とした。Bが、甲土地及び乙建物の双方につき、Cのために抵当権を設定して、その旨の登記をした後(甲土地についてはAの後順位)、Aの抵当権が実行されるとき、乙建物のために法定地上権が成立する。(2002)

問4 Aが所有する甲土地上にBが乙建物を建築して所有権を登記していたところ、AがBから乙建物を買い取り、その後、Aが甲土地にCのために抵当権を設定し登記した。Aが乙建物の登記をA名義に移転する前に甲土地に抵当権を設定登記していた場合、甲土地の抵当権が実行されたとしても、乙建物のために法定地上権は成立しない。(2018)

問5 Aが所有する甲土地上にBが乙建物を建築して所有権を登記していたところ、AがBから乙建物を買い取り、その後、Aが甲土地にCのために抵当権を設定し登記した。Aが乙建物を取り壊して更地にしてから甲土地に抵当権を設定登記し、その後にAが甲土地上に丙建物を建築していた場合、甲土地の抵当権が実行されたとしても、丙建物のために法定地上権は成立しない。(2018)

問6 抵当不動産の被担保債権の主たる債務者は、抵当権消滅請求をすることはできないが、その債務について連帯保証をした者は、抵当権消滅請求をすることができる。(2015)

問 7 A は、B から金銭を借り入れる際に甲土地に第一順位の抵当権を設定し、さらにCからも金銭を借り入れ同土地に第二順位の抵当権を設定した。B の抵当権設定後、C の抵当権設定前に A との間で期間を 2 年とする甲土地の賃貸借契約を締結した借主 D は、B の同意の有無にかかわらず、2 年間の範囲で、B に対しても賃借権を対抗することができる。(2006)

問8 債務者 A が所有する甲土地には、債権者 B が 1 番抵当権(債権額 2,000 万円)、債権者 C が 2 番抵当権(債権額 2,400 万円)、債権者 D が 3 番抵当権(債権額 4,000 万円)をそれぞれ有しており、A にはその他に担保権を有しない債権者 E(債権額 2,000 万円)がいる。甲土地の競売に基づく売却代金 5,400 万円を配当する場合、B が E の利益のため、抵当権を放棄したときは、B の受ける配当は 1,000 万円である。(2015)

問 9 建物の貸借人が賃貸人の承諾を得て建物に付加した造作の買取請求をした場合、賃借人は、造作買取代金の支払を受けるまで、当該建物を留置することができる。(2013)

問 10 A は、賃貸した建物内にある B 所有の家具類だけでなく、B が自己使用のため建物内に持ち込んだ B 所有の時計や宝石類に対しても、先取特権を有する。(2000)

問 11 建物の建築工事の費用について、当該工事の施工を行った者が先取特権を行使するためには、あらかじめ、債務者である建築主との間で、先取特権の行使について合意しておく必要がある。(2007)

問 1:(×)甲土地に対する抵当権の効力はその土地上の建物には及びません。 問 2:(×)債権譲渡された後でも物上代位権を行使できます。 問 3:(×)甲土地に 1 番抵当権が設定された時は更地であったため、乙建物のために法定地上権は成立しません。 問 4:(×)乙建物のために法定地上権が成立します。 問 5:(○) 問 6:(×)連帯保証人も請求できません。 問 7:(×)抵当権者全員の同意の登記が必要です。 問 8:(○)B が 1,000 万円、E が 1,000 万円、C が 2,400 万円、D が 1,000 万円となります。 問 9:(×)造作買取代金債権は造作に関して生じた債権であって、建物に関して生じた債権ではありません。 問 10:(○) 問 11:(×)先取特権の行使は当事者の合意によって行う必要はありません。

第 9 章
不法行為

過去 10 年の出題分析

出題年 テキスト項目	14	15	16	17	18	19	20	21	22	23
第 9 章全体	●		●			●	●	●		
1 不法行為の成立要件										
2 不法行為の効果	●		●			●		●		
3 使用者責任			●							
4 共同不法行為						●	●			
5 工作物責任								●		

※出題されている年度に●を記入しています。

1 不法行為の成立要件

故意だけでなく過失があった場合も不法行為は成立します

学習時間 30分

不法行為制度の趣旨は被害者の救済（損害の補填）と将来の不法行為の抑止です。

用語

故意…故意とは、一定の結果の発生すべきことを意図し、または少なくともそうした結果の発生すべきことを認識ないし予見しながら、それを認容して行為をする心理状態のことをいいます。「わざと」ということです。

過失…自己の行為により一定の結果が発生することを認識すべきであるのに、不注意のためその結果の発生を認識しないでその行為をするという心理状態をいいます。

精神障害者と同居する配偶者であるからといって、直ちにその者が「責任無能力者を監督する法定の義務を負う者」に当たるわけではありません（最判平成28年3月1日）。

不法行為とは、他人の権利・利益を違法に侵害して損害を加える行為をいいます。不法行為が行われることによって、金銭賠償を請求する債権の発生が認められます。

(1)故意または過失～わざとやった場合だけが不法行為なの？

加害者に**故意または過失があることが必要**です。ただし、**失火の場合には重過失が要件**となっています（失火ノ責任ニ関スル法律）。なお、**故意または過失の立証責任は被害者側**が負います。

付け足し　失火と不法行為（判例）

・債務不履行による損害賠償には失火責任法の適用はありません（最判昭和30年3月25日）。

・被用者が重大な過失により失火したときは、使用者は被用者の選任・監督について重大な過失がなくても、使用者責任による賠償責任を負います（最判昭和42年6月30日）。

・責任を弁識する能力のない未成年者の行為により火災が発生した場合、重大な過失の有無は、未成年者の監督義務者の監督について考慮され、監督について重大な過失がなかったときは、その監督義務者は火災により生じた損害を賠償する責任を免れます（最判平成7年1月24日）。

(2)責任能力～小学生がおもちゃのピストルで通行人に怪我を？

加害者に自分の行為が違法なものとして法律上非難されるものであることを理解できる能力が必要です。およそ小学校を卒業する12歳程度の能力が目安とされています。

ただし、責任無能力者がその責任を負わない場合でも、それを監督する法定の義務を負う者は、その責任無能力者が第三者に加えた損害を賠償する責任を負います（監督義務者がその義務を怠らなかったときやその義務を怠らなくても損害が生ずべきであったときは除きます）。

(3)違法性～他人の権利を侵害した場合だけが不法行為？

被害者の権利や利益を侵害したことが必要です。権利侵害とは、**加害行為の違法性**を意味します。

なお、良好な景観の街並みの中で暮らす等の利益についても保護されます。

付け足し　債権侵害も不法行為？

不法行為が成立するためには、故意または過失によって他人の権利または法律上保護される利益を侵害していなければなりません。たとえば、第三者が債務者を唆(そそのか)してその債務の全部または一部の履行を不可能にさせたように、「債権」を侵害する行為が債権者に対する「権利または法律上保護される利益」を侵害したことになるかは学説上争いがあります。というのは、債務者が債務を履行しない場合は通常債務不履行として処理するからです。この点、古い判例ではありますが、第三者による債権侵害を違法として不法行為責任を認めたものがあります(大判大正7年10月12日)。

難解な理論ですが、2019年に出題されたことがあります。

(4)損害の発生～損害が発生しなかった場合も不法行為？

被害者に損害が発生したことが必要です。不法行為がなかったと仮定した場合と、不法行為がなされた後の利益状態の差を金額で表示したものをいいます。また、この損害には、財産的損害と非財産的損害(精神的損害が中心)があります。

付け足し

他人の生命を侵害した者は、被害者の父母、配偶者および子に対しては、その財産権が侵害されなかった場合においても、損害の賠償をしなければなりません。近親者に対する損害賠償といいます。

(5)因果関係～どこまで責任を負うの？

加害行為に「よって」損害が発生したことが必要です。つまり、**加害行為と損害との間に因果関係が存在**することが必要となります。この**立証責任は被害者側**にあります。

(6)正当化事由～自分の権利を守るためにやむなくやった場合は？

通常であれば、前記の要件を満たすことによって不法行為が成立するのですが、急な状況で自らの権利を守るためにやむなく他人を傷付けたような場合(正当防衛・緊急避難)には違法性がなくなり、不法行為責任が発生しない場合があります。

ここではコレを覚える

□故意または過失によって他人の権利または法律上保護される利益を侵害し、それによって損害を発生させると、不法行為が成立する。

2 不法行為の効果

頻出度 A

不法行為が成立すると損害賠償責任が発生します

学習時間 30分

(1)金銭賠償の原則～不法行為はお金で解決するのが原則？

①原則

不法行為が成立すると、被害者は、加害者に対して損害賠償請求すること ができます。損害賠償は**金銭で賠償する**のが原則です。

②例外

例外的に名誉回復処分や差止請求権という方法も認められています。名誉棄損に関しては多くの判例があるのでまとめて紹介します。

ワンポイントアドバイス

宅建試験では「なぜか」名誉棄損に関する最高裁判例がよく出題されます。事件の内容と結論をしっかり暗記しておきましょう。

付け足し 名誉棄損と不法行為

1. 他人の名誉を毀損した者に対しては、裁判所は、被害者の請求により損害賠償に代えて、または損害賠償とともに、名誉を回復するのに適当な処分を命ずることができます。また、名誉侵害の被害者は、人格権としての名誉権に基づき、加害者に対して、現に行われている侵害行為を排除し、または将来生ずべき侵害を予防するため、**侵害行為の差止めを求めることもできます**(最大判昭和 61 年 6 月 11 日)。
2. 不法行為によって財産以外の損害を被った場合(名誉棄損等)には、その者は、財産上の損害を被った場合と同様、損害の発生と同時にその賠償を請求する権利すなわち慰謝料請求権を取得し、その請求権を放棄したものと解釈できる特別の事情がない限り、これを行使することができ、その損害の賠償を請求する意思を表明するなど格別の行為をすることを必要としません。そして、**当該被害者が死亡したときは、その相続人は当然に慰謝料請求権を相続します**(最判昭和 42 年 11 月 日)。
3. 他人の身体、自由もしくは名誉を侵害した場合または他人の財産権を侵害した場合のいずれであるかを問わず、不法行為を行った者は、財産以外の損害に対しても、その賠償をしなければなりません(民法 710 条)。**法人の名誉権が侵害**され、無形の損害が生じた場合には、**損害の金銭評価が可能である限り、民法 710 条が適用されます**(最判昭和 39 年 1 月 28 日)。

(2)損害賠償責任の範囲

加害者が賠償すべき損害の範囲は、加害行為から**通常生じる損害**および**当事者が予見できた事情から通常生じる損害**です。つまり、加害行為との間に相当因果関係が認められる損害だけを賠償すればよいわけです。

(3)損害賠償の請求権〜被害者が胎児だったら？

胎児には権利能力がないのですが、損害賠償の請求権については、すでに**生まれたものとみなされます**。ただし、生まれる前に、母親が胎児を代理して損害賠償することはできません。

(4)過失相殺〜被害者にも過失があった場合は？

被害者側に過失があったときは、裁判所は、これを考慮して、損害賠償の額を**定めることができます(過失相殺)**。具体的事情の程度に応じて、賠償金の減額が行われます。また、賠償額の算定について斟酌するか否かは**裁判官の裁量**に委ねられます。

ただし、全額免除することは認められていません。

単に被害者本人の過失のみでなく、広く被害者側の過失をも含みます。たとえば、幼児の生命を害された慰藉料を請求する父母に、その交通事故の発生につき監督上の過失があるときは、父母の過失も考慮します。

9 不法行為

付け足し　損益相殺って何？

不法行為により損害を受けながら、他方において、支出すべき費用を免れたというように、同一の原因によって利益を受けている場合には、この利益を損害額から控除して賠償額を算定することを、損益相殺といいます。たとえば、生命侵害の逸失利益を算定する場合、存在していたならば得られたであろう利益から、生存中要する生活費を控除するような場合です。なお、**損害賠償額から生活費は控除されますが、生命保険は控除されません**。

(5)相殺の主張〜加害者は相殺の主張ができない？

次の債務の債務者は、相殺をもって債権者に対抗することができません。ただし、その債権者がその債務に係る債権を他人から譲り受けたときは対抗できます。

①悪意による不法行為に基づく損害賠償の債務
②人の生命または身体の侵害による損害賠償の債務(①に掲げるものを除く。)

(6)被害者が即死した場合〜損害賠償請求権は相続するの？

生命侵害の場合、被害者自身に賠償請求権が帰属し、**相続人がそれを相続します**。

また、同様に、生命侵害を理由とする慰謝料請求権も、被害者自身に帰属し、相続人がそれを相続します。

それはなぜ？

即死の場合でも、受傷と死亡との間には観念的に時間の間隔が存在し、遺族固有の損害賠償請求権は、被害者の逸失利益より少額となり不均衡を生じるからです。

(7)不法行為による損害賠償請求権〜時効があるの？

不法行為による損害賠償請求権は、**被害者またはその法定代理人が損害および加害者を知った時から3年間(人の生命または身体を害する不法行為の場合は5年間)**行使しないと、時効によって消滅します。また、**不法行為の時から20年**を経過したときも消滅します。

なお、不法行為による損害賠償義務は**損害の発生時**に生じるので、**不法行為のときから遅滞**となります。つまり、その分の遅延利息も請求できます。

付け足し 時効の起算点に関する重要判例

損害を知った時とは？

被害者が損害を知った時とは、被害者が損害の発生を現実に認識した時をいうとするのが判例です。

継続的不法行為による損害について

不法占拠のような継続的不法行為の場合には、その行為により日々発生する損害につき被害者がその各々を知った時から別個に消滅時効が進行するとするのが判例です。

付け足し 不法行為と債務不履行

契約締結上の過失の場合は不法行為？

契約の一方当事者が、当該契約の締結に先立ち、信義則上の説明義務に違反して、当該契約を締結するか否かに関する判断に影響を及ぼすべき情報を相手方に提供しなかった場合には、上記一方当事者は、相手方が当該契約を締結したことにより被った損害につき、**不法行為による賠償責任を負うことがあるのは格別**、当該契約上の**債務の不履行による賠償責任を負うことはない**とするのが判例です。

ここではコレを覚える 過去問 11-9 12-9 14-6,8 16-9 19-4 21-8

□被害者側に過失があったときは、裁判所は、これを考慮して、損害賠償の額を定めることができる。

□法人の名誉権が侵害され、無形の損害を生じた場合、その金銭的評価が可能である限り、精神的な損害として不法行為責任の適用がある。

□即死の場合でも傷害と死亡との間に観念上時間の間隔があるので、傷害の瞬間に賠償請求権が生じ死亡の時に相続人にそれが承継される。

□不法行為による損害賠償請求権は、**被害者またはその法定代理人が損害および加害者を知った時から3年間（人の生命または身体を害する不法行為の場合は5年間）**行使しないときは、時効によって消滅する。不法行為の時から20年を経過したときも消滅する。

3 使用者責任

頻出度
A

仕事中に不法行為を行うと雇主も責任を負います

学習時間 30分

使用者責任とは、たとえば、会社の従業員などが事業の執行に際して故意または過失によって他人に被害をこうむらせた場合の、会社が責任を負う責任をいいます。

法律上は、従業員を雇っている会社などを**使用者**とよび、雇われている従業員などを**被用者**と呼びます。

それはなぜ？

本来ならば、不法行為を行ったのは被用者個人なので、被用者のみが不法行為責任を負うはずです。しかし、使用者は被用者の活動によりその事業範囲を拡大し、利益を上げていることから、それによる損失も負担すべきであるという発想（報償責任の原理）から、使用者側にも賠償責任を負わせています。

(1) 使用者責任の成立〜雇用関係が必要なの？

使用者責任が成立するには、**事業のために他人を使用すること**が要件となっています。これは雇用関係が典型例ですが、**実質的な指揮監督の関係があればよい**とされています。たとえば、元請人と下請人との関係などにも使用関係が認められる場合があります。

(2) 勤務時間外に従業員が会社の車で交通事故を起こした場合

使用者は、被用者が事業の執行について第三者に加えた損害を賠償する責任を負います。「事業の執行について」といえるためには、被用者の行為が**使用者の事業の範囲に属するだけでなく、これが客観的・外形的にみて、被用者が担当する職務の範囲に属するもの**でなければなりません。

具体例

従業員が営業時間中に会社の自動車を運転して取引先に行く途中に前方不注意で人身事故を発生させたような場合が典型例です。

(3) 損害賠償請求〜使用者と同時に被用者にも請求できるの？

使用者責任が成立すれば、被害者は、**被用者だけでなく、使用者にも損害賠償を請求することができます**。

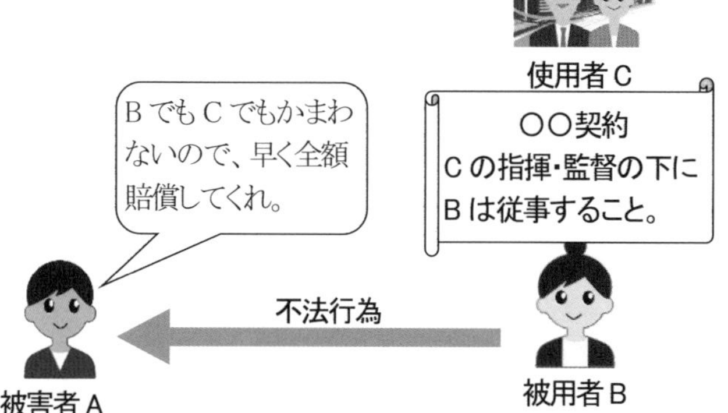
使用者C
BでもCでもかまわないので、早く全額賠償してくれ。
○○契約
Cの指揮・監督の下にBは従事すること。
不法行為
被害者A
被用者B

この使用者の損害賠償債務と、被用者自身が負担する損害賠償債務とは、いわゆる連帯債務と類似の関係にあるといわれています。つまり、被用者が行った不法行為について使用者にも責任があるというだけであって、使用者責任が成立した場合には、被用者の責任がなくなるということではありません。
なお、使用者責任が成立するには、**被用者に不法行為責任が成立することが前提**となります。

(4)使用者の免責～使用者が免責されることもあるの？

付け足し

被用者の失火が原因で火災となった場合、被用者の失火に重大な過失がある限り、使用者はその選任・監督について重大な過失がなくても、使用者責任を負います（最判昭和42年6月30日）。

使用者が被用者の**選任およびその事業の監督について相当の注意をしたとき**、または**相当の注意をしても損害が生ずべきであったときは**、使用者は責任を免れます。このような場合にまで使用者に責任を負わすのは酷だからです。

(5)使用者の求償権～使用者は被用者に求償できる？

被害者に損害を賠償した使用者は、被用者に求償することができます。ただし、全額ではなく、**信義則上相当と認められる限度に制限**されます。

付け足し 使用者責任における逆求償

被用者が使用者の事業の執行について第三者に損害を加え、その損害を賠償した場合には、被用者は、使用者の事業の性格、規模、施設の状況、被用者の業務の内容、労働条件、勤務態度、加害行為の態様、加害行為の予防または損失の分散についての使用者の配慮の程度その他諸般の事情に照らし、損害の公平な分担という見地から相当と認められる額について、**使用者に対して求償する**ことができます。

ここではコレを覚える 過去問 12-9 13-9 16-7

□事業の執行についてというためには、被用者の行為が使用者の事業の範囲に属するだけでなく、これが客観的、外形的にみて、被用者が担当する職務の範囲に属するものでなければならない。
□使用者責任が成立すれば、被害者は、被用者だけでなく、使用者にも損害賠償を請求することができる。
□損害を賠償した使用者は被用者に、被用者は使用者に、求償することができる。ただし、信義則上相当と認められる限度に制限される。

頻出度 B

4 共同不法行為

学習時間 20分

交通事故で複数の運転者に過失があった場合等の責任です

1)連帯して損害を賠償~連帯するってどういう意味?

数人が共同の不法行為によって他人に損害を加えたときは、各自が連帯してその損害を賠償する責任を負います。

また、共同行為者のうちいずれの者がその損害を加えたかを知ることができないときも同じです。これは、不法行為を行った者らのそれぞれの加害行為と損害の発生との因果関係が推定されるという意味です。

用語

連帯して…多数の債務者が同一内容の給付について全部を履行すべき義務を負い、しかも一人の債務者の履行によって全債務者が債務を免れるという点では連帯債務と同様ですが、債務者間に緊密な結合関係がないため、一人の債務者に生じた事由が他の債務関係に影響を及ぼさず、債務者間に負担部分がないため当然には求償関係も生じない、多数当事者の債務関係になります。

付け足し 近年の重要判例

建材メーカーYら(複数の業者)が、石綿(アスベスト)を含む建材を製造販売する際に、当該建材が石綿を含有しており、当該建材から生ずる粉塵(ふんじん)を吸入すると石綿肺、肺がん、中皮腫等の重篤な石綿関連疾患を発症する危険があること等を当該建材に表示する義務を負っていたにもかかわらず、その義務を履行しておらず、大工らが、建設現場において、Yらが製造販売した石綿含有建材を取り扱うことなどにより、累積的に石綿粉塵に暴露(ばくろ)し、石綿関連疾患に罹患(りかん)した事案で、最高裁は、Yらが製造販売した石綿含有建材が、大工らが稼働する建設現場に相当回数にわたり到達して用いられ、大工らが石綿含有建材を直接取り扱ったことによる石綿粉塵の暴露量は、各自の石綿粉塵の暴露量全体の3分の1程度であり、大工らの石綿関連疾患の発症について、Yらが個別にどの程度の影響を与えたのかは明らかでないなどの事情の下では、Yらは、共同不法行為の規定第1項後段の類推適用により、大工らの各損害の3分の1について、連帯して損害賠償責任を負う、と判示しました(最判令和3年5月17日)。

(2)求償できる場合～共同不法行為者の１人が全額賠償したら？

それはなぜ？
共同不法行為者間の実質的な関係によって負担部分を算定するのが公平であり、求償を認めることによって賠償義務の履行が促進され、被害者の救済に役立つからです。

共同不法行為者の 1 人が損害を賠償すると、他の共同不法行為者に対して求償できる場合があります。共同不法行為者の加害者の間では、**過失の割合または損害への寄与の割合に応じた求償**が認められます。

付け足し　共同不法行為と使用者責任

共同不法行為の加害者の各使用者が使用者責任を負う場合において、一方の加害者の使用者は、加害者の過失割合に従って定められる自己の負担部分を超えて損害を賠償したときは、その超える部分につき、他方の加害者の使用者に対し、加害者の過失割合に従って定められる負担部分の限度で、求償することができます。

(3)教唆・ほう助

用語
教唆…他人をして不法行為の意思決定をさせることをいいます。
ほう助…違反行為の補助的行為をすることをいいます。

行為者を教唆(きょうさ)した者やほう助した者は、共同行為者とみなされ、共同不法行為の責任を負います。

ここではコレを覚える 過去問　11-8　13-9　19-4

- □数人が共同の不法行為によって他人に損害を加えたときは、**各自が連帯して**その損害を賠償する責任を負う。共同行為者のうちいずれの者がその損害を加えたかを知ることができないときも責任を負う。
- □共同不法行為者の 1 人が損害を賠償すると、他の共同不法行為者に対して、**過失割合に応じた額を求償**できる。

5 工作物責任

所有者は無過失責任・占有者は過失責任を負います

学習時間 10分

工作物責任とは、建物などの**土地の工作物の設置または保存に瑕疵**があって他人に損害をこうむらせてしまった場合の責任をいいます。
たとえば、ビルの側面のタイルが老朽化してはがれ落ちてしまって、歩行者に損害を与えてしまったような場合です。

(1)土地の工作物

土地に接着して人工的作業を加えたことで出来上がった物をいいます。
たとえば、建物、自動販売機、プール、踏切などです。

(2)工作物の瑕疵

工作物の建造**または**その後の修理**などに不完全な点があること**をいいます。その種の工作物として通常備えているべき安全性が欠けていれば、瑕疵があると判断され、**建造し、または維持する者の過失の有無を問いません**。

付け足し 工作物の瑕疵に関する判例

. 壁面に吹き付けられた石綿が露出している建物で昭和45年から平成14年まで勤務していた間にその石綿の粉塵に暴露したことにより悪性胸膜中皮腫に罹患した者の相続人が、同建物の所有者に対し、民法717条1項ただし書の規定(所有者が責任を負う規定)に基づく損害賠償を求めた事案(最判平成25年7月12日)。

. 土地の工作物たる踏切道の軌道施設は、保安設備と併せ一体としてこれを考察すべきであり、本来あるべき保安設備を欠く場合には、土地の工作物たる軌道施設の設置に瑕疵があるものとして、民法717条所定の帰責原因となるとした事案(最判昭和46年4月23日)。

. 高圧架空送電線のゴム被覆の古損による感電事故の場合、ゴム被覆がなくても行政上の取締規定に違反せず、また、終戦後の物資の欠乏から全部の修補が極めて困難な状況にあったとしても、事故現場の電線の修補が絶対不可能でない限りは、その送電線を所有する電力会社は、民法717条による賠償責任を負うとした事案(最判昭和37年11月8日)。

(3)工作物責任～責任が認められるとどうなるの？

①占有者の賠償責任

工作物の設置または保存に**瑕疵があり**、これによって他人に損害が発生した場合、**工作物の**占有者(工作物を事実上支配する者)が**賠償責任**を負います。なお、占有者は直接占有者でも間接占有者でもかまいません。ただし、**占有者が、**損害の発生防止に必要な注意をしていたことを立証**すると、占有者は**責任を免れます。

具体例
建物の賃借人などが典型例です。なお、国が連合国占領軍の接収通知に応じ、建物をその所有者から賃借してこれを同軍の使用に供した場合には、国は、その建物について間接占有を有しており、占有者に当たるという判例があります(最判昭和31年12月18日)。

②所有者の賠償責任

占有者が①で示した立証を行い責任を免れた場合は、所有者がその損害を賠償しなければなりません。占有者と異なり、**所有者は自らの無過失を立証したとしても免責されません。**つまり、オーナーは無過失責任を負うということになります。

参考資料
大地震が原因で損害が発生したように、瑕疵が原因となっていない場合にまで所有者が責任を負うという意味ではありません。

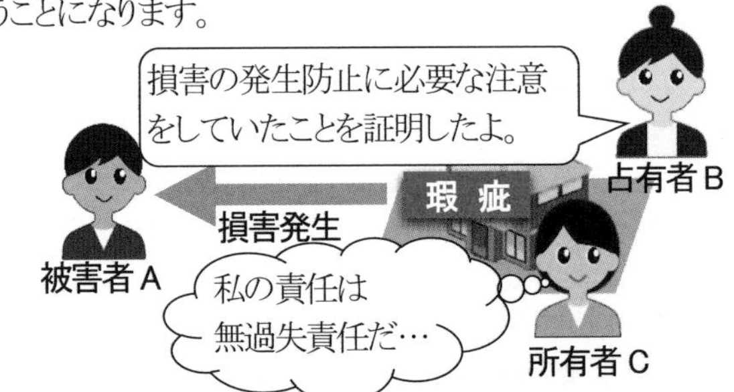

損害の発生防止に必要な注意
をしていたことを証明したよ。
瑕疵
損害発生
被害者A
占有者B
私の責任は
無過失責任だ…
所有者C

具体例
工作物を不完全に建造した請負人や不完全に保存した前所有者などが典型例です。

(4)求償権の行使～原因を作った者がいたら？

損害の原因について責任ある者がいる場合には、賠償を行った占有者または所有者は、その者に対して求償権を行使することができます。

ここではコレを覚える 過去問 21-8

□土地の工作物の設置または保存の瑕疵によって、他人に損害が生じた場合、まず、その工作物の占有者が損害賠償の責任を負う。

□土地の工作物の占有者が損害の発生を防止するのに必要な注意をしていたときは、工作物の所有者が損害賠償の責任を負う(無過失責任)。

□損害の原因について他にその責任を負う者があるときは、占有者または所有者は、その者に対して求償権を行使することができる。

第10章
相　続

過去10年の出題分析

出題年 テキスト項目	14	15	16	17	18	19	20	21	22	23
第10章全体	●	●	●	●	●	●	●	●	●	●
1 相続とは							●			
2 法定相続	●		●	●	●	●	●	●	●	●
1 相続人			●	●			●	●	●	
2 共同相続	●			●	●	●				●
3 遺言		●		●		●	●		●	
4 配偶者の居住の権利								●		●

※出題されている年度に●を記入しています。

1 相続とは

頻出度 C

人が死亡すると権利能力を失い財産は引き継がれます

学習時間 10分

相続とは、相続される人(被相続人)の財産をその者の死後に、法律が特定の者(相続人)に当然に受け継がせる制度をいいます。
なお、法律の規定に基づいて生じる相続を法定相続、死亡者の最終意思に基づくものを遺言による相続といいます。

被相続人…相続の開始によって承継される財産的地位の従来の主体のこと(死亡または失踪した人のこと)。
相続人…法律によって被相続人の財産上の地位を承継する者のこと。
相続財産…被相続人の相続開始時の財産のこと。

(1)相続財産～借金も相続するの？

相続人は、相続開始の時から、被相続人の財産に属した一切の権利義務(相続財産)を承継します。借金も含めて承継します。
しかし、被相続人の一身に専属した権利(一身専属権)などは承継されません。たとえば、委任者または受任者たる地位や生活保護受給権、扶養請求権、離婚請求権、慰謝料請求権などは相続しません。

(2)相続開始時～相続はいつ始まるの？

失踪宣告…生死不明の者に対して、法律上死亡したものとみなす効果を生じさせる制度です。

相続は、**死亡によって開始**します。ここでいう死亡には、自然死亡と失踪宣告の2つがあります。

①自然死亡

自然死亡の場合は、実際に被相続人が死亡した時に相続が開始します。**相続人がそれを知っていたかどうかは関係ありません**。

②失踪宣告

失踪宣告による死亡の場合は、普通失踪(従来の住所または居所を去り容易に戻る見込みのない場合)にあっては7年間の失踪期間満了の時に相続が開始し、特別失踪(戦争、船舶の沈没、震災等の死亡の原因となる危難に遭遇した場合)にあっては、危難の去った時に相続が開始します。
なお、失踪者が生存していたような場合は、家庭裁判所は、本人や利害関係人の請求により、失踪宣告を取り消します。

失踪宣告の取消しは、失踪宣告後その取消し前に善意でした契約等の効力に影響を及ぼしません。また、その契約等は、契約当時において、当事者双方(相続人と同人から相続財産を購入した者等)ともに善意でなければなりません。

付け足し 不在者の財産の管理

前記の失踪宣告は、一定の条件のもとに不在者を死亡したものとして、その法律関係を終結させせようとするものですが、不在者をなお生存するものとして、その残留財産を管理してその帰来を待つ財産管理制度というものがあります(民法では一緒の節に定められています)。
まず、不在者がその財産の**管理人を置かなかったとき**は、家庭裁判所は、利害関係人または検察官の請求により、その財産の管理について必要な処分を命ずることができます。失踪宣告のように「不在者の生死が7年間明らかでない場合に限り」等の条件はありません。

それに対して、不在者が**管理人を置いた場合**において、その不在者の生死が明らかでないときは、家庭裁判所は、利害関係人または検察官の請求により、**管理人を改任することができます**。

次に、管理人は、処分行為等その権限(保存行為、代理の目的である物または権利の性質を変えない範囲内においてその利用または改良を目的とする行為)を超える行為を必要とするときは、家庭裁判所の許可を得て、当該行為をすることができます。なお、管理の**目的物の売却は、処分行為に該当**します。

不在者の生死が明らかでない場合において、その管理人が、不在者が定めた権限を超える行為を必要とするときも、同様です。

なお、家庭裁判所の選任した不在者の財産の管理人は、不在者を被告とする訴訟において、**前記の許可を得ることなく**、控訴、上告をする権限を有します(最判昭和47年9月1日)。

(3)相続回復請求権

相続回復請求権とは、実際は相続人ではない者(表見相続人)が、相続人であると称して真実の相続人に帰属すべき相続財産を占有している場合に、真正の相続人から、表見相続人に対して、その返還を請求する権利をいいます。

表見相続人の例としては、①相続欠格者にあたる相続人、②被相続人により廃除された者、③真実の実親子関係がないのに戸籍上「実子」とされている子供などがあります。

相続回復請求権は、本当の相続人またはその法定代理人が、表見相続人が相続権を侵害していることを知ったときから5年で消滅します。また、これを知らなくても、相続の開始があったときから20年間行使しないと消滅します。

ワンポイントアドバイス

相続を理解するポイントは、その流れをしっかり押さえることです。
被相続人が死亡したら、まず、相続人を確定させます。この段階で、放棄か承認かも決めます。その次に、相続人がどれだけ相続するかという計算をします。これが相続分です。この手続を遺産分割協議といいます。それが終わった後に、土地や建物などの不動産について、登記手続きを行うことになります。

過去問　20-8　22-7　23-5

2-1 相続人＜法定相続

血族を基本としつつ配偶者を常に相続人としています

学習時間 30分

民法上の親族の範囲は、①6 親等内の血族と②配偶者と③3 親等内の姻族です。姻族関係は、離婚によって終了するほか、夫婦の一方が死亡した場合において、生存配偶者が姻族関係を終了させる意思を表示したときにも終了します。

相続が開始した場合、最初に誰が相続人となるのかを決めなければなりません。民法上の親族の中で次の表にある者が相続人となります。

配偶者（夫・妻）は、常に相続人となります。離婚等した場合は相続人でなくなります。	1. **子**（嫡出子・非嫡出子・養子など）は、常に相続人となります。
	2. 子（孫・曾孫）がいない場合には、**直系尊属**（父母や、父母がいなければ祖父母）が相続人となります。
	3. 子（孫・曾孫）も直系尊属もいなければ、被相続人の**兄弟姉妹**が相続人となります。

＊ 胎児は生まれたものとみなされます。

(1)代襲相続～孫がいてその親がいない場合は？

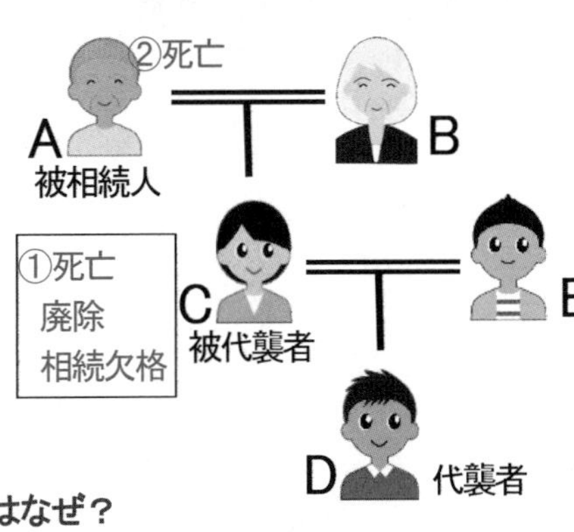

代襲相続とは、**被相続人の死亡以前に被相続人の子が死亡していた場合**、被相続人を殺害して相続欠格となった者や虐待して廃除されたような場合に、**被相続人の孫などが代わりに相続すること**をいいます。代襲される者を被代襲者、代襲する者を代襲者といいます（図を参照）。なお、兄弟姉妹についても代襲相続が認められています。

それはなぜ？

相続権を失った者が相続していたら自らもそれを承継できたはずという孫などの期待利益を保護する公平の原理に基づく制度です。

①代襲相続の要件

被代襲者	被相続人の子（再代襲の場合は孫）、子も直系尊属もいない場合は兄弟姉妹が被代襲者になります。直系尊属は被代襲者になりません。
代襲原因	被代襲者が、①相続開始以前に死亡したとき、②欠格事由に該当したとき、③被相続人に廃除されたときのいずれか。なお、相続放棄は代襲原因となっていません。
代襲者の要件	①相続人の**直系卑属**であること、②被相続人の**直系卑属**であること、③相続開始時に存在すること、④被相続人から廃除された者または欠格者でないこと。

②代襲相続の効果

順 位	代襲者は、被代襲者に代わって、その者と同一順位で相続人になります。代襲相続人が複数いた場合の相互間の相続分は平等(頭割り)となります。
再代襲相続	被相続人の子に代襲原因が発生すれば、孫が代襲相続人となりますが、この孫についても代襲原因が発生すれば、孫の子、すなわち被相続人の曾孫が代襲相続人になります。なお、兄弟姉妹が被代襲者の場合は再代襲相続しません。

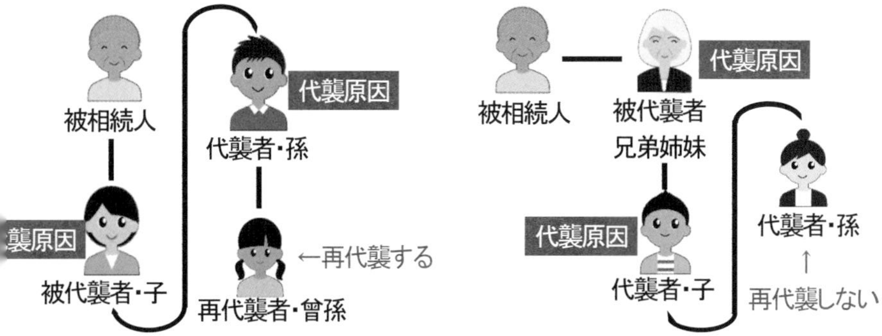

(2)単純承認・限定承認～相続しなければいけないの？

相続財産は土地やお金といったプラスの財産だけとは限りません。場合によっては、借金などマイナスの財産の方が多い場合も十分あり得ます。

そこで、相続人は、相続するか(**承認**)、しないか(**放棄**)を決めることができます。

また、承認については、相続財産全部について承認をすること(**単純承認**)も、相続によって得た財産の限度においてのみ被相続人の債務および遺贈を弁済するという限定付きで承認をすること(**限定承認**)もできます。ただし、**限定承認は共同相続人の全員が共同して行う必要があります。**

(3)相続の承認・放棄～いつでもできるの？

相続人は、原則として、自己のために相続の開始があったことを**知った時から 3 か月以内に**、相続について、単純承認もしくは限定承認または放棄をしなければなりません(ただし、この期間は、利害関係人または検察官の請求によって、家庭裁判所において伸長することができます)。

限定承認と放棄は**家庭裁判所**にその旨を**申述**しなければなりません。相続の放棄をした者は、その相続に関しては、初めから相続人とならなかったものとみなされます。

この期間内に限定承認または相続の放棄をしないと、単純承認したものとみなされます。

参考資料

相続人が相続財産の全部または一部を処分したとき(保存行為や 3 年を超えない建物賃貸借等は除く)や、相続人が限定承認または放棄をした後に、相続財産の全部もしくは一部を隠したり、使い込んだり、悪意で相続財産目録中に記載しなかったりしたとき(その相続人が相続の放棄をしたことによって相続人となった者が相続の承認をした後は除く)は、単純承認をしたものとみなされます(法定単純承認)。

付け足し 限定承認をもっと詳しく

被相続人の債務がどの程度あるか不明であり、財産が残る可能性もある場合等に、相続人が相続によって得た財産の限度で被相続人の債務の負担を受け継ぐ制度です。

申述人	相続人全員が共同して行う必要があります。 ⇒なお、相続放棄をした人は、相続人ではなかったものとみなされるので、それ以外の共同相続人全員で申述することになります。
申述期間	申述は、自己のために相続の開始があったことを知ったときから3か月以内にしなければなりません。 ⇒相続人が、自己のために相続の開始があったことを知ったときから 3 か月以内に相続財産の状況を調査してもなお、相続を承認するか放棄するかを判断する資料が得られない場合には、相続の承認または放棄の期間の伸長の申立てにより、家庭裁判所はその期間を伸ばすことができます。
申述先	被相続人の最後の住所地の家庭裁判所

ここではコレを覚える

過去問 11-10 12-10 13-10 16-10 17-6 20-8 21-9 22-2

□被相続人の子や兄弟姉妹が先に死亡していたり、相続欠格事由に該当していたり、被相続人から廃除されていたりした場合に代襲相続が認められる。ただし、**相続放棄の場合には代襲相続は認められていない**。

□**相続の承認・放棄**は、原則として、自分が相続人になったことを**知った時から** 3 か月以内**に**しなければならない。

(4)相続財産の管理～相続放棄しても保管義務が続く？

①制度の趣旨

2023 年改正前の民法では、相続財産が相続人によって管理されないケースに対応するために、家庭裁判所が、相続財産の管理人を選任するなど相続財産の保存に必要な処分をすることができる仕組みを、①相続人が相続の承認又は放棄をするまで（旧民法 918 条 2 項）、②限定承認がされた後（旧民法 926 条 2 項）、③相続の放棄後次順位者への引継ぎ前（旧民法 940 条 2 項）という具合に、相続の段階ごとに設けていました。

しかし、相続人が不明の場合や、相続人が判明している場合でも単純承認後から遺産分割前までの期間は保存型の財産管理制度を利用できなかったため、相続人に代わって保存行為を行う管理人を選任できず、相続人が適切な保存行為を行わないことで近隣不動産の所有者等が被害を受けることがありました。

②制度の概要

そこで、2023 年改正で、**相続の発生から相続に関する手続が終了するまでのすべての場面で利用できる統一的な保存型相続財産管理制度**が創設されました。

また、**相続放棄者が放棄時に相続財産を占有しているとき**には、相続人または相続財産清算人に対してその財産を引き渡すまでは**自己の財産におけるのと同一の注意をもってその財産を保存しなければならない**ことも明記されました。

③相続財産清算人

家庭裁判所は、利害関係人または検察官の請求によって、いつでも、相続財産清算人の選任その他の相続財産の保存に必要な処分を命ずることができます。

ただし、相続人が 1 人である場合においてその相続人が相続の単純承認をしたとき、相続人が数人ある場合において遺産の全部の分割がされたとき、または相続人不明の際に成立する相続財産法人の清算人が選任されているときはできません。相続財産清算人は、保存行為および利用改良行為ができるほか、裁判所の許可を得て、処分行為をすることもできます。実際には、相続財産の管理費用を捻出するため、その職務に照らして必要かつ相当である範囲内で、相続財産の一部を売却する程度です。

参考資料

相続人のあることが明らかでないときは、相続財産は、法人となります(民法 951 条)。この法人を相続財産法人といいます。なお、家庭裁判所は、利害関係人または検察官の請求によって、相続財産法人の清算人を選任しなければなりません(同法 952 条 1 項)。

④相続放棄者の相続財産の保存義務

相続の放棄をした者は、その放棄の時に相続財産に属する財産を**現に占有しているとき**は、相続人または相続財産の清算人に対して**その財産を引き渡すまでの間、自己の財産におけるのと同一の注意をもって、その財産を保存**しなければなりません。

「現に占有しているとき」に限定するのは、管理に一切関与していない財産についてまで保存義務を負うとすると、相続による不利益を回避するという相続放棄制度の趣旨にそぐわないからです。

また、この「保存」とは、財産を滅失させ、または損傷する行為をしてはならないことのみを意味し、積極的な保存義務を負うことまでは意味していません。相続放棄によって相続人となった者を含む他の相続人のために必要最小限の義務を負わせるという趣旨です。

《空き家問題で相続放棄者の責任が問われる？》

空き家の撤去には 1 件当たり大体 100 万円以上掛かり、相続人が負債を抱えたくないがため相続放棄をした結果、その不利益が地域の税金、地域の住民に及ぶという不都合な結果を招いていました。

2023 年改正で相続財産管理制度が見直されたことに伴い、空き家問題への相続財産管理制度の活用が進む可能性があります。その結果、空き家等の管理に関し、相続財産管理人等の選任が申し立てられ、当該管理人等から相続放棄者への義務違反が追及されることも考えられます。

(5)相続財産の清算に関する規律～相続人不明の場合の手続きは？

民法は、相続人のあることが明らかでない場合には、相続人を捜索する一方で、相続財産を管理し、最終的に清算するための手続を定めています。

まず、相続財産を法人とみなし（相続財産法人）、相続財産の清算人を置いてその管理・清算をなさしめ、相続人が出現すれば法人は最初からなかったこととしつつ清算人がなした行為の効力は維持し、それに対して、相続人が出現しないまま財産の清算が終わり残余があるときは、特別縁故者への財産分与を認めた上で、なお、残余があるとき国庫に帰属させます。

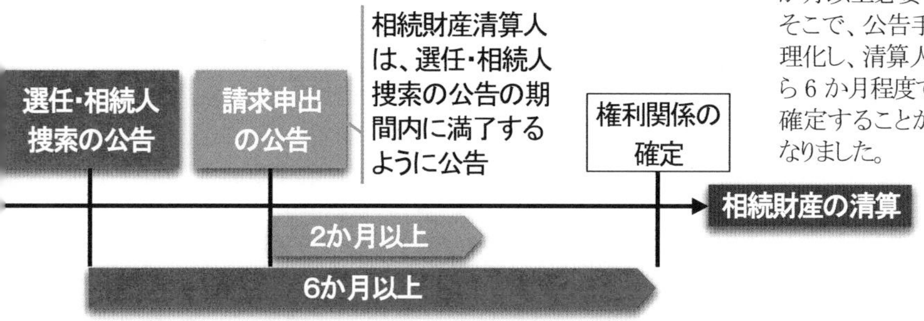

相続財産法人の清算人を**選任**した家庭裁判所は、遅滞なく、その旨および**相続人があるならば**一定の期間内にその権利を主張すべき旨を、最低でも**6か月間公告**しなければなりません（選任・相続人捜索の公告）。

公告があったときは、その清算人は、全ての相続債権者および受遺者に対し、**2か月以上の期間**を定めて、その期間内にその**請求の申出をすべき旨を公告**しなければなりません（請求申出の公告）。その期間は、上記の家庭裁判所が公告した期間内に満了するものでなければなりません。

それはなぜ？

2023 年改正前の民法でも、相続人不明の場合の清算型相続財産管理制度の定めがありました。しかし、旧民法での手続では、清算までの間に3回の公告手続が必要であり、権利関係の確定までに 10 か月以上必要でした。そこで、公告手続を合理化し、清算人選任から6か月程度で権利を確定することが可能となりました。

2-2 共同相続＜法定相続

頻出度 A

嫡出子も非嫡出子も養子も相続分はみな同じです

学習時間 60分

相続分は、被相続人の遺言によるもの（**指定相続分**）と、法律に定められた相続分の割合によるもの（**法定相続分**）に分かれます。

指定相続分または法定相続分と、各相続人が実際に受け取る相続分は異なります。遺産分割手続において、被相続人から生前に特別受益を受けた相続人や被相続人の財産形成に特別の寄与のあった相続人の遺産取得額を増減額したりすることで、共同相続人間の公平を図った上での相続分を具体的相続分といいます。

(1)指定相続分～遺言により相続分を指定できる？

被相続人は**遺言**によって相続分を指定または第三者に委託することができます。たとえば、「全財産の半分を長男に」というように分数的割合で示すものです。

ただし、相続債務（被相続人が負っていた借金等）については、その負担割合を遺言で指定することができません。もし、弁済能力のない者が指定されたりすると、相続債権者が不測の損害をこうむるからです。したがって、指定があった場合でも、その効力は相続債務には及ばず、相続人は法定相続分にしたがって責任を負います。

ただし、相続債権者が共同相続人の一人に対して指定相続分に応じた債務の承継を承認したときは、それに従います。

(2)法定相続分～遺言で指定がされないと法律で決まる？

遺言による相続分の指定がない場合、各相続人の相続分は民法の規定に従います。法定相続分は共同相続する相続人の種類によって異なりますが、同順位の共同相続人が複数いる場合には相続分は原則として均等となり、単独相続の場合は単独相続人が相続順位にかかわらず相続財産全部を取得します。

①子と配偶者が共同相続人

配偶者の相続分は2分の1、子の相続分は2分の1になります。子が複数いる場合は、各自の相続分は均等になります。なお、**実子・養子・非嫡出子の違いによる相続分の差異はありません。**

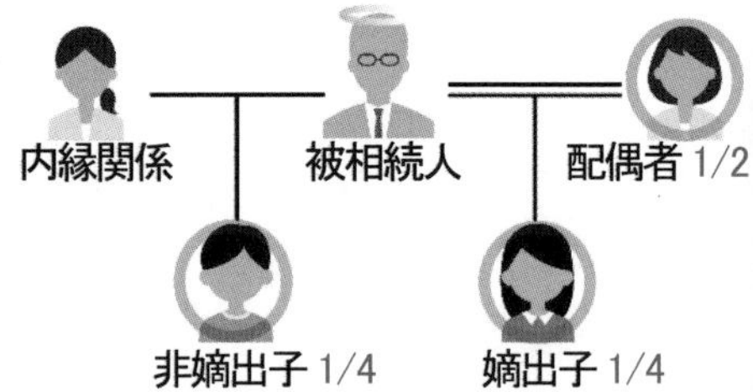

非嫡出子…法律上の婚姻関係がない男女の間に生まれた子

②直系尊属と配偶者が共同相続人

記偶者の相続分は3分の2、直系尊属
の相続分は3分の1です。直系尊属
が複数いる場合は3分の1の相続分
を均分します。図のように両親が健在
の場合の相続分は3分の1を半分に
した6分の1ずつとなります。

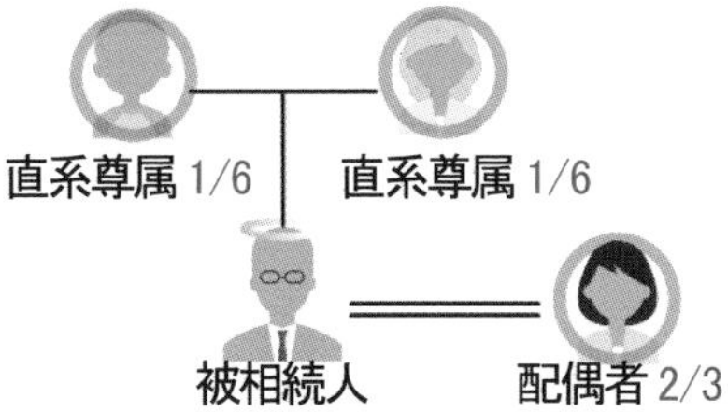

③兄弟姉妹と配偶者が共同相続人

記偶者の相続分は4分の3、兄弟姉妹
の相続分は4分の1です。兄弟姉妹
が複数いる場合は4分の1の相続分
を均分します。

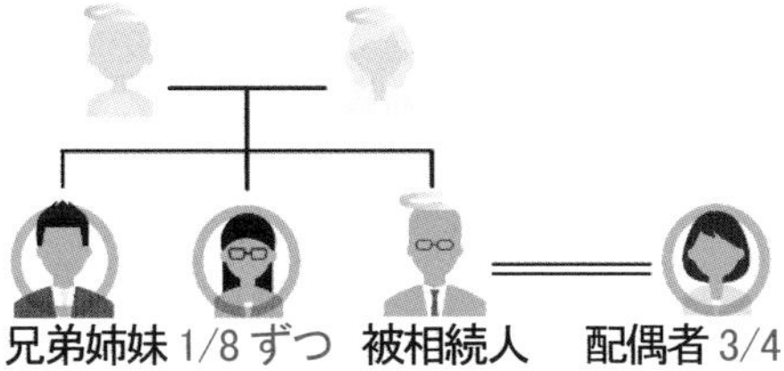

ただし、父母の一方のみを同じくする
半血の兄弟姉妹の相続分は、父母の
双方を同じくする全血の兄弟姉妹の
相続分の2分の1となります。図の場
合は、全血の姉妹が3分の2で、半血
の兄弟が3分の1の相続分となりま
す。

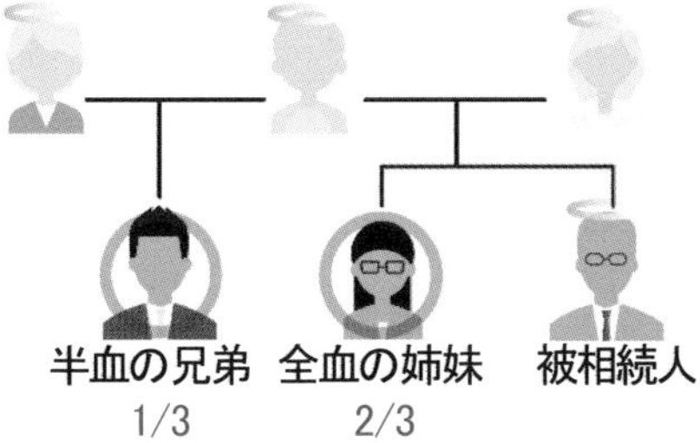

④代襲相続の場合

代襲相続により相続人となる直系卑
属の相続分は、その直系尊属が受
けるべきであったものと同じとなりま
す。直系卑属が複数いる場合は、そ
の各自の直系尊属が受けるべきであ
った部分について、前記①②③に
従ってその相続分が定まります。

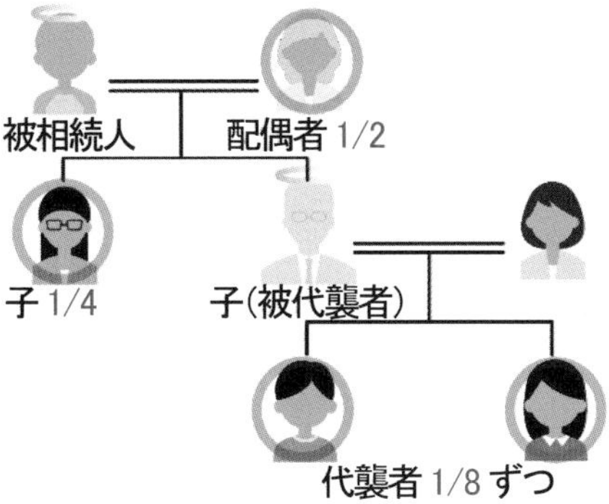

(3)遺産分割～共同相続人の共有になった財産を分けるには？

被相続人が死亡して相続が開始すると、被相続人に属した財産はひとまず**共同相続人全員の共有に属する**ことになります。しかし、ここでの共有状態は、あくまでも各共同相続人の単独所有に移行するまでの暫定的なものにすぎません。遺産分割とは、このような状態を解消して、遺産を具体的に各共同相続人に分けるための手続です。

遺産分割の方法としては、①遺言による分割方法の指定、②共同相続人の協議による分割、③家庭裁判所による分割、があります。

遺産分割は、相続開始の時にさかのぼってその効力を生じます。ただし、**第三者の権利を害することはできません**。この「第三者」とは、相続開始後、遺産分割までの間に、個々の遺産の法定相続分に相当する財産を譲り受けた者をいいます。

参考資料

被相続人が有していた預貯金債権について、各共同相続人は、相続開始時の預貯金債権額の3分の1に、払い戻しを求める相続人の法定相続分を乗じた額について、単独で権利を行使できます。その預貯金債権については、その共同相続人が遺産の一部分割により取得したものとみなされます。なお、上限額は金融機関ごとに150万円です。

突然の死により共同相続人の生活が危うくならないための措置です。

付け足し 共同相続における権利の承継の対抗要件

たとえ遺言で相続分の指定や遺産分割方法の指定があっても、登記等の対抗要件を備えないと、**法定相続分を超える部分**は第三者に対抗できません。遺言によって登記がなくても対抗できる状態を作ることを防止するのが目的です。

ここではコレを覚える 過去問 12-10 14-10 17-6,9 18-10 19-6 23-1

□被相続人の子が非嫡出子であっても相続分に違いはない。

□遺産の分割は、相続開始の時にさかのぼってその効力を生じるが、第三者の権利を害することはできない。

4)期間経過後の遺産の分割における相続分～長期間の放置は？

①制度趣旨

相続が発生したにもかかわらず、不動産等の遺産について遺産分割がされないまま長期間放置されると、その間に相続が繰り返されて多数の相続人による遺産共有状態となり、その一部が所在不明になるなどして、所有者不明土地が発生することが少なくありません。

しかし、遺産分割の際には、法律で定められた相続分(法定相続分)等を基礎としつつ、個別の事情を考慮した具体的相続分を算定するのが一般的ですが、遺産が分割されないまま長期間が経過すると、生前贈与や寄与分に関する書証等が散逸し、関係者の記憶も薄れることから、具体的相続分の算定が困難になり、遺産分割の支障となるおそれがあります。

②原則

そこで、相続開始の時から10年を経過した後にする遺産の分割については、原則として、法定相続分または指定相続分を分割の基準とし、具体的相続分を適用しないことになっています。

その結果、相続人が具体的相続分による遺産分割を求める場合には、基本的に、10年が経過する前に遺産分割の請求をする必要があることとなります。

③例外

ただし、次の場合には、引き続き、具体的相続分により分割されます。

1.10年経過前に、相続人が家庭裁判所に遺産の分割請求をしたとき
2.10年の期間満了前6か月以内に、遺産分割請求をすることができないやむを得ない事由が相続人にあった場合で、その事由消滅時から6か月経過前に、その相続人が家庭裁判所に遺産の分割請求をしたとき

なお、相続人全員が具体的相続分による遺産分割をすることに合意した場合にも、具体的相続分による遺産分割が可能です。

法定相続分…法律が定めた遺産の取り分。
指定相続分…遺言によって指定された遺産の取り分。
具体的相続分…個別の事情(亡くなるまで介護をしたなど)を考慮した遺産の取り分。

(5)裁判による共有物分割〜遺産共有持分が含まれる共有物分割手続

「本編第5章 物に対する権利(物権)3-3 共有の(6)」で解説したとおり、相続が発生した場合、相続開始から遺産分割が終了するまでは、遺産は相続人間での共有となります(遺産共有)。

通常共有…遺産共有に該当しないものをいいます。物権共有ともいいます。
遺産共有…相続財産であり、遺産分割が完了していない相続財産をいいます。

たとえば、ある物件を兄妹間で共有していたが(通常共有)、兄が死亡した場合、死亡者の財産についての遺産分割が終わるまでは、兄の共有持分は相続人間の共有(遺産共有)となるため、その物件については、理論上、通常共有と遺産共有が併存することになります。
このように通常共有と遺産共有が併存する場合、共有物分割と遺産分割の両方を行わなければ遺産共有持分の分割ができません。
ただし、相続開始の時から10年が経過した場合、相続人から異議等がなければ共有物分割訴訟のみで遺産共有持分の分割ができます。
なお、共有物分割をする際の遺産共有持分の解消は、具体的相続分ではなく法定相続分または指定相続分が基準となります。

付け足し　相続土地国庫帰属制度の創設

都市部への人口移動や人口の減少・高齢化の進展などを背景に、土地の利用ニーズが低下する中で相続を契機として取得した土地所有に対する負担感が増加しており、このような土地が所有者不明土地の予備軍になっているといわれています。
そこで、所有者不明土地の発生予防の観点から、新たに「相続等により取得した土地所有権の国庫への帰属に関する法律(相続土地国庫帰属法)」が令和3年4月28日に公布され、相続等によって土地の所有権を取得した相続人が、今後その土地を利用する予定がない場合、法務大臣の承認により、土地を手放して国庫に帰属させることを可能とする制度が新たに創設されました。

申請人》

基本的に、相続や遺贈によって土地の所有権を取得した相続人であれば申請できます。制度の開始前に土地を相続した方でも申請することができますが、売買等によって任意に土地を単独で取得した方や法人は対象になりません。

また、土地が共有地である場合には、相続や遺贈によって持分を取得した相続人を含む共有者全員で申請する必要があります。

申請対象となる土地》

通常の管理または処分をするにあたって過大な費用や労力が必要となる土地については国庫帰属が認められません。以下の土地が主な例です。

①建物、工作物、車両等がある土地	②土壌汚染や埋設物がある土地
③危険な崖がある土地	④境界が明らかでない土地
⑤担保権などの権利が設定されている土地	⑥通路など他人による使用が予定される土地

要件審査・承認》

申請後、法務局による書面審査や実地調査が行われます。なお、運用において、国や地方公共団体に対して、承認申請があった旨を情報提供し、土地の寄附受けや地域での有効活用の機会を確保することが予定されています。

負担金の納付》

申請時に審査手数料を納付するほか、国庫への帰属について承認を受けた場合には、負担金(10 年分の土地管理費相当額)を納付する必要があります。

3-1 遺言の方式＜遺言

頻出度 A

手書きの自筆証書遺言以外にも遺言の方式があります

学習時間 30分

それはなぜ？

民法に定める権利や義務は、生きている人しか持てないことになっています。したがって、死亡した後には、財産を持てず、その財産を他人にあげることもできません。だから、相続という制度が必要となるのですが、生前は自分のものだった財産等は、できれば死んだ後も自分の好きなようにできるようにしたいと思うのが人情です。この要望に応えたものが遺言です。

遺言(いごん)とは、被相続人の最終の意思表示のことです。遺言を作成しておくことにより、相続財産の承継について、被相続人自身の意思を反映させることが可能となります。

(1)遺言能力～遺言は 15 歳になってから？

遺言をするには、一応の判断能力が必要です。ただ、行為能力の制度と異なり、15 歳**を年齢的な基準**とし、**意思能力がある限り法定代理人の同意等を必要とすることなく遺言ができます。**

なお、成年被後見人の場合は、事理を弁識する能力を一時回復した時に、医師 2 人以上の立会いがあれば、遺言できます。

(2)遺言の方式～遺言は、どのように行うの？

遺言は民法の定める方式に従わなければ効力がありません。死亡後にその真意を本人に確かめることも立証も困難なので、遺言には厳格な方式が求められています。

民法には、普通方式と特別法式の 2 つが定められています。普通方式には、**自筆証書**、**公正証書**、**秘密証書**の 3 種類があります。

この普通方式によることができない特別の場合、たとえば死亡の危急が迫ったときや隔絶された場所にあるときには、特別に簡易な方式が用意されています。

(3)自筆証書遺言～全文を自書しないとだめ？

自筆証書によって遺言をするには、遺言者が、その**全文**、**日付および氏名**を**自書**し、これに**印**を押さなければなりません。

ただし、相続財産をすべて書き出すのは大変なので、本来自筆証書に書くべき財産目録については自書する必要がありません。

この場合、遺言者は、その目録の各ページに署名・押印しなければなりません。

(4)公正証書遺言～公証人役場で口授して作成する？

遺言者が公証人へ口頭で遺言の内容を伝え、公証人が作成し保管する形式の遺言書です。

公正証書遺言は、家庭裁判所の検認が要らないことや、偽造・紛失の可能性がなくなるというメリットがありますが、遺言内容を公証人や証人に知られてしまうというデメリットもあります。

公正証書遺言を作成するには 2 人以上の証人を立ち会わせる必要があ

ます。ただし、**未成年者、遺言者の推定相続人と受遺者(遺贈を受ける人)、配偶者と直系血族、公証人の配偶者、四親等内の親族、書記と使用人は証人となることができません。**

公証人が筆記した遺言書に遺言者・承認・公証人が署名・押印することで公正証書遺言が完成します。

5)秘密証書遺言～内容を知られずに遺言を書く方法は？

遺言者が封じた遺言書を公証人が公証した遺言書です。遺言の存在は明確にしておきたいが、その内容を自分の生前は秘密にしておきたいときに使います。

秘密証書遺言を作成するには、遺言者が、①その証書に署名・押印し、②それを封じ、証書に用いた印章をもってこれに封印し、③公証人 1 人と証人 2 人以上の前に封書を提出して、自己の遺言書である旨とその筆者の氏名・住所を申述し、④公証人が、その証書を提出した日付と遺言者の申述を封紙に記載した後、遺言者と証人とともにこれに署名・押印する必要があります。

なお、上記の方式に欠けるものがあっても、自筆証書としての条件を備えているときは、自筆証書遺言による遺言として効力を有します。

10
相続

付け足し 特別方式による遺言

1. 疾病その他の事由によって死亡の危急に迫った者が遺言をしようとするときは、証人 3 人以上の立会いをもって、その 1 人に遺言の趣旨を口授して、これをすることができます(**死亡危急時の遺言**)。
2. 伝染病のため行政処分によって交通を断たれた場所に在る者は、警察官 1 人および証人 1 人以上の立会いをもって遺言書を作ることができます(**伝染病隔離者の遺言**)。
3. 船舶中に在る者は、船長又は事務員 1 人及び証人 2 人以上の立会いをもって遺言書を作ることができます(**在船者の遺言**)。

ここではコレを覚える 過去問 10-10 13-10 15-10

□15 歳に達した者は遺言をすることができる。
□成年被後見人が事理を弁識する能力を一時回復した時において遺言をするには、医師 2 人以上の立会いがなければならない。被保佐人や被補助人が遺言するには制約がない。

3-2 遺言の効力＜遺言

頻出度 A

遺言は最後に書いたものが優先します

学習時間 30分

(1)遺言の効力発生時期〜いつ遺言は効力をもつの？

遺言は、遺言者の生前に成立しますが、その効力は、遺言者が死亡したときに生じます。
ただし、遺言者は、「娘のAが婚姻したときに下記の不動産を同人に遺贈する」というような条件を付けることもできます。このような場合は条件が満たされたときにその効力が生じます。

(2)共同遺言の禁止〜夫婦なら1つの証書で遺言ができるの？

参考資料
1通の証書に2人の遺言が記載されている場合であっても、その証書が各人の遺言書の用紙をつづり合わせたもので、両者が容易に切り離すことができるときは共同遺言に当たりません。

遺言は1人で書かなければなりません。「AがBに先に死んだらBに、Bが先に死んだら私に、各々その遺産の全部を与える」というような遺言（共同遺言）は禁止されています。

(3)遺言の撤回・変更〜遺言を撤回したり、変更したりできるの？

遺言は、契約のように相手方の同意などは不要です。単独で思うところを書けます。したがって、それを**撤回するのも自由**にできます。ただ、遺言の撤回は口頭ではできず、**遺言書で行う必要があります**。また、**遺言した内容と異なる行動をとっても遺言を撤回したことになります**。
また、自筆証書遺言と秘密証書遺言の場合、書き足したり、一部削除したり、変更したりする場合は、遺言者が、その場所を指示し、これを変更した旨を付記して特にこれに署名し、かつ、その変更の場所に印を押さなければ、その効力を生じません。
なお、公正証書遺言には上記のような加除の規定はありません。

(4)前の遺言と後の遺言の抵触〜複数の遺言が出てきたら？

遺言が複数あり、前の遺言と後の遺言が抵触するという場合があります。その場合には、**前の遺言の抵触部分は、後の遺言によって撤回されたとみなされます**。その部分では後の遺言が優先します。

(5)検認〜遺言書が見つかったら？

また、葬式前に書斎から遺言書が見つかることもあるでしょう。ほとんどの場合、それは本物なのでしょうが、念のため**遺言者の真意を確保するためそのまま家庭裁判所に提出して検認という手続をとらなければなりません**。ただし、公正証書遺言**の場合はこのような手続きは要りません**。
なお、**もし検認の手続を経なかった場合でも遺言が**無効になるわけではありません。

6)遺贈～包括遺贈と特定遺贈では何が違うの？

①遺贈とは

遺贈とは、遺言による財産の無償譲与をいいます。受遺者に一定の負担を負わせることもできます(負担付遺贈)。遺言がなければ法定の割合で相続人たちに帰属すべき財産について、それと異なる処分をするものです。

また、遺贈は単独行為なので、その効力発生に受遺者の同意を必要としませんが、受遺者は遺贈を承認し、または放棄することができます。

②遺贈の種類

遺贈には包括遺贈と特定遺贈があります。

包括遺贈は、積極・消極の財産を包括する相続財産の全部またはその分数的部分ないし割合による遺贈をいいます。たとえば、「相続財産の半分を、または 4 割を A に遺贈する」といったものです。

特定遺贈は、特定の具体的な財産的利益の遺贈をいいます。たとえば、「自宅である甲不動産は A に遺贈する」といったものです。

③遺贈の効果

包括遺贈の場合、包括受遺者は、相続人と同一の権利義務を有します。イメージとしては、遺言で定められた割合の相続分を有する相続人が 1 人増えたと考えるとよいでしょう。したがって、他の相続人との間には共同相続人相互の間におけるのと同様の関係が生じます。つまり、共同所有の関係になり、分割の協議をすることになります。

特定遺贈の場合、特定受遺者は特定の財産権について贈与契約における受贈者と同様の立場になります。**遺言の効力が生じるのと同時に、受遺者は当然に権利を取得します**。つまり、不動産などの特定物は所有権移転の効果が生じ、金銭などの場合はこれを請求する債権が成立します。

遺贈義務者は、受遺者に対して、遺贈の目的である物または権利を相続開始の時の状態で引渡しまたは移転する義務を負います。

用語

受遺者…遺贈を受ける者として遺言中に指定されている者をいいます。

付け足し

遺贈義務者(遺贈の履行をする義務を負う者)その他の利害関係人は、受遺者に対し、相当の期間を定めて、その期間内に遺贈の承認または放棄をすべき旨の催告をすることができ、受遺者がその期間内に遺贈義務者に対してその意思を表示しないときは、遺贈を**承認したものと**みなされます。

ここではコレを覚える 過去問 10-10 15-10

□遺言は、2 人以上の者が同一の証書ですることができない。

□遺言書の保管者等は、相続の開始を知った後、遅滞なく、これを家庭裁判所に提出して、その検認を請求しなければならない。ただし、公正証書による遺言については検認の必要はない。

□検認手続をしなかったからといって直ちに遺言が無効となるものでない。

□遺言者は、いつでも、遺言の方式に従って、その遺言の全部または一部を撤回することができる。前の遺言が後の遺言と抵触するときは、その抵触する部分については、後の遺言で前の遺言を撤回したものとみなされる。

頻出度

A

3-3 遺留分く遺言

遺言で全財産が特定の人に遺贈されても一部取り戻せます

学習時間 30分

遺言があっても、兄弟姉妹以外の相続人は、最低限の取り分として、一
額を確保することができることになっています。これを遺留分といい、こ
遺留分を有する者を遺留分権利者といいます。

それはなぜ？

遺言者は、遺言によって自己の財産を誰にどれだけ受け取らせるかを決めることができますが、これを無制限に認めてしまうと、最も身近な配偶者や子などが、遺言者の死後に苦しい生活を強いられる可能性があります。

(1)遺留分権利者と遺留分

遺留分を有するのは**兄弟姉妹以外の相続人**です。
また、遺留分は、直系尊属のみが相続人の場合は被相続人の財産の
分の 1 が遺留分となります。それ以外の場合は 2 分の1が遺留分となり
す。

(2)遺留分を算定するための財産の価額～生前贈与も加える？

遺留分を算定するための財産の価額は、被相続人が相続開始の時に
いて有した財産の価額に、その贈与した財産の価額を加えた額から債
の全額を控除した額となります。

遺留分算定の財産価額 ＝ 生前贈与した額 ＋ 遺産 － 借金

条件付きの権利または存続期間の不確定な権利は、家庭裁判所が選
した鑑定人の評価に従って、その価格を定めます。

付け足し

負担付贈与がされた場合には、贈与した価額は、その目的の価額から負担の価額を控除した額となります。当事者双方が遺留分権利者に損害を加えることを知って、不相当な対価でした有償行為は、その対価を負担の価額とする負担付贈与とみなされます。

《相続人以外の者への贈与》

相続人以外の者への贈与は、**相続開始前の 1 年間**にしたもののすべ
及び 1 年前の日より前でも当事者双方が遺留分権利者に損害を加える
とを知ってした贈与を加算します。

《相続人への贈与(特別受益分)》

相続人に対する贈与は、**相続開始前の 10 年間**にしたもののすべて、
よび 10 年前の日より前でも当事者双方が遺留分権利者に損害を加え
ことを知ってした贈与(婚姻もしくは養子縁組のためまたは生計の資本
して受けた贈与に限定されます。)を加算します。

(3)遺留分侵害額を請求

**遺留分まで遺贈したとしても、その行為自体が無効となることはありま
ん**。しかし、その部分は、遺留分を侵害していることになるので、遺留
権利者は遺留分に相当する割合の金額を請求することができます。こ
を**遺留分侵害額請求権**といいます。
ただし、遺留分権利者が相続の開始および遺留分を侵害する贈与ま
は遺贈があったことを知った時から**1 年間**行使しないときは時効によっ
消滅し、相続の時から**10 年**を経過した時も消滅します。

4)実際の計算方法

が 4,000 万円相当のマンションと 600 万円の預貯金、配偶者 A と子 B
のみを遺し死亡した場合で、遺言書にマンションを A に遺贈する旨が記
されていた場合の B の遺留分侵害額を計算してみましょう。

遺留分:(4,000 万円+600 万円)×1/2×1/2=1,150 万円
控除分:600 万円×1/2=300 万円(B が相続する預貯金分)
B が請求できる遺留分侵害額:1,150 万円−300 万円=850 万円

以上のように、実際に請求できる遺留分侵害額は、相続や遺贈を受けた
財産を控除して算出します。

5)生前の遺留分放棄〜遺留分はあらかじめ放棄できるの?

生前の遺留分放棄には家庭裁判所の許可を受ける必要があります。

遺留分権利者が数人いる場合に、各自の遺留分はそれぞれ独立であり、
その算定は一人ひとりについて行われ、その行使も各自の自由にまかさ
れていて、共同の行為に出る必要はありません。したがって、**一部の者
が遺留分を放棄**しても、**他の者の遺留分がそれだけ増えるわけではあり
ません**。

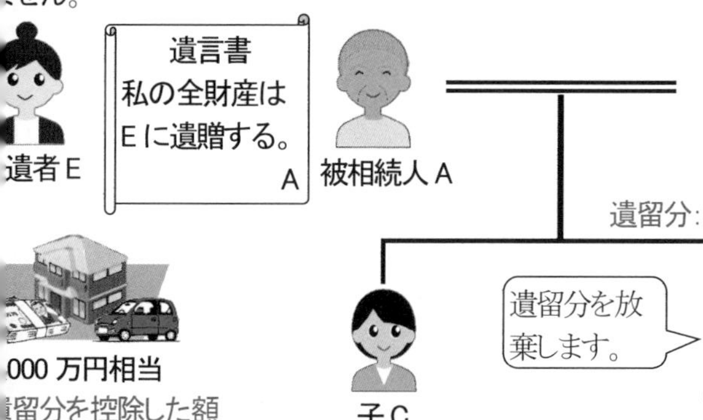

なお、遺留分の放棄は、相続人としての権利に影響しません。たとえば、
遺贈を受けた者に対して遺留分を放棄した場合でも、その前提となる遺
言が無効であったときは、通常の法定相続が行われ、遺留分放棄した者
も相続権を主張できます。

それはなぜ?

遺留分は、被相続人の行き過ぎた遺贈から、遺留分権利者の法定相続権を保護するものなので、被相続人が死亡した後に、遺留分侵害額の請求を行うかどうかは遺留分権利者の自由です。しかし、被相続人が生きている間に、無条件で遺留分の放棄を認めることは、遺留分という制度自体を否定することになりかねません。

10 相続

ここではコレを覚える 過去問 12-10 13-10 22-2

- □兄弟姉妹に遺留分はない。
- □遺留分を侵害する遺言は当然には無効にならない。
- □相続の開始前における遺留分の放棄は、家庭裁判所の許可を受けたときに限り、有効となる。

A

4-1 配偶者の居住の権利

配偶者は思い出の自宅に住み続けられます

学習時間 30分

それはなぜ？

たとえば、AB夫婦がA所有の建物に居住しており、その後Aが死亡し、相続人がBと、Aの前婚の子Cの2人だったとします。BとCの仲が悪く、その建物にBが居住し続けることに難色を示した場合、Bにとって酷な結果になることがあります。そこで、遺言や遺産分割により、居住建物の所有権をCが相続し、Bが配偶者居住権を取得することで、被相続人死亡後の配偶者の居住権を長期的に保護するために、創設されました。

パートナーを亡くした配偶者が無償で建物に住み続けることができる権利を配偶者の居住権といいます。

(1)配偶者居住権の要件

この配偶者居住権が認められる要件としては、①被相続人の財産に属した建物に**相続開始の時に居住**していたこと、及び、②**遺産分割**で配偶者が居住権を取得するか、③配偶者居住権が**遺贈**の目的とされることが必要です。

なお、居住建物が配偶者の財産に属することとなった場合であっても、他の者がその共有持分を有するときは、配偶者居住権は、消滅しません。また、配偶者居住権については相続財産から外されます。

(2)家庭裁判所による配偶者居住権の取得の決定

遺産の分割の請求を受けた家庭裁判所は次のいずれかの場合に限って配偶者居住権を取得する旨を定めることができます。

①共同相続人間に配偶者が配偶者居住権を取得することについて**合意が成立**しているとき
②配偶者が家庭裁判所に対して配偶者居住権の取得を希望する旨を申し出た場合において、居住建物の所有者の受ける不利益の程度を考慮してもなお**配偶者の生活を維持するために特に必要がある**と認めるとき

(3)配偶者居住権の存続期間

配偶者居住権の存続期間は**配偶者が死ぬまで**です。ただし、遺産の分割の協議もしくは遺言に別段の定めがあるとき、または家庭裁判所が遺産の分割の審判において別段の定めをしたときは、その定めによります。したがって、配偶者居住権は、配偶者の死亡によって、その相続人に相続されることはありません。

(4)登記協力義務～配偶者居住権に第三者対抗力はあるの？

配偶者居住権を取得した配偶者は、居住権があることを第三者に対抗するために登記をする必要があります。所有者にはその登記に**協力する義務**があります。

配偶者居住権は賃借権とは異なり、占有や引渡しだけで第三者に対抗することができない点が特徴です。

(5)配偶者の権利・義務

①自分の建物と同様の使い方ができるの？

配偶者は、従前の用法に従い、**善良な管理者の注意**をもって、居住建物の使用および収益をしなければなりません。なお、以前は店舗などとして使っていた部分について、店舗の営業をやめたような場合は、その部分についても居住のために使うことができます。

②配偶者居住権を譲渡できるの？

配偶者居住権を他人に**譲渡**することはできません。残された配偶者の住居を確保することが目的の制度だからです。

③居住建物を他人に賃貸できるの？

配偶者は、居住建物の所有者の承諾を得なければ、居住建物を増改築したり、第三者に使用させたりすることもできません。したがって、所有者の承諾が得られれば賃貸することができます。

④無断で他人に貸したり、増改築したりするとどうなるの？

配偶者が、①の善管注意義務に違反したり、③に違反して無断で増改築したり、他人に貸し出したりした場合において、居住建物の所有者が相当の期間を定めてその是正の催告をし、その期間内に是正がされなかったときは、居住建物の所有者は、配偶者居住権を消滅させることができます。

(6)修繕・必要費～建物が老朽化してきた場合は？

配偶者は、居住建物の使用及び収益に**必要な修繕をすることができます**。ただし、居住建物の修繕が必要である場合で、配偶者が相当の期間内に必要な修繕をしないときは、居住建物の所有者は、その修繕をすることができます。

また、配偶者は、無償で使用する以上、**通常の必要費は自ら負担**しなければなりません。ただし、特別の必要費（災害等で建物が大きく損傷した場合の修繕費など）や有益費については所有者が負担します。

(7)権利の消滅～期間が満了したら返還するの？

配偶者は、期間を定めた配偶者居住権の期間が満了した場合など、その権利が消滅したときは、居住建物の返還をしなければなりません。ただし、配偶者が居住建物について共有持分を有する場合は、居住建物の所有者は、配偶者居住権が消滅したことを理由としては、居住建物の返還を求めることができません。

そして、返還する際は、賃借人の原状回復義務と同様の義務が発生します。

(8)配偶者の死亡

配偶者居住権は、期間満了や**配偶者の死亡**、建物滅失等の場合はもう存続させる必要がありませんので、消滅します。

ここではコレを覚える 過去問 21-4 23-7

□配偶者居住権が認められる要件は、①被相続人の財産に属した建物に相続開始の時に居住していたこと、及び、②**遺産分割**で配偶者が居住権を取得するか、③配偶者居住権が**遺贈**の目的とされることが必要である。

□配偶者居住権の存続期間は、配偶者の**終身**の間である。

□配偶者居住権を取得した配偶者は、居住権があることを第三者に対抗するために**登記**をする必要がある。

頻出度 C

4-2 配偶者短期居住権

配偶者が半年間は出て行かなくてもよい制度です

学習時間 10分

配偶者短期居住権は、配偶者が相続開始時に受けている居住の利益を、その後も一定期間保護するためのものです。
配偶者短期居住権は、遺産分割によって建物の帰属が確定した日か相続開始時から6か月経過した日のどちらか遅い日、つまり、**少なくとも相続開始から6か月間は認められます。**

(1)配偶者の権利・義務

まず、配偶者短期居住権の場合も、配偶者は従前の用法に従って使用収益しなければならず、善管注意義務を負います。ただし、相続開始時に店舗として使用していた部分については、店舗としては使用できますが、それ以外の用法での使用は認められません。
次に、無断で第三者に使用させることはできません。
もし、上記に違反した場合には、所有者は、配偶者短期居住権の消滅請求ができます。

(2)権利の消滅～一定期間が経過したら返還するの？

配偶者は、期間が満了した場合など、その権利が消滅したときは、居住建物の返還をしなければなりません。ただし、配偶者が居住建物について共有持分を有する場合は、居住建物の所有者は、配偶者短期居住権が消滅したことを理由としては、居住建物の返還を求めることができません。そして、返還する際は、賃借人の原状回復義務と同様の義務が発生します。

(3)配偶者の死亡

配偶者短期居住権も、期間満了や配偶者の死亡、建物滅失等の場合はもう存続させる必要がありませんので、消滅します。

それはなぜ？

配偶者が高齢の場合など、被相続人が死亡した後で遺産分割が行われ、すぐに対応できない場合があるからです。

付け足し

配偶者短期居住権を有する配偶者が、その建物について長期の配偶者居住権を取得すれば、配偶者短期居住権は消滅します。もう必要なくなるからです。

ここではコレを覚える

□配偶者短期居住権は、次のいずれかの日までの間に、その居住していた建物の所有権を相続または遺贈により取得した者に対し、無償で使用する権利をいう。
①居住建物について配偶者を含む共同相続人間で遺産の分割をすべき場合で遺産の分割により居住建物の帰属が確定した日または相続開始の時から6か月を経過する日のいずれか遅い日
②①以外の場合で居住用建物取得者による配偶者短期居住権の消滅の申入れの日から6か月を経過する日

ここを押さえる過去問1・2・3

問1　Aの過失による加害行為がBからの不法行為に対して自らの利益を防衛するためにやむを得ず行ったものであっても、Aは不法行為責任を負うが、過失相殺をすることができる。(2008)

問2　不法行為による損害賠償債務の不履行に基づく遅延損害金債権は、当該債権が発生した時から10年間行使しないことにより、時効によって消滅する。(2014)

問3　Aに雇用されているBが、勤務中にA所有の乗用車を運転し、営業活動のため得意先に向かっている途中で交通事故を起こし、歩いていたCに危害を加えた。Aの使用者責任が認められてCに対して損害を賠償した場合には、AはBに対して求償することができるので、Bに資力があれば、最終的にはAはCに対して賠償した損害額の全額を常にBから回収することができる。(2012)

問4　Aの被用者Bと、Cの被用者Dが、A及びCの事業の執行につき、共同してEに対し不法行為をし、A、B、C及びDが、Eに対し損害賠償を負担した。Aは、Eに対するBとDの加害割合が6対4である場合は、Eの損害全額の賠償請求に対して、損害の6割に相当する金額について賠償の支払をする責任を負う。(2002)

問5　Aが1人で居住する甲建物の保存に瑕疵があったため、令和5年7月1日に甲建物の壁が崩れて通行人Bがケガをした。Aが甲建物をCから賃借している場合、Aは甲建物の保存の瑕疵による損害の発生の防止に必要な注意をしなかったとしても、Bに対して不法行為責任を負わない。(2021)

問6　Aが1人で居住する甲建物の保存に瑕疵があったため、令和5年7月1日に甲建物の壁が崩れて通行人Bがケガをした。Aが甲建物を所有している場合、Aは甲建物の保存の瑕疵による損害の発生の防止に必要な注意をしたとしても、Bに対して不法行為責任を負う。(2021)

問7　相続回復の請求権は、相続人又はその法定代理人が相続権を侵害された事実を知ったときから5年間行使しないときは、時効によって消滅する。(202

問8　1億2,000万円の財産を有するAが死亡した。Aには、配偶者はなく、子B、C、Dがおり、Bには子Eが、Cには子Fがいる。Bは相続を放棄した。また、Cは生前のAを強迫して遺言作成を妨害したため、相続人となることができない。この場合、Dが6,000万円、Fが6,000万円となる。(2017)

問9　夫婦又は血縁関係がある者は、同一の証書で有効に遺言をすることができる。(2010)

問10 Aには死亡した夫Bとの間に子Cがおり、Dには離婚した前妻Eとの間に子F及び子Gがいる。Fの親権はEが有し、Gの親権はDが有している。AとDが婚姻した後にDが令和5年7月1日に死亡した場合における法定相続分は、Aが2分の1、Fが4分の1、Gが4分の1である。(2021)

問11 被相続人の生前においては、相続人は、家庭裁判所の許可を受けることにより、遺留分を放棄することができる。(2022)

問12 被相続人Aの配偶者Bが、A所有の建物に相続開始の時に居住していたため、遺産分割協議によって配偶者居住権を取得した。配偶者居住権の存続期間中にBが死亡した場合、Bの相続人CはBの有していた配偶者居住権を相続する。(2021)

問13 被相続人Aの配偶者Bが、A所有の建物に相続開始の時に居住していたため、遺産分割協議によって配偶者居住権を取得した。Bは、配偶者居住権の存続期間内であれば、居住している建物の所有者の承諾を得ることなく、第三者に当該建物を賃貸することができる。(2021)

問14 甲建物を所有するAが死亡し、Aの配偶者Bが甲建物の配偶者居住権を、Aの子Cが甲建物の所有権をそれぞれ取得する旨の遺産分割協議が成立した。遺産分割協議において、Bの配偶者居住権の存続期間が定められなかった場合、配偶者居住権の存続期間は20年となる。(2023)

問15 甲建物を所有するAが死亡し、Aの配偶者Bが甲建物の配偶者居住権を、Aの子Cが甲建物の所有権をそれぞれ取得する旨の遺産分割協議が成立した。Cには、Bに対し、配偶者居住権の設定の登記を備えさせる義務がある。(2023)

問1:(×)正当防衛の場合は責任を負いません。 問2:(×)10年ではありません。 問3:(×)全額を常に回収できるわけではありません。 問4:(×)全額を支払う責任があります。 問5:(×)占有者のAは必要な注意をしなかった場合には責任を負います。 問6:(○) 問7:(○) 問8:(○) 問9:(×)できません。 問10:(○) 問11:(○) 問12:(×)相続しません。 問13:(×)所有者の承諾が必要です。 問14:(×)20年になるのではありません。 問15:(○)

第11章
貸 借

過去10年の出題分析

出題年 テキスト項目	14	15	16	17	18	19	20	21	22	23
第11章全体	●	●	●	●	●	●	●	●	●	●
1 賃借権・借家権・借地権								●		
2 賃貸借の存続期間	●			●	●	●				●
3 賃貸借の更新		●	●	●	●	●	●			●
4 賃借権・借家権・借地権の対抗要件	●	●	●	●	●	●	●		●	
5 賃貸人の義務（賃借人の権利）		●	●				●		●	●
6 賃借人の義務（賃貸人の権利）	●			●	●		●			
7 賃料等の増減額請求		●		●			●			●
8 賃借権の譲渡・転貸	●								●	●
9 転借人の地位	●	●	●	●		●				
10 敷金			●				●	●	●	
11 賃貸借契約の終了	●	●	●	●				●		●
12 借地上の建物の滅失と再築									●	
13 定期建物賃貸借等	●	●	●	●	●	●	●	●	●	
14 定期借地権等			●	●	●	●		●		●
15 使用貸借		●								

※出題されている年度に●を記入しています。

1 賃借権・借家権・借地権

頻出度 C

民法は万民平等、借地借家法は賃借人保護が趣旨です

学習時間 10分

それはなぜ？

借地借家法は、建物の賃貸借や建物所有目的の土地賃貸借などについて、民法の規定を修正する法律です。賃貸借については、民法に一般的な規定がありますが、建物と土地の賃貸借契約については、弱い立場にある賃借人を保護するために借地借家法が民法に修正を加えています。

用語

借地権者…借地権を有する者
借地権設定者…借地権者に対して借地権を設定している者

(1) 民法と借地借家法の関係

借地借家法は、建物の賃貸借契約と、建物所有を目的とする地上権または土地の賃借権(借地権)に適用される法律です。**間借りや使用貸借には適用されません**。また、建物の賃貸借であっても、一時使用のために建物を賃借したことが明らかな場合には適用されません。

また、建物賃貸人と建物賃借人、または借地権設定者と借地権者が、借地借家法の規定と異なる特約を結んだ場合、その**内容が建物賃借人または借地権者に不利であれば、原則として、その特約は無効**となります。さらに、民法と借地借家法が競合した場合、**借地借家法が優先**します。借地借家法が定めていない点については民法が適用されます。

(2) 民法上の貸借～種類がいろいろあるの？

民法上、貸借に関する契約には、①賃貸借、②消費貸借、③使用貸借の3種類が規定されています。

	内容
賃貸借	賃貸人が賃借人に目的物を使用収益させ、それに対して賃借人が対価を支払うこと及び引渡しを受けた物を契約が終了したときに返還することを約束する契約
使用貸借	貸主が目的物を引き渡すことを約し、借主がその受け取った物について無償で使用及び収益をして契約が終了したときに返還をすることを約束する契約
消費貸借	金銭その他の代替物を借りて、後日、これと同種・同等・同量の物を返還することを約束する契約

(3) 借家権と借地権

借地借家法上、借家権という言葉が規定されているわけではありませんが、建物の賃借権契約により発生する賃借権のことを借家権と呼ぶことがあります。また、借地借家法上、**建物の所有を目的とする地上権または土地の賃借権**を借地権といいます。物権の1つである地上権も含めて借地となっている点に特徴があります。

ここではコレを覚える

□建物の所有を目的とする土地の賃借権と地上権を借地権という。
□民法と借地借家法が競合した場合、借地借家法が優先する。

2 賃貸借の存続期間

民法は 50 年以内、借家は制限なし、借地は 30 年以上です

学習時間 20分

1)民法上の賃借権の存続期間～賃借権はいつまで続くの？

民法上の賃貸借の存続期間は、**上限が 50 年**となっています。契約でこれより長い期間を定めた場合でも、その期間は 50 **年**となります。それに対して、下限については、民法に規定がありません。

2)借地借家法上の借家権の存続期間～上限はないの？

借地借家法上の建物賃貸借は民法と異なり、その**存続期間に**制限がありません。ただし、**期間を 1 年未満とする建物の賃貸借は、期間の**定めが**ない建物の賃貸借とみなされます**。

3)借地借家法上の借地権の存続期間～下限があるの？

借地借家法上の借地権の存続期間は、建物賃貸借や民法上の賃貸借と異なり、借地権の存続期間を当事者が契約で定める場合には 30 **年以上**でなければなりません。もし、**借地権の存続期間を当事者が契約で定めなかった場合**、または、**借地契約の当事者が定めた存続期間が** 30 **年未満の場合**にはその**存続期間は** 30 **年**となります。

建物賃貸借のように**期間の定めがない契約というものがありません**。

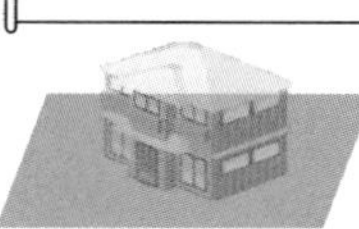

借地権設定者 A　　借地権者 B

ここではコレを覚える　過去問 14-11 17-11 18-11 19-11 23-12

- □賃貸借の存続期間は 50 年を超えることができない。契約でこれより長い期間を定めたときであっても、その期間は 50 年となる。
- □借地借家法上の借家権の存続期間に制限はない。ただし、期間を 1 年未満とする建物の賃貸借は、期間の定めがない建物の賃貸借とみなされる。
- □借地借家法上の借地権の存続期間を当事者が契約で定める場合には 30 年以上でなければならない。もし当事者が契約で定めなかった場合、または、借地契約の当事者が定めた存続期間が 30 年未満の場合にはその存続期間は 30 年となる。

3 賃貸借の更新

頻出度 A

借地借家法の更新は借り手側に有利に解釈されます

学習時間 30分

(1)民法上の賃貸借の更新～民法上の賃貸借は更新後も50年？

賃貸人と賃借人が合意すれば、契約を更新することができます。民法上の賃貸借の場合、更新後の期間も50年を超えることができません。
なお、期間満了した後、賃借人が賃借物の使用または収益を継続する場合で、賃貸人がこれを知りながら異議を述べないときは、それまでの賃貸借と同一の条件で更新したものと推定されます。

(2)借地借家法上の借家の法定更新～更新拒絶の通知をしないと？

建物賃貸借に期間の定めがある場合、当事者が期間の満了の1年前から6か月前までの間に相手方に対して更新をしない旨の通知または条件を変更しなければ更新をしない旨の通知(**更新拒絶の通知**)をしなかったときは、**それまでの契約と同一の条件で契約を更新したものとみなされます(法定更新)**。
また、賃貸人が更新拒絶の通知をしても、**期間満了後に賃借人が使用を継続した場合**には、**賃貸人が遅滞なく異議を述べないと**、同様に同一の条件で契約を更新したものとみなされます。
ただし、いずれの場合も、更新後は期間の定めのない契約になります。

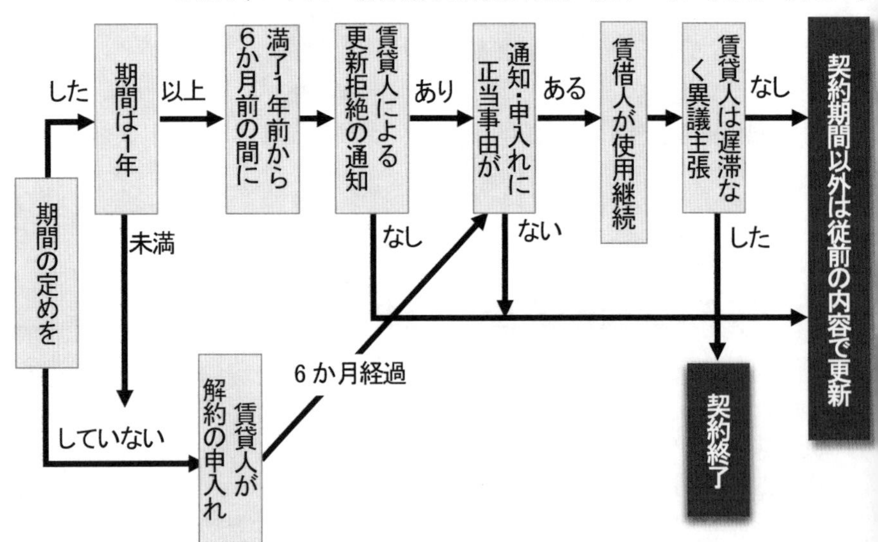

付け足し

建物賃貸実務で行われている更新は、法的には合意更新といいます。契約の更新手続は宅地建物取引業ではありません。なお、定期建物賃貸借には更新がないので、その契約を継続するには再契約が必要です。つまり、それを媒介・代理するには宅地建物取引業の免許が必要です。

(3)借地借家法上の借地の法定更新～更新すると期間の下限が？

当事者間で**更新の合意**が成立すると、合意どおり更新されます。ただし、更新後の期間は、最初の更新**の場合は** 20 年以上、2 度目以降の更新では 10 年以上としなければなりません。

更新後の期間について定めなかった場合は、最初の更新では 20 年、2 度目以降の更新では 10 年となります。この点は、次の法定更新の場合にも適用されます。更新の合意がない場合、最初の存続期間が満了し、**借地権者が契約の更新を請求したとき**や**借地権者が土地の使用を継続するとき**は、**建物がある場合に限り**、それまでの契約と同一の条件で更新されたものとみなされるのが原則です(**法定更新**)。

付け足し

賃貸借契約書に一義的かつ具体的に記載された更新料条項は、更新料の額が賃料の額、賃貸借契約が更新される期間等に照らし高額に過ぎるなどの特段の事情がない限り、有効です。

11 賃借

ここではコレを覚える 過去問 12-12 13-12 15-11 16-12 17-12 18-12 19-12 20-11 23-11

□民法が適用される賃貸借の期間が満了した後、賃借人が賃借物の使用または収益を継続する場合において、賃貸人がこれを知りながら異議を述べないときは、従前の賃貸借と同一の条件で更に賃貸借をしたものと**推定**される。

□**建物賃貸人**が**正当事由**ある更新拒絶の通知をしても、賃借人が建物の使用を継続した場合には、**賃貸人**が**遅滞なく異議**を述べないと、従前の契約と同一の条件で更新したものとみなされる。契約期間は定めのないものとなる。

□借地権の存続期間満了後も、**建物**が**存在**し、借地権者が土地の使用を継続している場合に、借地権設定者が遅滞なく**正当事由**のある異議を述べないと、従前と同一の条件で更新したものとみなされる。

4 賃借権・借家権・借地権の対抗要件

頻出度 A

オーナーが変更してもそのまま使用できる要件です

学習時間 60分

賃貸している不動産を売却した場合、賃貸人と賃借人の立場はどうなるのでしょうか。つまり、賃借人は、借りている不動産の新たな所有者に対しても、「借りている」という立場を主張できるのでしょうか。賃貸人という立場は不動産の売買と共に買主に移転するのでしょうか。
このような問題を対抗関係といいます。

(1)民法上の賃借権の対抗力～民法の対抗要件は登記？

駐車場用地の賃貸借のように、借地借家法が適用されない場合において、賃貸人Aがその駐車場用地をCに売却した場合、賃借人BはCに賃借人の立場を主張できるのでしょうか。

まず、賃借権は**債権なので原則として対抗力はありません。**
しかし、**不動産の賃借権は、賃借権自体を登記したとき**は、その不動産について物権を取得した者その他の第三者に対して対抗することができます。
しかし、この登記は、賃借人と賃貸人が共同して申請する必要があるので、賃貸人の協力が必要となります。つまり、**賃借人が勝手にこの登記をすることはできません**。ですから、実際は、駐車場用地等で賃貸する地主はこの登記に応じないことが普通なので、民法だけでは賃借人の保護は十分とはいえません。
そこで、次に説明する借地借家法の制定により、賃借人の保護が図られるようになりました。

参考資料
賃借権の付いた不動産を購入した者以外にも、不動産の二重賃借人や不動産を差し押さえた者に対しても、対抗力を備えた賃借権は対抗できるので、「その他の第三者」と条文に明記されています。

2)借地借家法上の借家権の対抗要件〜引渡しでも対抗力が？

昔地借家法は、**建物の賃貸借**について、**建物の引渡しを対抗要件**としています。つまり、賃借人に対して建物の引渡しがあれば、その後に建物が売却されても、従来の賃貸借関係がそのままその買主との間で存続することになります。

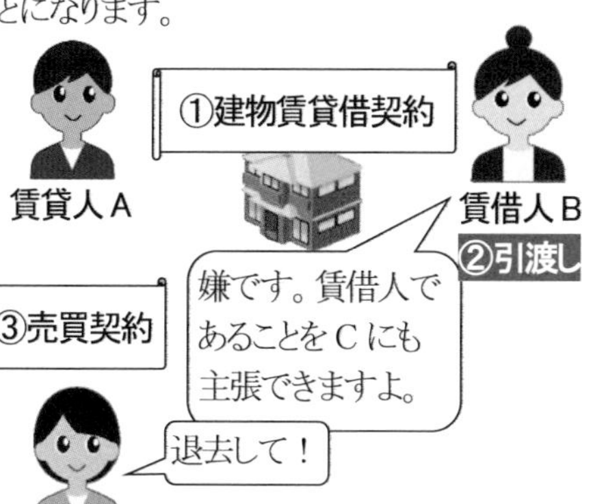

具体例

現実に建物内に入居するのはもちろんのこと、内装工事業者が工事をはじめ、賃借人も頻繁に出入りしていた場合や、代理人による占有なども「引渡し」したことになります。

3)借地借家法上の借地権の対抗要件〜建物の所有権登記で対抗？

①借地権の対抗力

昔地借家法は、借地権者が**土地上に登記**(表示の登記でもよい)**された建物**を持っていれば、借地権を第三者に対抗することができます。

この登記名義は、借地権者本人によるものでなければなりません。氏(苗字)が同じ子の名義で登記をした場合は対抗力はありません。

②建物が焼失した後に土地が売却された場合

登記された建物が滅失しても、借地権者が、その建物を特定するために必要な事項、その滅失があった日および建物を新たに築造する旨を土地の上の見やすい場所に掲示するときは、借地権は対抗力をもちます。ただし、**建物の滅失があった日から**2年以内**に建築して登記**しなければなりません。

付け足し

借地上の建物の登記に表示された所在地番および床面積が実際と異なる場合において、所在地番の相違が職権による表示の変更の登記に際し登記官の過誤により生じたものであること、床面積の相違は建物の同一性を否定するようなものではないことなど判示の事情の下では、上記建物は、借地借家法10条1項にいう「登記されている建物」に当たる(最判平成18年1月19日)。

(4)不動産の賃貸人たる地位の移転～オーナーチェンジの場合

①合意による不動産の賃貸人たる地位の移転

不動産の譲渡人が賃貸人であるときは、その賃貸人たる地位は、**賃借人の承諾を要しない**で、譲渡人と譲受人との合意により、譲受人に移転させることができます。

②不動産の賃貸人たる地位の移転とサブリース契約

賃貸借の対抗要件を備えた不動産が譲渡された場合は、その不動産の賃貸人たる地位は、その譲受人に移転するのが原則です。しかし、不動産の譲渡人Ａと譲受人Ｃが、賃貸人たる地位をＡに留保する旨と、その不動産をＣがＡに賃貸する旨の合意をしたときは、賃貸人たる地位は、Ｃに移転しません。この場合、賃借人Ｂは、Ａから転貸借していることになります。

③賃貸人の対抗要件

上記の賃貸人たる地位の移転は、賃貸物である不動産について所有権の移転の登記をしなければ、賃借人に対抗できません。

④地位の承継

賃貸人たる地位が譲受人またはその承継人に移転した場合は、必要費や有益費の償還に係る債務および敷金の返還に係る債務は、譲受人またはその承継人が承継します。

ここではコレを覚える　過去問　10-12　12-6,11　13-12　14-7,11　15-11,12　16-11　17-11　18-11　19-1　20-11,12　21-1　22-8

□不動産の賃貸借は、これを登記したときは、その後その不動産について物権を取得した者その他の第三者に対抗することができる。

□建物の賃貸借は、その登記がなくても、**建物の引渡し**があったときは、その後その建物について物権を取得した者に対し、その効力を生ずる。

□借地権は、その登記がなくても、土地の上に借地権者が**登記されている建物**を所有するときは、第三者に対抗することができる。

5 賃貸人の義務(賃借人の権利)

学習時間 60分

賃貸人は修繕義務を負います

賃貸人は、賃借人に対して、**契約と目的物の性質により定まった**使用方法(用法)**にしたがって、目的物を**使用および収益させる義務を負います。そして、その前提として、目的物を賃借人に**引き渡す義務**も負います。

(1)修繕義務～賃貸人は修繕する義務もあるの？

賃貸人は、引き渡すだけでなく、引渡後に賃借人の使用に支障が生じない状態を積極的に維持する義務も負います。つまり、**賃借物の使用収益に必要な修繕義務を負います**。賃貸不動産の破損等が天変地異等、不可抗力により生じた場合も賃貸人は修繕義務を負います。

ただし、賃借人の責めに帰すべき事由によってその修繕が必要となったときは、賃貸人に修繕義務はありません。

(2)修繕費用～賃貸人が修繕義務に違反したら？

賃貸人が必要な修繕を実施しないことによって賃借人が目的にしたがって使用できない状況が生じた場合、賃貸人には**契約上の義務違反に基づく債務不履行責任が発生**します。

また、賃貸人が修繕義務の履行を怠り、**賃借人が賃借物を全く使用することができなかった場合**には、賃借人は、**その期間の賃料の支払いを免れます**。

付け足し 賃借人の修繕権

賃借人が賃貸人に修繕が必要である旨を通知したにもかかわらず、一向に修繕しなかった場合や、緊急事態な場合には、賃借人は自ら賃借物の修繕ができます。

(3)必要費～賃借人が必要費を負担したら？

賃貸人は、賃借物を使用収益可能な状態に維持するために**必要な費用**を負担しなければなりません。そのため、本来、賃貸人が負担すべき必要費を賃借人が支出した場合には、賃借人は、直ちに**その償還を請求**できます。建物の賃借人が屋根の葺き替え・土台の入替えなどのために支出した費用などが必要費の例です。

なお、この民法のルールは任意規定なので、必要費償還請求を認めない特約も有効です。

必要費…賃借物をその現状で保存する費用のみならず、通常の使用収益に適する状態で維持または改修する費用も含みます。

参考資料

有益費…賃借物を改良し、客観的価値を増加させるために支出した費用をいいます。用法遵守義務違反で投下された費用でもかまいません。ただ、それを否定する特約も有効です。

(4)有益費～賃借人が有益費を負担したら？

有益費の償還請求は、支出による価格の増加が**現存する場合に限定さ**れ、しかも、**賃貸借終了時**まで待たなければなりません。
また、この有益費償還請求権は、**賃貸人**の選択に従い、**支出した金額ま**たは**増価額**を償還するものです。
裁判所は、賃貸人の請求により、その償還について相当の期限を許与することができます。
なお、この民法のルールは任意規定なので、有益費償還請求を認めない特約も有効です。

それはなぜ？

借家に加えられた畳や障子のように独立した存在を有する場合には、賃借人は、その付け加えた物を取り外す権利と義務があり、有益費の償還請求は認められていません。しかし、これでは賃借人にとって酷な場合も多く、社会経済的にみても好ましくありません。

(5)造作買取請求～賃借した建物に造作した場合は？

①造作買取請求とは

借地借家法が適用される建物賃借人は、**賃貸人の同意を得て**、建物に備え付けた建具・畳その他の造作(建物に付加した物件で賃借人の所有に属し、かつ建物の使用に客観的便益を与えるものをいいます。賃借人がその建物を特殊の目的に使用するために特に付加した設備を含みません)を、契約の終了時に賃貸人に時価で買い取らせることができます。
たとえば、賃貸人の承諾を得てシステムキッチンを設置した賃借人は、立ち退きにあたってその買取りを求めることができるわけです。

②債務不履行の場合

ただし、賃貸借が賃料の**債務不履行によって解除された場合には造作買取請求権を行使することができません**。造作買取請求権の規定は、契約期間の満了など通常の事由によって消滅した場合についてのものなので、賃借人が債務不履行やその背信行為のため契約が解除されたときには適用されません。

③転借人の買取請求

建物の賃貸借が期間の満了または解約の申入れによって終了する場合における**建物の転借人**と**賃貸人**との間についても、造作買取請求権が認められます。

①建物賃貸借契約
③契約終了
②転貸借契約
賃貸人A
賃借人B
転借人C
④造作を時価で買い取って下さい。

④特約の有効性

造作買取請求権の規定は任意規定です。つまり、造作買取請求を認めない特約も有効**となります**。

6)建物買取請求〜借地上の建物を買い取らせることもできる？

①借地権者による買取請求

．建物買取請求とは

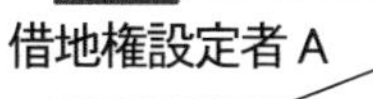

借地権者 B
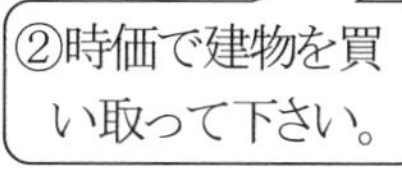

借地借家法上の借地権者は、**更新しないのなら、時価で建物を買い取りなさい**」と主張できるようになっています。これを建物買取請求権といいます。造作買取請求権の借地版というイメージです。

．債務不履行の場合

借地契約が地代の**債務不履行によって解除された場合には建物買取請求権を行使することができません。**

．転借地権者の買取請求

借地権の存続期間が満了した場合における**転借地権者**と**借地権設定者**との間についても、建物買取請求権が認められます。

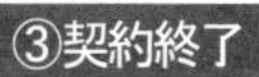

借地権設定者 A　借地権者 B　転借地権者 C

④建物を時価で買い取って下さい。

．特約の有効性

建物買取請求の規定は**強行規定**です。つまり、**建物買取請求を認めない特約は無効**です。

②無承諾の再築の場合

借地権の存続期間が満了した場合において、契約の更新がないときであっても、建物が借地権の存続期間が満了する前に**借地権設定者の承諾を得ない**で残存期間を超えて存続すべきものとして新たに築造されたものであるときは、裁判所は、借地権設定者の請求により、代金の全部または一部の支払につき相当の期限を許与することができます。

それはなぜ？

借地権設定契約が期間満了によって終了した場合、借地権者は借りていた土地を返さなければなりません。もし、建物を壊して更地にして土地を返さなければならないとしたら、借地権者にとってはかなり酷な話になってしまいます。

③第三者による買取請求

第三者が借地上の建物その他借地権者が権原によって土地に附属させた物を取得した場合において、借地権設定者が**賃借権の譲渡**または**転貸**を**承諾しないとき**は、その第三者は、借地権設定者に対し、建物その他借地権者が権原によって土地に附属させた物を時価で買い取るべきことを請求することができます。

(7)留置権等～行使できるの？

参考資料

契約の解除は、滅失等で目的が達成できないときや、使用収益の一部不能が確定的でなくても、その程度が軽微でないとき（相当期間を定めて催告が必要）にできます。
賃料の支払拒絶は、修繕が履行されるまでできます。ただし、使用収益できない部分の割合に限定されます。

必要費の償還を請求したにもかかわらず、賃貸人が支払わない場合、賃借人は必要費償還請求権を被担保債権として**留置権を行使することができます**。つまり、**必要費を支払うまでは賃借物件の明渡しを拒むことができます**。

有益費の償還請求の場合も、建物の買取請求の場合も同様に留置権を行使することができます。しかし、造作買取請求の場合は留置権を行使することができません。

(8)賃貸人の修繕義務等の不履行～賃貸人に損害賠償請求できるの？

賃貸人が修繕義務を果たさない場合、賃借人は、**①賃料の減額請求**、**②契約の解除**、**③損害賠償請求**、**④賃料の支払拒絶**を主張できます。

ここではコレを覚える

過去問　10-12　11-11,12　13-8　15-11,12　16-7,11,1　18-12　20-11,12　22-8　23-9

□賃借人は、必要費を賃貸人に直ちに償還請求できる権利を有する。
□賃借人が有益費を支出した場合、賃貸借終了の時において、目的物の価格が現存している場合に限り、賃貸人は、支出された費用または増価額のいずれかを選択して、賃借人に支払わなければならない。
□建物の賃貸人の同意を得て建物に付加した造作がある場合には、建物の賃借人は、建物の賃貸借が期間の満了、または解約の申入れによって終了するときに、建物の賃貸人に対し、その造作を時価で買い取るべきことを請求することができる。造作買取請求を認めない特約も有効となる。
□期間満了した場合で契約の更新がない場合は、借地権者は、借地権設定者に対し、建物等を時価で買い取るべきことを請求することができる。

6 賃借人の義務（賃貸人の権利）

頻出度 **A**

賃借人は賃料だけでなく原状回復する義務もあります

学習時間 40分

(1)賃料支払義務～賃借人は賃料を支払わないといけないの？

賃料は、賃貸借契約において、賃貸人の使用収益義務の対価としての性格を有し、**賃借人は賃料支払義務を負います**。賃料は後払いが原則です。

なお、賃料支払義務のない貸借は使用貸借となります。

(2)一部滅失した場合の賃料～減額される場合がある？

賃借物の一部が滅失その他の事由により使用及び収益をすることができなくなった場合において、それが賃借人の責めに帰することができない事由によるものであるときは、賃料は、その使用及び収益をすることができなくなった部分の割合に応じて、**減額**されます。

なお、上記の場合で、残存する部分のみでは賃借人が賃借をした目的を達することができないときは、賃借人は、契約の解除をすることができます。この解除権は、賃借人の帰責事由によって使用収益の一部が確定的に不能となった場合にも認められます。

賃借物の使用収益が確定的に不能となったことを意味します。たとえば、賃借物の滅失以外にも、地割れや液状化など物理的な障害が存在する場合や、ライフラインが廃止されるなど機能的な障害が存在する場合等があります。

(3)用法遵守義務～借りた物は大切に使用しなければならない？

賃借人は賃借物を**善良な管理者の注意をもって保管**しなければならず、これを使用収益する際には、契約または賃借物の性質によって定まる**用法を遵守**しなければなりません。用法遵守義務に違反した場合は、債務不履行責任を負います。

(4)賃借人による通知義務～修繕が必要な場合は通知が必要？

賃貸物件が修繕を必要とするときには、賃借人は、賃貸人がすでにそれを知っている場合を除き、**遅滞なくこれを賃貸人に通知**しなければなりません。

また、**賃貸人が賃貸物件の保存に必要な行為をしようとするときは、賃借人はこれを拒むことができません**。修繕は、賃貸人にとって義務であると同時に権利でもあるので、賃借人には修繕を受忍する義務があります。受忍義務に違反した場合は契約解除の理由となることがあります。

賃借人が、修繕を必要とする賃借物をそのまま放置すると、賃借物が荒廃し、賃貸人に損失が生じる可能性があるからです。

(5)原状回復義務～賃借人は賃貸物件を原状回復する義務を負う？

賃借人は、賃借物を受け取った後にこれに生じた損傷（**通常の使用および収益によって生じた賃借物の損耗並びに賃借物の経年変化を除く**）がある場合において、賃貸借が終了したときは、その損傷を原状に復する義務を負います（**原状回復**）。

11 賃借

付け足し

賃貸管理実務では、国土交通省が定めた原状回復に関するガイドラインにしたがって賃貸借契約が締結されることが普通です。そこでは、経年変化と通常損耗による原状回復義務は賃貸人が負うことになっています。

ただし、その損傷が賃借人の責めに帰することができない事由による
のであるときは原状回復義務を負いません。

(6)賃借人に債務不履行があったら？

賃借人に賃料不払いの債務不履行があった場合、賃貸人は、原則とし
賃借人に対して相当期間を定めて催告した上、契約を解除することが
きます。

ただし、不動産賃借権については、賃借人の生活や営業の基盤を守
ため、信頼関係を破壊するに至る程度の不誠実がなければ解除でき
いとされています(信頼関係破壊の法理)。

その反面、賃借人に、その**義務に違反し信頼関係を裏切って賃貸借**
係の継続が著しく困難となるような不信行為があった場合には、賃貸
は**催告することなく契約を解除**することができます。

なお、上記の信頼関係破壊の法理は、賃料不払い以外(用法遵守義
違反、無断転貸・譲渡)にも適用されます。

付け足し 信頼関係破壊の法理

当事者の一方がその債務を履行しない場合において、相手方が相当
期間を定めてその履行の催告をし、その期間内に履行がないときに、
手方は、契約の解除をすることができるのが原則です(民法 541 条)。
かし、賃貸借は当時者相互の信頼関係を基礎とする継続的契約なので
賃貸借の継続中に、当事者の一方に、その義務に違反し信頼関係を
切って、賃貸借関係の継続を著しく困難ならしめるような不信行為のあ
た場合には、相手方は、民法541条に規定する催告をすることなく、賃
借を将来に向って解除することができます(最判昭和27年4月25日)。

ここではコレを覚える 過去問 14-7 17-4 18-8 20-4

□賃貸人は、賃借人に目的物を使用収益させる義務を負う。
□賃借人の中心的義務は賃料を支払うことである。
□賃借建物の通常の使用に伴い生ずる損耗について賃借人が原状回復義務を負うためには、賃貸人と賃借人との間でその旨の特約(通常損耗補修特約)が明確に合意されていることが必要である。
□賃借人に、その義務に違反し信頼関係を裏切って賃貸借関係の継続が著しく困難となるような不信行為があった場合には、賃貸人は催告することなく契約を解除することができる。

7 賃料等の増減額請求

当事者間の合意がなくても借賃を増減できる手続です

学習時間 30分

(1)増減額請求の要件～好きなときには増減額請求はできない？

借地借家法は、一定の要件を備えた場合に限って、契約当事者に借賃の増減を請求する権利を認めています。これを、借賃増減額請求権といいます。借地契約と建物賃貸借契約の両方に同じ規定があります。以下、両者を含む意味で説明します。

借賃が以下のいずれかに該当した場合、契約の条件にかかわらず、当事者は、将来に向かって借賃の額の増減を請求することができます。

①不動産に対する租税その他の負担の増減
②その価格の上昇・低下その他の経済事情の変動
③近傍同種の建物の借賃に比較して不相当となった

ただし、**一定の期間、借賃を増額しない旨の特約がある場合には増額できません**。

付け足し 減額しない旨の特約の効力

賃料を減額しない旨の特約が存する場合に賃借人は賃料減額請求をすることができないかについては、借地借家法の増減額請求の規定（借地法借家法に同様の規定があります）は強行規定と解釈されているので、賃借人の賃料減額請求を拒むことができないとするのが判例です（大判昭和13年11月1日、最判平成16年6月29日等）。また、賃料自動改定特約が存する場合についても、賃料減額請求できるとするのが判例です（最判平成17年3月10日等）。

(2)サブリース契約の適否～サブリース事業者にも適用されるの？

サブリース契約とは、賃貸ビル等を運営管理する事業者（サブリース業者）が、第三者に転貸する目的で、土地や建物の所有者から土地・建物を一括して借り上げる方式のものです。

このサブリース契約には、**借地借家法が適用**され、**当事者は増減額を請求できる**とするのが判例です（最判平成15年10月21日）。

それはなぜ？

民法は、賃料の決定を当事者の自由にまかせ、何らの規制も行わず、ただ、天災その他の不可抗力によって収益が少なかった場合の減額請求権を認めているにすぎません。したがって、契約期間中は、特約がない限り、原則として賃料の増減を請求することができません。ただし、地価が急激に変動するような場合は請求できる場合があります（事情変更の原則）。もちろん、当事者の合意により増減することは可能です。

(3)訴訟等の手続き～借賃の額で紛争になったら？

借賃の増減額について当事者間の**協議が整わなかった場合**は、原則
して**訴訟を提起する前**に、まず**調停の申立てをしなければなりませ**
(調停前置主義)。調停で解決しない場合は裁判となります。

①賃貸人からの増額請求

増額について当事者間に協議が調わないときは、その請求を受けた
は、増額を正当とする**裁判が確定するまで**は、相当と認める額の借賃
支払えば債務不履行になりません。
ただし、その裁判が確定した場合、すでに支払った額に不足があると
は、その**不足額に年 10%の割合による支払期後の利息**を付してこれ
支払わなければなりません(超過していた場合は年利 3%の利息を付
て返還)。

裁判所
③8 万円が妥当です。裁判 1 年かかったので、不足分の月 3 万円分は 10%利息で支払うように。

①5 万円⇒10 万円に増額請求します。
貸主

②納得できない。5 万円
しか払わないよ。
借主

②賃借人からの減額請求

減額について当事者間に協議が調わないときは、その請求を受けた
は、減額を正当とする**裁判が確定するまで**は、相当と認める額の借賃
支払いを請求することができます。
ただし、その裁判が確定した場合において、すでに支払いを受けた額
正当とされた借賃の額を超えるときは、その**超過額に年 10%の割合に**
る受領の時からの利息を付してこれを返還しなければなりません(不足
ていた場合は年利 3%の利息を付して支払い)。

ここではコレを覚える　過去問 12-12　13-12　15-12　17-11　20-11　23-11,12

□借地借家法上の借家または借地の借賃が、「不動産に対する租税その他の負担の増減」「その価格の上昇・低下その他の経済事情の変動」「近傍同種の借賃に比較して不相当」のいずれかに該当した場合、契約の条件にかかわらず、当事者は、将来に向かって借賃の額の増減を請求することができる。ただし、一定の期間、借賃を増額しない旨の特約がある場合には増額できない。

8 賃借権の譲渡・転貸

頻出度 B

サブリースの賃貸管理や借地上の建物譲渡で活用されます　学習時間 15分

(1)賃借権の譲渡とは

賃借権の譲渡とは、契約によって賃借人の地位を移転することをいいます。譲渡により、従来の賃借人は賃貸借関係から離脱し、賃借権の譲受人が新たな賃借人となります。

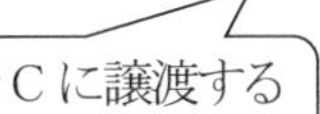

参考資料

建物賃借権を譲渡する場面は少ないですが、借地権を譲渡する場面は多くあります。たとえば、借地上の建物を売却する場合です。その際、土地の賃借権を譲渡することがあります。

(2)転貸とは

転貸とは、賃借人が賃貸借の目的物を第三者に賃貸することをいいます。転貸の場合には、賃借人は依然として賃借人の地位にあります。

たとえば、建物の賃貸管理の手法(サブリース契約)としてよく活用されています。オーナーからマンションを一括して借り上げ入居者に転貸し、入居者が支払う賃料の数パーセントを管理手数料として取得します。

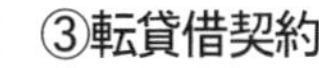

それはなぜ？

不動産賃貸借は長期間にわたり継続することが大半なので、賃貸人は、賃借人の属性(法人か個人か、その人柄、賃料支払能力等)を気にします。だから、賃貸人の承諾が要件となっているわけです。

付け足し

ただし、前記(「6 賃借人の義務」を参照)のとおり、**信頼関係破壊の法理**の適用があります。

(3)賃借権の譲渡や転貸～どのように行うの？

賃借権の譲渡や転貸には、**賃貸人の承諾が必要**です。ただし、建物
有を目的とする借地の場合には、人によって土地の利用方法が大きく
わることはないため、**借地権者が借地権設定者の承諾に代わる許可を**
判所に請求できます。

(4)無断転貸・譲渡～賃貸人の承諾がなかった場合は？

賃借人が賃貸人の承諾を得ずに、第三者に賃借物の使用または収益
させたときは、賃貸人は、**原則として契約を解除**できます。

ここではコレを覚える 過去問 11-11 13-11 14-7 22-11 23-12

□賃借人は、賃貸人の承諾を得なければ、その賃借権を譲り渡し、または賃借物を転貸することができない。この規定に違反して第三者に賃借物の使用または収益をさせたときは、原則として、賃貸人は、契約の解除をすることができる。

9 転借人の地位

頻出度 A

原賃貸借が債務不履行で解除されると転借人は退去です

学習時間 60分

賃借人（転貸人）が適法に賃借物を転貸したときは、図に示すように、原賃貸人Aと賃借人Bの賃貸借契約（以下、原賃貸借契約と記します。）と、と転借人Cの転貸借契約が生じ、三者間の権利義務が生じます。

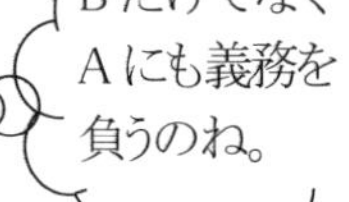

1)原賃貸人と賃借人（転貸人）の関係

転貸人は、原賃貸人との関係では賃借人の立場になることから、**転借人は賃借人（転貸人）の履行補助者**となります。そのため、**転借人の故意・過失は賃借人（転貸人）の故意・過失と同視**され、転借人の過失により賃貸物件を毀損した場合、原賃貸人との関係では賃借人（転貸人）が責任を負います。

また、借地借家法上の正当事由の判断にあっては、**転借人の事情も考慮**されます。

2)転貸人（賃借人）と転借人との関係

転貸人は、転借人に対して、転貸借契約に基づいて、直接の権利と義務を有します。したがって、転貸人は、自ら原告として未払賃料請求訴訟や建物明渡訴訟を提起することができ、一方、敷金返還請求訴訟では転借人から被告として訴訟の提起を受けることになります。

転借人が原賃貸人に対して直接義務を負うので、転借人が原賃貸人に対して義務を履行すれば、その限度で転貸人に対する義務を免れることとなります。

(3)原賃貸人と転借人との関係

参考資料

直接の義務には、賃料支払義務、保管義務、保管義務違反による損害倍書義務、契約終了時の目的物返還義務などがあります。もっとも重要なものは賃料支払義務です。

転借人は、**原賃貸人と賃借人との間の賃貸借に基づく賃借人の債務の範囲を限度(上限)として**、原賃貸人に対して転貸借に基づく債務を**直接履行する義務**を負います。転借人が直接履行する義務を負うのは、原則として、**転貸につき原賃貸人の承諾がある場合**です。

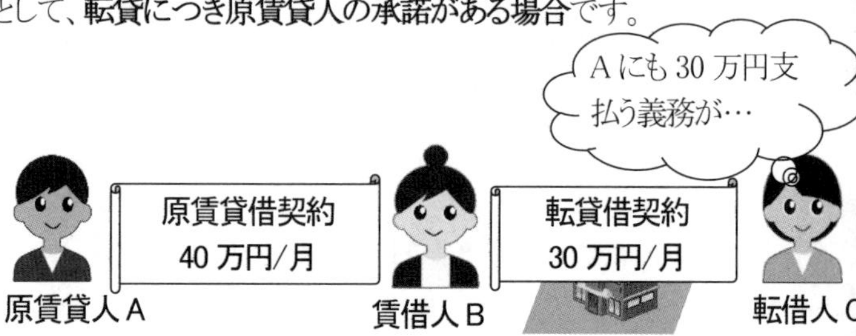

原賃貸人が転借人に請求することができるのは、**原賃貸借契約で定めた賃料の額までの範囲内の転借料**です。たとえば、原賃貸借契約の賃料が月額40万円で、転貸借契約の賃料が月額30万円の場合、原賃貸人が請求することができるのは月額30万円までで、残額の10万円は転貸人に請求できるにとどまります。なお、転借人は、転借料の前払いをもって原賃貸人に対抗することができません。

付け足し

原賃貸人の転借人に対する賃料請求は、転貸人の転借人に対する賃料請求に優先しません。また、原賃貸人の転借人に対する賃料請求権と転貸人の転借人に対する賃料請求権とは、連帯債権類似の関係になります。

(4)債務不履行による解除～原賃貸借が債務不履行で解除されたら？

それはなぜ？

転借人の原賃貸人に対する直接の義務は、原賃貸人保護が目的で、原賃貸人の転借人に対する請求は権利ではあっても義務ではないからです。

原賃貸借契約が債務不履行により解除されると、転貸借契約は原賃貸借契約を前提に成立しているので、転借人は寄って立つ基礎を失うことになります。したがって、**原賃貸人Aが転借人Cに対して賃貸物の返還を請求した時に、転貸人Bの転借人Cに対する債務の履行不能により終了します**。

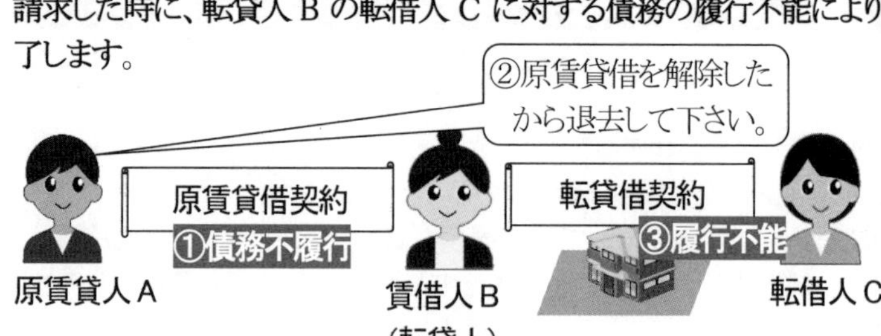

なお、Aは、原賃貸借契約の賃料の延滞を理由に解除する場合、Bに対して催告をすれば足り、Cにその支払の機会を与える必要はありません。

(5)期間満了による終了～原賃貸借が期間満了によって終了したら？

①民法が適用される場合

民法が適用される場合は、期間を定めて契約した以上、原則としてその期間が満了したときに終了します。原賃貸借契約を前提とする転貸借契約も、原賃貸借契約が終了することで終了します。

②借地借家法が適用される借家の場合

原賃貸借契約が期間満了または解約申入れにより終了する場合、原賃貸人は、原賃貸借契約の終了を**転借人に**通知**しなければ**、原賃貸借契約の終了を**転借人に対抗することができません**。

通知があれば、**転貸借契約は**通知後6か月**を経過すれば終了**します。

原賃貸人は、期間満了または解約申入れの際には賃借人（転貸人）のみならず転借人の使用継続に対しても異議を述べる必要があります。

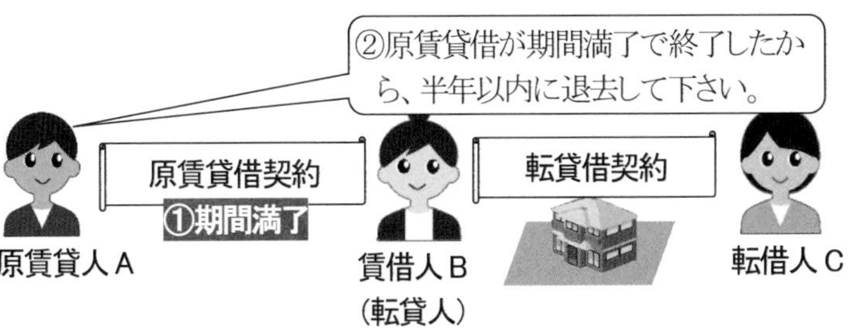

③借地借家法が適用される借地の場合

原賃貸借契約の借地契約は期間満了により、原則として終了し、転借地権も終了します。建物賃貸借契約のように、一定期間前に転借地人に対して通知をする旨の規定もありません。ただし、転借地人の土地の使用継続について**正当事由**があれば、契約更新の請求ができる点は民法と異なります。

参考資料

借地借家法27条に定める終了原因をいいます。「建物の賃貸人が賃貸借の解約の申入れをした場合においては、建物の賃貸借は、解約の申入れの日から6月を経過することによって終了する。」

なお、原賃貸借が債務不履行により終了する場合には適用されないので、6か月前の通知は不要です。

(6)合意による解除～原賃貸借契約が合意解除されたら？

原賃貸人と賃借人(転貸人)の**原賃貸借契約が**合意解除(AB 間の任意の合意で解除すること)された場合、原則として、A は転借人 C に対し明渡請求することはできません。

付け足し

債務不履行解除が可能な状態で敢えて合意解除の形式をとったに過ぎない場合は、債務不履行解除の場合と同様、賃貸人は転借人に対し明渡請求することができます。

ここではコレを覚える 過去問 11-7 13-11 14-7 15-9 16-8 17-12 19-12

□原賃貸借契約が終了した場合の転借人の地位

原賃貸借の終了原因	賃貸人が転借人に原賃貸借終了を主張できるか
賃借人(転貸人)の債務不履行による解除	できる
期間満了または解約申入れ	できる(建物賃貸借:通知が必要)
合意解除	できない

10 敷金

頻出度 A

原状回復費用や滞納賃料は敷金から充当されます

学習時間 40分

敷金とは、いかなる名目によるかを問わず、**賃料債務その他の賃貸借に基づいて生ずる賃借人の賃貸人に対する金銭の給付を目的とする債務を担保する目的で、賃借人が賃貸人に交付する金銭**をいいます。

(1)敷金契約～敷金を預けないと賃貸借契約は成立しないの？

敷金を預託する合意は、**賃貸借契約とは別個の契約**なので、賃貸借契約の締結により当然に敷金預託の合意がなされるわけではありません。賃貸借契約とは別個の契約なので、敷金契約のみを合意解約することもできます。

また、敷金は、賃貸借契約と同時に預託されることが一般的ですが、**賃貸借契約締結後に支払う旨の合意も有効**です。

(2)敷金返還請求権～敷金の返還があるまで賃貸物件に居座れるの？

敷金返還請求権は、賃貸借契約終了時ではなく、契約が終了し、賃借人が賃貸物件を**明け渡した時に発生**します。したがって、**賃借人の明渡債務が先履行**の関係になり、敷金返還請求権をもって明渡しにつき**同時履行の抗弁とすることはできません。**

(3)敷金返還請求権～賃料を払えないとき賃借人は敷金で相殺できる？

敷金返還請求権は契約が終了して明渡しが完了した後に発生するので、契約期間中に、**賃借人が、「敷金2か月分を預けているから、最後の2か月間は賃料を払いません。」**というように、**賃料債務との相殺を主張することはできません。**

(4)敷金充当～預けた敷金は全額返還されるの？

契約が終了して明渡しが完了すると、賃借人は敷金の返還を請求することができます。その際、未払いの賃料等、賃貸人に対して敷金により担保される債務を賃借人が負担している場合、**敷金はこの債務に当然に充当され、敷金の返還請求権は充当された残額についてのみ発生**します。相殺のように、**賃貸人が改めて敷金充当の意思表示を必要としません。**

また、**賃借人が、**自らの未払いの賃料に**敷金を充当する旨を主張することはできません。**

(5)賃借権の譲渡～譲渡されると敷金返還請求権は？

賃貸人の承諾、または裁判所による許可を得て、適法に賃借権を譲渡した賃借人は、賃貸借関係から離脱するので、それ以降、賃貸借に基づく債務を負うことはありません。また、賃貸人は承諾の前提として敷金を改

めて差し入れる旨の合意を譲受人に求めることができるので、**特段の**
意のない限り、敷金関係が譲受人に承継されることはありません。
したがって、敷金によって担保されるべき債務は、賃貸借が譲受人と
貸人との間で継続する場合であっても、この時点で確定され、敷金によ
充当が生じます。

(6)賃貸物件が売却されて賃貸人が変更になったら？

賃借物の譲渡にともなって賃貸人の地位が移転した場合には、**原則と**
て、敷金に関する権利義務も承継され、賃借人は新賃貸人に対して敷
の返還を請求できます。

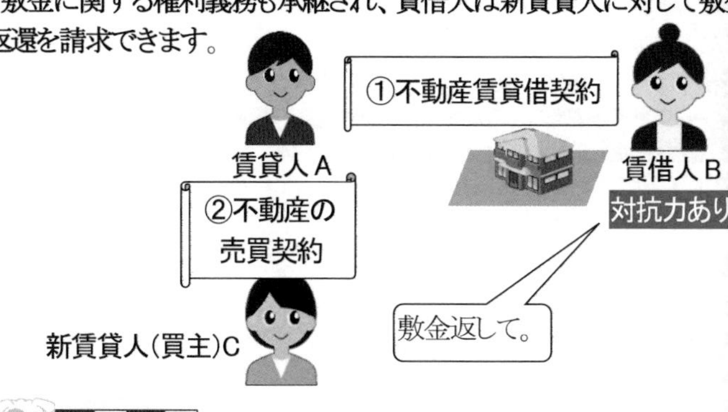

付け足し

消費者契約である居住用建物の賃貸借契約に付されたいわゆる敷引
約(明渡しの時に賃借人の債務のいかんにかかわらず一定の額を控
する合意)は、賃借人が社会通念上通常の使用をした場合に生ずる損
や経年により自然に生ずる損耗の補修費用として通常想定される額、
料の額、礼金等他の一時金の授受の有無およびその額等に照らし、
引金の額が高額に過ぎると評価すべきものであるときは、当該賃料が
傍同種の建物の賃料相場に比して大幅に低額であるなど特段の事情
ない限り、無効となります。

ここではコレを覚える 過去問 16-1 20-4 21-1 22-12

□敷金の返還と建物の明渡しは、**同時履行の関係にならない**。明渡しが先となる。
□**賃借権が譲渡**された場合、敷金に関する権利義務は、原則として**新賃借人に承継されな**い。したがって、譲渡人が、賃貸人に対して敷金の返還を請求できる。
□賃借物の譲渡に伴って**賃貸人の地位が移転**した場合には、原則として、敷金に関する権利義務も承継され、賃借人は**新賃貸人に対して敷金の返還を請求**できる。

11 賃貸借契約の終了

部滅失・合意解除・債務不履行などで契約は終了します

学習時間 30分

)民法上の賃貸借の終了～存続期間が満了すると終了するの？

車場用地や博覧会等の用地としての土地賃貸借のように、借地借家法適用されない場合は、**契約で定めた期間が満了すると賃貸借が終了**ます。

た、黙示の更新などにより**期間の定めのない賃貸借**の場合は、土地の貸借の場合は１年前、建物の賃貸借の場合は３か月前に解約の申入をしなければなりません。ただ、この点についても、借地借家法の適がある場合は大幅に修正されます。

)借地借家法上の借家～存続期間が満了しても終了しない？

物賃貸借に期間の定めがある場合、契約期間満了を理由に終了させには、賃貸人は、期間の満了の１年前から６か月前までの間に、賃借に対して、正当事由のある、更新をしない旨の通知または条件を変更なければ更新をしない旨の通知(**更新拒絶等の通知**)をしなければなりません。

た、賃貸人が更新拒絶等の通知をした場合で、**期間満了後に賃借人使用を継続した場合**には、**賃貸人が**遅滞なく異議**を述べなければ**、契は終了しません。

た、当事者が賃貸借の期間を定めなかった場合は、**賃貸人は、正当事のある賃貸借の解約の申入れ**をすると、**６か月を経過することで終了**ます。

お、建物賃貸借の場合であっても、賃借人から解約申入れをするとき民法が適用されるので、通知は必要ですが正当事由は不要です。

)借地借家法上の借地～どうすれば終了するの？

地権者が契約の更新を請求した場合や退去しない場合には、**借地権定者**は、**遅滞なく**、**正当事由ある異議**を述べると契約が終了します。

付け足し 賃借物の全部滅失等による賃貸借の終了

借人が目的物の**全部を使用収益することができなくなった場合**、その由を問わず(賃借人の義務違反による場合を含め)、使用収益の対価しての賃料債務を存続させることには意味がないので、当然に契約は了します。この場合に、解除は不要です。

正当事由…建物の賃貸人および賃借人(転借人を含む)が建物の使用を必要とする事情のほか、建物の賃貸借に関する従前の経過、建物の利用状況および建物の現況ならびに建物の賃貸人が建物の明渡しの条件としてまたは建物の明渡しと引換えに建物の賃借人に対して財産上の給付をする旨の申出をした場合におけるその申出を考慮して、正当の事由があると認められる場合でなければ、建物の賃貸人による通知・解約申入れはできません。

付け足し 借地上の建物の賃借人の保護

借地権上の建物が賃貸されている場合において、借地権の存続期間の満了によって建物賃借人が土地を明け渡すべきときは、建物賃借人が借地権の存続期間が満了することをその１年前までに知らなかった場合に限り、裁判所は、建物賃借人の請求により、建物の賃借人がこれを知った日から**１年を超えない範囲内において、土地の明渡しにつき相当の期限を許与することができます**。そして、その期限が到来することによって契約は終了します。

(4)債務不履行の場合～常に解除ができるの？

参考資料

無断で賃借権を譲渡・転貸したり、用法義務に違反したりすると、賃貸人は、原則として、賃貸借契約を解除することができます。この場合も、賃貸人に対する背信的行為と認めるに足らない特別の事情がある場合には、解除権は発生しません。

不動産の賃貸借契約は、そもそも継続することが前提となっているので軽微な不履行（数日賃料の支払いが遅れたり、滞納額が少額の場合等を理由に契約解除が認められると、賃借人は住居等を失うことになり、不履行の程度に比べて著しい不利益を受けることになります。

そこで、**賃貸借契約の当事者間の信頼関係を破壊するおそれがあるとまではいえない場合は、解除できません。**

また、賃借物の全部が滅失その他の事由により使用及び収益をすることができなくなった場合には、賃貸借は終了します。

(5)賃貸借契約の解除の効果～契約を解除するとどうなるの？

一般に契約が解除されると、契約が当初からなかったことなります（遡及効）。しかし、賃貸借契約の解除の場合は、遡及効がなく、**将来に向かってのみ効力が生じます**。もちろん、加えて損害賠償を請求することもできます。

ここではコレを覚える

過去問 10-11 14-11 15-11 16-12 17-12 21- 23-11

□建物賃貸借に期間の定めがある場合、契約期間満了を理由に終了させるには、賃貸人は、期間の満了の１年前から６か月前までの間に、賃借人に対して、正当事由のある更新拒絶等の通知が必要である。

□建物賃貸借に期間を定めなかった場合は、賃貸人は、正当事由のある賃貸借の解約の申入れをすると、6か月を経過することで終了する。

□借地権者が契約の更新を請求した場合や退去しない場合には、借地権設定者は、遅滞なく、正当事由ある異議を述べると契約が終了する。

□不動産賃貸借の当事者間の信頼関係を破壊するおそれがあるとまではいえない場合は解除できない。

頻出度 B

12 借地上の建物の滅失と再築

更新前と更新後では扱いが全く異なります

学習時間 20分

借地契約は長い期間に及ぶので、その契約期間中に建物が壊れてしまうことが想定されます。そこで、再築するに際して、借地権設定者と借地権者との利害を調整する必要があります。

借地借家法は、当初の存続期間(更新が一度もされていない最初の存続期間のこと)と更新後の期間とで異なった扱いをしています。

(1)最初の契約期間中～期間中に無断で再築すると？

最初の契約期間中に借地上の建物が滅失した場合でも**借地権は消滅しません**。借地権者が残存期間を超えて存続する建物を築造したときは、その建物を築造するにつき**借地権設定者の承諾がある場合に限り**、借地権の**存続期間は延長**されます。延長される期間は、原則として、**承諾があった日または建物が築造された日のいずれか早い日から20年間**です。なお、承諾なく再築した場合であっても借地契約が解除されるわけではありません。

(2)更新後の契約期間中～期間中に無断で再築すると？

契約更新後は借地関係の一応の安定性が確保された後の関係なので、すみやかに借地関係が解消されることも想定され、当事者双方の事情を汲んで柔軟に権利関係を調整する機会を設けています。

契約更新後に建物の滅失があった場合、借地権者が**借地権設定者の承諾を得ないで**残存期間を超えて存続する建物を築造したときは、**借地権設定者は借地契約の解約を申し入れることができます**。ただし、やむを得ない事情があるのに、借地権設定者が承諾しない場合は、借地権者は、原則として、裁判所に対して承諾に代わる許可を求めることができます。借地権設定者が、**解約を申し入れたときは、その日から3か月経過すると借地権が消滅**します。

付け足し
契約更新後に建物の滅失があった場合、借地権者も借地契約の解約を申し入れることができます。この場合も、申入日から3か月経過すると借地権が消滅します。

11 貸借

ここではコレを覚える　過去問　11-11　13-12　22-11

- □当初の存続期間中に借地上の建物が滅失した場合でも、借地権は消滅しない。
- □当初の存続期間中に建物の滅失があった場合で、借地権者が残存期間を超えて存続する建物を築造したときは、その建物を築造するにつき借地権設定者の承諾がある場合に限り、借地権の存続期間は延長される。
- □延長される期間は、原則として、承諾があった日または建物が築造された日のいずれか早い日から20年間である。

13 定期建物賃貸借等

頻出度 A

正当事由も不要、中途解約も法定されている特殊な契約です

学習時間 60分

それはなぜ？

正当事由がないと更新拒絶できない通常の建物賃貸借では、住宅の質の拡充を図るのが困難となるので、2000 年に導入されました。

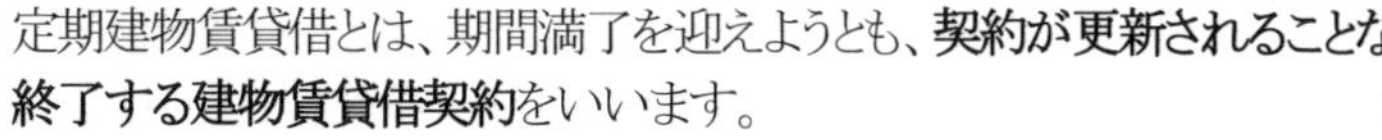

定期建物賃貸借とは、期間満了を迎えようとも、**契約が更新されることな**
終了する建物賃貸借契約をいいます。

普通の建物賃貸借契約では、借地借家法にある更新や解約、契約期
等の規定に反する特約を定めても無効となります。定期建物賃貸借の
件を満たすことで、更新がない旨の特約も有効となる点に意義があり
す。

(1)定期建物賃貸借契約の要件～どうやって契約するの？

賃貸人は、**あらかじめ書面を交付**の上、賃貸借に更新がなく、期間の
了によって終了する旨を、賃借人に対して**説明しなければなりません**。
の書面は、賃借人が、その契約に係る賃貸借は契約の更新がなく、期
の満了により終了すると認識しているか否かにかかわらず、**契約書と**
別個独立の書面でなければなりません。

この説明をしなかったときは、**契約の更新がないこととする旨の定めは**
効となります。

また、契約は公正証書などの**書面（または、電磁的記録）**によってしな
ればなりません。必ずしも公正証書による必要はありません。

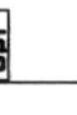

用語

電磁的記録…
電子的方式、磁気的方式その他人の知覚によっては認識することができない方式で作られる記録であって、電子計算機による情報処理の用に供されるものをいいます。

(2)賃借人への通知～期間が満了すると、自動的に終了するの？

契約期間が **1 年以上の場合、期間満了の 1 年前から 6 か月前までに**
賃貸人は、期間満了によって契約が終了する旨を、**賃借人へ通知**しな
ればなりません。通知を不要とする特約は無効です。

契約期間が 1 年未満の場合、期間満了とともに契約が終了します。

付け足し

通知期間経過後に賃貸人が通知しても、通知の日から 6 か月後に定
建物賃貸借は終了します。

(3)中途解約権～賃借人は中途解約できる？

期間の定めのある賃貸借においては、当事者間の合意で中途解約権
留保しない限り（契約書に定める等）、期間満了前に一方的に契約を解
することはできません。しかし、契約後の事情変更にもかかわらず賃借
が契約に拘束され賃料支払義務を負担し続けるのは酷です。そこで、
地借家法は、定期建物賃貸借に関して、一定の要件を備えることで、
借人側から一方的に解約できる権利（中途解約権）を認めています。

具体的には、**床面積が** 200 ㎡**未満の居住用建物**であれば、転勤、療養

親族の介護その他の**やむを得ない事情によって**、その建物の賃借人が建物を自己の生活の本拠として使用することが困難となった場合、**賃借人は、解約の申入れをすることができます**。そして、**申入日から**1か月後に**契約が終了**します。

(4)改定に係る特約～借賃の増減額請求の訴えを否定することも可能？

当事者間で借賃の改定に係る特約を定めた場合は、借賃の増減額請求のルールが適用されません。

特約の例としては、「賃貸借期間中は賃料改定を行わない。」「一定の期間経過ごとに一定の割合で賃料を増額する。」「一定の期間経過ごとに特定の指数(消費者物価指数等)の変動に応じて賃料を改定する。」などがあります。

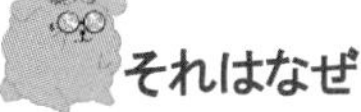

定期建物賃貸借は契約自由の原則を重視しているので、借賃の改定についても当事者の合意を優先し、訴訟を回避できるようにしています。

(5)取り壊し予定の建物の特約～取り壊し予定の建物を貸すには？

法令(都市計画法、土地区画整理法など)または**契約**(定期借地権設定契約など)により**一定の期間を経過した後に建物を取り壊すべきことが明らかな場合**に、建物の賃貸借をするときは、特約で、**建物を取り壊すこととなる時に賃貸借が終了**する旨を定めることができます。この特約は、その建物を取り壊すべき事由を記載した**書面**(または、電磁的記録)によってしなければなりません。

(6)適用除外～一時使用目的で建物を貸した場合は？

一時使用のために建物の賃貸借をしたことが明らかな場合には、借地借家法の借家の規定がすべて適用されません。つまり、民法上の賃貸借となります。

ここではコレを覚える　過去問　11-12　12-12　13-11　14-12　15-12　16-12　17-12　18-12　19-12　20-12　22-12

□定期建物賃貸借は公正証書などの書面によって契約する必要がある。その際、賃貸人は、賃借人に対して、あらかじめ書面を交付の上、賃貸借に更新がなく、期間の満了によって終了する旨を説明しなければならない。この書面は、契約書とは別個独立の書面でなければならない。

□賃貸人から契約を終了するには、契約期間が1年以上の場合は期間満了の1年前から6か月前までに賃借人への通知をする必要があり、契約期間が1年未満の場合は期間満了とともに契約が終了する。

14 定期借地権等

頻出度 A

一定期間が経過すれば正当事由に影響受けず解除できます

学習時間 30分

借地借家法には、一定の要件の下に、正当事由の有無を問わず、期間の満了により消滅する借地権として、定期借地権、事業用借地権等、建物譲渡特約付借地権の3つを定めています。

(1)定期借地権

存続期間を50年**以上**として借地権を設定する場合、①**更新がなく**、②建物の再築による存続期間の**延長もなく**、③存続期間満了時の**建物買取請求権も認めない**という3つの内容の**特約**を定めることができます。これら特約を定めた契約による借地権を定期借地権といいます。

ただし、この特約は、公正証書等の**書面(または、電磁的記録)**でしなければ無効となります。

それはなぜ？

1980年代半ば以降の社会経済情勢の発展を背景に、都市部を中心とした大型の住宅・商業ビルの建築、再開発事業を阻んでいた正当事由制度を見直す目的で1991年に創設されました。

(2)事業用定期借地権等

①事業用定期借地権

専ら事業の用に供する建物(居住の用に供するものを除く)の所有を目的とし、かつ、存続期間を30年以上50年未満として借地権を設定する場合においても、定期借地権と同じく、①**更新がなく**、②建物の再築による存続期間の**延長もなく**、③存続期間満了時の**建物買取請求権も認めない**という3つの内容の**特約**を定めることができます。

前記(1)の定期借地権とは、目的が事業用であることと、期間が短くなっている点で異なります。

具体例

事業用借地権は、郊外型レストラン、コンビニエンスストア、ショッピングセンター、中古車センター等の事業用地としての利用に適しているといわれています。

②事業用借地権

専ら事業の用に供する建物(居住の用に供するものを除く)の所有を目的とし、かつ、存続期間を10年以上30年未満として借地権を設定する場合には、借地権の存続期間、法定更新等に関する規定の適用がなく、また、期間満了による建物買取請求の規定および更新後の建物の再築の許可に関する規定の適用がない借地権を設定できます。

前記①の事業用定期借地権とは、何らの特約をするまでもなく、法律上当然に存続期間や法定更新等の規定の適用が排除されることと、期間がさらに短くなっている点で異なります。

上記①②のいずれの借地権も、当初の期間が到来すると、借地権は当然に消滅し、借地権者は建物を収去して、土地を原状に復して返還しなければなりません。また、両借地権とも、公正証書によってしない限り、事業用定期借地権としては効力をもちません。

それはなぜ？

法律家である公証人に、借地借家法が定める要件の具備を審査させて、違法な事業用定期借地権等の設定を防止することを意図しているといわれています。

3)建物譲渡特約付借地権

建物譲渡特約付借地権とは、借地権を消滅させるために、**設定後 30 年以上経過した日に、借地上の建物を借地権設定者に相当の対価で譲渡する旨**を定めた特約が付いている借地権です。この特約を定めておけば、その時期に譲渡がなされることにより、借地権は更新や期間延長なしに消滅します。

建物譲渡特約の付される借地権は、普通借地権、一般定期借地権、事業用定期借地権のいずれであるかは問いません。ただし、事業用借地権については、存続期間が 10 年以上 30 年未満となっているので、30 年以上経過後という要件を満たさないことから対象から除かれています。

なお、この特約は、一般定期借地権や事業用定期借地権等と異なり、書面や公正証書で定めることは要件となっていません。

それはなぜ？

この制度によって、土地所有者は一定期間経過後は確実に土地の返却を受けることができ、他方、借地権者は、譲渡の対価を得ることによって投下した費用を回収することができるとともに、望むならば借家人として従来通り建物の利用を継続することができます。

付け足し 法定借家権

建物譲渡による借地権消滅後も建物の使用を継続している借地権者または建物の賃借人（転借人であってもよい）が請求すれば、その建物について期間の定めのない賃貸借がされたものとみなされます（法定借家権）。それに対して、従来の借地権者が法定借家権の発生を請求した場合に、借地権の残存期間があるときは、その借地権の残存期間を存続期間とする法定借家権が発生します。

なお、譲渡後の建物所有者となるべき借地権設定者と借地権者または建物の賃借人との間で、定期建物賃貸借契約をしたときは、法定借家権ではなく、定期借家権となります。

4)一部規定の除外〜一時使用目的で借地権を設定するとどうなる？

博覧会や祭典式場、バラック建物等の臨時設備の設置その他一時使用のために借地権を設定したことが明らかな場合には、通常の借地権と異なり、**存続期間や更新、建物買取請求権等に関する規定が適用されません**（対抗要件の規定については争いがあります）。したがって、当事者で定めた**契約期間が満了すれば一時使用目的の借地権は終了**します。また、黙示の更新等によって期間の定めのない状態になった場合は、賃貸人はいつでも解約の申入れをすることができ、その日から 1 年を経過すると契約は終了します。

ここではコレを覚える　過去問　12-11　16-11　17-11　18-11　19-11　23-11

	期間	目的	法定更新	建物買取請求	契約方法
定期借地権	50年以上	制限なし	特約で否定可能		書面
事業用定期借地権	30年以上 50年未満	専ら事業用			公正証書
事業用借地権	10年以上 30年未満		法律上当然になし		
建物譲渡特約付借地権	30年以上	制限なし	特約で否定可能	譲渡特約あり	口頭でも可能

15 使用貸借

頻出度 **B**

無償で借りている人が死ぬと契約は終了します

学習時間 30分

使用貸借とは、当事者の一方がある物を引き渡すことを約し、相手方がその受け取った物について**無償**で使用及び収益をして契約が終了したときに返還をすることを約することによってその効力を生ずる**諾成契約**（口約束だけで成立）です。つまり、タダで貸す契約です。

それはなぜ？

使用貸借は賃料が発生しない貸借関係なので、貸主と借主の人的なつながり（信頼関係）は通常の賃貸借以上です。

(1)契約の解除①～借主が借用物を受け取るまでは解除ができる？

貸主は、借主が借用物を受け取るまで、契約の解除をすることができます。軽率にタダで貸す契約を結んだ貸主は話をなかったことにできるわけです。

ただし、書面で使用貸借契約を結んだ場合には解除できません。

(2)契約の解除②～借主が無断転貸すると解除される？

借主は、契約またはその目的物の性質によって定まった用法に従い、その物の使用および収益をしなければなりません。また、貸主の承諾を得なければ、第三者に借用物の使用または収益をさせることができません。違反した場合は、**貸主は契約を解除**することができます。

(3)必要費の負担～借用物の費用はどちらが負担するの？

借主は、借用物の通常の必要費を負担しなければなりません。

(4)使用貸借の対抗力～第三者に対抗できるの？

使用貸借には、民法上の賃貸借にあるような登記による対抗要件の規定が存在しません。したがって、第三者対抗力がありません。

もちろん、借地借家法の適用もないので、引渡しや建物登記等による対抗力もありません。

(5)借主が死亡～契約は終了するの？

当事者が使用貸借の期間を定めた場合は、その期間が満了することで終了します。それに対して、期間を定めなかった場合、使用および収益の目的（次の住居が決まるまで等）を定めたときは、使用貸借は、借主がその目的に従い使用および収益を終えることによって終了します。

また、**借主が死亡した場合も契約は終了します**。貸主が死亡しても終了しません。

もちろん、借主は、いつでも契約の解除をすることができます。

《使用貸借と返還請求まとめ》

使用収益の定めがある	契約に定められた使用収益を終わったとき	終了時点で返還請求できる。（借主には終了時点で返還義務がある）
	契約に定められた使用収益を終わる前でも、使用収益をするのに足りる期間が経過	直ちに返還請求できる。
使用収益の定めがない		いつでも返還請求できる

(6)原状回復義務～使用貸借にも原状回復が？

借主は、借用物を受け取った後にこれに附属させた物がある場合において、使用貸借が終了したときは、その附属させた物を収去する義務を負います。ただし、借用物から分離することができない物または分離するのに過分の費用を要する物についてはその義務を負いません。もちろん、附属させた物を収去する権利もあります。

また、借主は、賃貸借と同様に、原状回復義務を負います。

ここではコレを覚える 過去問 15-3

□使用貸借の場合は登記や引渡し等による対抗力がない。
□使用貸借は借主が死亡することで終了する。貸主が死亡しても終了しない。

ここを押さえる過去問1・2・3

問1　ケース①：甲土地の所有者が甲土地につき、建物の所有を目的として賃貸する場合。ケース②：建物の所有を目的とせずに資材置場として賃貸する場合。賃貸借の存続期間を 40 年と定めた場合には、ケース①では書面で契約を締結しなければ期間が 30 年となってしまうのに対し、ケース②では口頭による合意であっても期間は 40 年となる。(2014)

問2　令和5年7月1日に締結された建物の賃貸借契約(定期建物賃貸借契約及び一時使用目的の建物の賃貸借契約を除く。)に関して、期間を1年未満とする建物の賃貸借契約は、期間を1年とするものとみなされる。(2023)

問3　AはBと、B所有の甲建物につき、居住を目的として、期間3年、賃料月額 20 万円と定めて賃貸借契約(以下この問において「本件契約」という。)を締結した。AもBも相手方に対し、本件契約の期間満了前に何らの通知もしなかった場合、従前の契約と同一の条件で契約を更新したものとみなされるが、その期間は定めがないものとなる。(2016)

問4　A所有の甲土地につき、令和5年7月1日にBとの間で居住の用に供する建物の所有を目的として存続期間 30 年の約定で賃貸借契約が締結された。Bは、借地権の登記をしていなくても、甲土地の引渡しを受けていれば、甲土地を令和5年7月2日に購入したCに対して借地権を主張することができる。(2020)

問5　AがBとの間で、A所有の甲建物について、賃貸借契約を締結した場合において、Bの賃料不払を理由として解除されたときは、BはAに対して、Aの同意を得て B が建物に付加した造作の買取りを請求することはできない。(2015)

問6　賃借人は、賃借物を受け取った後にこれに生じた損傷がある場合、賃借人の帰責事由の有無にかかわらず、その損傷を原状に復する義務を負う。なお、当該賃貸借契約は、令和2年7月1日付けで締結され、期間満了により終了したものとし、原状回復義務について特段の合意はないものとする。(2020)

問7　借主Bが賃料減額請求権を行使してAB間に協議が調わない場合、賃料減額の裁判の確定時点から将来に向かって賃料が減額されることになる。(2004)

問8　AがBとの間で、A所有の甲土地につき建物所有目的で期間を50年とする賃貸借契約(以下この問において「本件契約」という。)を締結する場合で、本

11
賃借

件契約に、当初の 10 年間は地代を減額しない旨の特約を定めた場合、その期間内は、BはAに対して地代の減額請求をすることはできない。(2023)

問9 AがBに甲建物を賃貸し、BがAの承諾を得て甲建物をCに適法に転貸している。Aが、Bの賃料の不払いを理由に甲建物の賃貸借契約を解除する場合、Cに対して、賃料支払の催告をして、支払う機会を与えなければならない。(2016)

問10 Aは、B所有の甲建物(床面積 100 ㎡)につき、居住を目的として、期間年、賃料月額 10 万円と定めた賃貸借契約をBと締結してその日に引渡しを受けた。AがBに対して敷金を差し入れている場合、本件契約が期間満了で終了するに当たり、Bは甲建物の返還を受けるまでは、Aに対して敷金を返還する必要はない。(2022)

問11 Aは、自己所有の甲建物(居住用)をBに賃貸し、引渡しも終わり、敷金5万円を受領した。Aが甲建物をCに譲渡し、所有権移転登記を経た場合、の承諾がなくとも、敷金が存在する限度において、敷金返還債務はAから に承継される。(2008)

問12 借地権の当初の存続期間が満了する場合において、借地権者が借地契約の更新を請求したときに、建物がある場合は、借地権設定者が遅滞なく異議を述べたときでも、その異議の理由にかかわりなく、従前の借地契約と同一の条件で借地契約を更新したものとみなされる。(2009)

問13 借地権の存続期間が満了する前に建物の滅失があった場合において、借地権者が借地権の残存期間を超えて存続すべき建物を築造したときは、その建物を築造することにつき借地権設定者の承諾がない場合でも、借地権の期間の延長の効果が生ずる。なお、本借地権は建物の所有を目的とする土地の賃貸借契約であり、定期借地権及び一時使用目的の借地権ではない。(2022)

問14 Aは、自己所有の甲建物につき、Bとの間で期間を10年とする定期建物賃貸借契約を締結し、Bは甲建物をさらにCに賃貸(転貸)した。AB間の賃貸借契約が期間満了で終了する場合であっても、BがAの承諾を得て甲建物をCに転貸しているときには、BのCに対する解約の申入れについて正当な事由がない限り、AはCに対して甲建物の明渡しを請求することができない。(2013)

問 15　事業の用に供する建物の所有を目的とする場合であれば、従業員の社宅として従業員の居住の用に供するときであっても、事業用定期借地権を設定することができる。(2010)

問 16　AがBとの間で、A所有の甲土地につき建物所有目的で期間を50年とする賃貸借契約（以下この問において「本件契約」という。）を締結する場合で、本件契約が甲土地上で専ら賃貸アパート事業用の建物を所有する目的である場合、契約の更新や建物の築造による存続期間の延長がない旨を定めるためには、公正証書で合意しなければならない。(2023)

問 17　使用貸借契約において、貸主又は借主が死亡した場合、使用貸借契約は効力を失う。(2001)

問 18　AB間で、Aを貸主、Bを借主として、A所有の甲建物につき、①賃貸借契約を締結した場合と、②使用貸借契約を締結した場合に関して、Bが死亡したときは、①では契約は終了しないが、②では契約が終了する。(2015)

問 19　Aを貸主、Bを借主として、A所有の甲土地につき、資材置場とする目的で期間を2年として、AB間で、①賃貸借契約を締結した場合と、②使用貸借契約を締結した場合に関し、Bは、①では期間内に解約する権利を留保しているときには期間内に解約の申入れをして解約することができ、②では期間内に解除する権利を留保していなくてもいつでも解除することができる。(2022)

問 1:(×)①の場合は借地借家法が適用され、書面でなくても40年となります。②の場合は民法が適用され、その存続期間は40年となります。 問 2:(×)期間の定めがない建物の賃貸借とみなされます。 問 3:(○) 問 4:(×)土地の引渡しは対抗要件ではありません。 問 5:(○) 問 6:(×)賃借人の帰責事由によらない損傷については賃借人は原状回復義務を負いません。 問 7:(×)減額請求の意思表示が相手方に到達した時点からです。 問 8:(×)特約により賃借人の賃料減額請求を拒むことはできません。 問 9:(×)与える必要はありません。 問 10:(○) 問 11:(○) 問 12:(×)異議に正当な事由があると認められるときには借地契約は終了します。 問 13:(×)承諾がなければ延長しません。 問 14:(×)AはCに対しても正当事由の有無にかかわらず甲建物の明渡しを請求することができます。 問 15:(×)居住用と判断されます。問 16:(×)事業用定期借地権においては事業用建物であっても居住用は除かれます。 問 17:(×)貸主が死亡した場合は貸主の相続人が貸主の立場を引き継ぎます。 問 18:(○) 問 19:(○)

第３編　法令上の制限

出　題	問15～問22（8問）
合格ライン	6問以上正解
最低学習時間	1か月
出題頻度の高いもの	都市計画法の内容　開発許可制度　用途規制

法令上の制限について

重要事項説明を意識して学習しましょう

学習時間 5分

それはなぜ？

住宅密集地に花火工場を建てるとか、小学校の隣でパチンコ店を経営するとか、周りの人に迷惑がかかる行為まで許されるとしたら、私たちは安心して快適な暮らしができなくなります。そこで、都市計画法など多くの法令によって、民法で保障された自由を制限しています。

重要事項説明書面に記載すべきなのにしなかった場合や、誤った説明をしたような場合は、取引の相手方に多大なる損害を与えるだけでなく、免許取消等の監督処分を受けたり、訴訟のリスクを負ったりすることもあります。

(1)法令上の制限とは？

法令上の制限とは、民法で保障された自由を法律や命令などによって制限するという意味です。このような制限を決めた法律や命令を総称して、法令上の制限と呼びます。

(2)宅地建物取引と法令上の制限はどのような関連があるの？

法令上の制限は、その取引態様に応じて、重要事項説明書面に記載すべき内容となっています。取引の相手方が宅建業者以外の場合は、取引士がその内容を説明しなければなりません。法令によっては、予定していた建物が建てられなかったり、再築できなかったり、土砂災害等の危険性があるような場所だったりするので、取引する上で重要な判断材料となります。

(3)頻出分野の法令の目的と出題数

法令名	目的	出題数
都市計画法	都市の健全な発展と秩序ある整備を図り、もって国土の均衡ある発展と公共の福祉の増進を図る。	2問
建築基準法	建築物の敷地、構造、設備および用途に関する最低の基準を定めて、国民の生命、健康および財産の保護を図り、もって公共の福祉を増進する。	2問
国土利用計画法	国土利用計画の策定に関し必要な事項について定め、土地利用基本計画の作成、土地取引の規制に関する措置その他土地利用を調整するための措置を講ずることにより、総合的かつ計画的な国土の利用を図る。	1問
農地法	耕作者の地位の安定と国内の農業生産の増大を図り、国民の食料安定供給を確保する。	1問
土地区画整理法	換地計画を定め、施行区域の建築等の規制を行い、換地処分の法的効果を定め、土地区画整理事業のスムーズな実行を促す。	1問
宅地造成及び特定盛土等規制法	宅地造成等に伴う崖崩れや土砂の流出による災害を防止し、国民の生命・財産の保護を図る。	1問

第１章
都市計画法

過去 10 年の出題分析

出題年 テキスト項目	14	15	16	17	18	19	20	21	22	23
第 1 章全体	●	●	●	●	●	●	●	●	●	●
1 都市計画法の目的・全体像										
2 総則										
3 都市計画の内容	●	●	●	●	●	●	●	●	●	●
1 マスタープラン										
2 区域区分		●								
3 地域地区	●	●	●		●	●	●	●	●	●
4 都市施設と市街地開発事業	●		●							
5 地区計画等	●	●	●	●			●	●		●
4 都市計画の決定と変更		●								
5 都市計画制限等	●	●	●	●	●	●	●	●	●	●
1 開発行為									●	
2 開発許可が不要な場合	●			●	●	●		●	●	
3 開発行為の許可手続			●				●		●	●
4 開発許可を受けた後から工事完了公告前の手続等		●	●							
5 工事完了の公告後の規制等		●	●		●		●			●
6 都市計画事業				●	●		●			

※出題されている年度に●を記入しています。

1 都市計画法の目的・全体像

A

場所を選んで優先順位を決めて規制をかけます

学習時間 15分

都市…都市の定義は都市計画法には定められていません。ただし、国土利用計画法で、都市地域について「一体の都市として総合的に開発し、整備し、及び保全する必要がある地域」と定義されています（同法9条4項）。都市計画法は、都市計画区域などといった場合の「都市」を、主に都市地域の意味合いで使っています。

(1)都市計画法の目的～なんで都市計画法を作ったの？

都市計画法は、都市計画の内容とその決定手続、都市計画制限、都市計画事業その他都市計画に関し必要な事項を定めることにより、都市の健全な発展と秩序ある整備を図り、もって国土の均衡ある発展と公共の福祉の増進に寄与することを目的としています。

さらに、その都市計画は、農林漁業との健全な調和を図りつつ、健康で文化的な都市生活と機能的な都市活動を確保すべきこと、ならびにこのためには適正な制限のもとに土地の合理的な利用が図られるべきことを基本理念としています。

法律に記載されている表現は難解ですが、噛み砕けば、一個人や一企業のためでなく、すべての人が健康で文化的な暮らしができる都市づくりが大切で、都市部だけでなく農山村地域も含めた国土全体の発展を目指しているということです。

(2)都市計画の内容～都市を築き上げる根本は？

都市計画とは、土地利用と施設（都市施設）を計画することをいいます。

土地利用	都市内の土地の使い方、つまりどんな用途に使うのか、建物を建てる場合にはどんな用途の建物を建てるのかということをいいます。
施設（都市施設）	鉄道、道路、駐車場などの交通施設、公園、緑地、広場などのオープンスペース、学校、図書館などの教育文化施設、病院、保育所、社会福祉施設をはじめ市場、さらには水道・電気・ガスの供給施設や下水処理場・ごみ焼却場などの処理施設、河川、運河など、さまざまなものがあります。

この都市計画を定めた主な法律が都市計画法です。

都市計画の道すじを定めている法律は「都市計画法」なのですが、都市施設を作るための公共事業の手法を定めた法律は土地区画整理法や都市再開発法等という別の法律です。学習の際は法律ごとではなく、公共事業の流れを意識すると理解しやすくなります。

(3)都市計画の手順～どうやって街を作るの？

この広い日本の国土を、人が住みやすい環境にしていくためにはどうすればよいでしょうか。それぞれ好き勝手に家や店や工場を建てていたのではとうてい人が住みやすい快適な街にはなりません。そこで、都市計画法は、快適な街をつくるために、次の手順を定めています。

①場所を決める

まず、計画的な街づくりをする場所を決めます。これを**都市計画区域**と呼びます。

②優先順位を決める

都市計画区域といってもかなり広い地域を指定するので、一斉に開発するのは不可能ですし、また効率的ではありません。そこで、**都市計画区域内をさらに、積極的に街づくりをする場所（市街化区域）**と、とりあえずは**現状を保存して市街化区域の開発が終わってから手を付ける場所（市街化調整区域）**に分けます。これを**区域区分**といいます。

③目的に従って住み分ける

時に**市街化区域に用途による住み分けを行います**。「住宅街（住居地域）」「商店街（商業地域）」「工業地帯（工業地域）」の大きく3つに分けて、快適な街づくりの青写真を作っていきます。

④インフラを整備する

多くの人が集まって生活をするためには、家があるだけでは快適な街とはいえません。そこには、**道路・上下水道・送電設備・学校・病院などの施設（都市施設）**があってはじめて街と呼べるのではないでしょうか。また、このような都市施設は単体で設置することもできますが、**総合的に整備していくこと**もできます（**市街地開発事業**）。

⑤規制を強化する

このような青写真ができあがっても、すぐには実現しません。時間をかけてひとつひとつ建設する必要があります。その過程で、青写真とは異なる建築や開発が行われたのでは、すべてが水の泡となります。そこで、作ろうとしている**街の青写真に反する開発行為や建築が行われないように制限**をかけます（**都市計画制限**）。

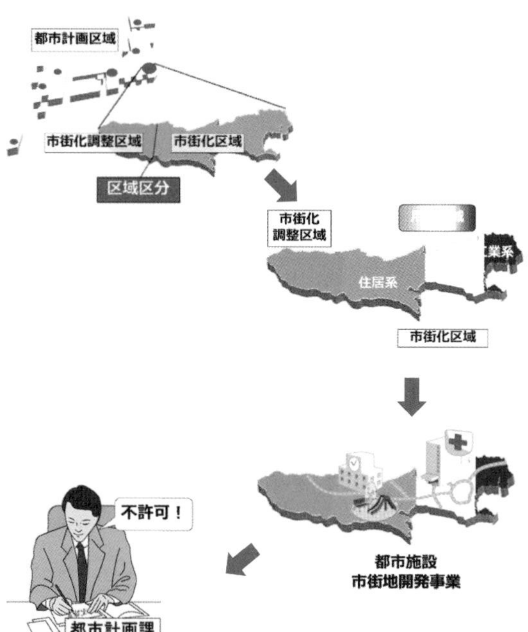

2-1 都市計画区域の指定＜総則

頻出度 B

都市化する場所を決める手続です

学習時間 20分

日本の国土すべてを一斉に都市化することは、物理的にも財政的にも不可能です。またその必要もないでしょう。そこで、まず都市化する場所を決めます。その場所が**都市計画区域**です。

(1)都市計画区域～都市計画区域って何？

都市計画区域とは、市または人口(1万人以上)、就業者数等が政令で定める要件に該当する町村の中心の市街地を含み、かつ、自然的及び社会的条件並びに人口、土地利用、交通量等を勘案して、**一体の都市として総合的に整備し、開発し、および保全する必要があるとして指定された区域**をいいます。つまり、街づくりをする場所のことです。そして、必要があるときは、**隣接する都府県や市町村にわたって指定することができます。**

用語

都道府県都市計画審議会…都道府県が都市計画を定めるときに、都市計画法に基づき都市計画案を調査審議する機関です。都市計画は都市の将来の姿を決定するものであり、住民の生活に大きな影響を及ぼします。このため、都市計画を定めるときは、行政機関だけで判断するのではなく、学識経験者や議会の議員、関係する国の機関、区市町村の長などから構成される審議会の調査審議を経て決定することとなっています。

(2)都市計画区域の指定～誰が指定するの？

1の都道府県に定める場合は都道府県が指定します。それに対して、**複数の都府県にわたる場合は国土交通大臣**が指定します。

(3)指定の流れ～都市計画区域を指定する流れは？

1の都道府県内に定める場合、都道府県は、あらかじめ、**関係市町村および都道府県都市計画審議会の意見を聴く**とともに、**国土交通大臣に協議**し、その**同意**を得なければなりません。

複数の都府県の区域をまたぐ場合、国土交通大臣が、あらかじめ、**関係都府県の意見を聴いて**指定します。関係都府県が意見を述べようとするときは、あらかじめ、**関係市町村および都道府県都市計画審議会の意見**を聴かなければなりません。

都市計画区域の指定は公告することによって行います。

ここではコレを覚える 過去問 11-16

□**都市計画区域**とは、一体の都市として総合的に整備し、開発し、および保全する必要があるとして指定された区域をいう。

□**行政区画**とは関係なく定められる。

□都市計画区域は**都道府県**が指定する。ただし、複数の都府県にわたる場合は**国土交通大臣**が指定する。

頻出度 C

2-2 準都市計画区域の指定＜総則

乱開発を防ぐための暫定的な規制です

学習時間 20分

都道府県は、**都市計画区域の指定をしない場所のうち、多くの建築物の建築などが現に行われていたり、または将来行われると見込まれるところで、そのまま放置すれば将来の街づくりの障害となるおそれがある区域**を、**準都市計画区域**として指定することができます。

(1)準都市計画区域～準都市計画区域って何？

準都市計画区域は、**都市計画区域外の区域**のうち、相当数の住居その他の建築物の建築またはその敷地の造成が現に行われ、または行われると見込まれる区域を含み、そのまま**土地利用を整序**し、**環境を保全する措置を講ずることなく放置**すれば、将来における一体の都市としての整備、開発および保全に支障が生じるおそれがあると認められる一定の区域に指定されます。

なお、都市計画区域のように、都府県をまたいで指定することは想定されていません。

(2)指定権者～準都市計画区域は誰が指定するの？

都道府県が指定します。

(3)指定の流れ～準都市計画区域を指定する流れは？

都道府県は、指定しようとする場合、**関係市町村および都道府県都市計画審議会の意見**を聴かなければなりません。そして、準都市計画区域は公告によって指定します。

(4)準都市計画区域になるとどうなるの？

準都市計画区域では、都市計画区域に準じて、**用途地域**、**特別用途地区**、**高度地区**、**特定用途制限地域**、**景観地区**、**風致地区**、**緑地保全地域**、**伝統的建造物群保存地区**等の土地利用の規制が適用されます。

それはなぜ？

都市計画区域の指定をしないところであっても、幹線道路の沿道や高速道路のインターチェンジ周辺などでは、大規模な開発や建築が行われ、景観の悪化や交通渋滞を引き起こしたり、さまざまな用途の建築物が無秩序に立ち並んだりするといった問題が発生しています。

付け足し

開発許可制度も適用され、原則として開発面積が 3,000 ㎡を超える宅地造成について都道府県知事(または市長)の許可が必要となります。また、建物等の新築や一定規模以上の増改築移転をする場合には、事前に建築確認を受けなければなりません。

ここではコレを覚える

□準都市計画区域は、都市計画区域外の一定の区域で、そのまま土地利用を整序し、または環境を保全するための措置を講ずることなく放置すれば、将来における一体の都市としての整備、開発および保全に支障が生じるおそれがあると認められる区域に指定される。

□準都市計画区域の指定は都道府県が行う。

頻出度 C

3-1 マスタープラン＜都市計画の内容

都市計画区域を決めたら次に目標を決めます

学習時間 5分

(1)指定後の流れ～都市計画区域を指定した後は？

都市計画区域が指定されると、次にその中で街づくりが始まります。具体的には、都市計画を定めてそれを実現するための規制や都市施設等の指定を行います。

(2)基本方針～まずはマスタープランを定めるの？

都市計画は、都市計画区域を一体の都市として総合的に整備し、開発し、および保全することを目指して定めるものです。しかし、どのような方向で都市の整備を行い、開発し、保全するかが定まっていないと、秩序ある街づくりのためには十分ではありません。

そこで、都道府県は、すべての都市計画区域について、**都市計画に、都市計画区域ごとのマスタープラン**、すなわち都市計画区域の整備、開発および保全の方針を定めなければなりません。

ワンポイントアドバイス

ここでは、その都市計画の内容と決定手続をしっかりと理解しましょう。

頻出度 A

3-2 区域区分く都市計画の内容

市計画区域内で街づくりの優先順位を決めます

学習時間 10分

)区域区分①～都市計画区域内のどこから街づくりするの？

市計画区域を2つに分けて都市化する順番を決めます。これを区域分といいます。

域区分とは、都市計画区域を、**積極的に整備、開発を行っていく**<u>市街区域</u>と、**開発行為や建築行為を抑制し当面は街づくりをしない**<u>市街化整区域</u>とに区分することをいいます。

用語

市街化区域…すでに市街地を形成している区域およびおおむね10年以内に優先的かつ計画的に市街化を図るべき区域

市街化調整区域…市街化を抑制すべき区域

)区域区分②～すべての都市計画区域内で区域区分を定めるの？

市計画区域によっては、区域区分を定める必要のないところもあります。区域区分は、都道府県が、それぞれの**地域の実情に応じて**、都市計区域について無秩序な市街化を防止し、計画的な市街化を図るため要があると判断するときに、都市計画に定めるものとしています。

体的には、大都市に係る都市計画区域として政令で定める場所は、区区分を定めることが義務となっていますが、中核市は義務付けられていません。なお、準都市計画区域には区域区分を定めることはできません。

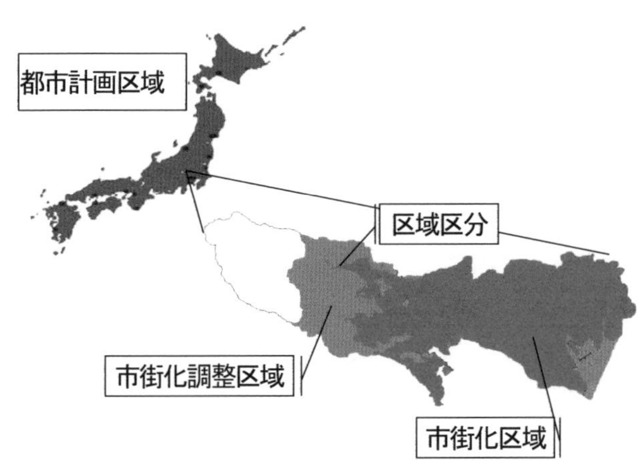

ここではコレを覚える 過去問 11-16 15-16

□都市計画区域について無秩序な市街化を防止し、計画的な市街化を図るため必要があるときは、都市計画に、市街化区域と市街化調整区域との区分(**区域区分**)を定めることができる。

□準都市計画区域には、区域区分を定めることはできない。

3-3-1 用途地域＜都市計画の内容

頻出度 A

主に市街化区域内で住み分ける規制です

学習時間 120分

参考資料

「地域」とは、かなり広い範囲を意味し、「地区」とは、ある観点で区切られたやや広い範囲を意味します。

都市計画法では、**市街化区域をさらにその利用目的に応じて、建てることができる建物を制限**しています。この目的別プランのことを**地域地区**といい、用途地域とそれ以外の地域地区に分けられます。

(1)用途地域～用途地域って何？

地域地区の基本となるのは用途地域です。用途地域には、住居系・商業系・工業系の大きく3つ、これらをさらに細かくわけて合計13種類のものがあります。

(2)用途地域を定める場所～用途地域はどこに定めるの？

市街化区域には**少なくとも用途地域を定める**ものとされています。また、区域区分を定めない都市計画区域も用途地域を定めることができます。それに対して、**市街化調整区域**には**原則として用途地域を定めません。**

(3)用途地域の種類～用途地域にはどのような種類が？

①低層住居専用地域

2階建て程度の住居が建ち並ぶ閑静な住宅地です。1種・2種の2つがあります。

第1種	**低層住宅**に係る良好な住居の環境を保護するため定める地域
第2種	**主として低層住宅**に係る良好な住居の環境を保護するため定める地域

(低層住居専用地域の写真　東京都渋谷区初台)

②田園住居地域

農業の利便の増進を図りつつ、これと調和した**低層住宅**に係る良好な住居の環境を保護するため定める地域です。

田園住居地域では、住居としての利用と農地としての利用の均衡を図ることを目的として、地域内の農地(耕作の目的に供される土地)について、土地の形質の変更、建築物の建築その他工作物の建設または土石その他の政令で定める物件の堆積を行おうとする者は、原則として、**市町村長の許可**を受けなければならないものとされます。

③中高層住居専用地域

階建て程度の住居が建ち並ぶ商業施設もある住宅地です。1種・2種の2つがあります。

第1種	**中高層住宅**に係る良好な住居の環境を保護するため定める地域
第2種	**主として中高層住宅**に係る良好な住居の環境を保護するため定める地域

(中高層住居専用地域の写真　東京都中野区中央)

④住居地域

階建て程度の住居が建ち並ぶ、スケート場やボーリング場やホテル等のような商業施設もある住宅地です。1種・2種の2つがあります。

第1種	住居の環境を保護するため定める地域
第2種	主として住居の環境を保護するため定める地域

(住居地域の写真　東京都新宿区西新宿)

⑤準住居地域

道路の沿道としての地域の特性にふさわしい業務の利便の増進を図り
つ、これと調和した住居の環境を保護するため定める地域です。
国道沿い等に指定され、小規模な映画館や自動車修理工場等も建築
きる住居地です。

(準住居地域の写真　東京都渋谷区初台)

⑥近隣商業地域

近隣の住宅地の住民に対する日用品の供給を行うことを主たる内容と
る商業等の業務の利便を増進するため定める地域です。
大規模な商業施設や映画館等も建築できる商業地です。

近隣商業地域の写真　東京都渋谷区初台）

)商業地域

主として**商業等**の業務の利便を増進するため定める地域です。
風俗営業等も可能な商業地です。

商業地域の写真　東京都新宿区西新宿）

)準工業地域

主として**環境の悪化**をもたらすおそれのない工業の利便を増進するため定める地域です。
商業地域と同じく一部の風俗営業も可能な工業地です。

)工業地域

主として**工業の利便**を増進するため定める地域です。
ある程度危険な工場も建築できる場所で、学校や病院やホテルなどは建築できない工業地です。

)工業専用地域

工**業の利便**を増進するため定める地域です。

危険な工場も建築できる場所で、住居も店舗も建築できない工業地で

用途地域内における建築物の敷地、構造または建築設備に関する制
で、その地域の指定の目的のために必要なものは、地方公共団体の
例で定めます。

ここではコレを覚える 過去問 11-16 18-16 19-15 20-15 22-15

□市街化区域…少なくとも用途地域を定める。
□市街化調整区域…原則として用途地域を定めない。
□区域区分を定めない都市計画区域…用途地域を定めることができる。

3-3-2 用途地域以外の地域地区＜都市計画の内容

頻出度 A

途地域の規制では不十分、さらにきめ細かな規制です

学習時間 120分

]途地域の他に地域の特性をより具体化するプランがあります。これを
]助的地域地区と呼ぶ場合もあります。

）用途地域内にのみ定めることができるもの

）特別用途地区

]途地域内の一定の地区における当
該地区の特性にふさわしい土地利用**の増進、環境の保護等の特別の目的の実現を図るため**当該用途地域の指定を**補完**して定める地区です。地域により異なりますが、文教地区、特別工業地区、低層階商業業務誘導地区など各自治体で活用されています。

特別用途地区の写真
東京都新宿区大久保

）特例容積率適用地区

一定の用途地域内（＝**低層住居専用地域・田園住居地域・工業専用地域を除いた用途地域内**）の適正な配置および規模の公共施設を備えた土地の区域において、建築物の容積率の限度からみて未利用となっている建築物の容積の活用を促進して土地の高度利用を図るため定める地区です。

特例容積率適用地区の写真
東京都中央区東京駅前

）高層住居誘導地区

住居と住居以外の用途とを適正に配分し、**利便性の高い高層住宅の建設を誘導**するため、一定の用途地域（**第1種住居地域、第2種住居地域、準住居地域、近隣商業地域、準工業地域**）で、建築物の容積率が10分の40または10分の0と定められたものの内において、建築物の**容積率**の最高限度、建築物の**建蔽率**の最高限度および建築物の**敷地面積**の最低限度を定

高層住居誘導地区の写真
東京都江東区東雲

付け足し

建築基準法上、用途地域の規制以外にも、その地区の指定の目的のためにする建築物の建築の制限または禁止に関して必要な規定は、地方公共団体の条例で定めます。また、地方公共団体は、目的達成に必要と認める場合、国土交通大臣の承認を得て、条例で、用途地域の規制による制限を緩和することができます。

付け足し

建築基準法上、特例容積率適用地区内における建築物の高さは、特例容積率適用地区に関する都市計画において建築物の高さの最高限度が定められたときは、原則として、当該最高限度以下でなければなりません。

付け足し

都心に高層住宅の建築を誘導し、居住人口の都心回帰を促そうとする目的で1997年に創設されたものです。都市内の住宅の適正な配置を目指し、容積率の制限の緩和、斜線制限の緩和などが都市計画で定められます。

める地区です。

④高度地区

用途地域内において市街地の環境を維持し、または土地利用の増進を図るため、建築物の高さの**最高限度または最低限度**を定める地区です。

付け足し

建築基準法上、高度地区内における建築物の高さは、高度地区に関する都市計画において定められた内容に適合するものでなければなりません。また、都市計画には、都市計画区域内の場合は建築物の高さの最高限度または最低限度、準都市計画区域内の場合は最高限度を定めます。

付け足し

建築基準法上、高度利用地区内における建築物の容積率、建蔽率および建築物の建築面積は、原則として高度利用地区に関する都市計画で定められた内容に適合するものでなければなりません。また、壁面の位置も同様に制限されます。

⑤高度利用地区

用途地域内の市街地における**土地の合理的かつ健全な高度利用と都市機能の更新**とを図るため、建築物の**容積率**の最高限度および最低限度、建築物の**建蔽率**の最高限度、建築物の**建築面積**の最低限度ならびに**壁面の位置**の制限を定める地区です。

高度利用地区の写真
東京都新宿区西新宿６丁目

狭小な建物の建築を排除することが可能となり、将来的な都市再開発事業を実施しやすくするために利用されています。

⑥居住環境向上用途誘導地区

立地適正化計画に記載された**居住誘導区域**のうち、その居住誘導区域に係る居住環境向上施設を有する建築物の建築を誘導する必要があると認められる一定の区域内（**工業専用地域を除く用途地域内に限る**）について、都市計画で定める地区です。

居住誘導区域内において、居住環境向上施設（地域住民を対象にした比較的小規模な病院等の医療施設、日用品を扱う比較的小規模な店舗、専ら近隣に居住する者の利用に供するコワーキング施設等）に限定して用途規制や容積率の緩和を行う一方、それ以外の建築物については、これまで通りの規制を適用することにより、居住環境向上施設を有する建築物の建築を誘導することを目的とするものです。

同地区に関する**都市計画**には次の事項を定めます。

高齢化や職住近接型の市街地への転換が進む住宅地において日常生活に必要な施設の立地が求められてきている中で、用途地域等による規制だけでなく、都市の居住者の日常生活に必要な施設を必要な場所に誘導することが期待されています。

①地域地区の種類（特別用途地区の場合はその指定により実現を図るべき特別の目的を明らかにした特別用途地区の種類）、位置およ

び区域
②面積
③建築物等の誘導すべき用途およびその全部または一部をその用途に供する建築物の**容積率の最高限度**
④同地区における市街地の環境を確保するため必要な場合にあっては、**建築物の建蔽率の最高限度**※1、**壁面の位置の制限**※1および**建築物の高さの最高限度**※2

:1　①公衆便所、巡査派出所その他これらに類する建築物で、公益上必要なもの、②学校、駅舎、卸売市場その他これらに類する公益上必要な建築物で、特定行政庁が用途上または構造上やむを得ないと認めて許可したものは規制の適用外です。

:2　建築物の高さについて、特定行政庁が用途上または構造上やむを得ないと認めて許可したものについては、規制の適用外です。

参考資料

地方公共団体は、その地区の指定の目的のために必要と認める場合においては、国土交通大臣の承認を得て、条例で、用途地域による制限を緩和することができます。その際、あらかじめ、建築審査会の同意を得なければなりません。

2)用途地域外でも定めることができるもの

)特定街区

う街地の整備改善を図るため街区)整備または造成が行われる地区こついて、その街区内における建築物の**容積率**ならびに建築物の**高さ**の最高限度および**壁面の位置**の制限定める街区です。

高層・超高層マンションやビルなどを建てるための都市計画です。

特定街区の写真
東京都新宿区西新宿

用語

街区…市街地において道に囲まれた一区画を意味します。市街地の特定の狭い範囲をしている用語になります。

付け足し

建築基準法上、特定街区内における建築物の容積率および高さは、特定街区に関する都市計画で定められた内容に適合するものでなければなりません。

)防火地域・準防火地域

う街地における火災の危険を防除するため定める地域です。

詳細は第2章の建築基準法で解説します。

防火地域の写真
東京都新宿区西新宿

付け足し

建築基準法上、景観地区内における建築物の高さは、景観地区に関する都市計画において建築物の高さの最高限度又は最低限度が定められたときは、原則として、当該最高限度以下または当該最低限度以上でなければなりません。

③景観地区

市街地の良好な景観（街並み）の形成を図るため、建築物の形態意匠、高さ、壁面、敷地面積を制限する地区です。

歴史的建物が立ち並んでいるなど、様々な理由により市街地の景観を保存・継承していきたい場合に指定されます。現在、伊勢神宮の門前町の街並みを残すための「内宮おはらい町地区」や、島ぐるみの野外博物館を目標とし島の稜線を守るための「江の島景観地区」など全国に多数の景観地区が指定されています。

景観地区の写真
神奈川県藤沢市江の島

付け足し

建築物の建築、宅地の造成、木竹の伐採その他の行為については、政令で定める基準に従い、地方公共団体の条例で、都市の風致を維持するため必要な規制をすることができます。

④風致地区

都市の風致を維持するため定める地区です。

都市の風致とは、都市において水や緑などの自然的な要素に富んだ土地における良好な自然的景観であり、風致地区は、良好な自然的景観を形成している区域のうち、土地利用計画上、都市環境の保全を図るため風致の維持が必要な区域について定めるものです。

風致地区の写真
東京都明治神宮

(3)用途地域外にのみ定められるもの

それはなぜ？

用途地域内では特別用途地区を定めてきめ細かな建築規制を実施できますが、用途地域外では特別用途地区を定めることができません。そこで、平成 12 年に創設されたのが特定用途制限地域です（同年の改正で準都市計画区域も創設されました）。

特定用途制限地域

良好な環境の形成または保持のため当該地域の特性に応じて合理的な土地利用が行われるよう**制限すべき特定の建築物等の用途の概要を定める**地域です。

特定用途制限地域を定めることができる場所は、①**準都市計画区域**と②**用途地域がない都市計画区域内**となっています。実際には、工場や風俗営業施設、パチンコ店等の建築を禁止する建築規制を実施する自治体が多いといわれています。

特定用途制限地域の写真
長野県伊那市

建築基準法上、特定用途制限地域内における建築物の用途の制限は、当該特定用途制限地域に関する都市計画に即し、政令で定める基準に従い、地方公共団体の条例で定めます。

ここではコレを覚える

過去問 11-16 13-15 14-15 15-16 16-16 18-16 19-15 22-15 23-15

《準都市計画区域には指定できないもの》

□特例容積率適用地区　□高層住居誘導地区　□高度利用地区　□特定街区

□防火地域または準防火地域

上記以外にも多数あります。

《用途地域内で指定するもの》

□特別用途地区　□特例容積率適用地区　□高層住居誘導地区　□高度地区

□高度利用地区

《特例容積率適用地区を指定できる用途地域》

□第１種中高層住居専用地域　□第２種中高層住居専用地域　□第１種住居地域

□第２種住居地域　□準住居地域　□近隣商業地域　□商業地域　□準工業地域

□工業地域

《高層住居誘導地区を指定できる用途地域》

□第１種住居地域　□第２種住居地域　□準住居地域　□近隣商業地域

□準工業地域

頻出度 B

3-4 都市施設と市街地開発事業＜都市計画の内容

インフラ整備とそれを含む公共事業です

学習時間 30分

都市施設とは、人々が生活していく上でなくてはならない**公共施設**のことをいいます。具体的には、道路、公園、上下水道、学校などがそれにあたります。いわゆるインフラです。**都市計画区域の中ではこれらの中から必要なものを選択して定めることができます**。また都市計画区域外でも必要があれば定めることができます。

(1)必ず定めるもの～道路・公園・下水道は特別扱い？

市街化区域および**区域区分が定められていない都市計画区域内**には少なくとも**道路、公園および下水道**を定めなければなりません。

(2)住居系の用途地域内～義務教育施設も特別？

住居系の用途地域内には**義務教育施設**も定めなければなりません。

(3)市街地開発事業～都市施設と併せての宅地の開発

市街地開発事業という方法があります。都市施設の整備が市街地の骨格となるのに対し、市街地開発事業は、**一定のエリアを区切って、そのエリア内でインフラ整備と宅地の開発を総合的な計画に基づいて一体的に行う事業**です。7つの事業が定められています。

参考資料

①土地区画整理事業
②新住宅市街地開発事業
③工業団地造成事業
④市街地再開発事業
⑤新都市基盤整備事業
⑥住宅街区整備事業
⑦防災街区整備事業

(4)市街地開発事業の実施

市街地開発事業は、原則として、**都道府県知事**(比較的小規模な「市街地再開発事業」「住宅街区整備事業」「土地区画整理事業」については市町村)が主体となって**都市計画として決定**します。
また、市街地開発事業は、**市街化区域または区域区分が定められていない都市計画区域においてのみ**定めることができます。

(5)都市施設の設置・市街地開発事業が決まった後の制限

都市計画施設の区域または市街地開発事業の施行区域内では、その事業の妨げになるような建築物の建築等が厳しく制限されます。その施行地区内で**建築物の建築**をしようとする者は、原則として、**都道府県知事等の許可**を受けなければなりません。

用語

都市計画施設…都市施設に関して、その名称・位置・規模などが都市計画に定められた場合、その都市施設を都市計画施設と呼びます。

(6)市街地開発事業等予定区域～大規模な工事で活用

通常、市街地開発事業や都市施設に関する都市計画を決定するまでには詳細な計画策定が必要なので時間がかかり、その策定期間内に**土地の買い占めや、無秩序な開発などが発生するリスク**があります。

そこで、先に「**市街地開発事業等予定区域**」を定めることによって、そうした問題を回避する方法が都市計画法に定められています。つまり、市街地開発事業等予定区域とは、市街地開発事業や都市施設に関する都市計画が将来的に策定されることが予定されている区域のことをいいます。なお、**予定区域を定める主体は都道府県**です。

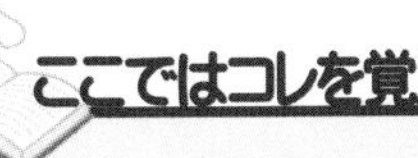

付け足し

予定区域は暫定的な区域なので、予定区域に関する都市計画の告示があった日から3年以内に、市街地開発事業または都市施設に関する都市計画(本来の都市計画)を定めなければなりません。3年以内に本来の都市計画が決定されると、その後2年以内に都市計画事業の認可の申請がされて、市街地開発事業や施設の整備事業が実際に施行されます。もし3年以内に本来の都市計画が定められない場合は、予定区域は効力を失います。

ここではコレを覚える 過去問 14-15 16-16

□都市施設は都市計画区域内に定めることができる。ただし、特に必要があるときは、**都市計画区域外**にも定めることができる。

□市街化区域および区域区分が定められていない都市計画区域内には、少なくとも**道路、公園**および**下水道**を定めなければならない。

□**住居系**の用途地域内には**義務教育施設**も定めなければならない。

□都市計画施設の区域・市街地開発事業施行区域内では、原則として、建築物の建築をしようとする者は、**都道府県知事等の許可**を受けなければならない。

□市街地開発事業等予定区域内では、原則として、土地の形質の変更を行い、または建築物の建築その他工作物の建設を行おうとする者は、**都道府県知事等の許可**を受けなければならない。

3-5 地区計画等＜都市計画の内容

頻出度 A

規模の小さな都市計画です

学習時間 60分

それはなぜ？

1980年に作られた制度です。都市計画法では適正な土地利用を実現するための用途地域・特別用途地区をはじめとする多様な地域地区の制度を設けていますが、都市化が進む中で、スプロール現象やミニ開発等が行われ不良な環境の地区が形成されることを規制することが困難でした。そこで、特定の地区について土地利用規制と公共施設整備（道路、公園などの整備）を組み合わせてまちづくりを誘導する制度として創設されたのが地区計画制度です。

地区計画等とは、特定の地区の特性を反映した市街地等を形成するための計画で、都市計画において決定されたものをいいます。

(1)地区計画等の種類～地区計画等には5種類ある？

地区計画等には次の5種類の計画があります。

①地区計画
②密集市街地整備法による防災街区整備地区計画
③地域における歴史的風致の維持及び向上に関する法律による歴史的風致維持向上地区計画
④幹線道路の沿道の整備に関する法律による沿道地区計画
⑤集落地域整備法による集落地区計画

このうち、最も一般的なものは**地区計画**です。

地区計画とは、**建築物の建築形態、公共施設その他の施設の配置等からみて、一体としてそれぞれの区域の特性にふさわしい態様を備えた良好な環境の各街区を整備し、開発し、および保全するための計画**をいいます。

別の言い方をすれば、地区の課題や特徴を踏まえ、住民と(区)市町村が連携しながら、地区の目指すべき将来像を設定し、その実現に向けて都市計画に位置づけて「まちづくり」を進めていく手法といえます。

(2)地区計画の手順～どんな手順で地区計画が実現するの？

次の流れで地区計画は行われています。

地区計画は土地利用に関する詳細な計画なので、**土地の権利者等の合意**を得たものである必要があります。そのため、**意見反映の手続きを市町村の条例**で定めます。

↓

まちづくり計画案に対する土地所有者等の意見を求めて**地区計画案**を作成した上で**一定期間公告・縦覧等**を経て決定されます。

↓

地区整備計画等が定められると、その地区内での建築等をする場合は、その**行為着手30日前までに市町村長へ届出**が必要となります。市町村長は届出に対して地区計画に適合していない場合には、適合するよう**勧告**を行うことができます（強制力なし）。

↓

地区計画のうち、建築の形態に関わる事項は**市町村が条例**を定め、**建**
築確認申請の条件とすることができます。
この段階で強制力が生じます。

3)地区計画の決定〜地区計画は誰がどこに定めるの？

地区計画は都市計画の決定手続により**市町村が決定**します。

都市計画区域内で、**用途地域が定められている土地の区域**、または、**用途地域が定められていない土地の区域**で市街地開発の事業が行われるような区域等に定めることができます。

付け足し

市町村は、条例で、地区計画の区域(地区整備計画に後掲(5)④の事項が定められている区域に限る)内の農地の区域内における土地の形質の変更、建築物の建築等について、市町村長の許可を受けなければならないこととすることができます。

4)地区計画に定める事項〜地区計画にはどんなことを定めるの？

地区計画に関する都市計画では、次の事項等を定めます。

①地区計画の種類・名称・位置・区域、面積(努力義務)
②主として街区内の居住者等の利用に供される道路、公園、都市計画施設以外の施設である道路または公園、緑地、広場その他の公共空地(地区施設)
③地区計画の目標(努力義務)
④地区計画区域の整備、開発および保全に関する方針(努力義務)
⑤建築物等の整備ならびに土地の利用に関する計画(地区整備計画)
⑥再開発等促進区(一定の条件が必要)
⑦開発整備促進区(一定の条件が必要)

参考資料

地区計画は全国各地で実施されています。画像は実際に東京都新宿区内で行われている地区計画で、公式HP で公表されているパンフレットから一部抜粋したものです。

(5)地区整備計画～まちづくりの具体的プランを定める？

地区整備計画とは、地区計画を実現するための**具体的なプラン**で、**地**
施設(主として街区内の居住者等の利用に供される**道路・公園・緑地・**
場などの施設のこと)、**建築物等の整備**、**土地の利用**に関する計画をい
います。

参考資料

地区計画には原則として地区整備計画を定めますが、特別の事情があれば定めなくてもよいことになっています。ただ、地区計画だけで整備計画がなければ、ただの絵そらごとにすぎないので、土地所有者の全員の同意で、市町村に対し、地区整備計画を定めるよう要請できます。

地区整備計画では次の事項を定めることができます。

①地区施設(主として街区内の居住者等の利用に供される道路・公園・緑地・広場などの公共空地)の配置及び規模
②建築物等の用途の制限、容積率の最高限度または最低限度、建蔽率の最高限度、敷地面積または建築面積の最低限度、敷地の地盤面の高さの最低限度、壁面の位置の制限、壁面後退区域(壁面の位置の制限として定められた限度の線と敷地境界線との間の土地の区域)における工作物の設置の制限、高さの最高限度または最低限度、居室の床面の高さの最低限度、形態または色彩その他の意匠の制限、緑化率の最低限度
③現に存する樹林地、草地等で良好な居住環境を確保するため必要なものの保全に関する事項
④現に存する農地で農業の利便の増進と調和した良好な居住環境を確保するため必要なものにおける土地の形質の変更その他の行為の制限に関する事項

ただし、**市街化調整区域内の地区整備計画**では、**建築物の容積率の**
低限度、建築物の建築面積の最低限度及び建築物等の高さの最低限
を定めることができません。

(6)再開発等促進区・開発整備促進区～工場跡地などを再開発

①再開発等促進区

参考資料

工場、鉄道操車場、港湾施設の跡地等のことです。

再開発等促進区を定める地区計画は、まとまった規模を有する低・未
用地の土地利用転換を図り、建築物と公共施設の整備を一体的かつ
合的に計画することにより、土地の有効利用、都市機能の増進、住宅・
務床の供給の促進、地域の活性化の拠点づくり等を誘導する手法とし
昭和63年に設けられた制度です。

再開発等促進区は、地区計画の内容の一つとして、都市計画で決定さ
ますが、次の条件をすべて満たす必要があります。

用途地域が定められている区域であること
現に土地の利用状況が著しく変化しつつあり、または著しく変化することが確実であると見込まれること
適正な配置および規模の公共施設がないこと
高度利用を図ることが、当該都市の機能の増進に貢献すること

②開発整備促進区

都市計画で定める地区計画の一つで、大規模集客施設の立地を可能とする地区をいいます。

特定大規模集客施設は、建築基準法で、用途地域が近隣商業地域、商業地域、準工業地域に指定されている土地に限定されていますが、開発整備促進区に指定することによって、それ以外の一部の用途地域においても立地が認められるようになります。

特定大規模集客施設
…店舗、映画館、アミューズメント施設、展示場等で床面積が 10,000 m²超のものをいいます。

開発整備促進区に指定されるためには、次の要件を満たさなければなりません。

第二種住居地域、**準住居地域**もしくは**工業地域**が定められている土地の区域または用途地域が定められていない土地の区域（**市街化調整区域を除く**）であること
現に土地の利用状況が著しく変化しつつあり、または著しく変化することが確実であると見込まれる土地の区域であること
特定大規模建築物の整備による商業その他の業務の利便の増進を図るため、適正な配置および規模の公共施設を整備する必要がある土地の区域であること
特定大規模建築物の整備による商業その他の業務の利便の増進を図ることが、当該都市の機能の増進に貢献することとなる土地の区域であること

(7)地区整備計画等～地区整備計画等が定められるとどうなるの？

一定の再開発等促進区もしくは開発整備促進区、地区整備計画が定められた地区計画の区域では、勝手に土地に手を加えたり、建物を建てたりすることはできません。**原則として**届出が必要です。**届出は、**行為着手の 30 **日前までに、**市町村長**に行います**。ちなみに、届け出た内容を変更する場合も同様に届出が必要となります。

これらの届出が地区計画に適合しない場合、市町村長は計画変更の勧告をすることができます。

ここではコレを覚える　過去問　12-16　13-15　14-15　15-16　16-16　17-16　20-15　21-15　23-15

□地区計画は都市計画の決定手続により市町村が決定する。
□地区計画は、都市計画区域内で、用途地域が定められている土地の区域、または、用途地域が定められていない土地の区域で市街地開発の事業が行われるような区域等に定めることができる。
□地区整備計画等が定められた地区計画の区域内で建築等を行う場合は、原則として、行為着手の 30 日前までに市町村長に届出が必要である。

4 都市計画の決定と変更

都市計画も民主主義的な手続で決定します

学習時間 20分

参考資料

都道府県が決定するもの…①都市計画区域の整備、開発および保全の方針②**区域区分**③都市再開発方針等④地域地区（大規模なもの等）⑤都市施設（広域的なもの）⑥市街地開発事業（大規模なもの等）⑦市街地開発事業等予定区域（広域的なもの）

市町村が決定するもの…①地域地区（大規模なもの等以外）②都市施設（広域的なもの以外）③市街地開発事業（大規模なもの等以外）④市街地開発事業等予定区域（広域的なもの以外）⑤**地区計画等**⑥その他

広域的な都市計画、都市の根幹にかかわる都市計画は**都道府県が決定**し、それ以外の都市計画は**市町村が決定**します。複数の都府県にまたがる都市計画区域では**国土交通大臣と市町村が決定**します。

(1)都市計画の決定手続～住民の意見を聴いた上で決めていく？

《都市計画の決定手続》

都市計画の原案を作成

必要があると認めたときは、**公聴会の開催等住民の意見を反映**させるための必要な措置を講じます。

原案には都市計画を決定しようとする理由を記載した書面を添えなければなりません。

↓

都市計画案の縦覧

・あらかじめ都市計画を決定する旨を公告し、その都市計画の案を決定しようとする理由を記載した書面を添えて、その公告の日から**2週間公衆の縦覧**に供しなければなりません。

・公告後は、関係市町村の住民および利害関係人は、その縦覧期間満了の日までに、都市計画案について、都道府県が作成するものには都道府県に、市町村が作成するものには市町村に、意見書を提出することができます。

↓

審議会の議を経る

都道府県が決定	市町村が決定
1.関係市町村の意見を聴く 2.都道府県都市計画審議会の議を経る 3.国土交通大臣に協議し、その同意を得る※1	1.市町村都市計画審議会の議を経る※2 2.都道府県知事に協議する※3

市町村が定めた都市計画が、都道府県が定めた都市計画と抵触するときは、その限りにおいて、**都道府県が定めた都市計画が優先**します。

↓

都市計画の決定⇒告示
告示があった日から効力が生じる

※1 **国の利害に重大な関係がある政令で定める都市計画の決定をしようとするときは、あらかじめ、国土交通大臣に協議し、その同意を得なければならない。**

※2 市町村都市計画審議会が置かれていないときは、都道府県都市計画審議会の議を経る。

※3 **市町村**は、都市計画区域または準都市計画区域について都市計画を決定しようとするときは、**あらかじめ、都道府県知事に協議しなければならない。**

(2)都市計画の変更〜都市計画の内容を変えることができる？

都道府県または市町村は、都市計画区域または準都市計画区域が変更されたとき、都市計画に関する基礎調査等の結果、都市計画を変更する必要が明らかとなったとき、遊休土地転換利用促進地区に関する都市計画についてその目的が達成されたと認めるとき、その他都市計画を変更する必要が生じたときは、遅滞なく、当該都市計画を変更しなければなりません。変更手続は決定手続と同様です。

(3)都市計画の提案〜住民も都市計画の提案ができるの？

都市計画区域または準都市計画区域のうち、一体として整備し、開発し、または保全すべき土地の区域としてふさわしい政令で定める規模以上の一団の土地の区域について、**土地の所有者等**は、都道府県または市町村に対して、**都市計画の決定または変更の提案**ができます。

付け足し

①その都市計画区域または準都市計画区域の、土地の所有権、建物の所有を目的とする対抗要件を備えた地上権者、建物の所有を目的とする対抗要件を備えた賃借権者(ただし、臨時設備その他一時使用のため設定されたことが明らかなものは除く)

②まちづくりの推進を図る活動を行うことを目的とするNPO法人等。

なお、土地所有権者や借地権者以外のものが提案する場合でも、土地の所有者・借地権者を合わせて**2/3 以上**の同意(その区域内の土地の総地積、借地権のある土地の総地積のそれぞれ 2/3 以上)が必要です。

ここではコレを覚える 過去問 12-16 15-16

□都市計画案を作成する際、必要があると認めたときは、**公聴会の開催等住民の意見を反映**させるための必要な措置を講じる。

□都市計画を決定する際は、あらかじめ都市計画を決定する旨を**公告**し、その都市計画の案を決定しようとする理由を記載した書面を添えて、その**公告の日から2週間公衆の縦覧**に供しなければならない。

□市町村が定めた都市計画が、都道府県が定めた都市計画と抵触するときは、その限りにおいて、**都道府県が定めた都市計画が優先**する。

5-1 開発行為く都市計画制限等

頻出度 A

乱開発を規制して住み良い街を作ります

学習時間 60分

(1)都市計画制限～都市計画の中身を実現するには？

都市計画法によって決定される都市計画を実現するためには、土地の利用に対して制限を課す必要があります。これを都市計画制限といいます。広い意味では7つの規制があります。

参考資料
①開発行為等の規制②市街地開発事業等予定区域の区域内における建築等の規制③都市計画施設等の区域内における建築等の規制④風致地区内における建築等の規制⑤地区計画等の区域内における建築等の規制⑥遊休土地転換利用促進地区内における土地利用に関する措置等⑦田園住居地域内における建築等の規制

(2)開発許可制度～大規模な土地開発を行うには許可が必要なの？

都市計画を実現するためには、無秩序な開発を防止しなければなりません。そのための制度として開発許可制度があります。

開発行為にあたる場合は、**原則として、都道府県知事**(地方自治法上の指定都市や中核市の区域内における市長も含まれます。以下、同様です。)**の許可**がなければ工事できません。

ただし、例外として、小規模な開発や公益性を有する場合や都市計画事業等の一環として行われる場合等は許可が要りません。

(3)開発行為

開発行為とは、主として建築物の建築または特定工作物の建設の用に供する目的で行う土地の区画形質の変更をいいます。土地の区画形質の変更とは、いわゆる盛土や切土といった造成が典型例です。つまり建物などを建てる前に「地ならし」することです。

(4)特定工作物

特定工作物には第1種特定工作物と第2種特定工作物の2つがあります。

第1種特定工作物	**周辺の環境悪化をもたらすおそれのある工作物**をいいます。例えば、コンクリート・プラントやアスファルト・プラント等です。
第2種特定工作物	ゴルフコースその他大規模な工作物をいいます。ただし、**ゴルフコース以外(野球場・庭球場などの運動・レジャー施設、墓園など)**の場合は、**1ヘクタール(10,000㎡)以上**のものが特定工作物となります。つまり、ゴルフコースは1ヘクタール未満のものでも、特定工作物としてそのための開発行為に許可が必要となる場合があるということです。

ここではコレを覚える 過去問 13-16 16-17 18-17 19-16

□開発行為とは、主として建築物の建築または特定工作物の建設の用に供する目的で行う土地の区画形質の変更をいう。
□第 2 種特定工作物は、ゴルフコース・野球場・庭球場などの運動・レジャー施設、墓園をいい、ゴルフコース以外は 10,000 ㎡以上のものだけ許可の対象となる。

5-2 開発許可が不要な場合＜都市計画制限等

頻出度 A

小規模な開発・農林漁業用・公益性の高いものは許可不要です

学習時間 120分

原則として、都市計画区域または準都市計画区域内において開発行為をしようとする者は、**あらかじめ、都道府県知事の許可**を受けなければなりません。しかし、**例外として許可が不要な場合**があります。

(1)小規模な開発行為は許可不要～規模によって異なるの？

一定規模に満たない開発行為は、都市計画全体に大きな影響を与えることがないので許可不要となっています。以下の表の左欄の区域において、右欄記載の面積未満の場合は許可が不要となります。ただし、市街化調整区域ではこのような例外はありません。

区域等		許可が不要となる面積
都市計画区域	市街化区域	1,000 ㎡未満※
	市街化調整区域	小規模でも許可が必要
	区域区分を定めない都市計画区域	3,000 ㎡未満※
都市計画区域外	準都市計画区域	
	上記以外の区域	1ヘクタール未満

※ ①市街化区域、②区域区分が定められていない都市計画区域および準都市計画区域において、必要があると認められる場合は、①については300 ㎡～1,000 ㎡、②については、300 ㎡～3,000 ㎡の範囲内でその規模を定めることができます。

(2)農林漁業関係の開発行為も許可不要

農業・林業・漁業の用に供する一定の建築物…畜舎、蚕室、温室、堆(たい)肥舎、サイロ、種苗貯蔵施設、農機具等収納施設等、その他建築面積が 90 ㎡以内の建築物をいいます。

市街化区域以外で行う開発行為で、**農業・林業・漁業の用に供する一定の建築物またはこれらの業務を営む者の居住の用の建築物を建築する目的**のものも許可が要りません。市街化区域内の場合はこのような例外がない点が重要です。

(3)市街化調整区域内における農林漁業に関する開発行為

市街化調整区域内は都市化を抑制する場所なので、農林漁業が盛んに行われることが想定されています。したがって、採れたての産物を缶詰にする工場のような**農林水産物の処理・貯蔵・加工に必要な建築物を建築する目的の開発行為は許可を得て行う**ことができます。

付け足し

市街化調整区域内の農林漁業用施設についてはとてもわかりにくいところです。

畜舎・蚕室・温室・堆(たい)肥舎・サイロ等や、それらを営む者の住居、建築面積が 90 ㎡以内の建築物の建築のための開発行為は、市街化調整区域内でも許可が要りません。それに対して、これら以外の農林漁業用施設で農林水産物の処理・貯蔵・加工に必要な建築物を建築するための開発行為は許可が必要となります。

(4)公益性の高い開発行為も許可不要

駅舎その他の鉄道の施設、図書館、公民館、変電所その他これらに類する**公益上必要な建築物等**の建築の用に供する目的で行う開発行為も**許可が要りません。**

用語

公益上必要な建築物等…駅舎・鉄道施設・図書館・公民館・変電所以外にもたくさんの施設が都市計画法施行令に定められていますが、学校、病院、診療所は公益上必要な建築物に含まれていません。つまり、これらを建築する目的で行う開発行為は許可が必要となります。

(5)都市計画事業の一環で行う場合も許可不要

都市計画事業・土地区画整理事業・市街地再開発事業・住宅街区整備事業・防災街区整備事業の施行として行う開発行為も許可が要りません。

(6)その他の許可不要の開発行為

前記以外にも、非常災害のために必要な応急措置として行うものや、通常の管理行為・軽易な行為など(車庫の建設など)も許可が要りません。

ワンポイントアドバイス

開発許可が不要となる事項は頻出分野です。市街化調整区域と公益上必要な建築物は特に重要です。公益上必要な建築物の中に、病院・診療所・学校が含まれていない点もよく出題されています。

過去問 11-17 12-17 13-16 14-16 17-17 18-17 19-16

□農林漁業関係の開発行為

区域		
市街化区域	原則	許可が必要
	例外	1,000 ㎡未満は許可不要
市街化調整区域	原則	許可不要
	例外	生産される農林水産物の処理・貯蔵・加工に必要な建築物の建築・第1種特定工作物の建設のための開発行為は許可が必要

□場所・面積に関わらず常に許可が不要なもの

①**駅舎その他の鉄道の施設、図書館、公民館、変電所その他これらに類する公益上必要な建築物**のうち開発区域及びその周辺の地域における適正かつ合理的な土地利用および環境の保全を図る上で支障がないものとして政令で定める建築物の建築の用に供する目的で行う開発行為

②**都市計画事業・土地区画整理事業**・市街地再開発事業・住宅街区整備事業・防災街区整備事業の施行として行う開発行為

③非常災害のために必要な応急措置

④**通常の管理行為・軽易な行為**など（車庫の建設など）

頻出度 **A**

5-3 開発行為の許可手続く都市計画制限等

許可を受けるには管理者と協議して同意を得ます

学習時間 60分

(1) 申請前の手続き～開発許可の申請前にやっておくことは？

開発許可の申請者は、**あらかじめ**、次の手続きを経る必要があります。

①開発行為に**関係がある**公共施設の**管理者と協議**しその**同意**を得ること
②開発行為などにより**設置される**公共施設を管理することとなる者などとの**協議**をすること(同意は不要)
③開発区域内の土地、建築物などの権利者の**相当数の同意**を得ること(全員の同意、近隣地域の同意、所有権の取得までは必要ない)

(2) 開発許可の申請書の記載事項～何を書くの？

開発許可の申請者は、開発区域・**予定建築物の用途**(**予定建築物の「構造」「設備」「予定建築価額」までは記載する必要がありません。**)・開発行為に関する設計・工事施行者等を記載した申請書に、上記①～③の証明や経過を示す書面を添付し、都道府県知事に提出しなければなりません。

参考資料

開発行為の設計図書は一定の資格を有する者が作成しなければなりません。

(3) 開発許可手続～不服があれば審査請求できます

都道府県知事は、**遅滞なく**、許可または不許可の処分をしなければなりません。処分をするには**文書**をもって申請者に**通知**する必要があります。

開発許可の処分に不服がある場合は、開発審査会に対して審査請求をすることができます。

都道府県知事は、開発許可をしたときはその許可に係る土地についての一定事項を登録簿に登録します。その**登録簿は誰でも閲覧できる**ようにしなければならず、**請求があればそのコピーを交付**しなければなりません。

(4) 用途地域外で開発許可する際～建築制限も付けるの？

都道府県知事は、用途地域が定められていない**土地の区域**における開発行為について、開発許可をする場合において必要があると認めるときは、その開発区域内の土地について、建築物の建蔽率、建築物の高さ、壁面の位置その他建築物の敷地、構造および設備に関する制限を定めることができます。

それはなぜ？

市街化調整区域の土地利用をコントロールし、無秩序な市街化を防止するためです。

(5)開発許可の基準①～自分で住むための開発許可は通りやすい？

都道府県知事は、開発許可の申請があった場合、その申請に係る開発行為が、都市計画法33条1項各号に列挙されている**基準に適合**しており、かつ、その申請の手続が法令に違反していないと認めるときは、開発許可をしなければなりません。
全部で14の基準がありますが、宅建試験で重要な基準だけを以下に記載します。

①自己の居住の用以外に適用される基準

以下の基準は、「主として、自己の居住の用に供する住宅の建築の用に供する目的で行う開発行為以外の開発行為」に適用される基準です。つまり、自己の居住の用以外ということなので、「大規模な」開発行為ということです。

1.**道路、公園、広場**その他の公共の用に供する**空地**が、開発区域の規模や予定建築物とその敷地の用途等を考慮して、環境の保全上、災害の防止上、通行の安全上または事業活動の効率上支障がないような規模および構造で適当に配置され、かつ、開発区域内の主要な道路が、開発区域外の相当規模の道路に接続するように設計が定められていること
2.**水道その他の給水施設**が、開発区域の規模や予定建築物とその敷地の用途等を考慮して、その開発区域について想定される需要に支障を来たさないような構造と能力で適当に配置されるように設計が定められていること
3.**開発区域内に災害危険区域、地すべり防止区域、土砂災害特別警戒区域、浸水被害防止区域、急傾斜地崩壊危険区域**(以下、災害危険区域等と略します。なお、災害レッドゾーンと呼ばれることもあります)の土地を含まないこと ⇒ただし、開発区域やその周辺の地域の状況等により支障がないと認められる場合は開発行為できます。
4.開発許可の申請者にその開発行為を行うために**必要な資力と信用**があること ⇒その開発行為の中断により開発区域やその周辺の地域に出水、崖崩れ、土砂の流出等による被害が生じるおそれがあることを考慮して政令で定める規模以上のものは、自己の居住の用に供する場合でも適用されます。
5.工事施行者にその開発行為に関する工事を完成するために**必要な能力**があること

これまでこの規制の対象となっていたのは、「自己以外の居住の用に供する住宅の開発行為」及び「自己以外の業務の用に供する施設の開発行為」でしたが、法改正により、令和4年4月1日からは「自己の業務の用に供する施設の開発行為」についても規制の対象に追加されました。したがって、この規制の対象外となるのは、令和4年4月1日以降は「自己の居住の用に供する住宅の開発行為」のみとなりました。

②自己の居住の用にも適用される基準

①以外の基準が適用されます。多数存在するので頻出分野に限定し

掲載します。

1.**排水路その他の排水施設**が、その地域における降水量や放流先の状況等を勘案して、開発区域内の下水を有効に排出するとともに、その排出によって開発区域やその周辺の地域に溢水(川の水があふれ出ること)等による被害が生じないような構造および能力で適当に配置されるように設計が定められていること
2.地盤の沈下、崖崩れ、出水その他による災害を防止するため、開発区域内の土地について、地盤の改良、擁壁または排水施設の設置その他安全上必要な措置が講ぜられるように設計が定められていること
3.開発行為をしようとする土地もしくはその開発行為に関する工事をしようとする土地の区域内の土地またはこれらの土地にある建築物その他の工作物につき、その施行や工事の実施の妨げとなる権利を有する者の相当数の同意を得ていること

(6)開発許可の基準②～市街化調整区域内では基準がさらに厳格化？

市街化調整区域に係る一定の開発行為については、その申請に係る開発行為およびその申請の手続が、前記(5)の都市計画法 33 条 1 項所定の要件に該当するだけでなく、さらに同法 34 条に定められている厳格な基準を満たしていなければ、都道府県知事は、開発許可をしてはならないことになっています。

この場合も全部で 15 の基準がありますが、宅建試験で重要なものだけを記載します。

1.農業、林業もしくは漁業の用に供する建築物で、「開発許可が不要となる農林漁業の用に供する政令で定める建築物」以外のものの建築、または**市街化調整区域内において生産される農産物、林産物もしくは水産物の処理、貯蔵もしくは加工に必要な建築物**、もしくは第 1 種特定工作物の建築もしくは建設の用に供する目的で行う開発行為
2.市街化調整区域のうち**災害危険区域等**に存する建築物、または第 1 種特定工作物に代わるべき建築物または第 1 種特定工作物(いずれも当該区域外において従前の建築物または第 1 種特定工作物の用途と同一の用途に供されることとなるものに限る)の建築または建設の用に供する目的で行う開発行為
3.地区計画または集落地区計画の区域(地区整備計画又は集落地区整備計画が定められている区域に限る)内において、当該地区計画または集落地区計画に定められた内容に適合する建築物または第一種特定工作物の建築または建設の用に供する目的で行う開発行為
4.市街化区域に隣接し、または近接し、かつ、自然的社会的諸条件か

ら市街化区域と一体的な日常生活圏を構成していると認められる地域であっておおむね 50 以上の建築物(市街化区域内に存するものを含む)が連たんしている地域のうち、**災害の防止その他の事情を考慮して政令で定める基準に従い**、都道府県(指定都市等または事務処理市町村の区域内にあっては、当該指定都市等または事務処理市町村)の**条例で指定する土地の区域内**において行う開発行為で、予定建築物等の用途が、開発区域及びその周辺の地域における環境の保全上支障があると認められる用途として都道府県の条例で定めるものに該当しないもの

政令で定める基準は、条例で指定する土地の区域に、原則として、次に掲げる区域を含まないことをいいます。
①災害危険区域、②地すべり防止区域、③急傾斜地崩壊危険区域、④土砂災害警戒区域、⑤浸水想定区域(洪水等の発生時に生命または身体に著しい危害を生ずるおそれがある土地の区域に限る)、⑥溢水、湛水、津波、高潮等による災害の発生のおそれのある土地の区域、⑦優良な集団農地その他長期にわたり農用地として保存すべき土地の区域、⑧優れた自然の風景を維持し、都市の環境を保持し、水源を涵養し、土砂の流出を防備する等のため保全すべき土地の区域

付け足し

2020年施行の法令の改正により、原則として条例区域に、災害レッドゾーン(災害危険区域、地すべり防止区域、土砂災害特別警戒区域、浸水被害防止区域、急傾斜地崩壊危険区域)や、災害イエローゾーン(土砂災害警戒区域、浸水想定区域、溢水・湛水・津波・高潮等による災害の発生のおそれのある土地の区域)を含めてはならないこととなりました。また、その他、農用地等の除外すべき区域についても、原則として条例区域に含めることができません。

付け足し 災害ハザードエリアでの開発等に対する勧告・公表制度

立地適正化計画の区域のうち、居住誘導区域外において、3 戸以上の住宅または1戸もしくは2戸の住宅で規模が 1,000 ㎡以上のものの開発行為等を行おうとする場合、①市町村長に届け出なければなりません。②その届出に係る行為が住宅等の立地の誘導を図る上で支障があると認めるときは、市町村長は、必要な勧告をすることができます。③災害危険区域(出水等)・地すべり防止区域・土砂災害特別警戒区域・急傾斜地崩壊危険区域での開発等に対する勧告について、事業者がこれに従わなかったときは、事業者名等を公表することができます。

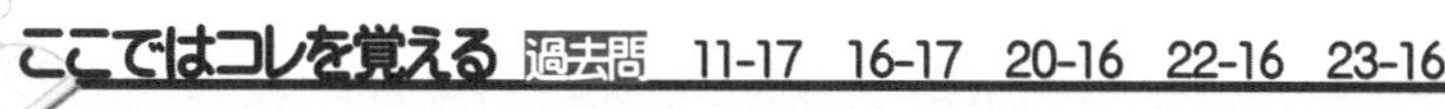

ここではコレを覚える 過去問 11-17 16-17 20-16 22-16 23-16

□開発許可を受ける前に、①開発行為に**関係がある公共施設**の管理者と**協議**しその同意を得ておき、②開発行為などにより**設置される公共施設**を管理することとなる者などとの**協議**をしておき、③開発区域内の土地、建築物などの権利者の**相当数**の同意を得ておかなければならない。

□申請書には、**予定建築物の用途等**を記載しなければならないが、予定建築物の「**構造**」「**設備**」「**予定建築価額**」までは**記載する必要がない**。

□**排水施設**の構造と能力についての基準は主として自己の居住の用に供する住宅の建築の用に供する目的で行う開発行為に対しても適用がある。

5-4 開発許可を受けた後から工事完了公告前の手続等く都市計画制限等

許可を受けた後に変更点や廃止となった場合の手続きです

学習時間 60分

開発行為は、規模によってはとても長い時間を要する工事となります。そこで、許可後、工事が完了するまでの間にさまざまな理由で、許可を受けたときと事情が変わってしまう場合があり得ます。そのようなときにはどのような手続を取ればよいのでしょうか。

(1)変更の際の許可・届出～工事の内容等が変更された場合は？

開発許可を受けた者は、①開発区域の位置・区域・規模、②予定建築物等の用途、③開発行為に関する設計、④工事施行者、⑤工事の着手と完了の予定年月日等の**変更**をしようとする場合、**原則として、都道府県知事の許可**を受けなければなりません。

ただし、変更の許可の申請に係る開発行為が、**開発許可を要しない開発行為に変更する場合**や**軽微な変更**に**該当する場合**には**許可が要りません。軽微な変更をした場合**は、遅滞なく、その旨を都道府県知事に届け出なければなりません。

許可が必要な変更	届出すればよい軽微な変更
①開発区域の変更 ②予定建築物等の用途変更 ③開発行為に関する一定の設計の変更 ④一定の工事施行者の変更 ⑤資金計画の変更	①小規模な予定建築物等の敷地の形状の変更 ②工事施行者の変更（工事に影響を及ぼさないもの等） ③工事着手または完了予定日の変更

(2)完了時の届出～工事が完了したら？

開発行為者は、工事（開発行為）を**完了**したときは、その旨を**都道府県知事に届け出なければなりません。**

都道府県知事はその届出を受けたら、遅滞なく、その工事が開発許可の内容に適合しているか検査し、適合しているときは**検査済証を交付**しなければなりません。この検査済証を交付したときは、遅滞なく、**工事が完了した旨を**公告しなければなりません。

(3)建築制限～工事完了の公告前は建築できない？

開発許可を受けた後に、開発区域内に予定建築物以外の建築物等が無制限に建築等されることとなれば工事できなくなってしまいます。

そこで、開発許可を受けた時から**工事完了の公告まで**は、原則として、建築物を建築し、または特定工作物を建設してはなりません。
しかし、①**開発行為に関する工事用の仮設建築物または特定工作物を建築しまたは建設する場合**、②**都道府県知事が支障なしと認めた場合**、③**開発行為に**同意をしていない者**が、その権利の行使として建築物を建築し、または特定工作物を建設する場合**は、**許可が要りません**。

(4)廃止したときの届出〜工事を廃止したら？

開発許可を受けた者は、開発行為に関する**工事を廃止**したときは、**遅滞なく**、その旨を**都道府県知事に届け出なければなりません**。

ここではコレを覚える 過去問 15-15 16-17

□開発行為の内容を変更する場合

原則	都道府県知事の許可が必要。
例外	・開発許可を要しない開発行為に変更するときは許可が不要。 ・一定の軽微な変更に該当するときも許可が不要。しかし、都道府県知事への届出が必要。

□開発行為者は工事(開発行為)を完了したときは、都道府県知事に届け出なければならない。都道府県知事は工事が完了した場合は公告する。

□工事完了の公告前の建築等の規制

原則	建築物を建築し、または特定工作物を建設してはなりません。
例外	・開発行為に関する工事用の仮設建築物または特定工作物を建築し、または建設するとき ・都道府県知事が支障がないと認めたとき ・開発行為に同意をしていない者が、その権利の行使として建築物を建築し、または特定工作物を建設するとき

5-5 工事完了の公告後の規制等＜都市計画制限等

頻出度 A

開発許可で作った公共施設や敷地は誰が管理するの？

学習時間 60分

開発行為に関する工事により公共施設が設置された場合、その施設の管理や敷地の帰属はどうなるのでしょうか。都市計画法ではその旨が規定されています。

(1)公共施設の管理者

原則	工事完了の公告の日の翌日において所在市町村が管理
例外	他の法律に基づく管理者が別にあるとき、または、将来設置される公共施設を管理することとなる者等との協議で別段の定めをしたときは、それらの者が管理

(2)公共施設の敷地の管理者

原則	公共施設の管理者に所有権が帰属
例外	開発許可を受けた者が管理する場合は例外

国または都道府県等が行う行為については、当該国の機関または都道府県等と都道府県知事との協議が成立することをもって、許可があったものとみなされます。なお、都道府県等とは、都道府県、指定都市等もしくは事務処理市町村もしくは都道府県、指定都市等もしくは事務処理市町村がその組織に加わっている一部事務組合、広域連合もしくは港務局をいいます。

(3)開発行為(工事)の完了後～自由に建築できるの？

開発許可を受けた開発区域内において**工事完了の公告があった後**は、**原則として**、開発許可に係る予定建築物等以外の建築物等を新築したり改築したりすることができません。ただし、**一定の例外**もあります。

原則	・開発許可に係る予定建築物等以外の建築物または特定工作物を新築し、または新設してはなりません。 ・建築物を改築し、またはその用途を変更して開発許可に係る予定の建築物以外の建築物にしてはなりません。
例外	・**都道府県知事**がその開発区域における利便の増進上もしくは開発区域およびその周辺の地域における環境の保全上支障がないと認めて許可したとき ・建築物及び第1種特定工作物(製造施設、貯蔵施設、遊戯施設等の工作物等)にあっては、その開発区域内の土地について**用途地域等が定められているとき**

(4)開発許可を受けた土地以外の市街化調整区域内の制限

市街化調整区域は、市街化区域のように用途地域による建築物の用途規制がありません。そこで、土地の区画形質の変更を伴わない建築行為等についても、都市計画法で規制しています。

市街化調整区域のうち**開発許可を受けた開発区域以外の区域内**においては、原則として、**都道府県知事の許可**を受けなければ、**一定の建築物の新築等ができません**。

原則	都道府県知事の許可必要 建築物の新築、第１種特定工作物の新設、建築物の改築、用途変更により、農林漁業用建築物・公益上必要な建築物以外の建築物にしてはなりません。
例外	次の場合は許可不要 ・農林漁業用建築物、農林漁業者の居住の用に供する建築物の建築 ・公益上必要な建築物の建築 ・都市計画事業の施行 ・非常災害のため必要な応急措置、**仮設建築物の新築**、通常の管理行為、軽易な行為

5)地位の承継～開発許可に基づく地位を承継した場合は？

開発許可を受けた者の**相続人**その他の<u>**一般承継人**</u>は、被承継人が有していたその許可に基づく**地位を当然に承継**します。

これに対して、開発許可を受けた者からその開発区域内の土地の**所有権**やその開発行為に関する**工事を施行する権原を取得した者**(**特定承継人**)は、**都道府県知事の承認を受けて**、その許可に基づく**地位を承継することができます**。

地位を承継すると、工事完了前後の建築規制等を引き継ぐことになります。

一般承継人…開発許可を受けた者が自然人の場合はその相続人をいい、開発許可を受けた者が法人の場合は、合併後存続する法人(吸収合併の場合)または合併により新たに設立された法人(新規合併の場合)をいいます。

ここではコレを覚える 過去問 15-15 16-17 18-17 20-16 23-16

□開発許可を受けた土地における建築等の制限

原則	・開発許可に係る予定建築物等以外の建築物または特定工作物を新築し、または新設してはなりません。 ・建築物を改築し、またはその用途を変更して開発許可に係る予定の建築物以外の建築物にしてはなりません。
例外	・都道府県知事がその開発区域における利便の増進上もしくは開発区域およびその周辺の地域における環境の保全上支障がないと認めて許可したとき ・建築物及び第１種特定工作物(製造施設、貯蔵施設、遊戯施設等の工作物等)にあっては、その開発区域内の土地について用途地域等が定められているとき

□工事中に相続・合併(一般承継)があった場合は、開発許可に基づく地位は当然に承継され、開発行為を受けた土地を購入したような場合(特定承継)は、都道府県知事の承認を受けて地位を承継できる。

5-6 開発行為以外＜都市計画制限等

頻出度 C

都市計画制限等には開発行為以外に何があるの？

学習時間 15分

(1)田園住居地域内における建築等の規制

原則	田園住居地域内の農地(耕作の目的に供される土地)の区域内において、土地の形質の変更、建築物の建築その他工作物の建設または土石その他の一定の物件の堆積を行おうとする者は、市町村長の許可を受けなければなりません。
例外	① 通常の管理行為、軽易な行為等 ② 非常災害のため必要な応急措置として行う行為 ③ 都市計画事業の施行として行う行為またはこれに準ずる行為(国、都道府県、市町村等が都市施設に関する都市計画に適合して行う行為)

参考資料

国または地方公共団体が行う行為については、市町村長の許可を受ける必要がありません。ただし、あらかじめ、市町村長と協議しなければなりません。

(2)市街地開発事業等予定区域の区域内における建築等の規制

市街地開発事業等予定区域とは、3 年以内に「市街地開発事業に関する都市計画」または「都市施設に関する都市計画」が決定される区域をいいます。

原則	土地の形質の変更を行い、または建築物の建築その他工作物の建設を行おうとする者は、都道府県知事等の許可を受けなければなりません。※
例外	① 通常の管理行為、軽易な行為等 ② 非常災害のため必要な応急措置として行う行為 ③ 都市計画事業の施行として行う行為またはこれに準ずる行為(国、都道府県市町村等が都市施設に関する都市計画に適合して行う行為)

※ 市街地開発事業等予定区域に係る市街地開発事業または都市施設に関する都市計画の決定による告示があった後は、その土地の区域内では適用されません。

参考資料

国が行う行為については、当該国の機関と都道府県知事等との協議が成立することをもって、許可があったものとみなされます。

(3)都市計画施設等の区域内における建築等の規制

都市計画施設等とは、都市計画施設の区域または市街地開発事業の施行区域内をいいます。

原則	建築物の建築をしようとする者は、都道府県知事等の許可を受けなければなりません。※
例外	① 軽易な行為(階数が2以下で地階なしの木造建築物の改築・移転) ② 非常災害のため必要な応急措置として行う行為 ③ 都市計画事業の施行として行う行為またはこれに準ずる行為(国、都道府県市町村等がその都市施設または市街地開発事業に関する都市計画に適合して行うもの) ⇒ その他一定の都市施設における例外があります。

※ 都市計画事業の認可等の告示があった後においては、後掲「6 都市計画事業」に記載する制限となります。

(4)風致地区・地区計画等の区域内・遊休土地転換利用促進地区内

風致地区内における建築物の建築、宅地の造成、木竹の伐採その他の行為については、政令で定める基準に従い、**地方公共団体の条例**で、都市の風致を維持するため必要な規制をすることができます。

その他、地区計画等の区域内の規制は前掲「3-5 地区計画等＜都市計画の内容」で解説しています。また、遊休土地転換利用促進地区内における土地利用に関する措置等については出題実績がないので割愛します。

都市計画施設…都市計画で定められた道路、公園、下水道などをいいます。

市街地開発事業…都市計画で定められた土地区画整理事業、市街地再開発事業、住宅街区整備事業などをいいます。

国が行う行為については、当該国の機関と都道府県知事等との協議が成立することをもって、許可があったものとみなされます。

A

6 都市計画事業

公的な機関が公共施設やそれを含む街づくりをすることも

学習時間 30分

都市計画事業は、都市計画で作った街のイメージを現実のものとするために、市町村等が自らその工事に取り掛かるというものです。

都市計画事業とは、**<u>都市計画施設</u>の整備に関する事業**(道路などの都市施設をつくる工事)と**<u>市街地開発事業</u>**(道路などの都市施設だけじゃなく宅地の開発なども一緒に行う総合的な工事)をいいます。言い換えれば街づくりのための公共工事のことです。

都市計画施設…都市計画で定められた道路、公園、下水道などをいいます。

市街地開発事業…都市計画で定められた土地区画整理事業、市街地再開発事業、住宅街区整備事業などをいいます。

(1)都市計画事業の主体～誰でもできるの？

都市計画事業は次の者がすることができます。

	主体	手続
原則	市町村	知事の認可
例外	都道府県 ※1	国土交通大臣の認可
	国の機関 ※2	国土交通大臣の承認
	特許事業者	関係地方公共団体の長の意見を聞いて行う知事の認可

※1 市町村が施行することが困難または不適当な場合その他特別な事情がある場合

※2 国の利害に重大な関係を有する場合

(2)建築等の規制～都市計画事業が認可されると建築等が規制される

都市計画事業の認可または承認の告示があった後においては、その事**業地内**で、都市計画事業の施行の障害となるおそれがある**土地の形質の変更・建築物の建築**その他工作物の建設を行い、または一定規模以上の移動の容易でない**物件の設置・堆積**を行おうとする者は、**都道府県知事等**の**許可**を受けなければなりません。

なお、国が行う行為については、その国の機関と都道府県知事等との協議が成立することをもってこの許可があったものとみなされます。

(3)土地収用法の事業認定～事業地内では土地収用法が使われる？

都市計画事業の認可または承認の告示後、施行者が**事業地内**の一定の土地を必要としその土地を強制的に取得しなければ事業の完成を図れないときは、最後の手段として土地収用法による収用手続を進めることにより土地を取得することができます。

体的には、都市計画事業の認可または承認の告示をもって、土地収
法 20 条の事業認定の告示とみなすこととされています。

ここではコレを覚える 過去問 12-16 13-15 17-16 18-16 20-15

□都市計画事業とは、都道府県知事等の認可または承認を受けて行なわれる、**都市計画施設の整備に関する事業**および**市街地開発事業**をいう。
□都市計画事業の認可または承認の告示があった後においては、その**事業地内**で、都市計画事業の施行の障害となるおそれがある建築等を行う者は、**都道府県知事等の許可**を受けなければならない。
□都市計画事業の認可または承認の告示をもって、土地収用法 20 条の事業認定の告示とみなされる。

ここを押さえる過去問1・2・3

問 1 都市計画区域は、一体の都市として総合的に整備し、開発し、及び保全する必要がある区域を当該市町村の区域の区域内に限り指定する。(2011)

問 2 準都市計画区域は、都市計画区域外の区域のうち、新たに住居都市、工業都市その他の都市として開発し、及び保全する必要がある区域に指定するものとされている。(2010)

問 3 都市計画区域については、無秩序な市街化を防止し、計画的な市街化を図るため、都市計画に必ず市街化区域と市街化調整区域との区分を定めなければならない。(2011)

問 4 市街化区域については、都市計画に、少なくとも用途地域を定めものとされている。(2022)

問 5 第 1 種住居地域は、低層住宅に係る良好な住居の環境を保護するため定める地域であり、第 2 種住居地域は、中高層住宅に係る良好な住居の環境を保護するため定める地域である。(2003)

問 6 高度利用地区は、土地の合理的かつ健全な高度利用と都市機能の更新とを図るため、都市計画に、建築物の高さの最低限度を定め地区とされている。(2023)

問 7 都市計画施設の区域又は市街地開発事業の施行区域内において建築物の建築をしようとする者は、一定の場合を除き、都道府県知事等の許可を受けなければならない。(2017)

問 8 地区整備計画が定められている地区計画の区域内において、建築物の建築を行おうとする者は、都道府県知事等の許可を受けなければならない。(2017)

問 9 市町村は、都市計画を決定しようとするときは、あらかじめ、都道府県知事に協議し、その同意を得なければならない。(2012)

問 10 開発行為とは、主として建築物の建築の用に供する目的で行う土地の区画形質の変更を指し、特定工作物の建設の用に供する目的で行う土地の区画形質の変更は開発行為には該当しない。(2013)

問 11 市街化調整区域内において生産される農産物の貯蔵に必要な建築物の建築を目的とする当該市街化調整区域内における土地の区画形質の変更は、都道府県知事等の許可を受けなくてよい。(2011)

問 12 開発許可を申請しようとする者は、あらかじめ、開発行為に関係がある公共施設の管理者と協議し、その同意を得なければならない。なお、この問において条例による特別の定めはないものとする。(2023)

問 13 開発許可を受けた開発区域内において、開発行為に関する工事の完了の公告があるまでの間に、当該開発区域内に土地所有権を有する者のうち、当該開発行為に関して同意をしていない者がその権利の行使として建築物を建築する場合については、都道府県知事が、支障がないと認めたときでなければ、当該建築物を建築することはできない。(2015)

問 14 何人も、市街化調整区域のうち開発許可を受けた開発区域以外の区域内において、都道府県知事の許可を受けることなく、仮設建築物を新築することができる。(2015)

問 15 都市計画事業については、土地収用法の規定による事業の認定及び当該認定の告示をもって、都市計画法の規定による事業の認可又は承認及び当該認可又は承認の告示とみなすことができる。(2006)

問 1:(×)市町村の区域外にわたり指定できます。 問 2:(×)都市計画区域に関する要件です。 問 3:(×)定めない場合もあります。 問 4:(○) 問 5:(×)前半が第 1 種低層住居専用地域で後半が第 1 種中高層住居専用地域の定義になっているので、誤り。 問 6:(×)建築物の容積率の最高限度および最低限度、建築物の建蔽率の最高限度等を定める地区です。 問 7:(○) 問 8:(×)市町村長に届出します。 問 9:(×)同意は不要です。 問 10:(×)特定工作物の建設の用に供する場合も開発行為に該当します。 問 11:(×)許可が必要です。 問 12:(○) 問 13:(×)都道府県知事が支障がないと認めていなくても建築できます。 問 14:(○) 問 15:(×)説明が逆です。

第 2 章

建築基準法

過去 10 年の出題分析

出題年 テキスト項目	14	15	16	17	18	19	20	21	22	23
第 2 章全体	●	●	●	●	●	●	●	●	●	●
1 建築基準法の目的と全体像					●				●	
2 建築確認	●	●		●	●	●	●	●	●	
3 単体規定	●		●	●	●	●	●	●	●	●
4 集団規定		●		●	●	●	●	●		
1 道路規制	●		●	●	●	●	●		●	●
2 用途規制		●	●	●	●		●	●	●	
3 容積率	●	●	●	●		●				
4 建蔽率								●		●
5 建築物の敷地面積			●		●					
6 低層住居専用地域等							●		●	
7 高さ制限	●		●			●				●
8 防火規制		●						●		●
5 建築協定		●		●	●	●	●			

※出題されている年度に●を記入しています。

1 建築基準法の目的と全体像

建築基準法には単体規定と集団規定があります

学習時間 15分

土地を所有していたとして、それがいくら自分のものだといっても、例えば閑静な住宅地に大規模な遊戯施設を建てては暮らしやすい環境とはいい難いでしょう。または、スペースがもったいないあまりに敷地いっぱいに建物を建てれば、通風や日照が確保できず、防火の面から見ても良くない場合があります。

建築基準法ならではの用語の意味があります。正しく理解するためにも、何度もこのページに戻って用語の意味を確認しながら学習を進めて下さい。

(1)建築基準法の目的

建築物の敷地、構造、設備および用途に関する最低の基準を定めることによって、建築物の利用者自身あるいは近隣住民の生命、健康および財産を保護することを目的として、建築基準法が定められています。

(2)建築基準法の仕組み～どんな仕組みになっているの？

建築基準法には、**個々の建物を対象とした単体規定（構造・敷地・設備等の規制）**と、**周囲の環境や他の住民との調和を図るための集団規定（用途・高さ・道路等の規制）**があります。**集団規定は原則として都市計画区域および準都市計画区域のみに適用**されます。

(3)適用除外～法律は遡及（そきゅう）しない？

例外として次のような場合には、建築基準法は適用されません。

①文化財保護法によって国宝、重要文化財などとして指定または仮指定された建築物
②建築基準法が改正されてそれが適用される際、現に存在する建築物などが改正された規定にそぐわない場合

(4)建築基準法ならではの用語の意味

建築基準法 2 条には、建築基準法に出てくる用語についての定義が定められています。試験対策として関連するものだけを一部紹介します。

建築物…土地に定着する工作物のうち、屋根および柱もしくは壁を有するもの、これに附属する門もしくは塀、観覧のための工作物または地下もしくは高架の工作物内に設ける事務所、店舗、興行場、倉庫その他これらに類する施設（鉄道および軌道の線路敷地内の運転保安に関する施設ならびに跨線橋、プラットホームの上家、貯蔵槽その他これらに類する施設を除く）をいいます。建築設備を含みます。

特殊建築物…防災面から特殊な用途となる以下の建築物をいいます。

分 類	用 途
不特定多数の人が集まる建築物	劇場、映画館、演芸場、観覧場、公会堂、集会場等
就寝、宿泊を伴う建築物	病院、診療所（患者の収容施設があるものに限る。）、ホテル、旅館、下宿、共同住宅、寄宿舎、児童福祉施設（保育所含む。）等
教育、文化、スポ	学校、体育館、博物館、美術館、図書館、ボウリ

ーツに関する建築物	ング場、スキー場、スケート場、水泳場、スポーツの練習場等
商業、サービスに関する建築物	百貨店、マーケット、展示場、キャバレー、カフェー、ナイトクラブ、バー、ダンスホール、遊技場、公衆浴場、待合、料理店、飲食店、物品販売業を営む店舗(床面積が 10 ㎡以内のものを除く。)等
大火となりやすい建築物	倉庫
出火の危険度が大きい建築物	自動車車庫、自動車修理工場等
その他の建築物	工場、と畜場、火葬場、汚物処理場等

建築設備…建築物に設ける電気、ガス、給水、排水、換気、暖房、冷房、消火、排煙もしくは汚物処理の設備または煙突、昇降機もしくは避雷針をいいます。

それはなぜ？
建築設備は、いずれも建築物と一体となって建築物として機能を十分に働かせるものです。

居室…居住、執務、作業、集会、娯楽等の目的のために**継続的に使用**する室をいいます。

	居室の具体例
住宅	居間、食堂、寝室、子供室、書斎、応接室等
学校	教室、理科室、音楽室、図書室、体育館、職員室等
病院	病室、診察室、医師室、ナースステーション等
事務所	事務室、会議室、応接室、守衛室、休憩室等
店舗	売場、食堂、調理室(厨房)、事務室、休憩室等
工場	作業室、研究室、事務室、休憩室等

※ 玄関、廊下、階段、洗面室、浴室、脱衣室、便所、物入、押入、納戸、倉庫、機械室、更衣室、湯沸室、用具室、自動車車庫、リネン室などは居室ではありません。

主要構造部…壁、柱、床、梁(はり)、屋根、階段の 6 種類の建築物の部分をいいます。ただし、建築物の構造上重要でない間仕切壁、間柱、付け柱、揚げ床、最下階の床、回り舞台の床、小ばり、庇(ひさし)、局部的な小階段、屋外階段、基礎等は、主要構造部ではありません。

それはなぜ？
主要構造部は、主に防火上からみて主要な建築物の部分という意味です。

構造耐力上主要な部分…基礎、基礎ぐい、壁、柱、小屋組、土台、斜材(筋かい、方づえ、火打材等)、床版、屋根版、横架材(はり、けたなど)で、建築物の自重、積載荷重、積雪荷重、風圧、土圧、水圧、地震等の震動や衝撃を支えるものをいいます。

建築…建築物の新築、増築、改築、移転の 4 つの行為をいいます。

新築	建築物の建っていない敷地(更地)に新たに建築物を建てる行為をいいます。建築材料の新旧は問いません。

増築	同一敷地内にある建築物の床面積を増加させる行為をいいます。
改築	すでにある建築物の全部または一部を取り壊して、従前の用途、構造、規模を著しく異ならないものに建て替える行為をいいます。
移転	同一敷地内で建築物を移動する行為をいいます。

一団の土地…道路、塀、水路等で分けられずに連続している土地のことをいいます。

敷地…1 棟の建築物、または用途上不可分の関係にある 2 以上の建築物のある一団の土地をいいます。1 つの敷地には、1 つの建築物を建てることが原則となります(**1 敷地 1 建築物の原則**)。

特定行政庁…建築主事または建築副主事を置く市町村の区域についてはその市町村の長をいい、その他の市町村の区域については都道府県知事をいいます(一部例外あり)。

上記以外にも多くの専門用語がありますが、それぞれの箇所で解説します。

過去問 12-18 18-18 22-1

頻出度 A

2-1 建築確認・検査の要否＜建築確認

建築前の設計図面で適法性をチェックします

学習時間 60分

(1)建築確認①～建築基準法に違反する建物は撤去する？

建築基準法はある一定規模以上の建物や一定の地域で建物を建てるときには、事前に建築のプロがその設計図をチェックして、適法かどうかを判断する手続を定めています。これを**建築確認**と呼びます。

(2)建築確認②～どんな場合に建築確認が必要なの？

建築主(建築物に関する工事の請負契約の注文者または請負契約によらないで自らその工事をする者)は、新築する場合、既存の建築物について増築したり改築したり移転したり・大規模な修繕や模様替えをする場合、建築確認が必要となります。

実際には、それぞれ細かい要件が定められているので、順に解説します。

①大規模な建築物

一定の大規模な建築物の場合、**新築**する場合も、**増築、改築または移転**する場合(その増築、改築または移転に係る部分の床面積の合計が 10 ㎡を超える場合)も、大規模な修繕・模様替えする場合も、建築確認が必要です。

なお、増築の場合は、増築した後に 10 ㎡を超える場合も含みます。

《大規模な建築物とは以下のいずれかに該当する建築物をいいます》

特殊建築物	特殊な用途に使用する床面積の合計が 200 ㎡を超えるもの ▸ 具体的には、劇場、映画館、病院、診療所、ホテル、旅館、下宿、共同住宅、学校、百貨店、マーケット、展示場、倉庫、自動車車庫などをいいます。
木造建築物	階数が 3 階以上、または延べ面積 500 ㎡、高さ 13m もしくは軒の高さ 9mを超えるもの
木造以外の建築物	階数が 2 階以上、または延べ面積が 200 ㎡を超えるもの

建築物を上記の特殊建築物に用途変更する場合も建築確認が必要です。ただし、類似の用途変更では不要です。

それはなぜ？

建築基準法に違反する建物は地震や火事の多い日本ではとても危険なものといえます。そして、違法な建築物を後でチェックして取り壊したり修理させたりすることは、購入者・住居者等の関係者に多大な迷惑をかけ、また、とても不経済なことでもあるからです。

用語

大規模の修繕…主要構造部(壁、柱、梁、床、屋根、階段等)のうち一種を 50%超の範囲にわたって修復することをいいます。なお、修繕とは、性能や品質が劣化した既存部分を、ほぼ同じ位置・形状・材料で造りかえて、性能や品質を回復する工事をいいます。

大規模の模様替え…主要構造部のうち一種を 50%超の範囲にわたって改装することをいいます。なお、模様替えとは、既存の部分を異なる材料や仕様で造りかえて、性能や品質を回復する工事をいいます。

延べ面積…建築物の各階の床面積の合計をいいます。

付け足し

3)もしくは 6)に掲げる用途に供する建築物が低層住居専用地域もしくは田園住居地域内にある場合、7)に掲げる用途に供する建築物が中高層住居専用地域もしくは工業専用地域内にある場合、または 9)に掲げる用途に供する建築物が準住居地域もしくは近隣商業地域内にある場合については、類似とは判断されません。

《類似の用途変更となる建築物》

以下の各番号内の建築物同士は類似となります。

1) **劇場、映画館、演芸場**
2) 公会堂、集会場
3) 診療所(患者の収容施設があるものに限る)、児童福祉施設等
4) ホテル、旅館
5) **下宿、寄宿舎**
6) 博物館、美術館、図書館
7) 体育館、ボーリング場、スケート場、水泳場、スキー場、ゴルフ練習場、バッティング練習場
8) 百貨店、マーケット、その他の物品販売業を営む店舗
9) **キャバレー、カフェー、ナイトクラブ、バー**
10) 待合、料理店
11) 映画スタジオ、テレビスタジオ

②都市計画区域内等

付け足し

都道府県知事が都道府県都市計画審議会の意見を聴いて指定する区域(都市計画区域・準都市計画区域)、市町村長が指定する区域(準景観地区)は、除かれます。

都市計画法における都市計画区域や準都市計画区域や景観法におけ る準景観地区内、または都道府県知事が関係市町村の意見を聴いてそ の区域の全部もしくは一部について指定する区域内における建築物の 場合は、①の大規模な建築物でなくても、**新築**する場合と、**増築、改築ま たは移転**する場合(その増築、改築または移転に係る部分の床面積の合 計が **10 ㎡を超える**場合)に、建築確認が必要です。

なお、増築の場合は、増築した後に 10 ㎡を超える場合も含みます。

大規模の修繕・模様替えについては、①の大規模な建築物の要件を満 たさないのであれば、建築確認は不要です。また、①で解説した用途変 更に関しては②についても同様に適用されます。

③防火地域等

防火地域や準防火地域の指定を受けている場所で、建築物を増築、改 築または移転する場合は、その増築、改築または移転に係る部分の床面 積の合計が 10 ㎡以内であっても建築確認が必要です。

それ以外の要件は①と②の場合と同じです。

《建築確認の要件まとめ表》

適用範囲	新築	増改築・移転	大規模修繕・模様替
大規模な建築物	必要	10 ㎡超は必要	必要
都市計画区域内等			不要
防火地域等		10 ㎡以内も必要	

3)建築物の所有者等の義務～常に適法な状態に！

建築物の所有者、管理者または占有者は、その建築物の敷地、構造および建築設備を常時適法な状態に維持するように努めなければなりません。また、所有者または管理者は、一定規模以上の特殊建築物や特定行政庁が指定する特殊建築物について、その建築物の敷地、構造および建築設備を常時適法な状態に維持するため、必要に応じ、その建築物の維持保全に関する準則または計画を作成し、その他適切な措置を講じなければなりません(原則)。

4)違反建築物に対する措置

特定行政庁は、建築基準法令の規定またはその法令の規定に基づく許可に付した条件に違反した建築物またはその敷地については、建築主、工事の請負人、現場管理者等に対して、その工事の施工の停止を命じ、または、相当の猶予期限を付けて、その除却、移転、改築、増築、修繕、模様替え、使用禁止、使用制限等の措置をとることを命じることができます。

また、建築物の敷地、構造または建築設備について、損傷、腐食その他の劣化が生じ、そのまま放置すれば保安上危険となり、または衛生上有害となるおそれがあると認める場合には、所有者等に対して、修繕、防腐措置その他その建築物またはその敷地の維持保全に関し必要な指導および助言をすることができます。

付け足し

一定規模以上の特殊建築物…映画館、病院、学校、百貨店等の特殊建築物はその用途に供する部分の床面積の合計が 100 ㎡を超えるもの(200 ㎡以下の場合は階数が 3 以上のものに限る)、倉庫、自動車車庫等の特殊建築物でその用途に供する部分の床面積の合計が 3,000 ㎡を超えるもの

特定行政庁が指定する特殊建築物…事務所その他これに類する用途に供する建築物(特殊建築物を除く)のうち階数が 3 以上で延べ面積が 200 ㎡を超えるもの

ここではコレを覚える　過去問 12-18　14-17　15-17　17-18　18-18　20-17　22-17

原則	①大規模な建築物について ・新築、増築、改築、移転する場合 ・大規模の修繕または模様替えをする場合 ②都市計画区域・準都市計画区域内等の建築物について ・新築、増築、改築、移転する場合 ③用途を変更して 200 ㎡を超える特殊建築物にする場合
例外	①防火地域および準防火地域以外の区域の建築物について、増築、改築、移転する部分の床面積の合計が 10 ㎡以下の場合 ②類似の用途に変更する場合

2-2 建築確認・検査の手続き＜建築確認

頻出度 B

建築確認を受けるための手続です

学習時間 60分

(1)建築確認・検査制度～役所か民間検査機関でチェック？

建築主は、前節で解説した建築確認が必要な場合、その建築物の工事に着手する前に、確認申請書を提出して**建築主事もしくは建築副主事**または**指定確認検査機関**(本書では以下、「建築主事もしくは建築副主事」を「建築主事等」、指定確認検査機関も併せていう場合を「建築主事等・検査機関」といいます。)**の確認**を受け、確認済証の交付を受けなければなりません。

ただし、**建築副主事の確認にあっては、大規模建築物以外の建築物に係るものに限られます。**

建築主事等・検査機関の処分に不服がある者は**建築審査会に審査請求**することができます。

建築主事…建物を建築する前に行う「建築確認」や、建物が完成した後の「完了検査」などを担当する都道府県または市町村の職員をいいます。建築基準法では、人口25万人以上の市は建築主事を置かなくてはならないと定めています。

建築副主事…2級建築士が設計、監理できる建築士法3条1項各号に掲げる大規模建築物以外の建築物の確認を行うことができるものです。

指定確認検査機関…建築確認や検査を行う機関として国土交通大臣や都道府県知事から指定された民間の機関です。建築主事とほぼ同等の権限を持ちます。工事中の仮使用の手続きについても、指定確認検査機関が行えるようになりました。

なお、建築主事または建築副主事が確認した場合には確認済証、指定確認検査機関が検査した場合には検査済証が交付されます。また、建築主事または建築副主事は特定行政庁の職員であるのに対して、確認検査員は確認検査機関の職員となります。

建築審査会…建築指導事務の公正な運営を図るため、建築基準法に基づいて都道府県、建築主事が置かれる市町村に設置される行政機関をいいます。法律、経済、建築、都市計画、公衆衛生または行政において優れた知識と経験を有する者の中から都道府県知事、または市町村長によって任命された委員で構成されます。

2024年の改正で建築副主事制度が創設されました。建築主事、確認検査員などはベテランの方が多いので、その世代の引退、退職が相次ぎ現在、慢性的な人手不足、人材不足となっていることが要因です。

一級建築士の資格を有する者が受検できる建築基準適合判定資格者検定に合格し、かつ一定の実務経験を有する者で、建築主事と同様の権限を有します。副主事制度創設に併せて副確認検査員も創設されました。

2)建築確認の申請〜確認済証の交付はいつ？

建築主事等・検査機関は、**大規模な建築物の場合は受理した日から 35 日以内に、それ以外の建築物の場合は受理した日から 7 日以内に**審査し、問題がなければ申請者へ確認済証を交付します。

なお、建築主事等・検査機関は、一定規模以上の建築物の場合、**建築主から適合判定通知書**(都道府県または指定構造計算適合性判定機関が建築主に交付しているもの)**またはその写しの提出を受けた場合に限り、**確認をすることができます。

大まかな手続きの流れを以下に示します。

①確認申請書を提出

建築主事等または
指定確認検査機関

③判定通知書の提出

※　指定確認検査機関は、確認済証を交付したときは、その日から 7 日以内に、確認審査報告書を作成し、確認済証等の書類を特定行政庁に提出しなければならない。

④確認済証の交付

建築主

①構造計算適合性判定申請書の提出

②判定通知書の交付

※　不服がある場合は審査請求できる。

都道府県または
指定構造計算適合性判定機関

※　構造計算適合性判定申請書を受理した場合、その受理した日から 14 日以内に、判定通知書を申請者に交付しなければならない。

用語

指定構造計算適合性判定機関…建築物の構造計算が法令で定める基準に適合しているか否かを判定する機関です。
建築主は、一定規模を超える建築物については、建築主事による建築確認と並行して、指定構造計算適合性判定機関等による構造計算適合性判定を受けなければなりません。

また、建築主事等・検査機関は、建築確認をする場合、**管轄の消防長(消防本部を置かない市町村にあっては、市町村長)または消防署長の同意**を得なければなりません(原則)。

3)建築確認済の表示〜工事現場に掲示する？

工事の施工者は、その工事現場の**見やすい場所**に、**建築確認があった旨の表示**をしなければなりません。また、その工事にかかる**設計図書**をその**工事現場に備え**ておかなければなりません。

それはなぜ？

阪神・淡路大震災の被害状況を踏まえ、平成 11 年 5 月、検査の対象となる建築物や工程を特定行政庁が指定した場合に中間検査を義務付ける中間検査制度が創設されました。

4)中間検査〜建築中に検査が必要な場合があるの？

建築主は、工事が特定工程を含む場合、その特定工程にかかる工事を終えたときは、その日から**4 日以内**に到達するように建築主事等・検査機関の検査を申請しなければなりません。

建築主事等・検査機関は、その申請を受理した日から **4 日以内**に検査しなければなりません。そして、検査後に問題がなければ、建築主に対してその特定工程にかかる検査済証を交付しなければなりません。

特定工程…①階数が3以上である共同住宅の、2階以上の床およびこれを支持する梁（はり）に鉄筋を配置する工事の工程、②特定行政庁が、その地方の建築物の建築の動向または工事に関する状況その他の事情を勘案して、区域、期間または建築物の構造、用途もしくは規模を限って指定する工程のいずれかに該当するものをいいます。

(5)完了検査～工事が完了したら？

建築主は、工事を完了したときは、工事が**完了した日から** 4 日以内に建築主事等・検査機関に到達するように、建築主事等・検査機関の検査を申請しなければなりません。建築主事等・検査機関は、その申請を**受理した日から** 7 日以内に検査しなければなりません。そして、検査後に問題がなければ、建築主に対して検査済証を交付しなければなりません。

(6)仮使用～工事が完了してもすぐには住めないの？

建築主は、**大規模建築物の新築・増築、改築、移転、大規模の修繕・大規模の模様替えの工事**で、廊下、階段、出入口その他の避難施設、消火栓、スプリンクラーその他の消火設備、排煙設備、非常用の照明装置、非常用の昇降機もしくは防火区画で政令で定めるものに関する工事を含むものをする場合、**原則として、完了検査の検査済証の交付を受けた後でなければ、その建築物を使用し、または使用させてはなりません。**
ただし、以下の場合は仮使用ができます。

①特定行政庁が、安全上、防火上および避難上支障がないと認めたとき
②建築主事等または指定確認検査機関が、安全上、防火上および避難上支障がないものとして国土交通大臣が定める基準に適合していることを認めたとき
③完了検査の申請が受理された日（指定確認検査機関が検査の引受けを行った場合にあっては、その検査の引受けに係る工事が完了した日またはその検査の引受けを行った日のいずれか遅い日）から**7 日を経過したとき**

ここではコレを覚える 過去問 12-18 17-18 19-17 21-17

□建築主事等・検査機関は、大規模な建築物の場合は受理した日から 35 日以内に、それ以外の建築物の場合は受理した日から 7 日以内に審査し、問題がなければ申請者に確認済証を交付しなければならない。
□建築主は、工事を完了したときは、工事が完了した日から 4 日以内に建築主事等・検査機関に到達するように、建築主事等・検査機関の検査を申請しなければならない。
□建築主事等・検査機関は、その申請を受理した日から 7 日以内に検査しなければならず、問題がなければ、建築主に対して検査済証を交付しなければならない。

頻出度 C

3-1 単体規定とは

全国津々浦々、建物に適用される規定です

学習時間 5分

(1)単体規定とは～単体規定は都市計画区域外でも適用？

建築基準法の第2章は、「建築物の敷地、構造及び建築設備」という表題で、個々の建築物の構造上・防火上の安全を確保するための基準や、衛生上必要な基準等について定めています。これらの規定を**単体規定**と呼びます。建築基準法の第3章に規定されている集団規定が都市計画区域等に限って適用されるのに対して、単体規定は、基本的に全国一律に適用されます。

(2)単体規定の構成

単体規定は次の分類から成り立っています。

分 類	内 容
構造強度関係	構造方法、構造計算方法、荷重および外力、許容応力度・材料強度　等
防火・避難関係	法22条区域内の制限、大規模木造建築物等の制限、耐火建築物・準耐火建築物等の義務付け、防火区画、避難施設、排煙設備、非常用の照明装置、消防活動上の設備、内装制限、耐火性能検証法・避難安全検証法　等
一般構造・設備関係	天井の高さ、床の高さ・床下換気、階段、居室の採光、地階における居室、長屋・共同住宅の界壁の遮音、居室・火気使用室の換気・換気設備、石綿の飛散および居室内の化学物質の発散に対する措置、便所・浄化槽、昇降機、配管設備　等
その他	敷地の安全・衛生、建築材料の品質　等

3-2 敷地の衛生及び安全性等＞単体規定

頻出度 C

敷地は高めの方がいい

学習時間 5分

(1)敷地の衛生及び安全～建物の敷地は高くする？

①敷地・地盤面の高さ

建築物の敷地は、これに接する**道の境より高く**なければならず、建築物の地盤面は、これに接する**周囲の土地より高く**なければなりません。

ただし、敷地内の排水に支障がない場合または建築物の用途により防湿の必要がない場合においては、高くする必要はありません。

②湿潤な土地、ごみ等の埋め立て地等

湿潤な土地、出水のおそれの多い土地、またはごみその他これに類する物で埋め立てられた土地に建築物を建築する場合においては、盛土、地盤の改良その他衛生上または安全上必要な措置を講じなければなりません

③敷地の排水

建築物の敷地には、雨水および汚水を排出し、または処理するための適当な下水管、下水溝、またはためますその他これらに類する施設をしなければなりません。

④がけ崩れ等のおそれのある場合

建築物ががけ崩れ等による被害を受けるおそれのある場合においては、擁壁の設置その他安全上適当な措置を講じなければなりません。

(2)建築材料の品質に関する規定

建築物の基礎や主要構造部等に使用する建築材料について、国土交通大臣が指定した場合は、同大臣の指定する日本産業規格（JIS）または日本農林規格（JAS）に適合するか、または同大臣の定める品質基準に適合することについて同大臣の認定を受けなければなりません。

過去問　17-18　19-18　22-17

頻出度 **C**

3-3 構造強度＞単体規定

構造計算と構造方法の2つからなる構造関係規定

学習時間 5分

1)構造耐力～大規模な建築物は特に安全性が重視される？

建築物に働く荷重、風圧、水圧、地震等の外力に対して、構造耐力上安全なものとするための構造強度に関する規定は、**構造方法**の技術的基準に関する規定と**構造計算**に関する規定に分類されます。

建築物は、その規模による区分に応じて、安全な構造のものにするため、構造方法と構造計算の基準に適合しなければなりません。

2)建築物の規模による区分～小規模な建築物は構造計算が不要？

建築物は、以下の規模による区分に従って、それぞれの構造計算の基準に適合しなければなりません。ただし、小規模建築物は構造計算をする必要がありません。

分類	規模	
超高層建築物	高さ60mを超える建築物	
大規模建築物	高さ60m以下の建築物で	
	木造	高さ13mまたは軒高9m超える
	鉄骨造	階数4以上(地階除く) 高さ13mまたは軒高9m超える
	鉄筋コンクリート造等	高さ20m超える
	組積造等	階数4以上(地階除く)
	上記を併用した構造	階数4以上(地階除く) 高さ13mまたは軒高9m超える
	大臣指定の建築物	鉄骨造で延べ面積が500 ㎡を超える等
中規模建築物	高さ 60m以下の構造計算を必要とする建築物のうち、上記の大規模建築物を除いた以下のもの	
	木造	階数3以上または延べ面積500 ㎡超える
	木造以外	階数が 2 以上または延べ面積が200 ㎡超える
	石造など	高さ13mまたは軒高9m超える
小規模建築物	上記以外の建築物	

ワンポイントアドバイス
細かい数字が多く出題される分野ですので、特に重要な大規模建築物に関するものをしっかりと覚えましょう。

過去問 13-17 15-17 18-18 19-17 20-17 21-17 22-17

3-4 防火・避難関係＞単体規定

頻出度 A

材料・構造・防火設備について防火と避難のルールがあります

学習時間 60分

単体規定には、防火・避難関係の規定のうち、材料(不燃、準不燃、難燃)、構造(耐火、準耐火、防火、準防火)、防火設備(防火戸等)が定められています。

なお、集団規定にも、防火地域と準防火地域での建築制限の規定があります。ここでは単体規定の防火・避難関係を解説します。

(1)耐火建築物等としなければならない特殊建築物

劇場、集会場、百貨店、飲食店等の**不特定多数の集まる施設**、病院、ホテル、共同住宅等の**宿泊や就寝を伴う施設**、学校、体育館、博物館、ボウリング場等の**教育・文化・スポーツに関する建築物**、自動車車庫、自動車修理工場、倉庫などの**出火の危険が大きい施設**等の特殊建築物は、用途や規模に応じて耐火建築物または準耐火建築物としなければなりません。

耐火建築物…壁、柱、床、はり、屋根、階段といった建物の主要構造部が一定の耐火構造、つまり、一定の基準以上に火災に耐えうる造りとなっている建築物のことです。鉄筋コンクリート造り、レンガ造りなどが典型です。

準耐火建築物…耐火建築物以外の建築物で、主要構造部が準耐火構造またはそれと同等の準耐火性能を有するもので、外壁の開口部で延焼のおそれのある部分に防火戸等を有する建築物のことをいいます。

(2)防火区画・防火壁・防火床等～建物内を区画して延焼を防ぐ？

①防火区画

防火区画は、耐火建築物や準耐火建築物に対して、建築物内部で発生した火災や煙が拡大するのを防ぐため、建築物内部を防火上有効な耐火構造や準耐火構造の床、壁、防火設備(防火戸)等で区画して、被害を局部的なものにとどめ、避難を円滑に行うことを目的とした規制です。

防火区画には、面積区画、高層階区画、竪穴(たてあな)区画、異種用途区画があります。

②防火壁・防火床

延べ面積が1,000㎡**を超える**建築物は、防火上有効な構造の防火壁または防火床によって有効に区画し、かつ各区画の床面積の合計をそれぞれ1,000㎡以内としなければなりません。

(出所)国土交通省ホームページ

ただし、**耐火建築物や準耐火建築物等については除外**されます(これ以外にも例外はありますが、出題頻度が低いので省略しています)。

なお、延焼を遮断できる高い耐火性能の壁等(火熱遮断壁等)や防火壁で区画すれば、建築物の2以上の部分を防火規制の適用上別棟とみなすことができます。つまり、区画された部分ごとに規制が適用されます。その結果、混構造建築物や複合用途建築物において、木造化等の設計を採用しやすくなる効果があります。

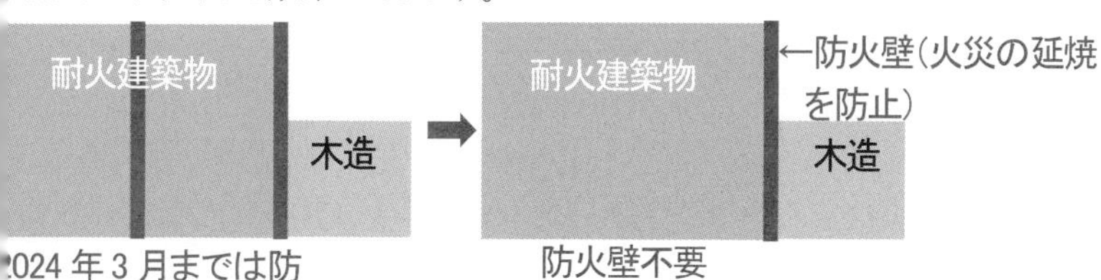

③無窓の居室を区画する主要構造部

次の無窓の居室を区画する主要構造部は、耐火構造とするか、不燃材料で造らなければなりません。ただし、小規模な居室等で警報設備を設けた場合はその必要がありません。

1. 無窓の有効採光面積が床面積の20分の1未満であるもの
2. 外気に接する窓等の大きさが、直径 1mの円が内接できず、かつ幅75 cm未満で高さ1.2m未満のもの

(3)避難施設～火災が発生した場合にすぐに避難できる工夫？

近年の試験では、法律をさらに詳しく解説する「施行令」からの出題が多くなっています。直近の過去問は必ず目を通しておくようにしましょう。

建築基準法における避難の考え方は、①廊下の幅を広くとる、②直通階段を設ける、③直通階段までの歩行距離を短くする(階段の配置)、④2方向避難ができるように階段を配置する、⑤階段の構造を安全なものとする(避難階段・特別避難階段)、⑥階段の扉を避難の方向に開く、⑦出口は鍵を用いなくても出られること、です。

①廊下の幅

廊下の幅は両側に扉(居室)がある中廊下と片側だけに扉(居室)がある片廊下で異なる基準となります。

用途	廊下の幅	
	中廊下	片廊下
小中学校等	2.3m以上	1.8m以上
・病院の患者用廊下 ・共同住宅の共用廊下(住戸・住室の床面積が100 ㎡を超える階のもの) ・居室の床面積が200 ㎡(地階において100 ㎡)を超える階(3室以下の専用のものを除く)	1.6m以上	1.2m以上

②出入口の構造

避難しやすいように出入口の構造が次のように決められています。

映画館等の客席からの出口と屋外への出口	内開き禁止
避難階段・特別避難階段への出入口、避難階における屋外への出口	避難の方向に開く

物品販売店舗の出入口(避難階)の幅の合計	床面積(最大階)100㎡につき60㎝以上

③避難階段・特別階段の設置と構造

建築基準法の避難階段とは、避難時に使う階段すべてのことをいうのではなく、直通階段のうち、避難しやすくて燃えにくくするための構造上の基準を満たしたものをいいます。そして、避難のための階段には避難階段と特別避難階段とがあり、特別避難階段のほうが制限は厳しくなっています。

用語

直通階段…建築物のある階からその階段を通じて避難階(直接地上へ通ずる出入口のある階)に容易に到達できる階段をいいます。

④直通階段の配置

建築物の避難階以外の階が、次表のいずれかに当てはまる場合は、その階から避難階または地上に通じる 2 以上の直通階段を設けなければなりません。

それはなぜ？

主に避難時における 2 方向避難の確保のためです。階段は縦方向の唯一の避難経路なので、2 以上の直通階段が確保されていれば、一方向の避難経路が火災や煙等により妨げられた場合、もう一方向の避難経路により避難することができます。

<table>
<tr><th colspan="4">階の用途(居室の種類)</th><th>特定主要構造部が準耐火構造か不燃材料</th><th>その他の場合</th></tr>
<tr><td>1</td><td colspan="3">劇場、映画館、演芸場、観覧場、公会堂、集会場、物品販売店舗(床面積 1,500 ㎡を超える)</td><td colspan="2">客室・集会室・売場等を有する場合</td></tr>
<tr><td>2</td><td colspan="3">キャバレー、カフェー、ナイトクラブ、バー、個室付浴場業を営む施設、ヌードスタジオ等</td><td colspan="2">客席を有する場合
(緩和措置あり)</td></tr>
<tr><td rowspan="2">3</td><td colspan="3">病院、診療所　(病室の床面積)</td><td rowspan="2">100 ㎡超</td><td rowspan="2">50 ㎡超
(緩和措置あり)</td></tr>
<tr><td colspan="3">児童福祉施設等
(主たる用途に供する居室の床面積)</td></tr>
<tr><td rowspan="3">4</td><td colspan="3">ホテル、旅館、下宿　(宿泊室の床面積)</td><td rowspan="3">200 ㎡超</td><td rowspan="3">100 ㎡超
(緩和措置あり)</td></tr>
<tr><td colspan="3">共同住宅　(居室の床面積)</td></tr>
<tr><td colspan="3">寄宿舎　(寝室の床面積)</td></tr>
<tr><td rowspan="3">5</td><td rowspan="3">その他の階</td><td colspan="2">6 階以上の階</td><td colspan="2">居室を有する場合
(緩和措置あり)</td></tr>
<tr><td rowspan="2">5 階以下の階</td><td>避難階の直上階
(居室の床面積)</td><td>400 ㎡超</td><td>200 ㎡超</td></tr>
<tr><td>その他の階
(居室の床面積)</td><td>200 ㎡超</td><td>100 ㎡超</td></tr>
</table>

(4)排煙設備～一定規模以上の建築物には設置義務が？

火災時の煙や有毒ガスは、安全に避難することや消防隊の消火活動を困難にさせ、被害を拡大させることがあります。

そこで、建築基準法では、煙や有毒ガスを屋外へ有効に排出するための設備(排煙設備)の設置を、一定規模以上の建築物に義務付けています。一定規模とは以下のものをいいます。

建築物	1. 延べ面積が **500 ㎡を超える**劇場、映画館、演芸場、病院、診療所、共同住宅、百貨店、飲食店等の特殊建築物
	2. 階数が **3 以上**で、延べ面積が **500 ㎡を超える**建築物
居室	3. 無窓の居室(天井または天井から下方 80cm 以内の開口部が床面積の 50 分の 1 未満のもの)
	4. 延べ面積が 1,000 ㎡を超える建築物の 200 ㎡以上の居室

(5)非常用の照明装置

一定の特殊建築物の居室、階数が 3 以上で延べ面積が 500 ㎡を超える建築物の居室、政令で定める窓その他の開口部を有しない居室、または延べ面積が 1,000 ㎡を超える建築物の居室およびこれらの居室から地上に通ずる廊下、階段その他の通路(採光上有効に直接外気に開放された通路を除く)並びにこれらに類する建築物の部分で照明装置の設置を通常要する部分には、原則として、**非常用の照明装置**を設けなければなりません。

参考資料

①一戸建の住宅または長屋もしくは共同住宅の住戸、②病院の病室、下宿の宿泊室または寄宿舎の寝室その他これらに類する居室、③学校等、④避難階または避難階の直上階もしくは直下階の居室で避難上支障がないものその他これらに類するものとして国土交通大臣が定めるものは例外です。

(6)非常用の進入口

建築物の高さ 31m以下の部分にある 3 階以上の階(不燃性の物品の保管その他これと同等以上に火災の発生のおそれの少ない用途に供する階または国土交通大臣が定める特別の理由により屋外からの進入を防止する必要がある階で、その直上階または直下階から進入することができるものを除く)には、原則として、**非常用の進入口**を設けなければなりません。

ただし、非常用の昇降機を設置している場合等は設置義務がなくなります。

(7)昇降機～高層ビルには非常時に使用するエレベーターがある？

建築物に設ける昇降機は、安全な構造で、かつ、その昇降路の周壁および開口部は、防火上支障がない構造でなければなりません。高さ 31 メートル**を超える**建築物(政令で定めるものを除く)には、**非常用の昇降機**を設けなければなりません。

(8)敷地内の避難上・消火活動上必要な通路等

建築物の出入口及び屋外避難階段の出口から道路、公園、空地等に通ずる通路の幅員は、1.5m以上としなければなりません。ただし、3 階以下で延べ面積が 200 ㎡未満の建築物の敷地内は 90cm 以上でよいことになっています。

(9)避難設備等～特殊建築物等には避難設備等を完備？

具体例

劇場、映画館、演芸場、観覧場、公会堂、集会場、病院、診療所(患者の収容施設があるものに限る)、ホテル、旅館、下宿、共同住宅、寄宿舎、学校、体育館、百貨店、マーケット、展示場、キャバレー、カフェー、ナイトクラブ、バー、ダンスホール、遊技場等。

一定の特殊建築物、階数が 3 以上の建築物、政令で定める窓その他の開口部を有しない居室を有する建築物、または延べ面積(同一敷地内に 2 以上の建築物がある場合においては、その延べ面積の合計)が 1,000 ㎡を超える建築物については、廊下、階段、出入口その他の**避難施設**、消火栓、スプリンクラー、貯水槽その他の**消火設備**、**排煙設備**、**非常用の照明装置**および進入口ならびに敷地内の避難上および消火上必要な**通路**は、政令で定める技術的基準に従って、**避難上および消火上支障がないようにしなければなりません。**

(10)延焼の防止～特殊建築物等の内装は燃えないように？

劇場、映画館、演芸場、観覧場、公会堂、集会場等の特殊建築物、階数が 3 以上である建築物、政令で定める窓その他の開口部を有しない居室を有する建築物、延べ面積が 1,000 ㎡を超える建築物、または建築物の調理室、浴室その他の室でかまど、コンロその他火を使用する設備もしくは器具を設けたものは、原則として、政令で定める技術的基準に従ってその壁及び天井(天井のない場合においては屋根)の室内に面する部分の仕上げを防火上支障がないようにしなければなりません。

過去問　14-17　16-18　19-17　21-17　22-17　23-17

頻出度 A

3-5 一般構造・設備関係＞単体規定

シックハウス対策として換気設備が重要です

学習時間 30分

1)居室の天井の高さ〜身長2mを超えても天井には届かない？

居室の天井の高さは、2.1 メートル**以上**でなければなりません。この天井の高さは、室の床面から測り、一室で天井の高さの異なる部分がある場合においては、その**平均の高さ**によります。

2)採光規定〜窓がない部屋は居室とは呼べない？

住宅、学校、病院、診療所、寄宿舎、下宿等の建築物の居室には、採光のための窓その他の開口部を設け、その採光に有効な部分の面積は、その居室の床面積に対して、5 分の 1 から 10 分の 1 までの間において居室の種類に応じ<u>政令で定める割合</u>以上としなければなりません。

ただし、地階もしくは地下工作物内に設ける居室その他これらに類する居室または温湿度調整を必要とする作業を行う作業室その他用途上やむを得ない居室については上記の制限が適用されません。

付け足し 政令で定める割合

政令(建築基準法施行令)では次の割合としています。

居室の種類	割合
1. 幼稚園、小学校、中学校、義務教育学校、高等学校、中等教育学校、幼保連携型認定こども園の教室	5 分の 1
2. 保育所、幼保連携型認定こども園の保育室	
3. 住宅の居住のための居室	7 分の 1
4. 病院、診療所の病室	
5. 寄宿舎の寝室または下宿の宿泊室	
6. 児童福祉施設等の寝室(入所する者の使用するものに限る。)、児童福祉施設等(保育所を除く。)の居室のうちこれらに入所し、または通う者に対する保育、訓練、日常生活に必要な便宜の供与その他これらに類する目的のために使用されるもの	
7. 1.に掲げる学校以外の学校の教室	10 分 1
8. 病院・診療所・児童福祉施設等の居室のうち入院患者または入所する者の談話、娯楽その他これらに類する目的のために使用されるもの	

付け足し

表の 1.〜6.までに掲げる居室のうち、国土交通大臣が定める基準に従い、照明設備の設置、有効な採光方法の確保その他これらに準ずる措置が講じられているものにあっては、**最大 10 分の 1** までの範囲内で国土交通大臣が別に定める割合となります。

なお、ふすま、障子その他随時開放することができるもので仕切られた 2 室は、1 室とみなして計算します。

(3)地下室等～地下室を居室にすることもできるの？

地階…床が地盤面下にある階で床面から地盤面までの高さが、その階の天井の高さの 3 分の 1 以上のものをいいます。

住宅の居室、学校の教室、病院の病室または寄宿舎の寝室で地階に設けるものは、壁および床の**防湿の措置**その他の事項について衛生上必要な技術的基準に適合するものとしなければなりません。
具体的には、換気設備や防湿設備を設置したり、外壁等に防水層を設けたり、二重壁を設けたりすることをします。

(4)長屋または共同住宅の壁～音を遮るものでなければならない

長屋または共同住宅の各戸の界壁は、次の基準に適合しなければなりません(原則)。

1. **界壁の構造**が、隣接する住戸からの日常生活に伴い生ずる音を衛生上支障がないように低減するために界壁に必要とされる性能に関して一定以上の技術的基準に適合するもので、国土交通大臣が定めた構造方法を用いるものまたは国土交通大臣の認定を受けたものであること。
2. **小屋裏または天井裏に達する**ものであること。

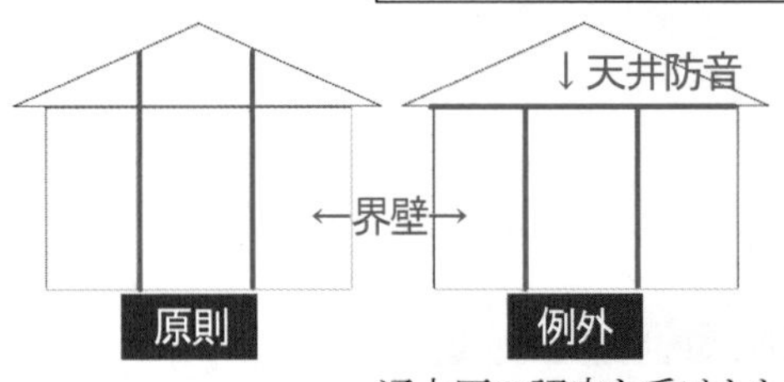

ただし、長屋または共同住宅の**天井の構造**が隣接する住戸からの日常生活に伴い生ずる**音を衛生上支障がないように低減するために天井**に必要とされる性能に関して一定以上の技術的基準に適合するもので、国土交通大臣が定めた構造方法を用いるものまたは国土交通大臣の認定を受けたものである場合においては除外されます。

(5)換気設備～密室の部屋も居室とは呼べない？

在室者による空気汚染を防止するため、居室には、原則として、換気のための窓その他の開口部を設け、その換気に有効な部分の面積は、その居室の床面積に対して、1/20 以上としなければなりません。
なお、ふすま、障子その他随時開放することができるもので仕切られた 2 室は、1 室とみなして計算します。

付け足し

政令で定める窓その他の開口部を有しない居室は、その居室を区画する主要構造部を耐火構造とし、または不燃材料で造らなければなりません。ただし、劇場、映画館、演芸場、観覧場、公会堂、集会場等に供するものについては、その必要がありません。

(6)建築材料～石綿(アスベスト)は使用禁止？

建築物は、**石綿その他の物質の建築材料からの飛散または発散による衛生上の支障がないよう**、次に掲げる基準に適合するものとしなければなりません。

- ・建築材料に石綿等を添加しないこと
- ・石綿等をあらかじめ添加した建築材料を使用しないこと
- ・居室を有する建築物にあっては、上記のほか石綿等以外の物質でその居室内において衛生上の支障を生ずるおそれがあるものとして政令で定める物質（**クロルピリホスおよびホルムアルデヒド**）の区分に応じ、建築材料および換気設備について政令で定める技術的基準に適合すること

7)便所・浄化槽

下水道法に規定する処理区域内においては、便所は、汚水管が公共下水道に連結された水洗便所としなければなりません。

浄化槽法により、新たに設置する浄化槽は、原則として合併処理浄化槽としなければなりません。

8)電気設備

建築物の電気設備は、法令で電気工作物に係る建築物の安全および防火に関するものの定める工法によって設けなければなりません。

9)避雷設備～高い建物には雷が落ちる？

高さ 20 メートルを超える建築物には、有効に避雷設備を設けなければなりません。

ただし、周囲の状況によって安全上支障がない場合においてはその必要がありません。

過去問　13-17　14-17　17-18　20-17　23-17

付け足し

石綿等を飛散または発散させるおそれがないものとして国土交通大臣が定めたもの、または国土交通大臣の認定を受けたものは除かれます。
具体的には、「吹付け石綿」や「吹付けロックウールでその含有する石綿の重量が当該建築材料の重量の 0.1% を超えるもの」以外の石綿があらかじめ添加された建築材料であれば使用できます。

付け足し

合併処理浄化槽は、台所、トイレ、洗面所、風呂場等から出る汚れた水（生活排水）をそれぞれの家庭できれいにする設備です。仕組みは下水道とほぼ同じで、下水管のない家庭専用の処理設備です。この処理をすると排水路や川に流すことができるようになります。

4-1 道路規制＜集団規定

4メートル道路に間口2メートル接することが基本です

学習時間 60分

本章の最初に単体規定と集団規定について比較した表に示したとおり、**都市計画区域と準都市計画区域に限り適用される建築物の敷地、構造、建築設備および用途の規定**を**集団規定**と呼びます。

(1)道路規制とは

東京湾に近い街は、道も広く整備が行き届いています。最近になって埋め立てて現在の建築基準法のルール等に従って人口的に作られているからです。しかし、日本の街の多くは現在の建築基準法が作られる前からあるものです。政治的な意図をもって作られた箇所は古くても区画整理がされていますが、そうでないところは一方通行や行き止まりも多く、**交通の便だけでなく地震や火災などがあった場合の救助活動に支障がでる**ことも考えられます。
そこで、建築基準法では都市計画区域および準都市計画区域内において道路に関する規制を定めています。

(2)道路の定義～4m以上の幅がないと道路とは呼べないの？

参考資料
建築基準法上、その要件を満たすと「道路」、満たさないものを「道」と呼び区別しています。

建築基準法上の道路と認められるためには以下の条件を満たす、**幅員4m以上(例外はあります)のもの**をいいます。

①道路法による道路(国道、都道府県道、市区町村道等の公道)
②都市計画法、土地区画整理法、旧住宅地造成事業に関する法律、都市再開発法等によって築造された道路
③建築基準法の道路の規定が適用されたときにすでにあった道(公道・私道を問わない)
④都市計画道路等で2年以内に事業が執行される予定で、特定行政庁が指定したもの
⑤私人(一般の個人や法人)が築造した私道で、特定行政庁がその位置を指定したもの(位置指定道路)

付け足し

「幅員4m以上」の例外

①特定行政庁がその地方の気候もしくは風土の特殊性または土地の状況により必要と認めて都道府県都市計画審議会の議を経て指定する区域内においては6m以上となります。

②接道義務の規定が適用されるに至った際、**現に建築物が立ち並んでいる幅員4m未満の道**で、**特定行政庁が指定**したものは、道路とみなされ、その**中心線から水平距離** 2m後退**した線が道路の境界線**とみなされます(セットバック)。ただし、その道がその中心線からの水平距離2m未満で崖地等に沿う場合は、その崖地等の道の側の境界線とその境界線から道の側に水平距離4mの線が境界線とみなされます。

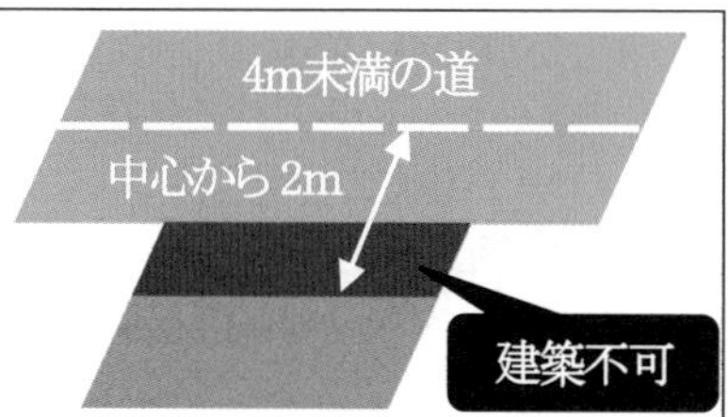

③特定行政庁は、土地の状況によりやむを得ない場合、②の水平距離を、中心線からは1.35m、崖地等の境界線からは2.7mまで緩和して指定することができます。

3)接道義務～道路に接していないと建築できない？

都市計画区域および準都市計画区域内においては、建築物の敷地は、**原則として幅員4m以上の道路に** 2m以上接していなければなりません。これを**接道義務**といいます。
ただし、この接道義務には多くの例外があります。

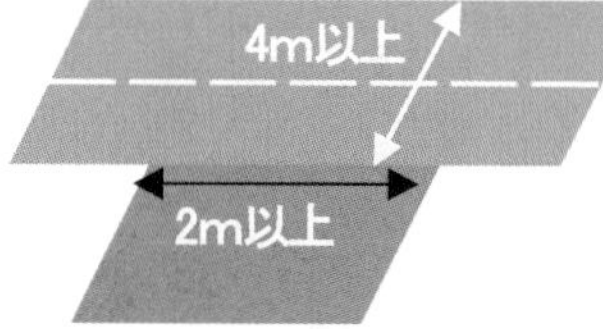

参考資料
地方公共団体は、交通上、安全上、防火上または衛生上必要があると認めるときは、その敷地が③で指定された道路にのみ2m以上接する建築物について、条例で、その敷地、構造、建築設備または用途に関して必要な制限を付加することができます。

4)接道義務の例外

前記の接道義務については、以下の例外があります。

①条件が厳しくなる例外

1. **自動車のみの交通の用に供する道路**(高速道路等)および地区計画の区域内の道路は、接道義務の対象となる**道路には含まれない**。
2. 地方公共団体は、次のいずれかの建築物について、その**用途、規模または位置の特殊性**により、避難または通行の安全の目的を十分に達成することが困難であると認める場合に、条例で、その敷地が接しなければならない道路の幅員、その敷地が道路に接する部分の長さその他その敷地または建築物と道路との関係に関して**必要な制限を**付加**することができる**。なお、緩和はできない。
   - 特殊建築物
   - 階数が3以上である建築物
   - 政令で定める窓その他の開口部を有しない居室を有する建築物
   - 延べ面積(同一敷地内に2以上の建築物がある場合にあっては、その延べ面積の合計)が **1,000㎡**を超える建築物

参考資料
地区整備計画が定められている区域のうち都市計画法12条の11の規定(道路の上空または路面下において建築物等の建築または建設を行うための地区整備計画に関するもの)により建築物その他の工作物の敷地として併せて利用すべき区域として定められている区域に限られます。

・その敷地が袋路状道路（その一端のみが他の道路に接続したものをいう）にのみ接する建築物で、延べ面積が **150 ㎡**を超えるもの（**一戸建ての住宅を除く**）

②条件が緩和される例外

1.その敷地が幅員 **4m以上の道（道路に該当するものを除き**、避難および通行の安全上必要な国土交通省令で定める基準に適合するものに限る）に 2m以上接する建築物のうち、利用者が少数であるものとしてその用途および規模に関し国土交通省令で定める基準に適合するもので、**特定行政庁**が交通上、安全上、防火上および衛生上支障がないと認めるもの ⇒**建築審査会の同意が要件となっていない**点が重要。
2.その敷地の周囲に**広い空き地**がある場合で、**特定行政庁が**交通上、安全上、防火上および衛生上支障がないと認めて**建築審査会**の同意**を得て許可**したもの

(5)道路内の建築制限～道路に建物は建てられない？

公共用歩廊の写真
東京都新宿区西新宿

建築物または敷地を造成するための擁壁は、道路内に、または道路に突き出して建築・築造してはならないのは当然です。
しかし、この点については次の例外があります。

①**地盤面下**に設ける建築物
②**公衆便所**や**巡査派出所**等の公益上必要な建築物で**特定行政庁が**通行上支障がないと認めて**建築審査会の同意**を得て**許可**したもの
③**公共用歩廊**や上空に設けられる渡り廊下等で**特定行政庁が建築審査会の同意**を得て**許可**したもの

(6)私道の変更または廃止～私道は勝手になくせない？

私道の変更または廃止によって、その道路に接する敷地が接道義務の規定に違反することとなる場合は、特定行政庁は、その**私道の変更または廃止を禁止したり制限したりすることができます。**

位置指定道路の写真
東京都中野区中央

用語

私道…広い意味では、個人または団体が所有している土地を道路として使用している区域のことをいいます。特に建築基準法上の変更・廃止の禁止の対象となる私道は位置指定道路が典型例です。公道に面する敷地を区画割りして接道要件を満たすために、4m幅の私道を作ることがあります。この私道も特定行政庁から位置の指定を受けると位置指定道路と呼ばれます。

ここではコレを覚える 過去問 11-19 13-18 15-18 17-19 18-19 19-18 20-18 22-18 23-18

□特殊建築物(ホテル、映画館、学校など不特定多数の人が利用する施設の建物)などの一定の建築物について、地方公共団体が2mの接道では安全を確保できないと判断するときは、条例でさらに制限を付加することができる。なお、緩和することはできない。

□接道義務の規定が適用されるに至った際、現に建築物が立ち並んでいる幅員4m未満の道で、特定行政庁の指定したものは、道路とみなされ、その中心線から水平距離2m後退した線が道路の境界線とみなされる。

4-2 用途規制＜集団規定

用途地域により建物の使用方法に制限がかかります

学習時間 150分

都市計画法で解説した用途地域では、主に土地利用の予想図（「閑静な住宅街」「戸建とマンションが混在する住宅地」「繁華街」「工業地域」など）を定めていました。建築基準法は、この都市計画に合致するような建物の規制を用途地域ごとに定めています。

(1)住居系・医療系・学校系の用途規制～住宅街に大型デパートを？

次の表に記載する各用途地域内で「○」が付いている建築物は建築できますが、「×」が付いている建物は原則として建築できません。

用途＼用途地域	一低層住居	二低層住居	田園住居※	一中高層住居	二中高層住居	一住居	二住居	準住居	近隣商業	商業	準工業	工業	工業専用
①住居系													
住宅・共同住宅・寄宿舎・下宿	○	○	○	○	○	○	○	○	○	○	○	○	×
②医療系													
診療所	○	○	○	○	○	○	○	○	○	○	○	○	○
病院	×	×	×	○	○	○	○	○	○	○	○	×	×
老人ホーム、福祉ホーム	○	○	○	○	○	○	○	○	○	○	○	○	×
老人福祉センター、児童厚生施設	×	×	×	○	○	○	○	○	○	○	○	○	○
③学校系													
保育所	○	○	○	○	○	○	○	○	○	○	○	○	○
幼保連携型認定こども園	○	○	○	○	○	○	○	○	○	○	○	○	○
図書館・博物館・美術館	○	○	○	○	○	○	○	○	○	○	○	○	×
小学校・中学校・高校	○	○	○	○	○	○	○	○	○	○	○	×	×
大学・高専・専修・各種学校	×	×	×	○	○	○	○	○	○	○	○	×	×
自動車教習所	×	×	×	×	×	○	○	○	○	○	○	○	○

ワンポイントアドバイス

学校関係の覚え方

大学等と小中高学校の違いを意識します。大学等は大きな建物なので閑静な住宅街等の 1･2 種低住と田園住は「×」、小中高は遠くの学校に子供を通わせるのは大変なので 1･2 種低住と田園住でも「○」

医療機関の覚え方

診療所と病院の違いを意識します。診療所はベッド数が 19 以下の小規模なものなのですべてで「○」、病院は総合病院的な大規模なものなので、救急車も往来し、入院患者も多数だから、低層住居・田園住居と工業・工業専用では「×」

(2)店舗・飲食店系の用途規制～お店は規模によって異なる？

次の表に記載する各用途地域内で「○」が付いている建築物は建築できますが、「×」が付いている建物は原則として建築できません。

用途＼用途地域	一低層住居	二低層住居	田園住居※	一中高層住居	二中高層住居	一住居	二住居	準住居	近隣商業	商業	準工業	工業	工業専用
④物品販売店舗・飲食店系													
物品販売店舗・飲食店① (50 m²以内で住居兼用)	○	○	○	○	○	○	○	○	○	○	○	○	×
物品販売店舗・飲食店② (2 階以下、かつ 150 m²以内)	×	○	○	○	○	○	○	○	○	○	○	○	×
物品販売店舗・飲食店③ (2 階以下、かつ 500 m²以内)	×	×	※	○	○	○	○	○	○	○	○	○	×
物品販売店舗・飲食店④ (1,500 m²以内)	×	×	×	×	○	○	○	○	○	○	○	○	×
物品販売店舗・飲食店⑤ (3,000 m²以内)	×	×	×	×	×	○	○	○	○	○	○	○	×
物品販売店舗・飲食店⑥ (3 階以上または 10,000 m²以内)	×	×	×	×	×	×	○	○	○	○	○	○	×
店舗・飲食店⑦ (10,000 m²超)	×	×	×	×	×	×	×	×	○	○	○	×	×

※田園住居地域内で建築できる建築物は以下のものです。

① 第 1 種低層住居専用地域内で建築できる建築物

② 農産物の生産、集荷、処理または貯蔵に供するもの（政令で定めるものを除く）

③ 農業の生産資材の貯蔵に供するもの

④ **地域で生産された農産物の販売を主たる目的とする**店舗その他の農業の利便を増進するために必要な店舗、飲食店その他これらに類する用途に供するもののうち政令で定めるものでその用途に供する部分の床面積の合計が**500 m²以内のもの（3 階以上の部分をその用途に供するものを除く）**

⑤ ④に掲げるもののほか、店舗、飲食店その他これらに類する用途に供するもののうち政令で定めるものでその用途に供する部分の床面積の合計が**150 m²以内のもの（3 階以上の部分をその用途に供するものを除く）**

⑥ ①～⑤の建築物に附属するもの（政令で定めるものを除く）

(3)レジャー系・工場系・その他の用途規制

次の表に記載する各用途地域内で「○」が付いている建築物は建築で
ますが、「×」が付いている建物は原則として建築できません。

用途 ＼ 用途地域	一低層住居	二低層住居	田園住居※	一中高層住居	二中高層住居	一住居	二住居	準住居	近隣商業	商業	準工業	工業	工業専用
⑤レジャー系													
ボーリング場・スケート場・水泳場	×	×	×	×	×	○	○	○	○	○	○	○	×
ホテル・旅館	×	×	×	×	×	○	○	○	○	○	○	×	×
カラオケボックス	×	×	×	×	×	×	○	○	○	○	○	○	○
マージャン屋・パチンコ屋	×	×	×	×	×	×	○	○	○	○	○	○	×
劇場・映画館① (客席200㎡未満)	×	×	×	×	×	×	×	○	○	○	○	×	×
劇場・映画館② (客席200㎡以上10,000㎡以内)	×	×	×	×	×	×	×	×	○	○	○	×	×
料理店・キャバレー	×	×	×	×	×	×	×	×	×	○	○	×	×
個室付浴場	×	×	×	×	×	×	×	×	×	○	×	×	×
公衆浴場	○	○	○	○	○	○	○	○	○	○	○	○	○
⑥工場系													
工場① (原動機を使用し、50㎡以内)	×	×	×	×	×	○	○	○	○	○	○	○	○
工場② (原動機を使用し、150㎡以内)	×	×	×	×	×	×	×	×	○	○	○	○	○
自動車修理工場(150㎡以内)	×	×	×	×	×	×	×	○	○	○	○	○	○
倉庫業を営む倉庫	×	×	×	×	×	×	×	○	○	○	○	○	○
⑦その他													
神社・教会・寺院、巡査派出所・公衆電話所	○	○	○	○	○	○	○	○	○	○	○	○	○
自動車車庫Ⅰ (2階以下かつ300㎡以下)	×	×	×	○	○	○	○	○	○	○	○	○	○
自動車車庫Ⅱ(その他)	×	×	×	×	×	×	×	○	○	○	○	○	○

4)敷地が用途規制の異なる複数の地域の場合

建築物の敷地が 2 以上の用途地域にわたる場合は、建物の敷地の**過半(50%超)**の属する地域の用途規制に関する規定が適用されます。

5)大規模集客施設～10,000 ㎡を超える大きな店舗はどこで作れる？

大規模集客施設は商業地域、近隣商業地域、準工業地域の 3 用途地域のみに設置可能です。なお、大規模集客施設とは、床面積が 10,000 ㎡超の店舗、映画館、アミューズメント施設、展示場等をいいます。

6)敷地の位置～卸売市場や火葬場等も用途規制が及ぶの？

都市計画区域内においては、**卸売市場**、**火葬場**、と畜場、汚物処理場、ごみ焼却場などの建築物は、**原則として都市計画においてその敷地の位置が決定しているものでなければ建築してはなりません**。

7)特例許可～特定行政庁が許可すれば建築できる？

前記の表で「×」となっている用途地域内であっても、特定行政庁の許可(特例許可といいます)があれば建築できます。

付け足し 特例許可

特定行政庁がこの特例許可をする場合には、原則として、事前にその許可に利害関係を有する者の出頭を求めて公開により意見を聴取し、かつ、建築審査会の同意を得なければなりません。

ワンポイントアドバイス

用途規制は頻出分野です。時間をかけて正確に前記の表を暗記して下さい。
出題の偏りはないので、すべての項目を正確に暗記する必要があります。したがって、「ここではコレを覚える」で限定することは避けて、あえて省略致しました。

過去問 11-19 13-18 14-18 16-19 17-19 18-19 19-18 20-18 21-17、18 22-18

4-3 容積率＜集団規定

前面道路が混まないようにするための規制です

学習時間 60分

本来自分の持っている土地の上にどのような建物を建てようが自由なはずです。しかし、この自由を認めすぎると、周りに住む人に迷惑がかかります。自分だけが住む町ではないのですから、近所迷惑にならない程度に家を建てる必要があります。個々の建物が協調し合ってこそ、快適な街づくりが実現できるのです。

では、快適な街づくりのために、建物を建てるときに気をつけるべきことは何でしょうか。

まず、**過密を防ぐ**ということがいえます。たとえば、みんなが自分の土地面積いっぱいを使って建物を建てている街を思い描いてください。日照や採光は確保できるでしょうか。通風は？延焼の危険は？緊急車両の通り道は？それが快適な街でないことは容易に想像がつくことでしょう。そこで、**住環境にある程度の余裕を持たせて快適性を向上させるために**、建物を建築するときには大きさや広さなどに制限を設けています。

(1)容積率とは

容積率とは、**建築物の延べ面積の敷地面積に対する割合**のことをいいます。

$$容積率(\%) = \frac{延べ面積}{敷地面積} \times 100$$

たとえば、容積率200%の制限なら、敷地面積の2倍の延べ面積まで建築できるということです。容積率も建蔽率と同様に、用途地域ごとに50%とか1000%というように都市計画で制限を設けています。

容積率の規制は、**建物が縦に伸びるのを抑止するためのもの**です。建蔽率が横に広がるのを抑止するのと比較して覚えてください。建物が縦に伸びるということは、つまり階数が増えるということです。階数が増えると、その建物に住む人が増え、ひいては建物入口前の道路の人通りが多なることを意味します。もしその道路の幅が狭ければ道路は渋滞し、静かな生活環境は望めなくなります。だから、容積率の規制は、建物の前面道路の幅に影響を受けるのです。

(2)容積率の上限～場所によって上限が異なるの？

容積率は、次の表の左欄に掲げる区分に従い、それぞれの地域に関する都市計画において定める右欄の数値以下でなければなりません。

用途地域等	都市計画で定める容積率(%)
1低層住居	50・60・80・100・150・200%
2低層住居	
田園住居	
1中高層住居	100・150・200・300・400・500%
2中高層住居	
1住居	
2住居	
準住居	
近隣商業	100・150・200・300・400・500%
準工業	
工 業	100・150・200・300・400%
工業専用	
商 業	200・300・400・500・600・700・800・900・1000・1100・1200・1300%
用途地域の指定のない区域	50・80・100・200・300・400% この数値の中から特定行政庁が土地の利用状況等を考慮し、当該区域を区分して都道府県都市計画審議会の議を経て定めます。
都市計画区域外 準都市計画区域外	都道府県知事が、関係市町村の意見を聴いて指定する区域内においては、**地方公共団体の条例**で容積率に関して必要な制限を定めることができます。

参考資料

左表に記載のあるもの以外にも、①高層住居誘導地区内の建築物、②居住環境向上用途誘導地区内の建築物、および③特定用途誘導地区内の建築物に関する特例があります。
本試験では出題実績がないので省略しています。

(3)前面道路の幅員～前面道路が狭いと規制は厳しくなる？

容積率は、前面道路の幅員に影響を受けます。**前面道路の幅員が 12m未満**である場合は、原則としてその幅員のメートルの数値に、**①住居系の用途地域においては 4/10、②それ以外の地域においては 6/10 を乗じたもの以下**でなければなりません。

なお、複数の道路に接している場合、広い方の道路を基準とします。

たとえば、都市計画で指定された容積率 300%の制限がある第 1 種住居地域の土地に家を建てるとします。この土地の前面道路が 12m以上のときには、そのまま 300%の制限内で建築すればよいのですが、もし前面道路の幅員が 6mだった場合を考えてみましょう。

6m(道路の幅員)×4/10＝24/10＝240%

ここで算出した 240%と指定容積率 300%を比較して、より条件の厳しい方を採用します。すなわち、この土地の容積率の制限は 240%となるわけです。

(4)容積率の緩和〜共同住宅の廊下なども床面積に算入する?

付け足し

住宅または老人ホーム等に設ける機械室その他これに類する建築物の部分(給湯設備その他の国土交通省令で定める建築設備を設置するためのものであって、市街地の環境を害するおそれがないものとして国土交通省令で定める基準に適合するものに限る)の床面積で、特定行政庁が交通上、安全上、防火上および衛生上支障がないと認めるものについては、延べ面積に参入しません。

容積率には多くの緩和措置があります。宅建士試験対策としては次のものを覚えておきましょう。

①建築物の容積率を計算する場合、その延べ面積には、政令で定める**昇降機の昇降路の部分**または**共同住宅もしくは老人ホーム等の共用の廊下**もしくは**階段**の用に供する部分の**床面積は算入しません。**
②建築物の**地階で住宅の用途**に供する部分の床面積については、当該建築物の住宅の用に供する部分の床面積の合計の **1/3 までは延べ面積に算入しません。**
③建築物の**地階**でその天井が地盤面からの高さ 1m以下にあるものの**老人ホーム等**の用途に供する部分の床面積については、その建築物の住宅および老人ホーム等の用途に供する部分の床面積の合計の **1/3 までは算入しません。**

(5)容積率の規制数値が異なる複数の地域にまたがる場合

建物の敷地が、容積率の規制数値の異なる複数の地域にまたがる場合があります。そのときには、**それぞれの地域の容積率の最高限度の数値**に、**それぞれの地域に係る敷地が敷地全体に占める割合を乗じた数値の合計**が、その敷地全体の容積率の最高限度になります。

容積率 200% 40 ㎡…敷地全体に占める割合は 4/10	容積率 100% 60 ㎡…敷地全体に占める割合は 6/10

100%×6/10＝60%
200%×4/10＝80%
60%+80%＝140%
よって、2 つ合わせた敷地(100 ㎡)の容積率は 140%となります。

ここではコレを覚える　過去問 11-19 15-18 16-19 17-19 18-19 20-18

□前面道路に乗じる数値は以下のとおり

用途地域等	前面道路に乗じる値
住居系	前面道路幅員(m) × 4/10(6/10 を選択可)
非住居系	前面道路幅員(m) × 6/10(4/10、8/10 を選択可)

※複数の道路に接している場合、広い方の道路を基準とする。また、前面道路の幅員は 12 m未満であることが条件となる。

頻出度 A

4-4 建蔽率＜集団規定

延焼から町を守るには敷地内の建築面積を小さくします

学習時間 60分

建蔽率とは、敷地面積に対する、建築物の建築面積の割合のことをいいます。

$$建蔽率(\%) = \frac{建築面積}{敷地面積} \times 100$$

たとえば、建蔽率 100%なら、土地いっぱいに建築物が建つことになります。これを用途地域ごとに 30%とか 80%というように制限することで敷地に余裕を持たせ、**住民生活の快適性を保とう**とするわけです。

それはなぜ？

ちなみに、住宅地では住環境を優先した建蔽率の制限が望まれます。一方、商業地では住環境としての快適性よりも商売の売上を重視した効率的な土地活用が望まれます。

(1) 建蔽率の上限～場所によって上限が異なるの？

用途地域が定められている場所では、原則として、次の表に記載した数値の中から都市計画で指定された数値が適用されます（商業地域の場合は80%になります）。

用途地域	建蔽率の最高限度				
	原則		緩和		
			特定行政庁指定の角地の場合(①)	延焼防止措置がされている場合※1(②)	左の①と②の両方を満たす場合
1低層住居	30･40･50･60%	左の数値の中から都市計画で決定	+10%	+10%	+20%
2低層住居					
田園住居					
1中高層住居					
2中高層住居					
工業専用					
工業	50･60%		+10%	+10%	
1住居	50･60･80%		+10%	+10%※2	+10%※2
2住居					
準住居					
準工業					
近隣商業	60%･80%		+10%		
商　業	80%		+10%	規制なし※2	規制なし※2

用途地域の指定のない区域※3	30・40・50・60・70%	+10%	+10%	+20%
都市計画区域外 準都市計画区域外	都道府県知事が、関係市町村の意見を聴いて指定する区域内においては、地方公共団体の条例で建蔽率に関して必要な制限を定めることができます。			

用語

耐火建築物等…耐火建築物、またはこれと同等以上の延焼防止性能（通常の火災による周囲への延焼を防止するために壁、柱、床その他の建築物の部分および防火戸その他の政令で定める防火設備に必要とされる性能をいいます）を有するものとして政令で定める建築物

準耐火建築物等…準耐火建築物、またはこれと同等以上の延焼防止性能を有するものとして政令で定める建築物（耐火建築物等を除く）

※1　一定の延焼防止措置がされている場合とは、防火地域内におい は「耐火建築物等」で、準防火地域内においては「耐火建築物等」 たは「準耐火建築物等」であることをいいます。

※2　**建蔽率が 80%に指定されている防火地域内の耐火建築物等の** 合は建蔽率の**規制がなくなります。**

※3　用途地域が定められていない場所では、特定行政庁が土地利用 状況等を考慮しその区域を区分して都道府県都市計画審議会の を経て定める数値が適用されます。

付け足し 壁面線等に沿って建替えをする場合の建蔽率規制の緩和

次のいずれかの建築物で、**特定行政庁**が安全上、防火上および衛生 支障がないと認めて**許可**したものの建蔽率は、さらに**規制が緩和**され す。

①特定行政庁が街区における避難上および消火上必要な機能の確保 図るため必要と認めて前面道路の境界線から後退して壁面線を指定 た場合における、その壁面線を越えない建築物

②特定防災街区整備地区に関する都市計画において特定防災機能（ 集市街地整備法 2 条 3 号に規定する特定防災機能をいう）の確保を るため必要な壁面の位置の制限（道路に面する建築物の壁またはこ に代わる柱の位置および道路に面する高さ 2mを超える門または塀 位置を制限するものに限る）が定められた場合における、その壁面の 置の制限として定められた限度の線を越えない建築物

③地区計画等の区域内（地区整備計画等が定められている区域に限 において市町村が定める条例で、防災街区整備地区計画の区域（特 建築物地区整備計画または防災街区整備地区整備計画が定められ いる区域に限る）における特定防災機能の確保を図るため必要な壁 の位置の制限が定められた場合における、その壁面の位置の制限と て定められた限度の線を越えない建築物

2)建蔽率の規制数値が異なる複数の地域にまたがる場合

建物の敷地が、建蔽率の規制数値の異なる複数の地域にまたがる場合があります。そのときは、それぞれの地域の建蔽率の最高限度の数値に、それぞれの地域に係る敷地が敷地全体に占める割合を乗じた数値の合計が、その敷地全体の建蔽率の最高限度になります。

以下のように、具体的なケースで考えるとわかりやすいでしょう。

0%(建蔽率)×4/10=20%
0%(建蔽率)×6/10=36%
0%+36%=56%
よって、2 つ合わせた敷地(100 ㎡)の建蔽率は56%となります。

建蔽率 50% 40 ㎡…敷地 全体に占める 割合は 4/10	建蔽率 60% 60 ㎡…敷地 全体に占める 割合は 6/10

3)建築物が防火地域や準防火地域の内外にまたがる場合

建築物の敷地が防火地域の内外にわたる場合において、その敷地内の建築物の全部が耐火建築物等であるときは、その敷地は、全て防火地域内にあるものとみなされます。

また、建築物の敷地が準防火地域と防火地域および準防火地域以外の区域とにわたる場合において、その敷地内の建築物の全部が耐火建築物等または準耐火建築物等であるときは、その敷地は、全て準防火地域内にあるものとみなされます。

ここではコレを覚える　過去問　11-19　12-19　13-18　14-18　15-18　16-19　17-19　19-18　21-18　23-18

□商業地域の建蔽率は都市計画ではなく法律で 80%と決められている。
□建蔽率が 80%に指定されている防火地域内の耐火建築物等の場合は建蔽率の規制がなくなる。

4-5 建築物の敷地面積＜集団規定

土地が小さすぎても住みにくい

学習時間 10分

(1)敷地面積の最低限度～区画割りして敷地が狭くなるのもよくない？

地価の高い都心部などでは、広々とした土地にマイホームを建てるというのは一般的な市民にとっては困難なことです。そこで、土地を細分化して現実的な価格で販売する「ミニ戸建」が人気を集めたりしました。しかし、あまりにも狭い敷地に建てる建築物には、それなりの環境的な問題があり、また、住宅密集地では近隣トラブルに発展するようなことも多くあります。そこで、**極端な住環境の悪化を防ぐため**に、敷地面積の最低限度を定めることがあります。

(2)敷地面積の下限～都市計画に定めるの？

原則として、建築物の敷地面積は、用途地域に関する**都市計画**でその最低限度が定められた場合は、その**最低限度以上**でなければなりません。例外として、商業地域などで都市計画に**建蔽率の制限が80%**と定められた区域内で、かつ**防火地域内にある耐火建築物等**については、**敷地面積の最低限度の制限は適用されません。**

付け足し

都市計画で建築物の敷地面積の最低限度を定める場合の最低限度は200 ㎡を超えてはなりません。

ここではコレを覚える 過去問 12-19

□建築物の敷地面積は、用途地域に関する都市計画でその最低限度が定められた場合は、その最低限度以上でなければならない。
□商業地域などで都市計画に建蔽率の制限が 80%と定められた区域内で、かつ防火地域内にある耐火建築物等については、敷地面積の最低限度の制限は適用されない。

頻出度 A

-6 低層住居専用地域等＜集団規定

閑静な住宅地の規制はより厳しい

学習時間 10分

低層住居専用地域と田園住居地域には、その住環境を保護するための**さらに厳しい制限があります**。隣家との間隔を十分にとらせるための外壁の後退距離の制限と、隣地の日照、採光、通風を確保するための高さ制限があります。

(1)外壁の後退距離～隣家と接しちゃいけないの？

低層住居専用地域と田園住居地域内では、建築物の外壁またはこれに代わる柱の面から敷地境界線までの距離(**外壁の後退距離**)は、**原則として、1.5mまたは1m以上**でなければなりません。

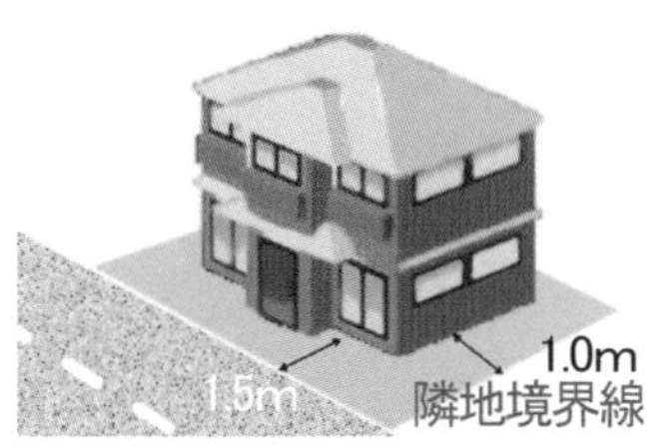

日照や通風、採光、防災などの点で、低層住居専用地域・田園住居地域における良好な環境を維持するために設けられている制限です。

(2)建築物の高さ～高い建物は建てられない？

低層住居専用地域と田園住居地域内では、**原則として、建築物の高さは 10mまたは 12m**のうちその地域に関する都市計画において定められた建築物の高さの限度を超えてはなりません。ただし、再生可能エネルギー源の利用に資する設備の設置のため必要な屋根に関する工事その他の屋外に面する建築物の部分に関する工事を行う建築物で構造上やむを得ないもので、特定行政庁が低層住居に係る良好な住居の環境を害するおそれがないと認めて許可したものは、その許可の範囲内で、上記の限度を超えることができます。

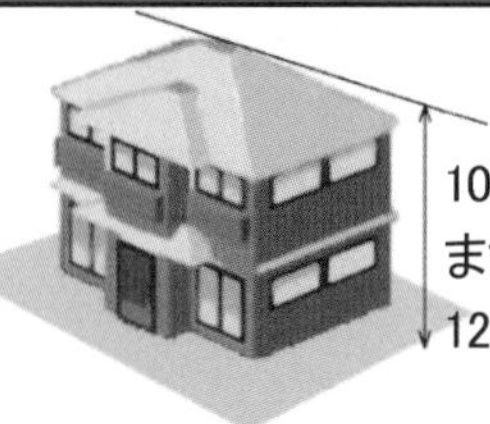

用語
再生可能エネルギー源…太陽光、風力その他非化石エネルギー源のうち、エネルギー源として永続的に利用することができると認められるものをいいます。

ここではコレを覚える 過去問 12-19 16-19 18-19 22-18

□低層住居専用地域と田園住居地域内においては、建築物の外壁またはこれに代わる柱の面から敷地境界線までの距離(外壁の後退距離)は、原則として、1.5mまたは 1m以上でなければならない。

□低層住居専用地域と田園住居地域内においては、原則として、建築物の高さは 10mまたは 12mのうちその地域に関する都市計画において定められた建築物の高さの限度を超えてはならない。

4-7 高さ制限＜集団規定

高すぎる建物は周りの日当りに影響するので規制がかかります

学習時間 40分

東北のある地域では、雪山の道路部分を除雪して、道路の側に高い雪の壁があるような道路があります。そこを運転することをイメージしてみましょう。急に雪山が崩れてくるのではないかと圧迫感を覚えると思います。市街地の道路も同様です。道路に接近して高い建物が立ち並ぶと、運転者に心理的な圧迫感を与え、交通事故などの原因ともなり、好ましい状態とはいえません。

その一方、道路から極端に離して建物を建てると、今度は隣の建物に接近することになります。これでは隣家との間で日照などさまざまな問題が起こり、建築基準法の目的のひとつである快適な街づくりとはとてもいえない状況になってしまいます。

そこで、**建物と隣接する道路や敷地とがバランスのとれた空間を保つために**斜線制限があります。これは、土地の境界線から一定の角度で線(といっても実際には見えませんが)を引いて、そこから建物がはみ出さないように規制するものです。

斜線制限には、道路斜線制限、隣地斜線制限、北側斜線制限の 3 種類があり、それぞれ用途地域によって適用が異なります。

(1)道路斜線制限～道路に面して高い建物はだめ？

敷地が接している前面道路の反対側の境界線から一定の勾配で示された斜線の内側が、建築物を建てられる高さの上限となります。住居系地域については、敷地が接する道路の反対側の境界線から 1mにつき 1.25m、その他の用途地域については 1mにつき 1.5m上がる斜線の内側に建築物を納めなければなりません。

(2)隣地斜線制限～隣地に面して高い建物もだめ？

隣地境界線上から一定の高さを基準とし、そこから一定の勾配で示された斜線の内側が、建築物を建てられる高さの上限となります。低層住居専用地域を除く住居系地域では、隣地境界線上 20mの高さから、1mにつき 1.25m、商業系・工業系地域では、隣地境界線上31mの高さから、1mにつき 2.5m上がる斜線の内側に建築物を納めなければなりません。

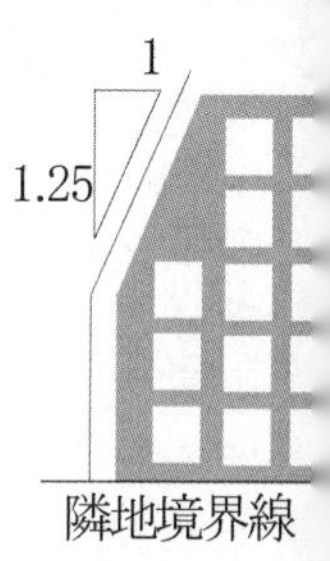

3)北側斜線制限～北側にある隣地にも日の光を？

北側隣地の日照の悪化を防ぐため、建築物の北側に課せられる制限です。低層住居専用地域では、真北の敷地境界線上 5mの高さから 1mにつき 1.25m上がる斜線の内側に建築物を納めなければなりません。中高層住居専用地域では、真北の敷地境界線上 10mの高さから 1mにつき 1.25m上がる斜線の内側に建築物を納めなければなりません。

ただし、**日影規制の対象地域は除きます**。

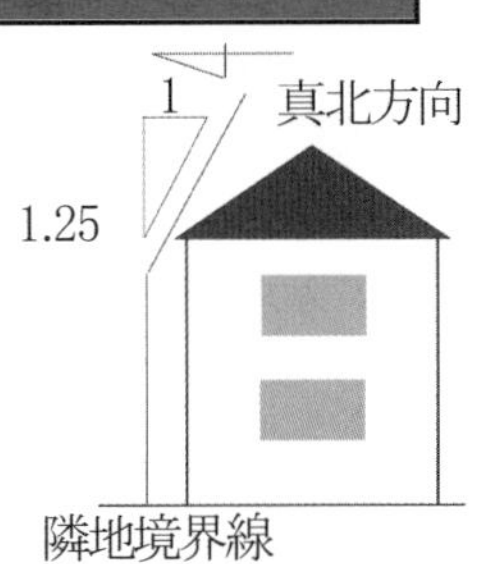

4)斜線制限～どこに適用されるの？

規制のあるものは○　規制のないものは×

地域	道路斜線制限	隣地斜線制限	北側斜線制限
1･2 低層住居、田園住居	○	×	○
1･2 中高層住居	○	○	○※
住居･準住居	○	○	×
商業･近隣商業	○	○	×
準工業･工業･工業専用	○	○	×
用途地域の定めのない地域	○	○	×

※日影規制の対象区域は除く。

5)日影規制

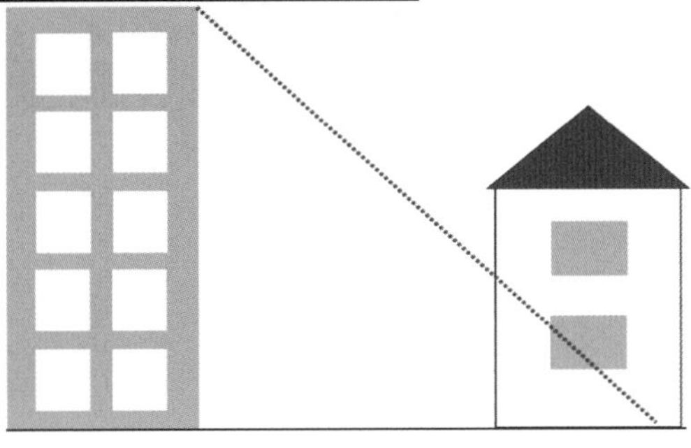

高層ビル・マンションが立ち並ぶようになると、**隣接地や道路との空間を確保することを重点とした斜線制限の規制だけでは、解決できない日照の問題が生じてきます**。というのは、日影は建物の高さと大きさに比例して伸びていくからです。

そこで、作られたのが日影規制です。日影規制は、中高層建築物が周辺の敷地に生じる日影の時間を制限することにより、周辺の敷地の建築物が一定時間以上の日照を受けられるようにするものです。日影規制は、斜線制限のように建築物の形態を直接制限するものではなく、建築物が周辺の敷地に生じる日影を規制することによって、建築物の形態を間接的に規制するものです。

(6)日影規制の対象となる建物

日影規制は、全国一律に適用されるのではなく、地方の気候、風土、土地利用の状況などを考慮して、地方公共団体が、**条例でその対象となる区域や日照時間を指定**します。ただし、特定行政庁が土地の状況等により周囲の居住環境を害するおそれがないと認めて建築審査会の同意を得て許可した場合や、その許可を受けた建築物を周囲の居住環境を害するおそれがないものとして政令で定める位置及び規模の範囲内において増築し、改築し、もしくは移転する場合は、日影規制が緩和されます。なお、商業地域、工業地域、工業専用地域、高層住居誘導地区、都市再生特別地区は**規制の対象外となり、指定されません。**

対象地域※	制限を受ける建築物
1･2 低層住居 田園住居	軒の高さ 7m超または 3 階以上(地階を除く階数)
1･2 中高層住居 1･2 住居、準住居 近隣商業、準工業	･高さ 10m超
用途地域の指定のない地域	･軒の高さ 7m超、または、3 階以上(地階を除く階数) または ･高さ 10m超 いずれか条例で決める

※ 対象地域のうち条例で指定する区域にのみ適用されます。

付け足し 日影規制に関するその他の規制

同一の敷地内に 2 つ以上の建築物がある場合には、これらの建築物を**1つの建築物とみなして**日影規制が適用されます。たとえば、日影規制対象区域においては、同一の敷地内に A、B 2 棟の建築物があり、A は高さが 12m、B は高さが 6m である場合、A、B は 1 つの建築物とみなされる結果、本来規制の対象外である B も規制対象となります。
日影規制の**適用対象区域外にある建築物**であっても、高さが **10mを超え**、**冬至日**において**対象区域内の土地に日影を生じさせる**ものは、当該適用対象区域内にある建築物とみなして日影規制が適用されます。

ここではコレを覚える 過去問 13-18 20-18 23-18

□低層住居専用地域と田園住居地域の場合は隣地斜線制限の適用はない。
□北側斜線制限は、低層住居専用地域、田園住居地域、中高層住居専用地域に適用されるが、中高層住居専用地域で日影規制が適用されている場合は除かれる。
□商業地域･工業地域･工業専用地域には日影規制の適用はない。

4-8 防火規制＜集団規定

A

人口密集地では延焼しない家造りが基本です

学習時間 60分

建築基準法では、**延焼を極力最小限に抑えるための防火の工夫**がされています。単体規定にも防火に関する規定がありますが、集団規定にも、都市計画区域内において都市計画で定める防火地域内と準防火地域内の防火に関する規定が存在します。ここでは集団規定としての防火のルールを解説します。

1)防火地域または準防火地域の指定

市街地や住宅密集地などは、火災が発生した場合、大災害となる可能性があります。そこで、市街地での建築物の集団的な防火対策として、都市計画で防火に関する特別な地域を指定し、その地域内の建築物にはさらに厳しい建築制限がかかるようになっています。その地域が**防火地域**と**準防火地域**です。

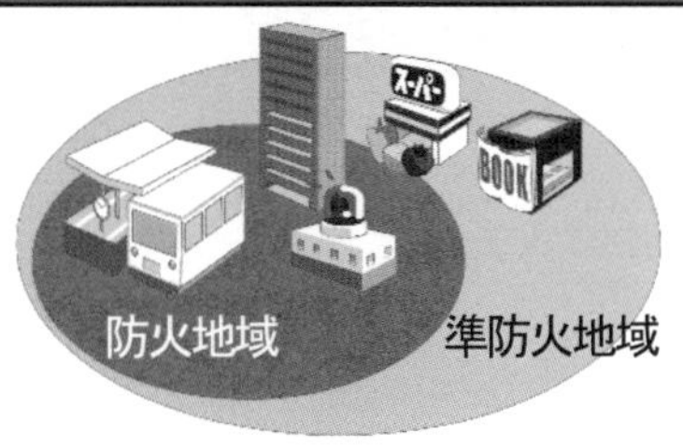

2)防火地域内における建築規制

①防火地域内における建築規制

防火地域は、駅前の繁華街等に指定したり、主要幹線道路に沿って一定の幅で指定したりします。建築物の防火上の規制が最も厳しい地域です。防火地域内では以下の表のとおり、**耐火建築物**もしくは**延焼防止建築物**または、最低でも**準耐火建築物**もしくは**準延焼防止建築物**としなければなりません。

地階を含む階数 ＼ 床面積	延べ面積 100 m²以下	延べ面積 100 m²超
3階以上	耐火建築物または延焼防止建築物	
1～2階	準耐火建築物または準延焼防止建築物	

用語

延焼防止建築物…主要構造部が**準耐火構造**で性能を高めたもので、外壁や開口部の防火性能が高く、外部から燃え移りを防ぐことができる、また内部から炎が出るリスクを抑えた建築物のことをいいます。

用語

主要構造部…壁、柱、床、はり、屋根または階段をいい、建築物の構造上重要でない間仕切壁、間柱、付け柱、揚げ床、最下階の床、回り舞台の床、小ばり、ひさし、局部的な小階段、屋外階段その他これらに類する建築物の部分を除くものをいいます。

準延焼防止建築物…主要構造部が**防火構造**で性能を高めたものをいいます。なお、延焼防止建築物と異なり、竪穴区画（建築物内に設け
階段室や吹き抜けなど、複数の階にわたり垂直方向に連続する
間を竪穴（たてあな）といい、火炎と煙とを遮断するために建築物
部を区画するものを竪穴区画といいます。）がかかりません。

②看板等の防火措置

防火地域内にある看板、広告塔、装飾塔その他これらに類する工作物で、建築物の屋上に設けるもの、または高さ 3mを超えるものは、その主要な部分を不燃材料で造り、または覆わなければなりません。

用語

不燃材料…建築材料のうち、不燃性能に関して一定の技術的基準に適合するもので、国土交通大臣が定めたものまたは国土交通大臣の認定を受けたものをいいます。

(3)準防火地域内における建築規制

準防火地域は、防火地域の外側にあり、建築物の制限は防火地域より
やかな規制になります。準防火地域内では以下の表にある建築規制
かかります。

<table>
<tr><th>床面積
地階を除く階数</th><th>延べ面積500 ㎡以下</th><th>延べ面積500 ㎡超
1,500 ㎡以下</th><th>延べ面積
1,500 ㎡超</th></tr>
<tr><td>4階以上</td><td colspan="3">耐火建築物または延焼防止建築物</td></tr>
<tr><td>3 階</td><td colspan="2">準耐火建築物または 準延焼防止建築物</td><td rowspan="2"></td></tr>
<tr><td>1〜2 階</td><td>防火建築物（木造）
防火建築物（非木造）</td><td></td></tr>
</table>

用語

防火建築物（木造）…**外壁および軒裏**で**延焼のおそれのある部分**が
火構造で、外壁開口部設備に建築物の周囲において発生する通
の火災による火熱が加えられた場合に、その外壁開口部設備が
熱開始後20分間当該加熱面以外の面（屋内に面するものに限る）
火炎を出さない建築物、または建築物の主要構造部、防火設備お
び消火設備の構造に応じて算出した延焼防止時間が、当該建築
の外壁および軒裏で**延焼のおそれのある部分**ならびに外壁開口
設備（特定外壁部分等）が、防火構造における基準に適合すると
定した場合における当該特定外壁部分等の構造に応じて算出し
延焼防止時間以上であるものをいいます。

防火建築物（非木造）…**外壁開口部設備**が**防火構造**における基準（外
開口部設備に係る部分に限る）に適合する建築物、または建築物
主要構造部、防火設備および消火設備の構造に応じて算出した
焼防止時間が、その建築物の外壁開口部設備が防火構造におけ

用語

防火構造…建築物の外壁または軒裏の構造のうち、防火性能（建築物の周囲において発生する通常の火災による延焼を抑制するために当該外壁または軒裏に必要とされる性能）に関して政令で定める技術的基準に適合する鉄網モルタル塗、しっくい塗等による構造で、国土交通大臣が定めた構造方法を用いるものまたは国土交通大臣の認定を受けたものをいいます。

基準に適合すると仮定した場合におけるその外壁開口部設備の構造に応じて算出した延焼防止時間以上であるものをいいます。

付け足し　延焼のおそれのある部分とは？

隣地境界線、道路中心線または同一敷地内の 2 以上の建築物（延べ面積の合計が 500 ㎡以内の建築物は、1 の建築物とみなされる）相互の外壁間の中心線（隣地境界線等）から、1 階にあっては 3m以下、2 階以上にあっては 5m以下の距離にある建築物の部分をいいます。ただし、次のいずれかに当たる部分は除かれます。

① 防火上有効な公園、広場、川その他の空地または水面、耐火構造の壁その他これらに類するものに面する部分

② **建築物の外壁面と隣地境界線等との角度に応じて、当該建築物の周囲において発生する通常の火災時における火熱により燃焼するおそれのないものとして国土交通大臣が定める部分**（熱影響を受けにくい部分）

(4) 防火地域内または準防火地域内での規制

防火地域と準防火地域に共通する建築規制もあります。

①延焼防止の措置等

防火地域または準防火地域内にある建築物は、その外壁の開口部で**延焼のおそれのある部分**に防火戸等の防火設備を設けなければなりません。

さらに、建築物の壁、柱、床や防火設備等は、防火地域と準防火地域の区分と建築物の規模に応じて、通常の火災による周囲への延焼を防止するために必要とされる性能を有する（(2)と(3)の表を参照）、**国土交通大臣が定めた構造方法を用いるもの**か、**国土交通大臣の認定を受けたもの**としなければなりません。

ただし、**門や塀**で、**高さ 2m 以下**のもの、または準防火地域内にある建築物（木造建築物等を除く）に附属するものについては、上記の基準に従う必要がありません。

高さ 2mを超える門や塀の場合は、防火地域内にある建築物に附属するもの、または準防火地域内にある木造建築物等に附属するものについては、延焼防止上支障のない構造にしなければなりません。

②屋根

建築物の屋根の構造は、市街地における火災を想定した**火の粉による建築物の火災の発生を防止**するために屋根に必要とされる性能に関して建築物の構造および用途の区分に応じて政令で定める技術的基準に適合するもので、国土交通大臣が定めた構造方法を用いるものまたは国土交通大臣の認定を受けたものとしなければなりません。

③隣地境界線に接する外壁

防火地域または準防火地域内にある建築物で、外壁が耐火構造のものについては、その外壁を隣地境界線に接して設けることができます。

(5)建築物が防火地域または準防火地域の内外にわたる場合

建築物が、防火地域、準防火地域、またはこれらの地域として指定されていない区域のうち、複数の地域・区域にまたがる場合には、**最も厳しい地域の規制が適用**されます(原則)。

防火地域と準防火地域にまたがる場合	⇒	防火地域
防火地域と未指定区域にまたがる場合	⇒	防火地域
準防火地域と未指定区域にまたがる場合	⇒	準防火地域

防火壁
準防火地域
準防火地域の規制
防火地域
防火地域の規制

ただし、例外として、防火壁で区画されている場合においては、その防火壁外の部分については、上記のルールは適用されません(図を参照)。

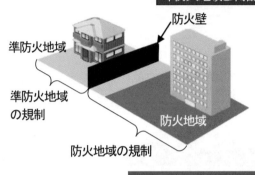

(6)屋根不燃化区域

防火地域や準防火地域に指定されてない区域で(都市計画区域の内外を問いません)、木造建築物の多い市街地での屋根や外壁等の防火上の制限をする区域を屋根不燃化区域とか建築基準法 22 条指定区域といいます。特定行政庁が指定する区域で、一般に準防火地域の外側に位置することが多いです。

屋根不燃化区域内の建築物の屋根は、不燃材料で造る等、防火地域や準防火地域内の屋根と同様の制限があります。また、同区域内の木造建築物等の外壁で、延焼のおそれのある部分は準防火性能を有する構造としなければなりません。

ここではコレを覚える 過去問 11-18 14-17 16-18 19-17 21-17 23-18

□防火地域内では看板、広告塔、装飾塔その他これらに類する工作物で、建築物の屋上に設けるもの、または、高さが 3mを超えるものは、その主要な部分を不燃材料で造り、または覆(おお)わなければならない。

□建築物が、防火地域・準防火地域・これらの地域として指定されていない区域のうち、複数の地域・区域にまたがる場合には、最も厳しい地域の規制が適用される。

5 建築協定

頻出度 B

学習時間 10分

也域住民の話し合いで規制をかけます

建築基準法は、建築物に関する最低基準を定めたものなので、これだけ
では地域の特性に応じた住みやすい住宅地や利便性の高い商業地に
対応できません。そこで、地域住民が、地域の住環境の確保や商店街の
利便性の向上などを図るため、自主的に定める協定です。建築物の敷地、
位置、構造、用途、形態、意匠または建築設備についての基準を定めま
す。これを特定行政庁が認可することで、公的な拘束力が生じます。

1)場所～都市計画区域外でもできる？

建築協定の対象地域は、**区市町村が条例で定める区域内**に限られます
(都市計画区域の内外を問いません)。

2)協定の締結要件～地権者の全員の同意が必要？

建築協定を締結するためには、原則として、区域内の土地所有者、借地
権者の**全員の合意**(借地については、借地人のみの合意でよく、その所
有者の合意は不要です。)に基づき、**特定行政庁の認可**を受けることが
必要です。

3)協定の効力～協定が締結されると新たな所有者にも影響？

建築協定の締結後は、**新たな土地所有者等も協定の内容に拘束されま
す(第三者効)**。また、建築協定区域に隣接した土地のうち、将来的に建
築協定区域の一部となることが望ましい土地については、「建築協定区
域隣接地」を定めることにより、将来的にその土地の所有者が簡素な手続
きで協定に参加することができます。

4)協定の変更・廃止～変更するには全員の同意が？

変更する場合は、区域内の土地所有者、借地権者の全員の合意(借地に
ついては、借地人のみの合意)に基づき、**特定行政庁の認可**を受けるこ
とが必要です。それに対して、**廃止の場合は過半数の同意**で可能です。

付け足し

建築物の借主の地位
…建築協定の目的となっている建築物に関する基準が、建築物の借主の権限に係る場合においては、その建築協定については、その建築物の借主は、土地の所有者等とみなされます。

ここではコレを覚える 過去問 12-19 15-18

締結できる場所	区市町村が条例で定める区域内(都市計画区域の内外を問わない)
変更する場合	**全員の同意**を得て、特定行政庁の認可
廃止する場合	**過半数の同意**を得て、特定行政庁の認可
効力	公告で効力が生じ、**公告後に土地所有者等となった者にも効力が及ぶ。**

ここを押さえる過去問 1・2・3

問 1 建築基準法の改正により、現に存する建築物が改正後の法の規定に適合しなくなった場合には、当該建築物は違反建築物となり、速やかに改正後の法の規定に適合させなければならない。(2022)

問 2 延べ面積が 500 ㎡を超える建築物について、大規模な修繕をしようとする場合、都市計画区域外であれば建築確認を受ける必要はない。(2022)

問 3 住宅の居室には、原則として、換気のための窓その他の開口部を設け、その換気に有効な部分の面積は、その居室の床面積に対して25 分の 1 以上としなければならない。(2012)

問 4 石綿等をあらかじめ添加した建築材料は、石綿等を飛散又は発散させるおそれがないものとして国土交通大臣が定めたもの又は国土交通大臣の認定を受けたものを除き、使用してはならない。(2023)

問 5 建築基準法が施行された時点で現に建築物が立ち並んでいる幅員 4m未満の道は、特定行政庁の指定がなくとも法上の道路となる。(2011)

問 6 店舗の用途に供する建築物で当該用途に供する部分の床面積の合計が 10,000 ㎡を超えるものは、原則として工業地域内では建築することができない。(2014)

問 7 建築物の前面道路の幅員により制限される容積率について、前面道路が 2 つ以上ある場合には、これらの前面道路の幅員の最小の数値(12m 未満の場合に限る。)を用いて算定する。(2017)

問 8 建蔽率の限度が 10 分の 8 とされている地域内で、かつ、防火地域内にある耐火建築物については、建蔽率の制限は適用されない。(2013)

問 9 用途地域に関する都市計画において建築物の敷地面積の最低限度を定める場合においては、その最低限度は 200 ㎡を超えてはならない。(2012)

問10　建築物が第2種中高層住居専用地域及び近隣商業地域にわたって存する場合で、当該建築物の過半が近隣商業地域に存する場合には、当該建築物に対して建築基準法第56条第1項第3号の規定(北側斜線制限)は適用されない。(2013)

問11　防火地域内においては、3階建て、延べ面積が200 m²の住宅は耐火建築物又は準耐火建築物としなければならない。(2011)

問12　冬至日において、建築基準法第56条の2第1項の規定による日影規制の対象区域内の土地に日影を生じさせるものであっても、対象区域外にある建築物であれば一律に、同項の規定は適用されない。(2023)

問13　建築協定区域内の土地の所有者等は、特定行政庁から認可を受けた建築協定を変更又は廃止しようとする場合においては、土地所有者等の過半数の合意をもってその旨を定め、特定行政庁の認可を受けなければならない。(2012)

問1:(×)改正後の規定に適合させる義務はありません。 問2:(×)都市計画区域外でも建築確認が必要です。 問3:(×)20分の1以上です。 問4:(○) 問5:(×)特定行政庁の指定は必要です。 問6:(○) 問7:(×)最大の数値を用いて算定します。 問8:(○) 問9:(○) 問10:(×)建築物の「部分」の属する用途地域ごとに制限が適用されます。 問11:(×)準耐火建築物にはできません。 問12:(×)「高さが10mを超える建築物」で「冬至日においてその対象区域内の土地に日影を生じさせるもの」には適用されます。 問13:(×)変更は全員の同意が必要です。

第 3 章
国土利用計画法

過去 10 年の出題分析

出題年 テキスト項目	14	15	16	17	18	19	20	21	22	23
第 3 章全体	●	●	●	●	●	●	●	●	●	●
1 国土利用計画法の目的と全体像										
2 事後届出制	●	●	●	●	●	●	●	●	●	●
3 事前届出制			●							

※出題されている年度に●を記入しています。

1 国土利用計画法の目的と全体像

一般庶民が土地を買えるように値上がりを防止します

学習時間 10分

(1)国土利用計画法の目的①

それはなぜ？

一時期、東京都銀座の土地は切符一枚程度の広さで1万円を超える値段に跳ね上がったことがありました。そうなると職場の近くに家を購入し、庭に犬がいて家族がゆったりと暮らして…なんてことは一部の大金持ち以外にはかなわぬ夢となってしまいます。このような地価の高騰を抑えて庶民でも購入できるようにしておくために作られた法律が国土利用計画法です。

この法律が作られたのは、日本の地価が急に値上がりしだした高度成長期(昭和40年代)でした。その当時に作った制度が、届出制と許可制の2つでした。その結果、土地の値段は落ち着き、法律を作った目的がある程度達成できたようです。
しかし、昭和50年代後半から、いわゆるバブル経済の影響で、都心部やリゾート地などの地価が急に値上がりしだしました。
このような局部的な値上がりを抑えるため、昭和62年に、地価の上昇が激しいところにだけ厳しい規制をかける目的で監視区域という制度が国土利用計画法の中に作られました。しかし、思惑どおりには世の中動いてくれません。
その後、バブルがはじけて一気に地価が下がりました。そこで、平成1[illegible]年になって、装いあらたに、全国的な土地の有効活用を目的とする事後届出制という制度と、将来また訪れるかもしれない地価の上昇を予測して大規模な土地取引だけを事前にチェックする注視区域という制度が作られて今に至ります。

(2)国土利用計画法の目的②～どうやって実現するの？

①土地取引の事後届出制

大規模な土地取引について、事後的にでもいいから、役所に取引価格等を届け出させることで、上の目的を達成する手段。これが土地取引の事後届出制です。

②土地取引の事前届出制

事前に役所に取引価格等を届け出させることで急激な地価の上昇を抑える制度です。事前届出制には、「注視区域内」におけるものと、「監視区域内」におけるものの2つがあります。
注視区域内における届出制とは、一定の面積以上の土地取引に際しては、契約の締結前に都道府県知事に届け出ることを要求する制度です。

③土地取引の許可制

都道府県知事が許可しなければ土地取引はできないとする厳しい制度です。

A

2-1 届出が必要な取引く事後届出制

土地の利用目的をチェックします

学習時間 60分

1)事後届出①～事後に届出が必要？

土地取引に係る契約(土地に関する権利の移転または設定をする契約。予約を含む)をしたときは、届出が必要です(監視区域または注視区域に指定されていない地域)。

2)事後届出②～届出が必要な契約とは？

一定の契約行為だけが届出の対象となっています。

	届出が不要なもの	届出が必要なもの
「土地に関する権利」にあたらない	・抵当権の設定 ・不動産質権の設定	・売買・交換契約(予約を含む) ・譲渡担保 ・代物弁済の予約 ・賃貸借・地上権設定契約(設定の対価がある場合) ・形成権の譲渡
「対価を得て」にあたらない	・贈与 ・相続 ・遺産分割 ・法人の合併 ・信託(受託後の有償処分は届出を要する) ・時効による取得	
「移転・設定する契約」にあたらない	・形成権の行使	

3)事後届出③～取引の規模は？

一定面積以上の取引だけが届出対象となります。

市街化区域	2,000 ㎡以上
その他の都市計画区域内	5,000 ㎡以上
都市計画区域外(準都市計画区域内含む)	10,000 ㎡以上

※個々の面積は小さくても、権利取得者(買主等)が取得する土地の合計が、上記の面積以上となる場合には届出が必要です。

4)事後届出④～一団の土地だけが届出の対象？

一団の土地とは、土地利用上、現に一体の土地を構成し、または一体としての利用に供することが可能なひとまとまりの土地で、当事者の一方または双方が一連の計画の下に土地に関する権利の移転または設定を行おうとするその土地をいいます。一団の土地の取引にあたるかどうかは、①**物理的一体性(相互に連接するひとまとまりの土地であること)**、②**計**

用語

形成権…単独の意思表示のみによって法律効果を生じさせることのできる権利をいいます。具体的には、解除権・予約完結権・取消権・相殺権などがあります。

届出の要・不要が紛らわしいケース
信託契約は信託財産を受託者が運用するものなので対価性がないため、信託契約の締結については事前届出・事後届出とも不要です。信託契約というのは、地主A(委託者)が信託会社B(受託者)への所有権移転という形をとり、信託会社Bはその土地を担保にお金を借りて建物を建てて賃貸し、その利益をABに還元するという不動産運用をいいます。その際、賃貸という形式をとらず土地の上にマンションを建てて分譲する(売却)という方法もとられます。これを信託財産の有償処分と呼びます。

画的一貫性（契約が一連の計画の下に密接な関連をもって締結されること）で判断されます。

①個別に売却等する場合（市街化区域内の場合）

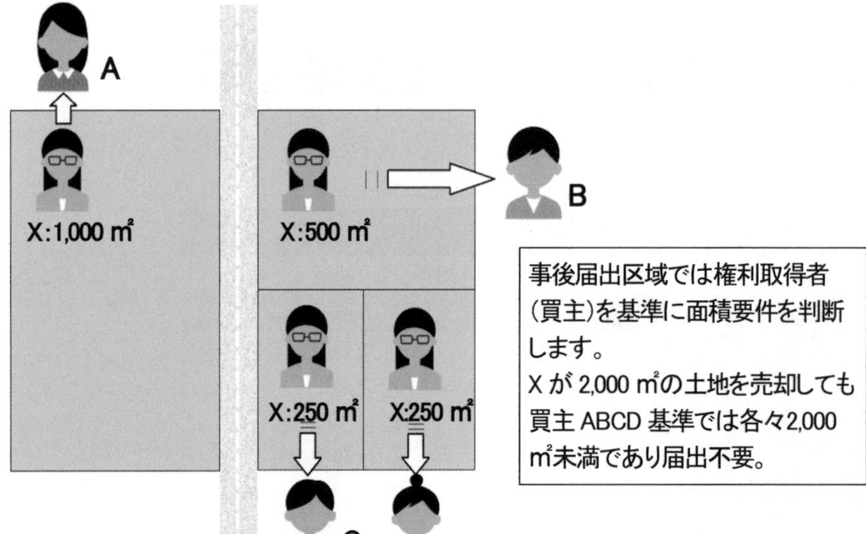
A
X:1,000 ㎡
X:500 ㎡
B
X:250 ㎡
X:250 ㎡
C
D
事後届出区域では権利取得者（買主）を基準に面積要件を判断します。
X が 2,000 ㎡の土地を売却しても買主 ABCD 基準では各々2,000 ㎡未満であり届出不要。

②買い占める場合（市街化区域内の場合）

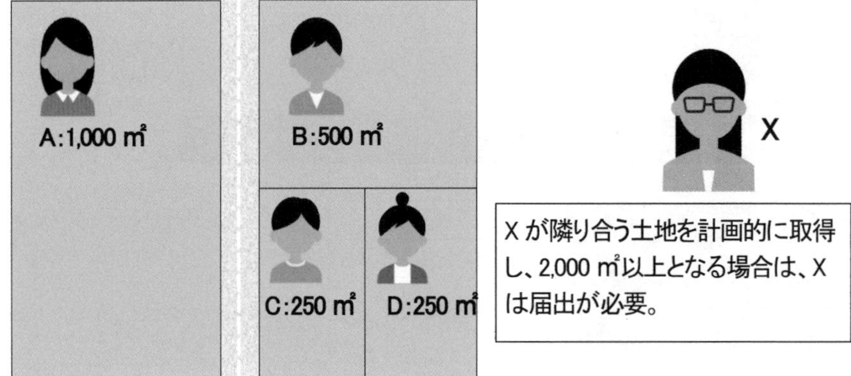
A:1,000 ㎡
B:500 ㎡
C:250 ㎡
D:250 ㎡
X
X が隣り合う土地を計画的に取得し、2,000 ㎡以上となる場合は、X は届出が必要。

ここではコレを覚える　過去問　11-15　12-15　15-21　16-15　19-22　20-22　22-22　23-22

□届出が必要な面積要件は、市街化区域は 2,000 ㎡以上、その他の都市計画区域内は 5,000 ㎡以上、都市計画区域外（準都市計画区域内含む）は、10,000 ㎡以上である。

頻出度
A

2-2 届出が不要な場合＜事後届出制

届出が不要な場合があります

学習時間 20分

1)届出不要①～国や地方公共団体から購入する場合は届出不要？

契約の当事者の一方または双方が、**国**、**地方公共団体**、土地開発公社、地方住宅供給公社等である場合は届出が要りません。なお、宅建業者間の取引であっても届出が必要です。

2)届出不要②～調停が成立すると？

民事調停法による**調停**に基づく場合も届出が不要です。

付け足し

調停とは、裁判のように勝ち負けを決めるのではなく、話し合いによりお互いが合意することで紛争の解決を図る手続です。

調停手続では、一般市民から選ばれた調停委員が、裁判官とともに、紛争の解決に当たります。調停では、ポイントを絞った話し合いをします。したがって、解決までの時間は比較的短く、通常、調停が成立するまでには 2～3 回の調停期日が開かれ、調停成立などで解決した事件の約80%が 3 か月以内に終了しています。

3)届出不要③～農地法の許可を受けた場合は？

農地法 3 条 1 項(権利移動)の許可を受けた場合は届出が不要です。それに対して、農地法 5 条 1 項(転用目的権利移動)の許可を受けた場合は届出が必要です。

それはなぜ？

3 条の権利移動というのは、農地や採草放牧地をそのままの状態で他人に売却する場合に、購入者が農業とは無関係の人だと農地を継続できなくなるので、農業委員会の許可を求める制度です。事後届出制は地価が上昇したり環境悪化したりするのを未然に防ぐ目的があるので、権利移動の場合は特に届出を求めないわけです。

それに対して、5 条の転用目的権利移動は、農地や採草放牧地を宅地などに転用して他人に売却するような場合に許可を求める制度です。この場合は、宅地などに転用することで地価が上がり環境悪化するリスクがありますので、事後届出が必要となるわけです。

ここではコレを覚える

過去問 13-22 15-21 18-15 19-22 21-22 22-22

次の場合は届出が不要

□契約の当事者の一方または双方が、国、**地方公共団体**、土地開発公社、地方住宅供給公社等である場合

□民事調停法による**調停**に基づく場合

□**農地法 3 条 1 項**(権利移動)の許可を受けた場合。ただし、農地法5条1項(転用目的権利移動)の許可を受けた場合は届出が必要

2-3 届出の手続く事後届出制

頻出度 A

契約日から2週間以内に届出が必要です

学習時間 30分

土地の権利取得者(買主等)は、契約を締結した日**から起算して**2週間以内に土地の所在する区市町村長を経由して**都道府県知事に**届け出なければなりません。

参考資料
届出義務に違反すると刑事罰があります。

(1)届出書の記載事項〜何を記載するの？

届出申請書類には以下の事項を記載しなければなりません。

①契約当事者の氏名・住所等
②契約締結年月日
③土地の所在地および面積
④土地に関する権利の種別および内容
⑤土地の利用目的
⑥対価の額**等**

(2)事後届出の結果〜届出の結果はいつ分かるの？

届出を受けた都道府県知事は**土地の利用目的について審査**を行います。その利用目的が公表されている土地利用に関する計画に適合しない場合には、届け出てから**原則として3週間以内**に利用目的の変更を勧告されることがあります。この**勧告に従わない場合には、その旨およびその勧告の内容が公表されることがあります**

契約後2週間以内に
↓
市町村長経由で都道府県知事に届出
(届出しない場合は刑事罰がある)
↓
土地の利用目的を審査する
(対価の額は審査しない)
↓
助言 / 勧告なし / 勧告

参考資料
勧告に従わなかったからといって罰せられることはありません。

また、土地の利用目的について、適正かつ合理的な土地利用を図るため、必要な助言を受けることがあります。**勧告のように、助言に従わなかったからといってその内容を公表されるわけではありません。**

なお、**事後届出制においては、**取引価格**についての指導、勧告等をすることはありません。**

付け足し

都道府県知事は、事後届出があった場合において、実地の調査を行うため必要があるときや、3 週間以内に勧告をすることができない合理的な理由があるときは、さらに 3 週間の範囲内で、期間を延長することができます。その際、届出者に対し、届出を受けてから 3 週間以内に、その延長する期間と理由を通知しなければなりません。

ここではコレを覚える

過去問 11-15　12-15　14-22　16-15　17-22　18-15　20-22

□対価の額については勧告されない。
□勧告に従わず公表されても、契約自体は有効である。
□助言に従わなくても公表されない。

頻出度 C

3 事前届出制

地価の値上がりが激しい場所の規制です

学習時間 20分

(1)事前届出制(注視区域・監視区域)とは

現在、注視区域に指定されている区域はありません。
小笠原村の都市計画区域(父島・母島の本島)が監視区域に指定されています。

注視区域とは、地価が一定の期間内に社会的経済的事情の変動に照らして相当な程度を超えて上昇し、または上昇するおそれがあり、これによって適正かつ合理的な土地利用の確保に支障を生ずるおそれがあると認められる区域として、知事が期間を定めて指定する区域をいいます。
監視区域とは、地価が急激に上昇し、または上昇するおそれがあり、これによって適正かつ合理的な土地利用の確保が困難となるおそれがあると認められる区域として、知事が期間を定めて指定する区域をいいます。

条件や届出についての内容は事後届出制と基本的には同じです。違うところだけ覚えるのがコツです。

(2)事前届出が必要な規模～届出が必要となる面積は？

一定面積以上の取引だけが届出対象となり、注視区域と監視区域で面積要件が異なります。

①注視区域の面積要件

市街化区域	2,000 ㎡以上
その他の都市計画区域内	5,000 ㎡以上
都市計画区域外	10,000 ㎡以上

②監視区域の面積要件

注視区域と異なり、都道府県知事が規則で定める面積以上が届出の対象となります。

(3)事前届出の場合の一団の土地の判断(注視区域・監視区域の場合)

一団の土地といえるかどうかは、**権利取得者(買主等)・権利設定者(売主等)双方を基準に判断**されます。つまり、面積要件を満たす一団の土地を分割して取得する場合だけではなく、分割された一団の土地の一部を取得する場合にも届出が必要となります。買主側で面積要件を満たさなくても、売主側で要件を満たすと届出が必要となります。

(4)事前届出の時期～誰がいつまでにどこに届け出るの？

注視区域・監視区域に所在する土地について土地売買等の契約を締結しようとする**権利取得者・権利設定者双方(当事者)は**、その土地が所する市町村の長を経由して、**あらかじめ、都道府県知事に**届け出なければなりません。

なお、**届出義務に違反すると刑事罰がある点は事後届出制と同じです。**

(5)届出書の記載事項～届出書には何を記載するの？

届出申請書類には以下の事項を記載しなければなりません。

①当事者の氏名・住所等
②土地の所在地および面積
③土地に関する権利および内容
④予定対価の額等
⑤土地の利用目的

(6)事前届出の結果～届出の結果はいつわかるの？

契約当事者(売主と買主など)は、**契約する前**に、①対価の額と②土地の利用方法などを記載した届出書を、区市町村長を経由して都道府県知事に提出しなければなりません。届出をした日から起算して 6 週間を経過する日までの間、届出に係る契約を締結することはできません。

都道府県知事は、届出の内容が、**価格に関する基準**、利用目的に関する基準に該当しているかどうかを審査し、以下のいずれかに該当し、適正かつ合理的な土地利用を図るために著しい支障があると認められるときは、土地利用審査会の意見を聴いて、契約締結の中止、予定対価の引下げ、利用目的の変更等の必要な措置を講ずべきことを勧告することができます。

①土地価格が著しく適正を欠くこと
②利用目的が土地利用基本計画などの土地利用に関する計画に適合しないこと
③公共・公益施設整備の予定、または周辺の自然環境の保全上不適当なこと
④1年以内の土地の転売で、投機的取引と認められること　等

また、勧告を受けた者に対し、勧告に基づいて講じた措置について報告させることができるとともに、**勧告を受けた者が勧告に従わないときには、従わない旨および勧告の内容を公表することができます。**

(7)届出が不要な場合は？

事後届出制と同じです。

ここではコレを覚える 過去問　11-15　16-15

□対価の額についても勧告される。
□勧告に従わず公表されても契約自体は有効である。
□助言制度がない。

第 4 章
農地法

過去 10 年の出題分析

テキスト項目 ＼ 出題年	14	15	16	17	18	19	20	21	22	23
第 4 章全体	●	●	●	●	●	●	●	●	●	●
1 農地法の目的と手段	●	●	●	●	●	●	●		●	
2 農地または採草放牧地の権利移動の制限	●	●	●	●	●	●	●	●	●	●
3 農地の転用の制限		●	●			●	●			●
4 農地の転用目的権利移動		●		●	●	●		●		●

※出題されている年度に●を記入しています。

1 農地法の目的と手段

国民の食と農家の保護が目的の法律です

学習時間 10分

(1)農地法の目的～どんな目的で作られたの？

農地法は昭和 27 年に制定された法律です。
終戦直後の食糧難から緊急増産が急務であったことと、小作農中心だった戦前の状況を脱し自作農制度を創設することで農村の民主化を目的とした農地改革の成果を維持するために、**耕作者の地位の保護**、農地の権利移動規制と農地転用規制の法制度を集大成し、体系的な法律として成立しました。

(2)法改正の経緯～その後、農地法は変わっていくの？

その後、高度成長期を背景に農業生産法人制度等が昭和 37 年に創設され、昭和 45 年には農地の効率的な利用を図るための改正が行われ、平成 5 年以降は担い手の明確化と法人化の推進が図られる改正が行われています。
平成 21 年には抜本的な改正が行われ、法人が農業に参入しやすくなり、農業関係者が議決権の過半数を占める等の要件を満たす農地所有適格法人であれば、農地や採草放牧地を購入したり、借りたりできるようになる等、わが国の農地を有効利用するための大幅な見直しが行われました。

《農地所有適格法人の要件(農地を所有できる法人)》

法人形態	株式会社(公開会社でないもの)、農事組合法人、持分会社
事業内容	主たる事業が農業(農産物の加工・販売等の関連事業を含む)(売上高の過半)
議決権	農業関係者が総議決権の過半を占めること
役員	①役員の過半が農業に常時従事する構成員であること ②役員又は重要な使用人の1人以上が農作業に従事すること

＊ 農地所有適格法人は農地を借りることも可能です。

(3)農地法の規制～農地法の目的を実現するためには？

農地を転用目的で取引することを媒介したり、用途地域内の農地を取引することを媒介したりする場合には宅建業法の適用があります。
取引する際には重要事項説明が必要です。宅建業法上、重要事項説明しなければならない農地法の規制は、3 条(権利移動)、4 条(転用)、5 条(転用目的権利移動)の 3 つとなっています。

頻出度 **A**

2 農地または採草放牧地の権利移動の制限

農地を農地のままで売るにも許可が必要です

学習時間 20分

(1)農地法3条の権利移動

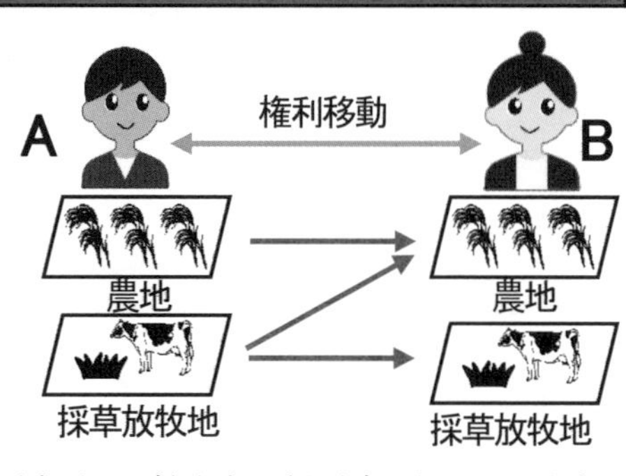

農地法3条1項には、<u>農地</u>または<u>採草放牧地</u>について所有権を移転し、または地上権、永小作権、質権、使用貸借による権利、賃借権もしくはその他の使用および収益を目的とする権利を設定し、もしくは移転する場合（**権利移動**）、契約当事者が<u>**農業委員会**</u>**の許可**を受けなければならない旨が定められています。

したがって、**使用収益の移転を目的としない**抵当権設定契約等は3条の許可は不要です。ただし、それを実行する際は許可を受ける必要があります。

用語

農地…耕作の目的に供される土地をいいます。事実状態で判断され、登記上の地目は関係ありません。

採草放牧地…農地以外の土地で、主として耕作または養畜の事業のための採草または家畜の放牧の目的に供されるものをいいます。

農業委員会…農地法に基づく農地の売買・貸借の許可、農地転用案件への意見具申などを中心に農地に関する事務を執行する市町村長から独立する行政委員会として市町村に設置されています。

付け足し 農地・採草放牧地の賃貸借契約

農地または採草放牧地の賃貸借の**存続期間は 50 年**を超えることができません。契約でこれより長い期間を定めたときであっても、その期間は50年となります。
各契約当事者は、原則として、**都道府県知事の許可**を受けなければ、賃貸借の解除をし、解約の申入れをし、合意による解約をし、または賃貸借の更新をしない旨の通知をしてはなりません。
農地または採草放牧地の賃貸借は、その**登記がなくても**、農地または採草放牧地の**引渡し**があったときは、これをもってその後その農地または採草放牧地について物権を取得した第三者に対抗することができます。

(2)許可が要らない場合

参考資料
表に示すもの以外にも多数の例外が存在します。過去に出題されていないため、省略しました。詳細を知りたい方は農地法3条1項各号を参照下さい。

以下のいずれかに当たる場合は許可を受ける必要がありません。

①**国または都道府県**が権利を取得する場合
②**土地収用法**その他の法律によって農地もしくは採草放牧地またはこれらに関する権利が**収用**され、または使用される場合
③民事調停法による**農事調停**による場合 ⇒**競売により農地を取得する場合は許可が必要**です。
④**相続や遺産分割等**で取得する場合 ⇒**遅滞なく、農業委員会に届け出なければなりません。** ⇒相続人以外の者に対する特定遺贈の場合は、原則どおり許可が必要となります。

(3)無許可で契約した場合～契約は効力を有しないの？

農業委員会の許可を得ずに契約した場合、その**契約は効力を有しません**(無効)。
また、3 年以下の懲役または 300 万円以下の罰金に処せられます。法人の代表者や代理人、使用人や従業者が、一定の違反行為をしたときは、その法人に対しても、1 億円以下の罰金刑が科せられます。

ここではコレを覚える

過去問 11-22 12-22 13-21 14-21 15-22 16-2 17-15 18-22 19-21 20-21 22-21 23-21

□抵当権の設定行為は含まない。ただし、抵当権の実行により競売される場合は許可が必要。
□市街化区域内の農地を権利移動する場合も許可が必要である。

3 農地の転用の制限

農地を潰すには許可が必要です

学習時間 20分

(1)農地法4条の転用

農地法4条1項には、農地を農地以外にする場合(転用)、原則として都道府県知事等の許可を受けなければならない旨が定められています。

権利移動と異なり、採草放牧地は転用の対象にはなっていません。つまり、**採草放牧地を採草放牧地以外にする場合は許可を受ける必要がありません。**

なお、**農地を一時的に資材置場・駐車場・砂利採取場等に利用する場合も転用**にあたります。

用語

都道府県知事等…農地または採草放牧地の農業上の効率的かつ総合的な利用の確保に関する施策の実施状況を考慮して農林水産大臣が指定する市町村(指定市町村)の区域内にあっては指定市町村の長をいいます)。5条の転用目的権利移動と同じです。

付け足し

国または都道府県等(都道府県または指定市町村をいう)が、農地を農地以外のものにしようとする場合においては、国または都道府県等と都道府県知事等との**協議**が成立することをもって許可があったものとみなされます。

都道府県知事等は、この協議を成立させようとするときは、あらかじめ、農業委員会の意見を聴かなければなりません。

(2)許可が要らない場合

以下のいずれかに当たる場合は許可を受ける必要がありません。

①農地法5条1項の許可に係る農地をその許可に係る目的に供する場合
②**国または都道府県**(都道府県または指定市町村をいう)が、道路、農業用用排水施設その他の地域振興上または農業振興上の必要性が高いと認められる施設であって農林水産省令で定めるものの用に供するため、農地を農地以外のものにする場合
③土地収用法により収用または使用した農地をその収用または使用に係る目的に供する場合
④土地区画整理法に基づく土地区画整理事業もしくは土地区画整理法施行法の規定による土地区画整理の施行により道路等の公共施

参考資料

表に示すもの以外にも多数の例外が存在します。過去に出題されていないため、省略しました。詳細を知りたい方は農地法4条1項各号を参照下さい。

設を建設するため、またはその建設に伴い転用される宅地の代地として農地を農地以外のものにする場合
⑤耕作の事業を行う者が 2 アール(**200 ㎡)未満**の農地をその者の農作物の育成や養畜の事業のための**農業用施設に供する**場合
⑥市街化区域内にある農地を、**あらかじめ農業委員会に届け出て、農地以外のものにする場合**

(3)無許可で転用した場合～原状回復命令を受けることも？

無許可の工事に対しては、**停止命令や原状回復命令等**がなされます。また、違反者が原状回復命令等に従わない場合や、行方知れず、急を要するような場合には、都道府県知事等は、自らその原状回復等の措置の全部または一部を講じることができます。

また、3 条違反の場合と同様に、3 年以下の懲役または 300 万円以下の罰金に処せられます。法人の代表者や代理人、使用人や従業者が、一定の違反行為をしたときは、その法人に対しても、1 億円以下の罰金刑が科せられます。

過去問　12-22　13-21　15-22　16-22　19-21　20-21　21-21　23-21

ここではコレを覚える

□採草放牧地を採草放牧地以外にすることは転用ではない。
□農地を一時的に資材置場・駐車場・砂利採取場等に利用する場合も転用にあたる。
□耕作の事業を行う者が 2 アール(200 ㎡)未満の農地をその者の農作物の育成や養畜の事業のための農業用施設に供する場合は許可不要である。
□市街化区域内にある農地を、あらかじめ農業委員会に届け出て、農地以外のものにする場合は許可不要である。

農地の転用目的権利移動

農地を潰して売るには許可が必要です

学習時間 20分

1)農地法5条の転用目的権利移動って何？

農地法5条1項には、農地を農地以外に、採草放牧地を農地・採草放牧地以外（農地以外）にする目的での権利移動をする場合（**転用目的権利移動**）、原則として**都道府県知事等の許可**を受けなければならない旨が定められています。

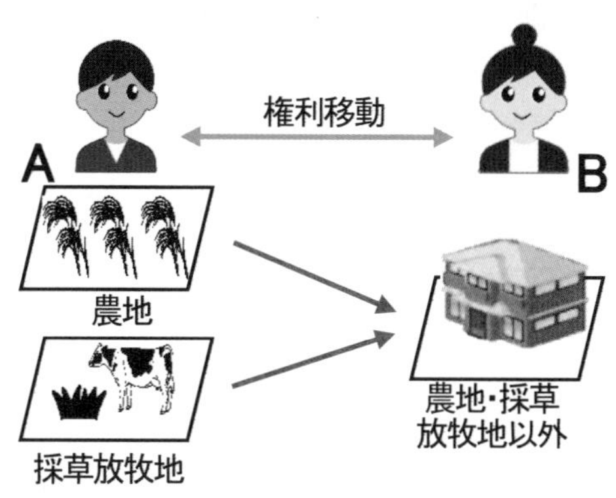

付け足し

国または都道府県等が、農地を農地以外のものにするためまたは採草放牧地を採草放牧地以外のものにするため、権利を取得しようとする場合においては、国または都道府県等と都道府県知事等との**協議**が成立することをもって**許可があったものとみなされます。**
都道府県知事等は、この協議を成立させようとするときは、あらかじめ、農業委員会の意見を聴かなければなりません。

2)許可が要らない場合もあるの？

以下のいずれかに当たる場合は許可を受ける必要がありません。

①**国または都道府県**が、道路、農業用用排水施設その他の地域振興上または農業振興上の必要性が高いと認められる施設であって農林水産省令で定めるものの用に供するため、これらの権利を取得する場合
②土地収用法その他の法律によって農地もしくは採草放牧地またはこれらに関する権利が収用され、または使用される場合
③市街化区域内**にある農地または採草放牧地**を、**あらかじめ農業委員会に届け出て、農地および採草放牧地以外のものにする**ためこれらの権利を取得する場合

表に示すもの以外にも多数の例外が存在します。過去に出題されていないため、省略しました。詳細を知りたい方は農地法5条1項各号を参照下さい。

(3)無許可で転用目的権利移動をした場合〜契約は無効に？

無許可の契約は、3 条違反の場合と同様に、**無効**となります。

また、違反者が原状回復命令等に従わない場合や、行方知れず、急を要するような場合には、都道府県知事等は、自らその原状回復等の措置の全部または一部を講じることができます。

また、3 条違反の場合と同様に、3 年以下の懲役または 300 万円以下の罰金に処せられます。法人の代表者や代理人、使用人や従業者が、一定の違反行為をしたときは、その法人に対しても、1 億円以下の罰金刑が科せられます。

ここではコレを覚える 過去問 11-22 12-22 13-21 15-22 17-15 18-22 19-21 21-21 23-21

□市街化区域内にある農地または採草放牧地を、あらかじめ農業委員会に届け出て、農地および採草放牧地以外のものにするためこれらの権利を取得する場合は許可不要である。

問1　都市計画区域外において、国から一団の土地である 6,000 ㎡と 5,000 ㎡の土地を購入した者は、事後届出を行う必要はない。なお、この問において「事後届出」とは、国土利用計画法第 23 条の届出をいうものとする。(2023)

問2　市街化区域において、C が所有する 3,000 ㎡の土地を D が購入する契約を締結した場合、C 及び D は事後届出を行わなければならない。なお、この問において「事後届出」とは、国土利用計画法第 23 条の届出をいうものとする。(2023)

問3　市街化区域を除く都市計画区域内において、A が所有する 7,000 ㎡の土地を B が相続により取得した場合、B は事後届出を行う必要がある。なお、この問において「事後届出」とは、国土利用計画法第 23 条の届出をいうものとする。(2023)

問4　宅建業者 B が行った事後届出に係る土地の利用目的について、都道府県知事が助言をしたが、B がその助言に従わないときは、当該知事は、その旨及び助言の内容を公表しなければならない。(2009)

問5　A が所有する監視区域内の土地(面積 10,000 ㎡)を B が購入する契約を締結した場合、A 及び B は国土利用計画法第 23 条に規定する事後届出を行わなければならない。(2016)

問6　市街化区域内の農地を耕作のために借り入れる場合、あらかじめ農業委員会に届出をすれば、農地法第 3 条第 1 項の許可を受ける必要はない。(2017)

問7　市街化調整区域内の 4 ヘクタールを超える農地について、これを転用するために所有権を取得する場合、農林水産大臣の許可を受ける必要がある。(2017)

問8　市街化区域内の農地に住宅を建設する目的で所有権を取得する場合には、必ず農業委員会の許可を受けなければならない。(2004)

問9　農地法第 3 条第 1 項又は農地法第 5 条第 1 項の許可が必要な農地の売買について、これらの許可を受けずに売買契約を締結しても、その所有権の移転の効力は生じない。(2023)

問 10 社会福祉事業を行うことを目的として設立された法人（社会福祉法人）が、農地をその目的に係る業務の運営に必要な施設の用に供すると認められる場合、農地所有適格法人でなくても、農業委員会の許可を得て、農地の所有権を取得することができる。(2023)

問1:(○) 問2:(×)売主については事後届出義務はありません。問3:(×)相続を原因とする土地の取得については事後届出は必要ありません。 問4:(×)助言に従わなくても公表はされません。 問5:(×)契約前に届出が必要です。 問6:(×)農業委員会の許可が必要です。 問7:(×)都道府県知事等の許可です。 問8:(×)届出が必要です。 問9:(○) 問10:(○)

第 5 章

土地区画整理法

過去 10 年の出題分析

出題年 テキスト項目	14	15	16	17	18	19	20	21	22	23
第 5 章全体	●	●	●	●	●	●	●	●	●	●
1 土地区画整理法の目的と全体像										
2 土地区画整理事業の施行者				●	●		●	●		●
3 換地計画	●					●		●		●
4 仮換地の指定		●	●		●					●
5 建築行為等の制限			●		●			●	●	
6 換地処分とその効果と登記	●	●				●		●	●	●

※出題されている年度に●を記入しています。

1 土地区画整理法の目的と全体像

頻出度 C

大規模な街づくりの工事です

学習時間 10分

それはなぜ？

人口が集中する都市は、みんなが安心して暮らし、快適にそして機能的に活動できる場所でなければなりません。そこで、都市計画法では、人々の健康で文化的な生活と機能的な土地利用や都市の根幹となる施設（道路・公園等）の整備・改善を行い、秩序ある市街地づくりを総合的に計画し、実施することを目的とした都市計画を定めています。都市計画法における都市計画は、「土地利用に関するもの」「都市施設に関するもの」「市街地開発事業に関するもの」の3つに大別されます。

従前の宅地（従前地）と換地…土地区画整理事業を行う前にもともと所有していた土地を「従前の宅地」または「従前地」といい、区画整理後に従前の宅地の代わりに渡される土地を「換地」といいます。

土地区画整理事業は市街地開発事業の一部で、都市計画を策定する場である**都市計画区域内の土地**について、道路、公園等の公共施設の整備・改善および宅地の利用の増進を図るため、土地区画形質の変更および公共施設の新設または変更を行う事業に位置付けられます。

土地区画整理事業の手法～どうやって土地区画整理事業を行うの？

土地区画整理事業は、道路や公園などが未整備な区域において、地権者からその権利に応じて少しずつ土地を提供してもらって行います。これを**減歩**（げんぶ）と呼びます。この土地を道路や公園などの公共用地にあてるほか（公共減歩）、その一部を売却して移転や整備工事などの事業資金の一部にあてたりします（保留地減歩）。このような土地を**保留地**（ほりゅうち）と呼びます。事業により公共施設は所要の位置に配置され、宅地は公共施設にあわせて再配置（**換地**）されます。この際、宅地は地形や形状の改善により、従前の宅地に見合う評価が得られるようになります。換地は、従前の宅地の位置、地積、環境等に照応するように定める必要があります。これを**照応の原則**と呼びます。しかし、宅地の位置や面積には制約があるため、多少の不均衡は避けられません。前後の不均衡を金銭によって調整する方法が**清算金**です。

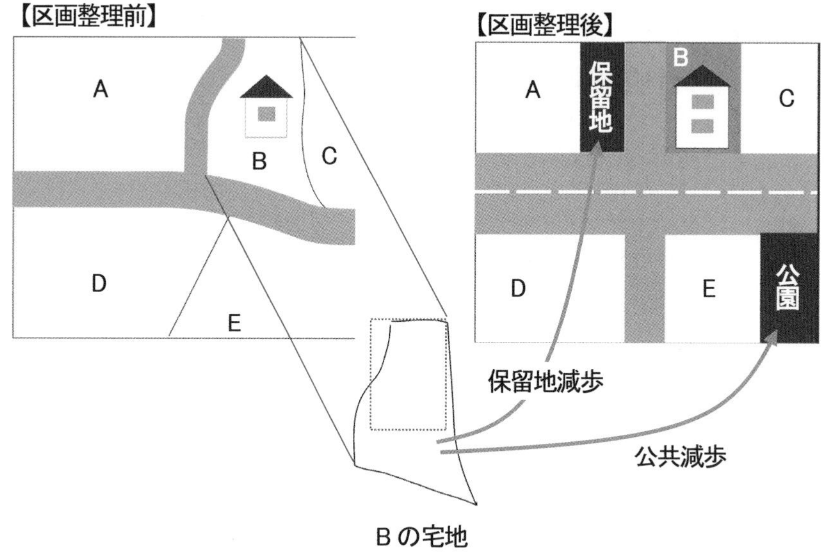

付け足し

土地区画整理法は、明治 32 年に制定された耕地整理法が昭和 24 年に廃止された後に制定された法律です。耕地整理法は農地の利用増進を主な目的とした土地開発のルールを定めていました。日本も明治時代にはまだまだ農業を中心とする社会でした。しかし、近代化が進む中で、町も大都市化を余儀なくされ、農地の利用増進を目的とした耕地整理法は役不足となり、昭和 29 年に、**宅地の利用増進と公共施設の整備改善を目的**とした土地区画整理法が制定されました。

2-1 個人＜土地区画整理事業の施行者

個人が大規模な土地区画整理事業を行う場合

学習時間 20分

事業の施行者は、民間人としては個人、組合、会社、公的機関としては都道府県・市町村、国土交通大臣、独立行政法人となっています。

(1)個人施行～個人として土地区画整理事業できるの？

宅地について**所有権もしくは借地権を有する者または宅地について所有権もしくは借地権を有する者の同意を得た者**は、1 人で、または数人共同して、その権利の目的である宅地について、またはその宅地および一定の区域の宅地以外の土地について土地区画整理事業を施行することができます。

(2)都道府県知事の認可

1 人で施行する場合は規準と事業計画を、数人共同して施行しようとする場合は規約と事業計画を定め、**都道府県知事の認可**を受けなければなりません。

実務では、個人施行はよく使われます。実際は、会社が個人として事業を行います。

ワンポイントアドバイス

土地区画整理法は用語が難解ですが、区画整理事業の流れと、その土地の所有と管理、その事業にかかる費用の捻出の 3 点を意識して学習すると理解しやすいです。

ここではコレを覚える

□1人施行の場合は規準と事業計画を定めて都道府県知事の認可が必要であり、複数共同する場合は規約と事業計画を定めて都道府県知事の認可が必要である。

頻出度 A

2-2 組合＜土地区画整理事業の施行者

地域住民7人以上が集まり土地区画整理事業を行う場合

学習時間 60分

(1)組合の要件～地権者が7人以上集まれば組合として施行できる？

宅地について所有権または借地権を有する者が設立する土地区画整理組合は、当該権利の目的である宅地を含む一定の区域の土地について土地区画整理事業を施行することができます。

組合設立にあたっては、7 人以上**共同**して、定款と事業計画を定め、**都道府県知事の認可**を受けなければなりません。

ただし、事業計画の決定に先立って組合を設立する必要があると認める場合においては、7人以上共同して、定款と事業基本方針を定め、その組合の設立について**都道府県知事の認可**を受けることができます。

付け足し
その場合でも、後に都道府県知事の認可を受けて事業計画を定めなければなりません。
土地区画整理組合についてはその組合員の権利義務に関して詳細な規定があります。

(2)土地区画整理組合の組合員～組合には強制加入？

組合が施行する土地区画整理事業に係る施行地区内の宅地について**所有権または借地権を有する者**は、**すべてその組合の組合員**となります。

また、施行地区内の宅地について組合員の有する所有権または借地権の全部または一部を承継した者がある場合においては、その組合員がその所有権または借地権の全部または一部について組合に対して有する権利義務は、その承継した者に移転します。

(3)参加組合員～地主以外に公的機関も組合に参加できるの？

独立行政法人都市再生機構、地方住宅供給公社その他政令で定める者(地方公共団体等)であって、組合が都市計画事業として施行する土地区画整理事業に参加することを希望し、定款で定められたものは、**参加組合員**として組合の組合員となります。

(4)賦課金～工事の費用は組合員から徴収？

組合は、その事業に要する経費に充てるため、**賦課金**として**参加組合員以外の組合員に対して**金銭を賦課徴収することができます。その賦課金の額は、組合員が施行地区内に有する宅地または借地の位置、地積等を考慮して公平に定められます。

また、組合員は、賦課金の納付について、相殺をもって組合に対抗することができません。組合は、組合員が賦課金の納付を怠った場合においては、定款で定めるところにより、その組合員に対して過怠金を課することができます。

さらに、賦課金の額および**賦課徴収方法は総会の議決**を経なければなりません。なお、その際、**都道府県知事の認可は不要**です。

(5)組合の解散～借金があると勝手に解散できないの？

組合は、次の事由により解散します。

①設立についての認可の取消
②**総会の議決**
③**定款で定めた解散事由の発生**
④**事業の完成またはその完成の不能**
⑤合併
⑥事業の引継

組合は、上記の**②から④までのいずれかの事由により解散**しようとする場合においては、その解散について**都道府県知事の認可**を受けなければなりません。
ただし、その組合に**借入金があるとき**は、その解散についてその**債権者の同意**を得なければなりません。

ここではコレを覚える 過去問 12-21 17-21 20-20 21-20

□組合が施行する土地区画整理事業に係る施行地区内の宅地について所有権または借地権を有する者は、すべてその組合の組合員とする。
□組合は、その事業に要する経費に充てるため、賦課金として参加組合員以外の組合員に対して金銭を賦課徴収することができる。
□賦課金の額および賦課徴収方法は総会の議決を経なければならない（知事の認可は不要）。

2-3 その他く土地区画整理事業の施行者

頻出度 C

公的な機関が土地区画整理事業を行う場合

学習時間 15分

(1)株式会社施行～土地区画整理事業するための会社を設立？

宅地について所有権または借地権を有する者を株主とする一定の株式会社は、その所有権または借地権の目的である宅地を含む一定の区域の土地について土地区画整理事業を施行することができます。その際、規準と事業計画を定め、**都道府県知事の認可**を受けなければなりません。

(2)地方公共団体施行～地方公共団体(都道府県・市町村)もできる？

都道府県または市町村は、施行区域の土地について土地区画整理事業を施行することができます。その際、施行規程と事業計画を定め、**都道府県は国土交通大臣**の、**市町村は都道府県知事の認可**を受けなければなりません。なお、**施行区域の土地についての土地区画整理事業は、**都市計画事業として施行**します**。したがって、都道府県等が施行する土地区画整理事業は、すべて都市計画事業として施行されます。

用語

施行区域…都市計画法12条2項の規定(下記)により土地区画整理事業について都市計画に定められた施行区域をいいます。
「市街地開発事業については、都市計画に、市街地開発事業の種類、名称及び施行区域を定めるものとするとともに、施行区域の面積その他の政令で定める事項を定めるよう努めるものとする。」

(3)国土交通大臣施行～緊急の場合は国土交通大臣ができる？

国土交通大臣は、施行区域の土地について、**国の利害に重大な関係**がある土地区画整理事業で災害の発生その他特別の事情により**急施を要すると認められるもの**のうち、国土交通大臣が施行する公共施設に関する工事と併せて施行することが必要であると認められるものまたは都道府県もしくは市町村が施行することが著しく困難もしくは不適当であると認められるものについては自ら施行し、その他のものについては都道府県または市町村に施行すべきことを指示することができます。その際、施行規程と事業計画を定めなければなりません。

(4)その他施行～独立行政法人都市再生機構等もできる？

独立行政法人都市再生機構または地方住宅供給公社(機構等)は、土地区画整理事業を施行しようとする場合においては、施行規程と事業計画を定め、国土交通大臣(地方住宅供給公社で市のみが設立したものにあっては都道府県知事)の認可を受けなければなりません。

ここではコレを覚える

□施行区域の土地についての土地区画整理事業は、都市計画事業として施行する。
□地方公共団体が土地区画整理事業を施行するには、施行規程と事業計画を定め、都道府県の場合は国土交通大臣の認可、市町村の場合は都道府県知事の認可を得なければならない。

3 換地計画

頻出度 B

まずは土地区画整理事業の計画を立てます

学習時間 20分

換地計画とは、文字通り換地を行うために施行者が立てる計画で、この計画をもとにして換地処分は行われます。施行者は、施行地区内の宅地について換地処分を行うため、換地計画を定めなければなりません。
その際、施行者が個人施行者、組合、区画整理会社、市町村または機構等であるときは、その**換地計画について都道府県知事の認可**を受けなければなりません。土地区画整理法には換地計画に定める内容、その際の注意点等が多く定められています。

(1)換地照応の原則

換地計画において換地を定める場合には、換地と従前の宅地の位置、地積、土質、水利、利用状況、環境等が照応するように定めなければなりません。

(2)清算金

宅地の所有者の申出または同意があった場合には、換地計画においてその宅地の全部または一部について換地を定めないことができます。この場合には、換地計画に定めた清算金が交付されます。

清算金…換地計画において、従前の土地に対して換地計画により交付すべき換地の評定価額と、実際に交付した換地の評定価額とに差がある場合に、その差額を清算するために徴収・交付する金銭をいいます。

(3)特別の宅地に関する措置

次に掲げる施設の用に供している宅地に対しては、換地計画においてその位置、地積等に**特別の考慮を払い**、換地を定めることができます。

①鉄道、軌道、飛行場、港湾、学校、市場、と畜場、墓地、火葬場、ごみ焼却場及び防火、防水、防砂又は防潮の施設
②病院、療養所、診療所その他の医療事業の用に供する施設
③養護老人ホーム、救護施設その他の社会福祉事業の用に供する施設
④電気工作物、ガス工作物その他の公益事業の用に供する施設
⑤国又は地方公共団体が設置する庁舎、工場、研究所、試験所その他の直接その事務または事業の用に供する施設
⑥公共施設

(4)保留地

民間施行の土地区画整理事業の換地計画においては、土地区画整理事業の**施行の費用**にあてるため、または**規準、規約もしくは定款で定める目的のため**、一定の土地を換地として定めないで、その土地を保留地として定めることができます。
それに対して、**公的施行**の土地区画整理事業の換地計画においては、その土地区画整理事業の施行後の宅地の価額の総額がその土地区画整理事業の施行前の宅地の価額の総額を超える場合においては、土地区画整理事業の**施行の費用にあてるため**、その差額に相当する金額

保留地…道路等の公共物に供さなかった土地など、換地を定めず保留している土地のことです。施行者は、この保留地を処分することにより事業費などを捻出します。

超えない価額の一定の土地を換地として定めないで、その土地を保留地として定めることができます。その際、**土地区画整理審議会の同意を得なければなりません**。

ここではコレを覚える　過去問　11-21　12-21　13-20　14-20　19-20　21-20　23-20

□民間施行の場合の保留地は、施行の費用にあてるためだけでなく、規準等で定める目的のためにも活用できるが、公的施行の場合は施行の費用としてのみ活用できる。

4 仮換地の指定

頻出度 A

工事中の仮のお住まいを決めます

学習時間 30分

それはなぜ？

土地区画整理事業は、何十年という長い年月をかけて行われることが多いので、換地処分前(工事完了前)に、従前の土地に替わるものとして別の土地が必要になります。

参考資料

所有者等…その宅地について地上権、永小作権、賃借権その他の宅地を使用し、または収益することができる権利を有する者も含むという意味です。

従前地に代わって仮に使用収益することができる土地として施行者から指定された土地をいいます。一般的には将来そのまま換地となる予定の土地として定められています。

(1)仮換地①～指定をするときの手続は？

施行者は、換地処分を行う前において、土地の区画形質の変更もしくは公共施設の新設もしくは変更に係る工事のため必要がある場合または換地計画に基づき換地処分を行うため必要がある場合においては、施行地区内の宅地について仮換地を指定することができます。

	指定の要件
個人施行	従前の宅地の所有者等、及び、仮換地となるべき宅地の所有者等の同意
組合施行	**総会もしくはその部会、または総代会の同意**
会社施行	施行地区内の宅地の所有権等のそれぞれの 2/3 以上の同意
公的施行	土地区画整理審議会の意見を聴く

仮換地の指定は、その仮換地となるべき土地の所有者および従前の宅地の所有者に対し、仮換地の位置および地積ならびに仮換地の指定の効力発生の日を通知してします。

(2)仮換地②～指定されたら従前の宅地は使えないの？

従前の宅地の所有者等は、仮換地の指定の効力発生の日から換地処分の公告がある日まで、**仮換地について、従前の宅地と同じように使用・収益をすることができます**。その代わり、従前の宅地は使用・収益することができません。

また、施行者は、仮換地を指定した場合において、その仮換地に使用収益の障害となる物件があるような場合、その仮換地について使用・収益を開始することができる日を別に定めることができます。

ここではコレを覚える

過去問 11-21 13-20 15-20 16-21 18-21 23-20

□施行者は、仮換地を指定した場合において、その仮換地に使用または収益の障害となる物件が存するときその他特別の事情があるときは、その仮換地について使用または収益を開始することができる日を仮換地の指定の効力の発生の日と別に定めることができる。

5 建築行為等の制限

工事中は邪魔になる行為は規制されます

学習時間 10分

土地区画整理事業についての認可等が公告された後、**換地処分の公告がある日まで**は、施行地区内において事業の施行の障害となるおそれのある**土地の形質の変更、建築物その他の工作物の新築・改築・増築など**を行おうとする者は、国土交通大臣施行の場合は**国土交通大臣**、その他の場合は**都道府県知事等**（市の区域内において個人施行者、組合もしくは区画整理会社が施行し、または市が施行する土地区画整理事業にあっては、当該市の長）**の許可**を受けなければなりません。この規制は仮換地にも適用されます。

ここではコレを覚える 過去問 11-21 16-21 18-21 21-20 22-20

□施行地区内で土地区画整理事業の施行の障害となるおそれがある次の行為
- 土地の形質の変更
- 建築物その他の工作物の新築・改築・増築
- 移動の容易でない物件の設置・堆積

を行おうとする者は、
- 国土交通大臣施行…国土交通大臣の許可
- それ以外…都道府県知事等の許可

を受けなければならない。

6 換地処分とその効果と登記

工事が終了すると換地が割り与えられます

学習時間 60分

(1)換地処分①～土地区画整理事業の工事が完了したら？

換地処分…土地区画整理事業によって、従前の土地を新しい土地に換えることをいいます。

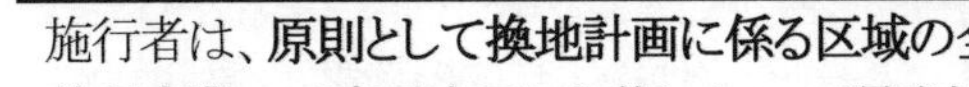

施行者は、**原則として換地計画に係る区域の全部について、土地区画整理事業の工事が完了した後**において遅滞なく、<u>**換地処分**</u>を行わなければなりません。

換地処分は、関係権利者に換地計画において定められた事項を通知して行います。そして国土交通大臣または都道府県知事は、換地処分があった旨を**公告**しなければなりません。

(2)換地処分②～換地処分の公告があるとどうなるの？

換地計画で換地を定めなかった従前の宅地については、換地処分の公告があった日が終了した時に消滅します。

<u>①従前の宅地</u>

<u>換地計画で定められた換地</u>は、**換地処分の公告があった日の翌日において、従前の宅地とみなされ**、所有権等が移転し、**清算金が確定**します。**保留地**については**施行者が取得**します。

<u>②地役権</u>

施行地区内の宅地にあった地役権は、換地処分の公告があった日の翌日以降も従前の宅地の上にあることになります。

一方、事業の施行によって**行使する利益のなくなった地役権**は、換地処分の公告があった日が終了した時において**消滅**します。

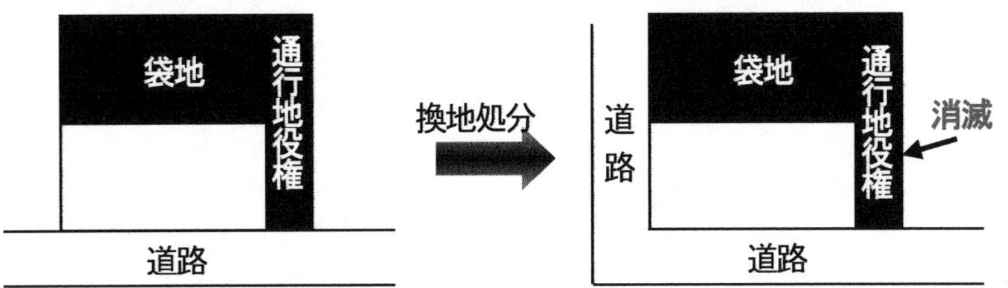

<u>③公共施設の管理</u>

事業の施行により設置された公共施設は、法律、規準(規約)、定款、施行規程に別段の定めがある場合を除き、換地処分の公告があった日の翌日に**市町村の管理**になります。

(3)換地処分③～登記所(法務局)へは誰が行くの？

施行者は、換地処分の公告があった場合には、**すぐに**その旨を、換地計画区域を管轄する**登記所に通知**しなければなりません。また、事業の施行によって施行地区内の土地や建物に変動があったときは、**遅滞なく**、その変動に係る**登記を申請または嘱託**しなければなりません。

換地処分の公告後でも、この土地区画整理事業の施行による変動の登記をするまでは、**原則として施行地区内の土地および建物につき他の登記をすることができません。**

ここではコレを覚える　過去問 13-20　14-20　15-20　19-20　21-20　22-20　23-20

□換地処分の効果

公告の日の終了時	公告の日の翌日
□仮換地の指定の効力の消滅 □建築行為等の制限の消滅 □換地を定めなかった従前の宅地に存する権利の消滅 □事業の施行により行使の利益がなくなった地役権の消滅	□換地計画で定められた換地が従前の宅地とみなされる □換地計画で定められた清算金の確定 □施行者が保留地を取得 □土地区画整理事業の施行により設置された公共施設が、その所在する市町村の管理に帰属(原則)

ここを押さえる過去問1・2・3

問 1　組合施行の土地区画整理事業において、施行地区内の宅地につ
いて所有権を有する組合員から当該所有権の一部のみを承継した
者は、当該組合員とはならない。(2006)

問 2　換地計画において換地を定める場合においては、換地及び従前
の宅地の位置、地積、土質、水利、利用状況、環境等が照応するよう
に定めなければならない。(2021)

問 3　換地計画において定められた清算金は、換地処分の公告があった
日の翌日において確定する。(2023)

問 4　個人施行者は、換地計画において、保留地を定めようとする場合に
おいては、土地区画整理審議会の同意を得なければならない。
(2013)

問 5　土地区画整理組合の設立の認可の公告があった日以後、換地処
分の公告がある日までは、施行地区内において、土地区画整理事業
の施行の障害となるおそれがある建築物の新築を行おうとする者は、
土地区画整理組合の許可を受けなければならない。(2022)

問 6　組合施行の土地区画整理事業において、定款に特別の定めがある
場合には、換地計画において、保留地の取得を希望する宅地建物取
引業者に当該保留地に係る所有権が帰属するよう定めることができる。
(2006)

問 7　施行者は、換地処分の公告があった場合において、施行地区内の
土地及び建物について土地区画整理事業の施行により変動があっ
たときは、遅滞なく、その変動に係る登記を申請し、又は嘱託しなけ
ればならない。(2023)

問 1:(×)一部でも組合員になります。 問 2:(○) 問 3:(○) 問 4:(×)個人施行の場合は必要ありません。 問 5:(×)都道府県知事等の許可です。 問 6:(×)できません。 問 7:(○)

第6章

宅地造成及び特定盛土等規制法

過去10年の出題分析

出題年 テキスト項目	14	15	16	17	18	19	20	21	22	23
第6章全体	●	●	●	●	●	●	●	●	●	●
1 宅地造成及び特定盛土等規制法の目的と規制区域	●	●			●		●	●	●	
2 許可制と届出制	●	●	●	●	●	●	●	●	●	●
3 造成宅地防災区域			●			●		●	●	●

※出題されている年度に●を記入しています。

1 宅地造成及び特定盛土等規制法の目的と用語

頻出度 A

土砂崩れや崖崩れから人命を守る法律です

学習時間 30分

(1)宅地造成及び特定盛土等規制法(盛土規制法)の目的

目的‥この法律は、宅地造成、特定盛土等または土石の堆積に伴う崖崩れまたは土砂の流出による災害の防止のため必要な規制を行うことにより、国民の生命および財産の保護を図り、もって公共の福祉に寄与することを目的とします(法1条)。

昭和 30 年代以降の経済発展は、人口と産業の都市への集中を招きました。地価は高騰し、大都市周辺部の丘陵地帯の傾斜地が比較的地価が安いため各所で宅地造成が行われるようになりました。しかし、擁壁や排水施設が不十分で粗悪な宅地も多く造成され、**昭和 36 年 6 月**に日本全国を襲った梅雨前線豪雨により、特に横浜市、神戸市の丘陵地等の**傾斜地における新規の造成宅地や宅地造成中の工事現場で、崖崩れ、土砂の流出を頻発させ、国民の生命・財産に多大な被害をもたらしました**。そこで、昭和 37 年 2 月、宅地造成に関する工事等について災害の防止のため必要な規制を行うことにより、**国民の生命・財産の保護を図り、もって公共の福祉に寄与することを目的**とする宅地造成等規制法が制定されました。

その後、平成 7 年の阪神・淡路大震災、平成 16 年の新潟県中越地震において多くの地盤災害が生じたことによって、大規模な地震時に崩落の危険性がある盛土造成地が全国に多数あることが明らかになり、平成 18 年改正により、規制区域内で行われる宅地造成に関する耐震性を確保するための技術的基準を定め、また、規制区域とは別に造成宅地防災区域を創設し、同地区内での災害の防止のための措置等を定めました。

さらに、**令和 3 年**に静岡県熱海市で大雨に伴って盛土が崩落し、大規模な土石流災害が発生したことや、危険な盛土等に関する法律による規制が必ずしも十分でないエリアが存在していること等を踏まえ、「宅地造成等規制法」を抜本的に改正し、「**宅地造成及び特定盛土等規制法**(令和 4 年5月27日公布)」とし、土地の用途にかかわらず、危険な盛土等を包括的に規制する目的で、令和5年5月26日から施行されました。

(2)目的を実現するための 3 つの区域

宅地造成及び特定盛土等規制法は、前記の目的を達成するために次の 3 つの区域を定め、一定の造成工事を規制しています。

①宅地造成等工事規制区域
②特定盛土等規制区域
③造成宅地防災区域

(3)用語の説明〜盛土規制法で使われる用語の意味は？

盛土規制法で使用されている用語は、他の法律と異なる意味で使われているものもあるので、以下、それぞれの定義を記します。

宅地…農地、採草放牧地および森林（農地等）ならびに道路、公園、河川**その他政令で定める公共の用に供する施設**の用に供されている土地（公共施設用地）以外の土地をいいます。

宅地造成…宅地以外の土地を宅地にするために行う、**一定規模以上**の盛土その他の土地の形質の変更をいいます。

特定盛土等…宅地または農地等において行う、一定規模以上の盛土その他の土地の形質の変更で、その宅地または農地等に隣接し、または近接する宅地において災害を発生させるおそれが大きいもの。たとえば、宅地を造成するための盛土・切土や、残土処分場における盛土・切土や、太陽光発電施設の設置のための盛土・切土などです。

土石の堆積…宅地または農地等において行う一定規模以上の土石の堆積（一定期間の経過後にその土石を除却するものに限る。）をいいます。たとえば、土石のストックヤードにおける仮置き等です。

災害…崖崩れまたは土砂の流出による災害をいいます。

設計…その者の責任において、設計図書（宅地造成、特定盛土等または土石の堆積に関する工事を実施するために必要な図面（現寸図その他これに類するものを除く。）および仕様書をいう。）を作成することをいいます。

工事主…宅地造成、特定盛土等もしくは土石の堆積に関する工事の請負契約の注文者または請負契約によらないで自らその工事をする者をいいます。

工事施行者…宅地造成、特定盛土等もしくは土石の堆積に関する工事の請負人または請負契約によらないで自らその工事をする者をいいます。

造成宅地…宅地造成または特定盛土等（宅地において行うものに限る。）に関する工事が施行された宅地をいいます。

砂防設備、地すべり防止施設、海岸保全施設、津波防護施設、港湾施設、漁港施設、飛行場、航空保安施設、鉄道、軌道、索道または無軌条電車の用に供する施設等と、国や地方公共団体が管理する学校、運動場、墓地等をいいます。

2 基礎調査と規制する場所の指定

全国的な地質調査を行って危険なエリアは区域指定します

学習時間 20分

全国調査によって土砂災害等が生じやすい場所を見つけ出し、規制する場所を指定します。

(1)基礎調査の実施～衛星データも活用して全国調査する？

主務大臣(国土交通大臣および農林水産大臣をいいます。以下同じです。)は、宅地造成、特定盛土等または土石の堆積に伴う災害の防止に関する基本的な方針(**基本方針**)を定めなければなりません。

都道府県(以下、指定都市または中核市の区域内の土地については、それぞれ指定都市または中核市を含む意味で使用します。)は、この基本方針に基づき、**おおむね5年ごと**に、宅地造成等工事規制区域の指定、特定盛土等規制区域の指定、および造成宅地防災区域の指定のため、また、宅地造成、特定盛土等もしくは土石の堆積に伴う災害の防止のための対策に必要な基礎調査として、宅地造成、特定盛土等または土石の堆積に伴う崖崩れまたは土砂の流出のおそれがある土地に関する地形、地質の状況等に関する調査(**基礎調査**)を行います。

都道府県は、基礎調査の結果を関係市町村長(特別区の長を含みます。)に通知するとともに、インターネット等を活用して公表しなければなりません。

参考資料

令和5年5月29日に「宅地造成、特定盛土等又は土石の堆積に伴う災害の防止に関する基本的な方針」(農林水産省、国土交通省告示第5号)が告示されています。

(2)基礎調査のための土地の立入り・障害物の伐除・土地の試掘等

①基礎調査のための土地の立入り等

都道府県知事(以下、指定都市または中核市の区域内の土地については、それぞれ指定都市または中核市の長を含む意味で使用します。)は、基礎調査のために他人の占有する土地に立ち入って測量または調査を行う必要があるときは、その必要の限度内で、他人の占有する土地に、自ら立ち入り、またはその命じた者もしくは委任した者に立ち入らせることができます。

なお、土地の占有者は、正当な理由がない限り、前記の立入りを拒み、または妨げてはなりません。

付け足し

その際、立ち入ろうとする日の3日前までに、その旨をその土地の占有者に通知しなければなりません。もし、その場所が建築物や垣(かき)、柵(さく)その他の工作物で囲まれている場合は、あらかじめ、その旨をその土地の占有者に告げなければなりません。なお、日出前および日没後においては、土地の占有者の承諾があった場合を除き、土地に立ち入ってはなりません。

②基礎調査のための障害物の伐除および土地の試掘等

基礎調査を行う者は、障害物を伐除したり、試掘等を行ったりするに際して、所有者等の同意を得ることができないときは、許可を受けて伐除・試掘等を行うことができます。

③証明書等の携帯

前記①、②の目的で、他人の占有する土地に立ち入ろうとする者、障害物を伐除しようとする者、または土地に試掘等を行おうとする者は、その身分を示す証明書を携帯しなければなりません。そして、関係人の請求があったときは、これを提示しなければなりません。

④土地の立入り等に伴う損失の補償

都道府県は、前記①、②による行為により他人に**損失を与えた**ときは、その損失を受けた者に対して、**通常生ずべき損失を補償**しなければなりません。

(3)区域の指定〜それぞれ要件が異なるの？

都道府県知事は、主務大臣が定める**基本方針**に基づき、かつ、都道府県が行う**基礎調査**の結果を踏まえ、①**宅地造成等工事規制区域**、②**特定盛土等規制区域**、③**造成宅地防災区域**を指定することができます。

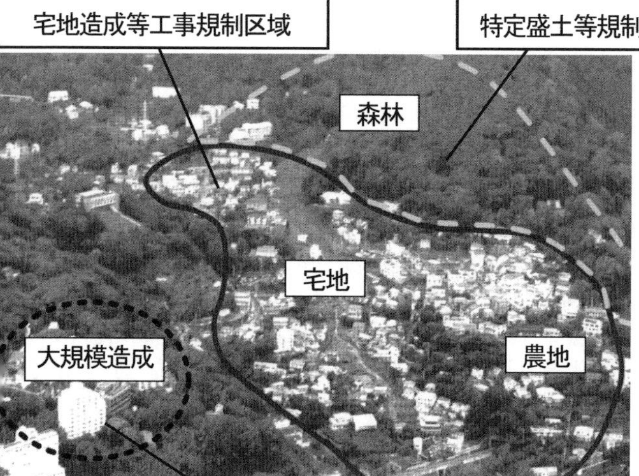

2 基礎調査と規制する場所の指定

以下、それぞれの区域の要件等について表にまとめます。

	宅地造成等工事 規制区域	特定盛土等 規制区域	造成宅地 防災区域
行為	・宅地造成 ・特定盛土等 ・土石の堆積	・特定盛土等 ・土石の堆積	・宅地造成 ・特定盛土等(宅地内で行うものに限定)
要件	上記工事に伴い、災害が生ずるおそれが大きい。	上記の工事に伴い、土地の傾斜度、渓流の位置その他の自然的条件および周辺地域における土地利用の状況その他の社会的条件からみて、これに伴う災害により、生命または身体に危害を生ずるおそれが特に大きいと認められる。	上記工事に伴い、災害で相当数の居住者等に危害を生ずるものの発生のおそれが大きい。
場所	・市街地 ・市街地となろうとする土地の区域 ・集落の区域(これらの区域に隣接し、または近接する土地の区域を含む。)	・市街地 ・市街地となろうとする土地の区域 ・集落の区域(これらの区域に隣接し、または近接する土地の区域を含む。) ・その他の区域	・一団の造成宅地(これに附帯する道路その他の土地を含む。)の区域で、政令で定める基準に該当する場所
		宅地造成等工事規制区域以外の土地に限る	

ここではコレを覚える 過去問 14-19 20-19

□都道府県知事は、規制区域の指定のため他人の占有する土地に立ち入って測量または調査を行う必要がある場合においては、その必要の限度において、他人の占有する土地に立ち入ることができる。

□土地の占有者または所有者は、正当な理由がない限り、立入りを拒み、または妨げてはならない。

3 宅地造成等工事規制区域内の規制

一定の造成工事をするには許可が必要です

学習時間 60分

以下に解説する内容はすべて宅地造成等工事規制区域内におけるものです。

(1)工事の許可～住民への周知と許可が必要？

①住民の意見の反映

工事主は、②の許可の**申請をする前**に、宅地造成等に関する工事の施行に係る土地の周辺地域の住民に対し、説明会の開催等その工事の内容を周知させるため必要な措置を講じなければなりません。

> **付け足し**
> その他、チラシの配布、インターネットでの閲覧、条例・規則の制定等があります。

②許可制

工事主は、一定規模以上の宅地造成、特定盛土等または土石の堆積(以下、宅地造成等といいます。)に関する工事をする場合、その工事に着手する前に、都道府県知事の許可を受けなければなりません(原則)。

付け足し 一定規模以上の宅地造成・特定盛土等

一定規模以上とは以下のものをいいます。

①**盛土**で**高さが 1m**を超える崖を生じるもの	②**切土**で**高さが 2m**を超える崖を生じるもの
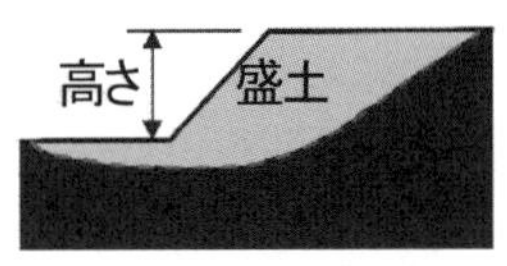 	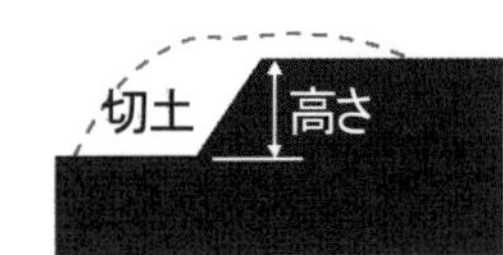
③**盛土と切土**を同時に行い、**高さが 2m**を超える崖を生じるもの(①、②を除く) 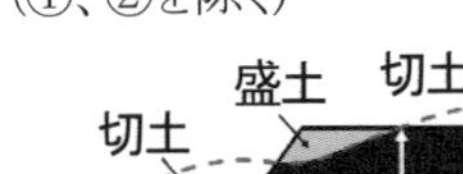 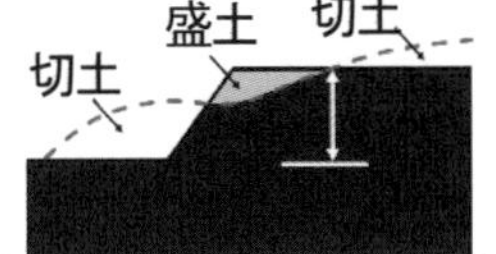	④**盛土**で**高さが 2m**を超えるもの(①、③を除く) 
⑤**盛土または切土**をする土地の**面積**が 500 ㎡を超えるもの  	

付け足し 一定規模以上の土石の堆積

一定規模以上とは以下のものをいいます。

①最大時に堆積する**高さ**が **2m** を超え、かつ面積が 300 ㎡を超えるもの	②最大時に堆積する**面積**が **50** **㎡**を超えるもの
高さ 面積	

ただし、宅地造成等に伴う災害の発生のおそれがないと認められるも
として政令で定める工事については許可を受ける必要がありません。

付け足し 許可不要となる政令で定める工事

1. 鉱山保安法、鉱業法、採石法、砂利採取法、土地改良法、火薬類締法、家畜伝染病予防法、廃棄物の処理及び清掃に関する法律、壌汚染対策法、平成二十三年三月十一日に発生した東北地方太平沖地震に伴う原子力発電所の事故により放出された放射性物質によ環境の汚染への対処に関する特別措置法に基づく一定の工事
2. 森林の施業を実施するために必要な作業路網の整備に関する工事国や地方公共団体その他（地方住宅供給公社、土地開発公社、独立政法人都市再生機構等）が非常災害のために必要な応急措置として行う工事
3. 宅地造成または特定盛土等に関する工事のうち、高さが 2m以下であって、盛土または切土をする前後の地盤面の標高の差が 30cm（都道県が規則で別に定める場合はその値）を超えない盛土または切土の事
4. 土石の堆積を行う土地の面積が 300 ㎡を超えないもの、土石の堆を行う土地の地盤面の標高と堆積した土石の表面の標高との差30cm（都道府県が規則で別に定める場合はその値）を超えないもの工事の施行に付随して行われるその工事で使用・発生の土石を工事場やその付近に堆積する工事

③許可基準

都道府県知事は、②の許可の申請が次の基準に適合しないと認めると
またはその申請の手続がこの法律もしくはこの法律に基づく命令の規
に違反していると認めるときは、許可をしてはなりません。

1. 申請に係る宅地造成等に関する工事の計画が、政令等で定める技術的基準に従い、擁壁、排水施設等（擁壁等）の設置その他宅地

造成等に伴う災害を防止するため必要な措置が講ぜられたものであること。
2. 工事主に当該宅地造成等に関する工事を行うために必要な資力および信用があること。
3. 工事施行者に当該宅地造成等に関する工事を完成するために必要な能力があること。
4. 当該宅地造成等に関する工事をしようとする土地の区域内の土地について所有権、地上権、質権、賃借権、使用貸借による権利またはその他の使用および収益を目的とする権利を有する者の全ての同意を得ていること。

④条件

都道府県知事は、許可に、工事の施行に伴う災害を防止するため必要な条件を付けることができます。

⑤公表と通知

都道府県知事は、②の許可をしたときは、速やかに、工事主の氏名または名称、宅地造成等に関する工事が施行される土地の所在地等を、インターネット等を利用して**公表**するとともに、**関係市町村長に通知**しなければなりません。

(2)宅地造成等に関する工事の技術的基準等～深入り注意

宅地造成等に関する工事は、政令等で定める技術的基準に従い、擁壁、排水施設その他の政令で定める施設（擁壁等）の設置その他宅地造成等に伴う災害を防止するため必要な措置が講ぜられたものでなければなりません。

この措置の中でも、①高さが 5mを超える擁壁の設置や、②盛土または切土をする土地の面積が 1,500 ㎡を超える土地における排水施設の設置工事は、一定の資格を有する者の設計によらなければなりません。

(3)許可証の交付または不許可の通知

都道府県知事は、前記(1)②の許可の申請があったときは、遅滞なく、許可または不許可の処分をしなければなりません。そして、申請者に対して、許可したときは許可証を交付し、不許可にしたときは文書をもってその旨を通知しなければなりません。

宅地造成等に関する工事は、許可証の交付を受けた後でなければできません。

(4)許可の特例～許可があったとみなされる2パターン

①国・地方公共団体の特例

国または都道府県、指定都市もしくは中核市が行う**宅地造成等**に関する工事については、これらの者と都道府県知事との**協議が成立**することをもって(1)②の許可があったものとみなされます。

②開発許可の特例

宅地造成または特定盛土等についてその宅地造成等工事規制区域の指定後に都市計画法 29 条 1 項または 2 項の許可(開発行為の許可)を受けたときは、その工事については、(1)②の許可を受けたものとみなされます。

(5)変更の許可または届出～工事計画の変更は許可が原則？

(1)②の許可を受けた者は、その許可に係る宅地造成等に関する工事の**計画の変更**をしようとするときは、**原則として**、都道府県知事の**許可**を受けなければなりません。

ただし、**軽微な変更**の場合は許可を受ける必要はありませんが、**遅滞なく**、その旨を都道府県知事に**届け出なければなりません。**

具体例

①工事主、設計者または工事施行者の氏名や名称または住所の変更、②工事の着手予定年月日または工事の完了予定年月日の変更等です。なお、土石の堆積に関する工事については、変更後の工事予定期間(着手予定年月日から完了予定年月日までの期間)が変更前の工事予定期間を超えないものに限ります。

(6)完了検査等～工事が終わったら？

①検査の申請

宅地造成または特定盛土等**に関する工事**について、(1)②の許可を受けた者は、工事を完了したときは、工事が完了した日から4 日以内に、その工事が、擁壁等の設置その他宅地造成等に伴う災害を防止するため必要な措置が講ぜられたものかどうかについて、都道府県知事の**検査を申請**しなければなりません。

都道府県知事は、検査の結果、問題がないと認めた場合には、検査済証を交付しなければなりません。

②確認の申請

土石の堆積に関する工事について許可を受けた者は、その許可に係る工事(堆積した全ての土石を除却するものに限ります。)を完了したときは、工事が完了した日から4 日以内に、堆積されていた全ての土石の除却が行われたかどうかについて、都道府県知事の**確認を申請**しなければなりません。

都道府県知事は、確認の結果、堆積されていた全ての土石が除却されたと認めた場合には、確認済証を交付しなければなりません。

(7)中間検査～特定工程を含むと中間検査が必要？

(1)②の許可を受けた者は、**一定規模以上の**宅地造成または特定盛土等に関する工事が**特定工程**を含む場合において、その特定工程に係る工事を終えたときは、その都度、それを終えた日から4 日以内に、都道府県知事の検査を申請しなければなりません。

都道府県知事は、検査の結果、その特定工程に係る工事に問題がないと認めた場合には、中間検査合格証を交付しなければなりません。

8)定期の報告～条例で厳しくすることができる？

1)②の許可(一定規模以上の宅地造成または特定盛土等や土石の堆積)を受けた者は、3か月ごとに、その許可に係る宅地造成等に関する工事の実施の状況等を都道府県知事に報告しなければなりません。

都道府県は、その報告について、宅地造成等に伴う災害を防止するために必要があると認める場合、条例でその規模や期間をより厳しくしたり、報告事項を追加したりすることができます。

宅地造成等工事規制区域まとめ》

	許可	中間検査	定期報告	完了検査
盛土・切土	盛土:1m超崖 切土:2m超崖 盛土切土:2m超崖 盛土:2m 盛土切土:500 m²超	盛土:2m超崖 切土:5m超崖 盛土切土:5m超崖 盛土:5m 盛土切土:3,000 m²超	同左	許可対象すべて
土石の堆積	高さ:2m超&面積:300 m²超 面積500 m²超	―	高さ:5m超&面積:1,500 m²超 面積3,000 m²超	

9)監督処分

都道府県知事は、不正な手段等で許可を受けた者や条件に違反した者に対して、その許可を取り消すことができます。

10)工事等の届出～届出が必要な場合もある？

①工事開始後の指定

宅地造成等工事規制区域の指定の際、その区域内において行われている宅地造成等に関する工事の工事主は、その指定があった日から21日以内に、都道府県知事に届け出なければなりません。

都道府県知事は、この届出を受理したときは、速やかに、工事主の氏名または名称、宅地造成等に関する工事が施行される土地の所在地等を、インターネット等を利用して公表するとともに、関係市町村長に通知しなければなりません。

②擁壁等の除去工事

宅地造成等工事規制区域内の土地(公共施設用地を除く。)において、**擁壁もしくは崖面崩壊防止施設**で高さが**2mを超える**もの、地表水等を排除するための排水施設または地滑り抑止ぐい等の全部または一部の除却の工事を行おうとする者は、その工事に着手する日の14日前までに、その旨を都道府県知事に届け出なければなりません。

付け足し

一定規模以上の宅地造成または特定盛土等とは…

①盛土の場合は高さが2mを超える崖を生ずることとなるもの、②切土の場合は高さが5mを超える崖を生ずることとなるもの、③盛土と切土とを同時にする場合は高さが5mを超える崖を生ずることとなるもの、④ ①③に該当しない盛土で高さが5mを超えるもの、⑤前記のいずれにも該当しない盛土または切土でその土地の面積が3,000 m²を超えるものをいいます。

特定工程とは…

盛土をする前の地盤面または切土をした後の地盤面に排水施設を設置する工事の工程をいいます。

一定規模以上の土石の堆積とは…

①高さが5mを超える土石の堆積でその土地の面積が1,500 m²を超えるもの、または② ①以外で土石の堆積を行う土地の面積が3,000 m²を超えるものをいいます。

③転用

公共施設用地を**宅地または農地等に転用**した者は、その転用した日から 14 日以内に、その旨を都道府県知事に届け出なければなりません。

(11)土地の保全等・改善命令～所有者等は保全の努力義務がある？

土地の所有者、管理者または占有者は、宅地造成等(宅地造成等工事規制区域の指定前に行われたものを含む。)に伴う災害が生じないよう、その土地を常時安全な状態に維持するように努めなければなりません。

都道府県知事は、宅地造成等に伴う災害の防止のため必要があると認める場合においては、土地の所有者、管理者、占有者、工事主または工事施行者に対し、擁壁等の設置または改造その他宅地造成等に伴う災害の防止のため必要な措置をとることを勧告することができます。

都道府県知事は、必要な措置がとられておらず、放置すると宅地造成等に伴う災害の発生のおそれが大きいと認められるものがある場合等においては、土地所有者等に対して、擁壁等の設置・改造、地形や盛土の改良、土石の除却のための工事を行うことを命ずることができます。

(12)立入検査と報告の徴収

都道府県知事は、必要な限度で、その職員に、対象となる土地に立ち入り、その宅地造成等に関する工事の状況を検査させることができます。また、土地の所有者等に対して、工事の状況について報告を求めることができます。

ここではコレを覚える 過去問 12-20 13-19 14-19 15-19 16-20 17-2 18-20 19-19 20-19 21-19 22-19 23-19

□工事主は、許可の申請をする前に、宅地造成等に関する工事の施行に係る土地の周辺地域の住民に対し、説明会の開催等その工事の内容を周知させるため必要な措置を講じなければならない。

□完了検査・確認の申請も、中間検査の申請も、工事終了か特定工程を終えた日から 4 日以内に都道府県知事に行う。定期の報告は原則として 3 か月ごとである。

□宅地の所有者、管理者または占有者は、宅地造成等(規制区域の指定前に行われたものを含む)に伴う災害が生じないよう、その宅地を常時安全な状態に維持するように努めなければならない。

□次の場合は都道府県知事等へ届出が必要。

①規制区域指定前に工事を開始⇒指定があった日から 21 日以内

②2m超の擁壁・排水施設の除却工事⇒工事に着手する日の 14 日前まで

③公共施設用地を宅地または農地等に転用⇒転用した日から 14 日以内

4 特定盛土等規制区域内の規制

住宅地以外の森林等でも規制がかかります

学習時間 40分

以下に解説する内容はすべて特定盛土等規制区域内におけるものです。

(1)特定盛土等または土石の堆積に関する工事の届出等

①工事の届出

工事主は、特定盛土等または土石の堆積に関する工事に着手する日の30日前までに、その工事の計画を都道府県知事に届け出なければなりません(原則)。

なお、特定盛土等について都市計画法29条1項または2項の許可(開発行為の許可)の申請をしたときは、その工事については、届出をしたものとみなされます。

> **付け足し**
> 例外として、特定盛土等または土石の堆積に伴う災害の発生のおそれがないと認められるものとして政令で定める工事(宅地造成等工事規制区域内の許可不要のものと同じです。3(1)②「付け足し」を参照。)については届け出る必要がありません。

②届出後の措置

都道府県知事は、この届出を受理したときは、速やかに、工事主の氏名または名称、特定盛土等または土石の堆積に関する工事が施行される土地の所在地等をインターネット等を利用して**公表**するとともに、関係市町村長に**通知**しなければなりません。

都道府県知事は、届出に係る工事の計画について、災害の防止のため必要があると認めるときは、届出を受理した日から30日以内に限り、**計画の変更**その他必要な措置をとるべきことを**勧告**することができます。

都道府県知事は、勧告を受けた者が、正当な理由がなく、その勧告に係る措置をとらなかったときは、その者に対し、相当の期限を定めて、勧告に係る措置をとるべきことを命ずることができます。

(2)変更の届出等～30日前に変更の届け出が必要？

(1)の届出をした者は、その届出に係る特定盛土等または土石の堆積に関する工事の計画の変更(軽微な変更を除きます。)をしようとするときは、変更後の工事に着手する日の30日前までに、変更後の工事の計画を都道府県知事に届け出なければなりません。

なお、前記(1)②の届出後の措置は、変更の届出にも適用されます。

(3)特定盛土等または土石の堆積に関する工事の許可

①住民への周知

工事主は、特定盛土等または土石の堆積に関する工事の許可の申請をするときは、あらかじめ、特定盛土等または土石の堆積に関する工事の施行に係る土地の周辺地域の住民に対し、説明会の開催等その工事の内容を周知させるため必要な措置を講じなければなりません。

> **付け足し**
> その他、チラシの配布、インターネットでの閲覧、条例・規則の制定等があります。

②許可制

特定盛土等または**土石の堆積**で、大規模な崖崩れまたは土砂の流出を生じさせるおそれが大きいものとして<u>政令で定める規模の工事</u>については、工事主は、その工事に着手する前に、都道府県知事の許可を受けなければなりません(原則)。

政令で定める規模の工事

(宅地造成等工事規制区域における中間検査が必要な規模と同じです。3(7)付け足し参照。)

宅地造成または**特定盛土等**の場合は、

①**盛土**で**高さが** 2mを超える崖を生じるもの 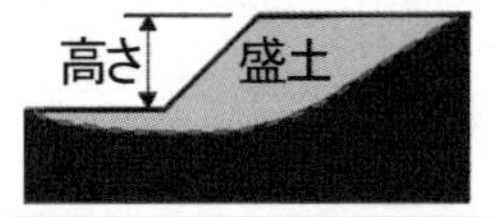	②**切土**で**高さが** 5mを超える崖を生じるもの 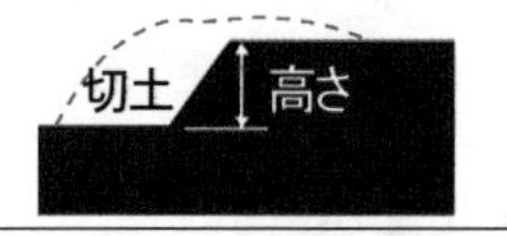
③**盛土**と**切土**を同時に行い、**高さが** 5mを超える崖を生じるもの (①、②を除く) 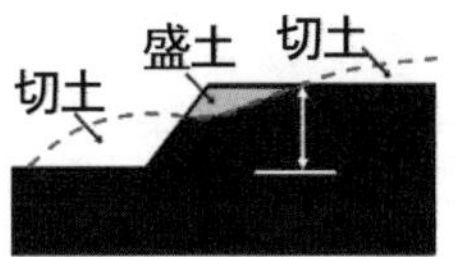	④**盛土**で**高さが** 5mを超えるもの (①、③を除く) 
⑤**盛土**または**切土**をする土地の**面積**が 3,000 ㎡を超えるもの 	

土石の堆積の場合は、

①最大時に堆積する**高さ**が 5mを超え、かつ面積が 1,500 ㎡を超えるもの 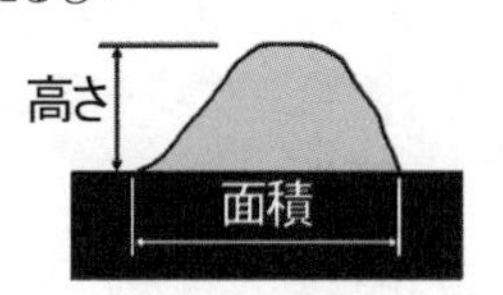	②最大時に堆積する**面積**が 3,000 ㎡を超えるもの 

ただし、特定盛土等または土石の堆積に伴う災害の発生のおそれがないと認められるものとして**政令で定める工事**(宅地造成等工事規制区域における許可不要の例外と同じです。3(1)②「付け足し」を参照。)については、許可不要です。

③許可基準

許可基準は、**宅地造成等工事規制区域における許可基準とほぼ同じ内容**となっています(3(1)③を参照。)

④条件

都道府県知事は、②の許可に、工事の施行に伴う災害を防止するため必要な条件を付することができます。

⑤公表・通知

都道府県知事は、②の許可をしたときは、速やかに、工事主の氏名又は名称、特定盛土等または土石の堆積に関する工事が施行される土地の所在地等をインターネット等を利用して**公表**するとともに、関係市町村長に**通知**しなければなりません。

⑥届出不要

②の許可を受けた者は、当該許可に係る工事については、(1)の届出をする必要はありません。

(4)特定盛土等または土石の堆積に関する工事の技術的基準等

特定盛土等または土石の堆積に関する工事は、政令等で定める技術的基準に従い、擁壁等の設置その他特定盛土等または土石の堆積に伴う災害を防止するため必要な措置が講ぜられたものでなければなりません。その措置のうち政令等で定める工事は、一定の資格を有する者の設計によらなければなりません。

(5)条例で定める特定盛土等または土石の堆積の規模

都道府県は、(3)②の許可について、特定盛土等または土石の堆積に伴う災害を防止するために必要があると認める場合においては、条例でその規模をより厳しくすることができます。

(6)許可証の交付または不許可の通知

宅地造成等工事規制区域における許可証の交付または不許可の通知(3(3)参照)と同じです。

(7)許可の特例～許可があったとみなされる2パターン

宅地造成等工事規制区域における許可の特例(3(4)参照)と同じです。

(8)変更の許可または届出～工事計画の変更は許可が原則？

宅地造成等工事規制区域における変更の許可または届出(3(5)参照)と同じです。

(9)完了検査等～工事が終わったら？

宅地造成等工事規制区域における完了検査等(3(6)参照)と同じです。

(10)中間検査～特定工程を含むと中間検査が必要？

宅地造成等工事規制区域における中間検査(3(7)参照)と同じです。

(11)定期の報告～条例で厳しくすることができる？

宅地造成等工事規制区域における定期の報告(3(8)参照)と同じです。

《特定盛土等規制区域内まとめ》

	届出	許可	中間検査	定期報告	完了検査
盛土切土	盛土:1m超崖 切土:2m超崖 盛土切土:2m超崖 盛土:2m 盛土切土:500 m²超	盛土:2m超崖 切土:5m超崖 盛土切土:5m超崖 盛土:5m 盛土切土:3,000 m²超	許可対象すべて		
土石の堆積	高さ:2m超&面積:300 m²超 面積500 m²超	高さ:5m超&面積:1,500 m²超 面積3,000 m²超	—	許可対象すべて	

(12)監督処分

宅地造成等工事規制区域における監督処分(3(9)参照)と同じです。

(13)工事等の届出～届出が必要な場合もある？

宅地造成等工事規制区域における工事等の届出(3(10)参照)と同じです

(14)土地の保全等・改善命令～所有者等は保全の努力義務がある？

宅地造成等工事規制区域における土地の保全等・改善命令(3(11)参照と同じです。

(15)立入検査と報告の徴収

宅地造成等工事規制区域における立入検査と報告の徴収(3(12)参照)同じです。

ここではコレを覚える

□工事主は、特定盛土等規制区域内において行われる特定盛土等または土石の堆積に関する工事に着手する日の30日前までに、その工事の計画を都道府県知事に届け出なければならない(原則)。

□特定盛土等または土石の堆積で、大規模な崖崩れまたは土砂の流出を生じさせるおそれが大きいものとして政令で定める規模の工事については、工事主は、その工事に着手する前に、都道府県知事の許可を受けなければならない(原則)。

□許可が必要な規模は、【宅地造成または特定盛土等の場合】は、①盛土でその土地の部分に高さが2mを超える崖を生ずる、②切土でその土地の部分に高さが5mを超える崖を生ずる、③盛土と切土とを同時にする場合で、その土地の部分に高さが5mを超える崖を生ずる(前記のものを除く。)、④高さ5mを超える盛土、⑤前記いずれにも該当しない盛土または切土でその土地の面積が3,000 m²を超える、【土石の堆積の場合】は、①高さが5mを超える土石の堆積でその土石の堆積を行う土地の面積が1,500 m²を超えるもの、②土石の堆積を行う土地の面積が3,000 m²を超えるもの、である。

5 造成宅地防災区域内の規制

地震などから街を守るための規制です

学習時間 20分

以下に解説する内容はすべて造成宅地防災区域内におけるものです。

(1) 造成宅地防災区域の指定と解除～大規模造成地に指定する？

①指定

都道府県知事は、基本方針に基づき、かつ、基礎調査の結果を踏まえ、目的を達成するために必要があると認めるときは、関係市町村長の意見を聴いたうえで、宅地造成または特定盛土等に伴う災害で相当数の居住者等に危害を生ずるものの発生のおそれが大きい一団の造成宅地（これに附帯する道路その他の土地を含み、宅地造成等工事規制区域内の土地を除く。）の区域であって政令で定める基準に該当するものを、造成宅地防災区域として指定することができます。

法律の目的を達成するため必要な最小限度のものでなければなりません。
なお、都道府県知事は、指定をするときは、その区域を公示するとともに、その旨を関係市町村長に通知しなければなりません。公示すると効力を生じます。
また、市町村長は、宅地造成等に伴い市街地等区域において災害が生ずるおそれが大きいため指定をする必要があると認めるときは、その旨を都道府県知事に申し出ることができます。

付け足し 政令で定める基準

造成宅地防災区域に指定できる場所は、一定規模以上の形状で、計算によって危険と確認できる造成宅地と、既に危険な事象が生じている造成宅地（大規模盛土造成地）等です。そして、大規模盛土造成地とは、「盛土をした土地の面積が 3,000 ㎡以上である場所」（谷埋め型大規模盛土造成地）、または、「盛土をする前の地盤面が水平面に対し 20 度以上の角度をなし、かつ、盛土の高さが 5m以上である場所」（腹付け型大規模盛土造成地）をいいます。

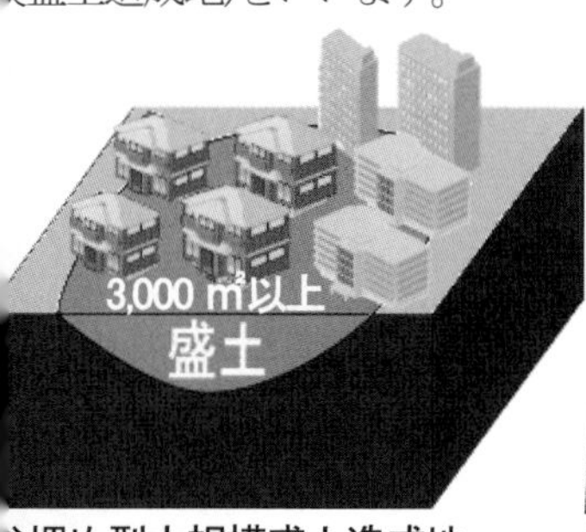

谷埋め型大規模盛土造成地

盛土
高さ
5m以上
20° 以上

腹付け型大規模盛土造成地

②指定の解除

都道府県知事は、擁壁等の設置または改造その他災害の防止のため必要な措置を講ずることにより、造成宅地防災区域の全部または一部についてその**指定の事由がなくなったと認めるとき**は、**防災区域の全部または一部についてその指定を解除します。**

(2)災害の防止のための措置～所有者等に求められる努力がある？

造成宅地防災区域内の造成宅地の**所有者、管理者または占有者**は、**災害が生じないよう**、その造成宅地について擁壁等の設置または改造その他必要な措置を講ずるように努めなければなりません。

また、都道府県知事は、造成宅地防災区域内の造成宅地について、災害の防止のため必要があると認める場合、その造成宅地の**所有者、管理者または占有者に対し**、擁壁等の設置または改造その他災害の**防止のため必要な措置をとることを勧告することができます。**

(3)改善命令～区域内でも知事から命令されるの？

都道府県知事は、造成宅地で、必要な擁壁等が設置されておらず、または極めて不完全であるために、これを放置するときは、一定の限度で、その造成宅地または擁壁等の**所有者、管理者または占有者（造成宅地所有者等）に対して**、相当の猶予期限を付けて、擁壁等の設置もしくは改造または地形もしくは盛土の改良のための**工事を行うことを命ずることができます。**

さらに、造成宅地所有者等以外の者の宅地造成または特定盛土等に関する不完全な工事その他の行為によって災害の発生のおそれが生じたことが明らかであり、その行為をした者（その行為が隣地における土地の形質の変更であるときは、その土地の所有者を含む。）に工事の全部またはー部を行わせることが相当であると認められ、かつ、これを行わせることについて造成宅地所有者等に異議がないときは、都道府県知事は、その行為をした者に対して、工事の全部または一部を行うことを命ずることができます。

ここではコレを覚える　過去問　11-20　12-20　16-20　19-19　21-19　22-19　23-19

□都道府県知事は、関係市町村長の意見を聴いて、宅地造成等に伴う災害で相当数の居住者その他の者に危害を生ずるものの発生のおそれが大きい一団の造成宅地の区域であって政令で定める基準に該当するものを、造成宅地防災区域として指定することができる。ただし、規制区域内の土地に重ねて指定することはできない。

第 7 章
その他法令上の制限

過去 10 年の出題分析

出題年 テキスト項目	14	15	16	17	18	19	20	21	22	23
第 7 章全体	●			●						

※出題されている年度に●を記入しています。

1 許可主体等が知事等によるもの

頻出度 C

その他重要事項説明書面に記載が必要な法令です

学習時間 20分

(1)都市緑地法

①緑地保全地域における行為の届出等

緑地保全地域内において、建築物その他の工作物の新築、改築または増築、宅地の造成、土地の開墾、土石の採取、鉱物の掘採その他の土地の形質の変更等をしようとする者は、原則として、国土交通省令で定めるところにより、あらかじめ、**都道府県知事(市の区域内にあってはその市長)にその旨を届け出なければなりません。**

②特別緑地保全地区における行為の制限

特別緑地保全地区内において、建築物その他の工作物の新築、改築または増築、宅地の造成、土地の開墾、土石の採取、鉱物の掘採その他の土地の形質の変更等をしようとする者は、原則として**都道府県知事(市の区域内にあってはその市長)の許可を受けなければなりません。**

(2)大都市地域における住宅及び住宅地の供給の促進に関する特別措置法

土地区画整理促進区域内・住宅街区整備促進区域内において、土地の形質の変更や建築物の新築・改築・増築をしようとする者は、原則として、**都道府県知事(市の区域内にあってはその市長)の許可を受けなければなりません。**

(3)被災市街地復興特別措置法

被災市街地復興推進地域内において、都市計画にそれが定められた日までに、土地の形質の変更または建築物の新築、改築もしくは増築をしようとする者は、原則として、国土交通省令で定めるところにより、**都道府県知事(市の区域内にあっては、当該市の長)の許可を受けなければなりません。**

(4)都市再開発法

市街地再開発促進区域内において、一定の建築物(主要構造部が木造、鉄骨造・コンクリートブロック造その他これらに類する構造であって、階数が2以下で、かつ地階を有しない建築物で容易に移転し、または除却することができるもの)の建築をしようとする者は、原則として、**都道府県知事(市の区域内にあってはその市の長)の許可を受けなければなりません。**

5)密集市街地における防災街区の整備の促進に関する法律

①防災街区整備地区計画の区域内における行為の届出等

一定の防災街区整備地区計画の区域内において、土地の区画形質の変更、建築物等の新築、改築または増築その他政令で定める行為をしようとする者は、原則として、その行為に着手する日の30日前までに、国土交通省令で定めるところにより、行為の種類、場所、設計または施行方法、着手予定日その他国土交通省令で定める事項を**市町村長に届け出なければなりません。**

②防災街区整備事業の施行地区内における建築行為等の制限

防災街区整備事業の施行地区内において防災街区整備事業の施行の障害となるおそれがある土地の形質の変更、建築物等の新築・増改築、または政令で定める移動の容易でない物件の設置・堆積を行おうとする者は、原則として、**都道府県知事（市の区域内にあってはその市の長）の許可を受けなければなりません。**

6)公有地の拡大の推進に関する法律

一定の都市計画施設の区域内に所在する土地、都市計画区域内の道路法により道路の区域として決定された区域内に所在する土地・都市公園法により都市公園を設置すべき区域として決定された区域内に所在する土地・河川法により河川予定地として指定された土地等を所有する者がその土地を有償で譲り渡そうとする場合は、原則として、その土地の所在および面積、その土地の譲渡予定価額、その土地を譲り渡そうとする相手方その他主務省令で定める事項を、主務省令で定めるところにより、**その土地が町村の区域内に所在する場合にあってはその町村の長を経由して都道府県知事に、その土地が市の区域内に所在する場合にあってはその市の長に届け出なければなりません。**

7)津波防災地域づくりに関する法律

①津波防護施設区域における行為の制限

津波防護施設区域内の土地において、津波防護施設以外の施設または工作物の新築または改築、土地の掘削、盛土または切土、津波防護施設の保全に支障を及ぼすおそれがあるものとして政令で定める行為をしようとする者は、原則として、国土交通省令で定めるところにより、津波防護施設管理者の許可を受けなければなりません。

②行為の届出等

指定津波防護施設について、その改築または除却、その敷地である土地の区域における土地の掘削、盛土または切土その他土地の形状を変更する行為をしようとする者は、原則として、その行為に着手する日の30日前までに、国土交通省令で定めるところにより、行為の種類、場所、設計または施行方法、着手予定日その他国土交通省令で定める事項を**都道府県知事に届け出なければなりません。**

③指定避難施設に関する届出

指定避難施設の管理者は、当該指定避難施設を廃止し、または改築その他の事由により当該指定避難施設の現状に政令で定める重要な変更を加えようとするときは、内閣府令・国土交通省令で定めるところにより**市町村長に届け出なければなりません。**

④特定開発行為の制限

特別警戒区域内において、政令で定める土地の形質の変更を伴う開発行為で当該開発行為をする土地の区域内において建築が予定されている建築物の用途が制限用途であるものをしようとする者は、原則として、あらかじめ、**都道府県知事（指定都市・中核市の区域内にあっては、それぞれの長）の許可を受けなければなりません。**

(8)地すべり等防止法

①地すべり防止区域における行為の制限

地すべり防止区域内において、地下水を誘致し、または停滞させる行為で地下水を増加させるもの、地下水の排水施設の機能を阻害する行為その他地下水の排除を阻害する行為（政令で定める軽微な行為を除く）、地表水を放流し、または停滞させる行為その他地表水のしん透を助長する行為（政令で定める軽微な行為を除く）、のり切または切土で政令で定めるもの、ため池、用排水路その他の地すべり防止施設以外の施設または工作物で政令で定めるものの新築または改良等に該当する行為をしようとする者は、原則として、**都道府県知事の許可を受けなければなりません。**

②ぼた山崩壊防止区域における行為の制限

ぼた山崩壊防止区域内において、立木竹の伐採（間伐、択伐その他政令で定める軽微な行為を除く）または樹根の採取、木竹の滑下または地引による搬出、のり切または切土、土石の採取または集積、掘さくまたは石炭その他の鉱物の掘採で、ぼた山の崩壊の防止を阻害し、またはぼた山の崩壊を助長し、もしくは誘発する行為等に該当する行為をしようとする者は、原則として、**都道府県知事の許可を受けなければなりません。**

9)急傾斜地の崩壊による災害の防止に関する法律

急傾斜地崩壊危険区域内においては、水を放流し、または停滞させる行為その他水のしん透を助長する行為、ため池、用水路その他の急傾斜地崩壊防止施設以外の施設または工作物の設置または改造、のり切、切土、掘さくまたは盛土、立木竹の伐採、木竹の滑下または地引による搬出、土石の採取または集積をしようとする者は、原則として、**都道府県知事の許可を受けなければなりません。**

10)土砂災害警戒区域等における土砂災害防止対策の推進に関する法律

土砂災害特別警戒区域内において、都市計画法の開発行為で、開発区域内の予定建築物が学校などの制限用途であるもの（特定開発行為）をしようとする者は、原則として**都道府県知事の許可を受けなければなりません。**

11)森林法

①地域森林計画の対象となっている民有林における開発行為の制限

地域森林計画の対象となっている民有林において開発行為をしようとする者は、原則として**都道府県知事の許可を受けなければなりません。**

②保安林または保安施設地区における一定の行為の制限

保安林または保安施設地区において立木の伐採や土地の形質を変更する行為（土石の採掘等）などをしようとする者は、原則として、**都道府県知事の許可を受けなければなりません。**

12)土地収用法

一定の公共の利益となる事業の認定の告示があった後、起業地について明らかに事業に支障を及ぼすような形質の変更をしようとする者は、**都道府県知事の許可を受けなければなりません。**

13)土壌汚染対策法

①要措置区域内における土地の形質の変更の禁止

要措置区域内においては、何人も、原則として、**土地の形質の変更をしてはなりません。**

②形質変更時要届出区域内における土地の形質の変更の届出

形質変更時要届出区域内において土地の形質の変更をしようとする者は、原則として、当該土地の形質の変更に着手する日の 14 日前までに、環境省令で定めるところにより、当該土地の形質の変更の種類、場所、施行方法および着手予定日その他環境省令で定める事項を**都道府県知事に届け出なければなりません。**

2 許可主体等が知事等以外によるもの

特殊な許可主体の法令です

学習時間 30分

(1) 生産緑地法

生産緑地地区内において、建築物その他の工作物の新築、改築または増築、宅地の造成、土石の採取その他の土地の形質の変更、水面の埋立てまたは干拓をしようとする者は、原則として、**市町村長の許可を受けなければなりません。**

(2) 地域における歴史的風致の維持及び向上に関する法律

①歴史的風致形成建造物の増築等の届出及び勧告等

歴史的風致形成建造物の増築、改築、移転または除却をしようとする者は、原則として、その増築、改築、移転または除却に着手する日の30日前までに、主務省令で定めるところにより、行為の種類、場所、着手予定日その他主務省令で定める事項を**市町村長に届け出なければなりません。**

②歴史的風致維持向上地区計画の区域における行為の届出及び勧告等

歴史的風致維持向上地区計画の区域（歴史的風致維持向上地区整備計画が定められている区域に限る）内において、土地の区画形質の変更、建築物等の新築、改築または増築その他政令で定める行為をしようとする者は、原則として、その行為に着手する日の30日前までに、国土交通省令で定めるところにより、行為の種類、場所、設計または施行方法、着手予定日その他国土交通省令で定める事項を**市町村長に届け出なければなりません。**

(3) 港湾法

港湾区域内においてまたは港湾区域に隣接する地域であって港湾管理者が指定する区域内において一定の行為をしようとする者は、原則として**港湾管理者の許可を受けなければなりません。**

(4) 自然公園法

国立公園または国定公園内の特別地域・特別保護地区内（特に必要があるときに、特別地域内に指定する地区）において工作物の新築・改築・増築や土地の形状の変更等の行為をしようとする者は、原則として**国立公園にあっては環境大臣の、国定公園にあっては都道府県知事**

の**許可**を受けなければなりません。

なお、特別保護地区内においては、木竹の損傷・植栽やたき火等をする場合にも、原則として都道府県知事等の許可が必要となります。

(5)河川法

①工作物の新築等の許可

河川区域内の土地において工作物を新築し、改築し、または除却しようとする者は、原則として、国土交通省令で定めるところにより、**河川管理者の許可**を受けなければなりません。河川の河口附近の海面において河川の流水を貯留し、または停滞させるための工作物を新築し、改築し、または除却しようとする者も同様です。

②土地の掘削等の許可

河川区域内の土地において土地の掘削、盛土もしくは切土その他土地の形状を変更する行為または竹木の栽植もしくは伐採をしようとする者は、原則として、国土交通省令で定めるところにより、**河川管理者の許可**を受けなければなりません。

③河川保全区域における行為の制限

河川保全区域内において、土地の掘さく、盛土または切土その他土地の形状を変更する行為、工作物の新築または改築をしようとする者は、原則として、国土交通省令で定めるところにより、**河川管理者の許可を受けなければなりません。**

④河川予定地における行為の制限

河川予定地において、土地の掘さく、盛土または切土その他土地の形状を変更する行為、工作物の新築または改築をしようとする者は、原則として、国土交通省令で定めるところにより、**河川管理者の許可を受けなければなりません。**

⑤河川保全立体区域における行為の制限

河川保全立体区域内において、土地の掘削、盛土または切土その他土地の形状を変更する行為、工作物の新築、改築または除却、載荷重が1㎡につき政令で定める重量以上の土石その他の物件の集積をしようとする者は、原則として、国土交通省令で定めるところにより、**河川管理者の許可を受けなければなりません。**

⑥河川予定立体区域における行為の制限

河川予定立体区域内において、土地の掘削、盛土、切土その他土地の形状を変更する行為、工作物の新築または改築をしようとする者は、原則として、国土交通省令で定めるところにより、**河川管理者の許可を受けなければなりません。**

(6)海岸法

海岸保全区域内において、土石（砂を含む）の採取、水面または公共海岸の土地以外の土地における他の施設等の新設または改築、土地の掘削・盛土・切土その他政令で定める行為をしようとする者は、原則として、主務省令で定めるところにより、**海岸管理者の許可を受けなければなりません。**

(7)道路法

道路予定区域内において土地の形質の変更、工作物の新築・改築・増築・大修繕または物件の付加増置をしようとする者は、原則として**道路管理者の許可を受けなければなりません。**

(8)文化財保護法

重要文化財（国宝を含む）に関しその現状を変更し、またはその保存に影響を及ぼす行為をしようとするときは、原則として、**文化庁長官の許可を受けなければなりません。**

(9)災害対策基本法

指定緊急避難場所の管理者は、その指定緊急避難場所を廃止し、または改築その他の事由によりその指定緊急避難場所の現状に政令で定める重要な変更を加えようとするときは、内閣府令で定めるところにより**市町村長に届け出なければなりません。**

(10)大規模災害からの復興に関する法律

届出対象区域内において、土地の区画形質の変更、建築物その他の工作物の新築、改築または増築その他政令で定める行為をしようとする者は、原則として、当該行為に着手する日の 30 日前までに、内閣府令で定めるところにより、行為の種類、場所、設計または施行方法、着手予定日その他内閣府令で定める事項を**特定被災市町村長に届け出なければなりません。**

(11)景観法

①届出及び勧告等

景観計画区域内において、建築物の新築、増築、改築もしくは移転、外観を変更することとなる修繕もしくは模様替えまたは色彩の変更、工作物の新設、増築、改築もしくは移転、外観を変更することとなる修繕もしくは模様替えまたは色彩の変更等をしようとする者は、原則として、**あらかじめ**、国土交通省令で定めるところにより、行為の種類、場所、設計または施行方法、着手予定日その他国土交通省令で定ある事項を**景観行政団体の長に届け出なければなりません。**

②現状変更の規制

原則として、何人も、景観行政団体の長の許可を受けなければ、景観重要建造物の増築、改築、移転もしくは除却、外観を変更することとなる修繕もしくは模様替えまたは色彩の変更をしてはなりません。

また、何人も、景観行政団体の長の許可を受けなければ、景観重要樹木の伐採または移植をしてはなりません。

ワンポイントアドバイス

それぞれ重要事項説明書面に記載しなければならない大切な法令ですが、受験対策的には法令名と規制の概要だけを暗記しておきましょう。

過去問　13-22　14-22　17-22

問 1 土地の占有者又は所有者は、都道府県知事又はその命じた者若しくは委任した者が、宅地造成等工事規制区域の指定等のために当該土地に立ち入って基礎調査を行う場合、正当な理由がない限り、立入りを拒み、又は妨げてはならない。(2014)

問 2 宅地造成等工事規制区域内において、宅地を宅地以外の土地にするために行われる切土であって、当該切土をする土地の面積が600 ㎡で、かつ、高さ 3mの崖を生ずることとなるものに関する工事については、都道府県知事の許可は必要ない。(2014)

問 3 宅地造成等工事規制区域内の土地において、地表水等を排除するため排水施設等の除却工事を行おうとする場合は、一定の場合を除き、都道府県知事への届出が必要となる。なお、この問において「都道府県知事」とは、地方自治法に基づく指定都市、中核市にあってはその長をいうものとする。(2023)

問 4 都道府県知事は、基本方針に基づき、かつ、基礎調査の結果を踏まえ、この法律の目的を達成するために必要があると認めるときは、宅地造成等工事規制区域内で、宅地造成又は特定盛土等に伴う災害で相当数の居住者等に危害を生ずるものの発生のおそれが大きい一団の造成宅地の区域であって、政令で定める基準に該当するものを、造成宅地防災区域として指定することができる。なお、この問において「都道府県知事」とは、地方自治法に基づく指定都市、中核市にあってはその長をいうものとする。(2023)

問 5 景観法によれば、景観計画区域内において建築物の新築、増築、改築又は移転をした者は、工事着手後 30 日以内に、その旨を景観行政団体の長に届け出なければならない。(2017)

問1:(○) 問2:(○) 問3:(○) 問4:(×)宅地造成等工事規制区域内の土地に重ねて指定することはできません。 問5:(×)工事着手後30 日以内ではなく事前に届出が必要です。

第４編　税・価格の評定

出　題	問23～問25（3問）
合格ライン	2問以上正解
最低学習時間	2週間
出題頻度の高いもの	不動産取得税　固定資産税　印紙税　所得税 地価公示法　不動産鑑定の方式（不動産鑑定評価基準）

税・価格の評定について

頻出分野に絞って学習しましょう

学習時間 10分

(1)税目～不動産取引にはいろいろな税金が課せられるの？

不動産取引には多くの税金が課せられます。

不動産取得税	不動産の**取得**に対して課せられる税金です。購入する場合、贈与を受ける場合、交換する場合、さらには改築する場合に課せられます。
固定資産税	不動産を**保有**していることに対して課せられる税金です。1月1日現在、所有者として固定資産課税台帳に登録されている方に課せられます。
所得税（譲渡所得）	不動産等を譲渡した時に生じる**譲渡所得**に課せられる税金です。譲渡所得とは、不動産などの資産を譲渡することによって生ずる所得をいいます。
贈与税	個人から贈与で**受け取った財産**に課せられる税金です。
印紙税	不動産取引に伴う**文書**（契約書など）に課せられる税金です。契約書、領収書等に印紙を貼って消印する方法で納税します。
登録免許税	不動産の**登記**の際に納める税金です。不動産の売買の場合、登記権利者（買主）と登記義務者（売主）が連帯して納付します。

(2)税法の基本事項

税金についての基本事項を理解しておきましょう。

税法用語	どのような意味か
課税主体	課税権を有するもの
課税客体	課税の対象となるもの
納税義務者	税金を納める者
課税標準	課税客体を金額に直したもの
税率	課税標準に乗じる割合
税額	納める税金の額
納付方法	税金を納める方法
納付期日	いつまでに税金を納めるのか
非課税（免税点）	課税されないものは何か

(3)価格の評定

地価公示法と不動産鑑定評価基準の2つを理解しておきましょう。

地価公示法	国が行う地価公示の手続について定めた法律です。
不動産鑑定評価基準	不動産鑑定士が不動産を鑑定評価するときに常に準拠すべき規範です。

第 1 章
不動産にかかる税金

過去 10 年の出題分析

出題年 テキスト項目	14	15	16	17	18	19	20	21	22	23
第 1 章全体	●	●	●	●	●	●	●	●	●	●
1 不動産取得税	●		●		●		●	●		●
2 固定資産税		●		●		●			●	
3 所得税				●		●		●		
4 贈与税		●								
5 印紙税			●				●		●	●
6 登録免許税	●				●					

※出題されている年度に●を記入しています。

1 不動産取得税

頻出度 **A**

不動産を取得する際に課せられる税金です

学習時間 60分

(1)課税主体～誰に税金を納めるの？

不動産取得税の課税主体は、**取得した不動産が所在する都道府県**です

(2)課税客体～何に対して税金が課せられるの？

不動産取得税の課税客体は、不動産の取得です。

課税されるもの	売買、交換、贈与、新築、**改築(家屋の価格が増加した場合に限る)**、増築
課税されないもの	**相続、包括遺贈**(遺言による財産の贈与で内容を特定せず割合で行うもの)、**法人の合併、共有物の分割**(その不動産の取得者の分割前の共有物に係る持分の割合を超える部分の取得を除く)

(3)納税義務者～誰が税金を納めるの？

不動産取得税を納める者(納税義務者)は、不動産の所有権を実際に取得した者です。**個人・法人を問いません。**

(4)課税標準～何に着目して課税するの？

不動産取得税の課税標準は、**不動産を取得したときにおける不動産の価格**です。

この場合の価格は**固定資産課税台帳に登録されている価格(いわゆる固定資産税評価額)**となります。したがって、不動産の購入価格や建築工事費ではありません。

土地や家屋の贈与を受けたり、交換により取得したりした場合も、固定資産課税台帳に登録されている価格となります。

(5)課税標準の特例

①住宅にかかる課税標準の特例

一定の要件を満たす新築住宅・既存住宅を取得した場合、**課税標準**の算定について、**一戸につき1,200万円(注)を価格から控除する特例措置**が適用されます。

	新築住宅	既存住宅
適用要件	床面積※1 が 50～240 ㎡であること(一戸建て以外※2の賃貸住宅は 40～240 ㎡)	①自己の居住用として取得すること ②住宅の床面積※1 が 50～240 ㎡であること ③一定の耐震基準要件を満たすものであること
取得者	法人にも適用	法人には適用されない
用途	賃貸しても、親族に住まわせてもよい	取得した者が居住する必要がある
控除額	1,200 万円※3	**(注)**築年数により異なる(新しければ新しいほど控除される額が増えます)

※1 現況の床面積で判定されるので、登記床面積と異なる場合があります。マンション等は共用部分の床面積を専有部分の床面積割合により按分した床面積も含まれます。

※2 一戸建以外の住宅とは、マンション等の区分所有住宅またはアパート等構造上独立した区画を有する住宅のことをいいます。なお、床面積要件の判定は、独立した区画ごとに行います。

	下限		上限
	一戸建	一戸建以外	
貸家以外	50 ㎡	50 ㎡	240 ㎡
貸家	50 ㎡	40 ㎡	240 ㎡

※3 価格が 1,200 万円未満である場合はその額が控除されます。なお、長期優良住宅の普及の促進に関する法律に規定する**認定長期優良住宅の新築の場合については、1,300 万円**となります。

認定長期優良住宅…長期にわたり良好な状態で使用するために、長期に使用するための構造や設備を有し、居住環境等への配慮があり、一定面積以上の住戸面積を有し、維持保全の期間・方法を定めている住宅をいいます。

②宅地にかかる課税標準の特例

住宅用の土地(宅地評価土地)の課税標準は、**固定資産課税台帳に登録されている価格の 1/2 の額**となります。

(6)税率

不動産取得税の標準税率は、**家屋(住宅)・土地については3%**です。家屋(非住宅)は4%です。

具体例
都道府県税事務所や金融機関・郵便局の窓口、クレジットカード等で納付できます。

(7)納付方法・納付期日～納める時期と方法は？

不動産を取得すると、納税通知書が送られてきます。その納税通知書に記載されている納期限までに納税します(**普通徴収**)。

用語
納税通知書…納税者が納付すべき地方税(固定資産税・不動産取得税等)について、その課税される根拠となった法律および地方公共団体の条例の規定、納税者の住所および氏名・課税標準額・税率・税額・納期・納付の場所などを記載した文書で、地方公共団体が作成するもの。なお、その様式は各地方公共団体によって異なります。
普通徴収…納税通知書を交付することによって、地方税を徴収すること。

(8)免税点～税金がかからない場合も？

次のものは非課税となります。

区分		課税標準
土地		**10万円未満**
家屋	**建築に係るもの**	**(1戸につき)23万円未満**
	その他に係るもの	(1戸につき)12万円未満

ここではコレを覚える　過去問 12-24 14-24 16-24 18-24 20-24 21-24 23-24

課税主体	取得した不動産が所在する都道府県
課税客体	売買、交換、贈与、新築、改築(家屋の価格が増加した場合に限る)、増築
納税義務者	不動産を取得した者
課税標準	固定資産課税台帳の登録価格(特例あり)
税　率	住宅・土地…3%　住宅以外の家屋…4%
納付方法	普通徴収
納付期日	納税通知書に記載してある期限
免税点	土地…10万円未満 家屋 建築系…23万円未満 その他…12万円未満

頻出度 A

2-1 固定資産税

不動産を所有していれば課せられる税金です

学習時間 60分

(1)課税主体～誰に税金を納めるの？

原則として、**固定資産が所在する市町村**です。

(2)課税客体～何に対して税金が課せられるの？

土地、家屋および償却資産(事業用の有形固定資産)です。

(3)納税義務者～誰が税金を納めるの？

賦課期日(1月1日)**現在**の固定資産課税台帳に所有者として登録されている者(名義上の所有者)です。ただし、**質権または 100 年より永い存続期間の定めのある地上権目的の土地については、質権者または地上権者が納税義務者**となります。

なお、共有物にかかる固定資産税は、納税者に連帯義務があります。ただし、区分所有家屋の土地については、共有者相互間の共有意識が希薄で、連帯納税義務を課すことは極めて困難との判断から、特例により、規定に基づいた按分額をもって、各区分所有者に納税を課しています。

(4)課税標準～何に着目して課税するの？

賦課期日における固定資産課税台帳に登録されている価格です。これは、総務大臣が定めた固定資産評価基準に基づいて市町村長が決めるものです。また、この価格については据置制度があります。**原則として、基準年度の価格を3年間据え置くこととされています。**

市町村長は、固定資産評価員または固定資産評価補助員に、当該市町村所在の固定資産の状況を、毎年少なくとも1回、実地に調査させなければなりません。

それはなぜ？

本来なら毎年評価替えを行い、これによって得られる「適正な時価」をもとに課税を行うことが納税者間における税負担の公平に資することになりますが、膨大な量の土地、家屋について毎年度評価を見直すことは、実務的には、事実上、不可能であること等から、土地と家屋については原則として3年間評価額を据え置く制度がとられています。

(5)課税標準の特例

住宅用地については、課税標準が最大1/6となる特例措置があります。

	区分	課税標準
住宅用地	小規模住宅用地※1	登録価格×1／6
	一般住宅用地※2	登録価格×1／3

※1 住宅の敷地で住宅1戸につき200 ㎡までの部分

※2 住宅の敷地で住宅1戸につき200 ㎡を超え、住宅の床面積の10倍までの部分

(6)税率

固定資産税の**標準税率は 1.4%**です。

(7)税額控除～新築は税額も控除される？

令和 8 年 3 月 31 日までに新築された住宅が、次の床面積要件をみたす場合は、新たに課税される年度から **3 年度分**(3 階建以上の耐火・準耐火建築物は 5 年度分)に限り、その住宅に係る固定資産税額(居住部分で戸あたり 120 m²相当分までが限度)の 2 分の 1 が減額されます。
また、認定長期優良住宅については、次の床面積の要件を満たす場合は、新たに課税される年度から 5 年度分(3 階建以上の耐火・準耐火建築物は 7 年度分)に限り、その住宅に係る固定資産税額(居住部分で1戸あたり 120 m²相当分までが限度)が 2 分の 1 減額されます。

	床面積	備考
一戸建住宅	50 m²以上 280 m²以下	－
店舗併用住宅		居住部分の床面積が全体の 1/2 以上であること
アパート等	50 m²以上 280 m²以下※	独立的に区画された居住部分ごとの床面積に、廊下や階段などの共用部分の面積をあん分し、加えた床面積
マンション等		専有部分のうち居住部分の床面積に、廊下や階段などの共用部分の床面積をあん分し、加えた床面積(専有部分のうち居住部分が、その専有部分の 1/2 以上であること)

※貸家の場合は 40 m²以上 280 m²以下

(8)納付方法・納付期日～納める時期と方法は？

固定資産税の徴収は**普通徴収**の方法によらなければなりません。その納期は、4 月、7 月、12 月及び 2 月中において、当該市町村の条例で定めます。ただし、特別の事情がある場合においては、これと異なる納期を定めることもできます。

(9)免税点～税金がかからない場合も？

区市町村の各区域内に、同一人が所有する固定資産の課税標準額の合計額が、それぞれ次の金額に満たない場合には、固定資産税は課税されません。

区分	課税標準
土地	**30 万円未満**
家屋	20 万円未満

(10)固定資産税の非課税の範囲～固定資産税が免除される者が？

市町村は、国並びに都道府県、市町村、特別区、これらの組合、財産区および合併特例区に対しては、固定資産税を課することができません。

ここではコレを覚える 過去問 11-24 13-24 15-24 17-24 19-24 22-24

課税主体	固定資産が所在する市町村
課税客体	**1 月 1 日現在**の固定資産
納税義務者	原則:固定資産課税台帳に登録されている者(名義上の所有者) 例外:質権者・100 年より永い期間の地上権者
課税標準	固定資産課税台帳の登録価格(特例あり)
税　率	標準税率…1.4%
納付方法	普通徴収
納付期日	4 月、7 月、12 月、2 月中において各市町村の条例で定める。ただし、特別の事情がある場合、別の納期を定めることができる。
免税点	土地…30 万円未満　家屋…20 万円未満

2-2 固定資産課税台帳＜固定資産税

頻出度 A

市町村が固定資産を管理しています

学習時間 30分

付け足し

登記所は、土地または建物の表示に関する登記をしたときは、10 日以内に、その旨を当該土地または家屋の所在地の市町村長に通知しなければなりません。

市町村は、固定資産の状況および固定資産税の課税標準である固定資産の価格を明らかにするため、固定資産課税台帳を備えなければなりません。

固定資産課税台帳には、固定資産税の課税対象となる土地・家屋について、次の事項等を記載します。

①土地・家屋の所有者の氏名・住所
②土地・家屋の属性(土地の地番・地目・地積、家屋の家屋番号・構造・床面積など)
③宅地の区分(小規模住宅用地、一般住宅用地、住宅用地以外の宅地)
④土地・家屋の固定資産税評価額
⑤土地・家屋の固定資産税課税標準額
⑥土地・家屋の固定資産税額

参考資料

政令で定める者は、土地や家屋について賃借権その他の使用または収益を目的とする権利(対価が支払われるものに限る)を有する者、固定資産の処分をする権利を有する者(所有者、破産管財人(破産法)等)をいいます。

(1)固定資産課税台帳の閲覧

市町村長は、**納税義務者その他の政令で定める者の求めに応じ**、固定資産課税台帳のうちこれらの者に係る固定資産として政令で定めるものに関する事項が記載をされている部分またはその写しを**閲覧**させなければなりません。

(2)固定資産課税台帳に記載をされている事項の証明書の交付

市町村長は、政令で定める者の請求があった場合、固定資産課税台帳の記載事項についての**証明書を交付**しなければなりません。

(3)総務大臣による告示～固定資産の評価基準や方法を決めるのは？

総務大臣は、固定資産の評価の基準ならびに評価の実施の方法と手続(固定資産評価基準といいます)を定め、これを告示しなければなりません。

(4)固定資産評価員～誰が固定資産を評価するの？

市町村長の指揮を受けて固定資産を適正に評価し、かつ、市町村長が行う価格の決定を補助するため、**市町村に、固定資産評価員を設置**します。

固定資産評価員は、固定資産の評価に関する知識と経験を有する者のうちから、市町村長によりその市町村の議会の同意を得て選任されます。

ただし、固定資産評価員は次に掲げる職を兼ねることができません。

①国会議員および地方団体の議会の議員
②農業委員会の委員
③**固定資産評価審査委員会の委員**

5)固定資産の実地調査

市町村長は、固定資産評価員または固定資産評価補助員にその市町村所在の固定資産の状況を**毎年少なくとも 1 回**実地に調査させなければなりません。

6)土地価格等縦覧帳簿および家屋価格等縦覧帳簿の縦覧

縦覧制度とは、固定資産税の納税者に対し、自分の固定資産と同一市町村内の他の固定資産との比較をさせるための制度です。縦覧が認められるのは、毎年 4 月 1 日から 4 月 20 日、または第 1 期納期限の日のいずれか遅い日以後の日までの間に限られます。いつでも縦覧することができるわけではありません。

7)登録価格に不服がある場合

納税義務者は、その納付すべき当該年度の固定資産税に係る固定資産について固定資産課税台帳に登録された価格について不服がある場合は、**固定資産評価審査委員会**に対して文書で審査の申出をすることができます。

審査の申出は原則として、固定資産課税台帳に登録すべき価格等の全てを登録した旨を公示した日から納税通知書の交付を受けた日後 3 か月以内に、文書をもって行います。

固定資産評価審査委員会は、審査の申出を受けた場合、直ちにその必要と認める調査その他事実審査を行い、その申出を受けた日から **30 日以内に**審査の決定をしなければなりません。

ここではコレを覚える 過去問 11-24 13-24 17-24 22-24

閲 覧	市町村長は、納税義務者等の求めに応じ写しを閲覧
証明書の交付	市町村長は、納税義務者等の求めに応じ証明書を交付
固定資産評価員の兼任禁止	・国会議員および地方団体の議会の議員 ・農業委員会の委員 ・固定資産評価審査委員会の委員
不服申し立て	納税義務者は、その納付すべき当該年度の固定資産税に係る固定資産について固定資産課税台帳に登録された価格について不服がある場合は、固定資産評価審査委員会に対して文書で審査の申出をすることができる。

3-1 所得税の基本事項＜所得税

頻出度 C

所得に課せられる税金です

学習時間 10分

ワンポイントアドバイス

宅建士試験では不動産を譲渡した場合に生じる譲渡所得が頻出です。試験対策では譲渡所得税を中心に学習しましょう。

参考資料

会社に勤務する人の場合は、勤務先の会社が、あらかじめ本人の給料から所得税を差し引いて、本人に代わってまとめて納税します(源泉徴収)。
自分で商売をしている人の場合は、1 年間の所得と税額を自分で計算し、税務署に申告します(確定申告)。
会社に勤務する人でも不動産の売却で利益が出た場合は確定申告が必要となることがあります。

(1)所得税～譲渡所得税って何？

所得税とは、個人の所得(収入から経費などを引いたもの)に対してかかる税金です。所得税は、1 年間のすべての所得からいろいろな所得控除(その人の状況に応じて税負担を調整するもの)を差し引いた残りの所得(課税所得)に税率をかけて計算します。
税率は、所得が多くなるほど段階的に高くなる累進税率となっており、支払い能力に応じて公平に税を負担するしくみになっています。
会社に勤務する人であっても所有する不動産を売却することで利益が出た場合は譲渡所得税がかかります。

(2)譲渡所得税の計算方法～どうやって計算するの？

譲渡所得税の計算方法は、次の算式により計算します。

(収入金額－(取得費※1＋譲渡費用※2＋特別控除))×税率＝ 税額
└ 譲渡所得※3

※1 売った土地や建物を買い入れたときの購入代金や、購入手数料などの資産の取得に要した金額に、その後支出した改良費、設備費を加えた合計額をいいます。なお、建物の取得費は、所有期間中の減価償却費相当額を差し引いて計算します。また、土地や建物の取得費が分からなかったり、実際の取得費が譲渡価額の 5%よりも少ないときは、譲渡価額の 5%を取得費(概算取得費)とすることができます。

※2 土地や建物を売るために支出した費用をいい、仲介手数料、測量費、売買契約書の印紙代、売却するときに借家人などに支払った立退料、建物を取り壊して土地を売るときの取壊し費用などです。

※3 譲渡所得とは、資産の譲渡(建物または構築物の所有を目的とする地上権または賃借権の設定等)による所得をいいます。なお、営利を目的として継続的に行われる資産の譲渡については、事業所得または雑所得として課税されます。

過去問 17-23

頻出度

3-2 居住用財産を譲渡した場合の3,000万円控除く所得税

マイホームを売却した場合は税金が安くなります

学習時間 60分

自らの居住用として使用している物件を売ったときは、所有期間の長短に関係なく譲渡所得から最高 3,000 万円まで控除ができる特例があります。これを、居住用財産を譲渡した場合の 3,000 万円の特別控除の特例といいます。

住んでいる建物の一部を賃貸として貸し出している場合も、特別控除の対象となります。ただし、控除を受けられるのは、自分が居住のために使用していた居住用家屋の部分に限ります。
また、建物の一部が店舗になっている場合も、特別控除の対象となります。ただし、賃貸併用の場合同様、適用されるのは自身の居住のために使用していた部分に限られます。

1)3,000 万円控除が適用される要件

この 3,000 万円の特別控除の適用を受けるためには、次の要件を満たす必要があります。

①**自分が住んでいる家屋**を売るか、家屋とともにその**敷地や借地権**を売ること。なお、以前に住んでいた家屋や敷地等の場合には、**住まなくなった日から 3 年目の年の 12 月 31 日まで**に売らなければなりません。
②売った年の前年・前々年に**この特例**、または**居住用財産の譲渡損失についての損益通算および繰越控除の特例の適用を受けていないこと**。
③売った年、その前年および前々年に**居住用財産の買換え・交換の特例の適用を受けていないこと**。
④売った家屋や敷地について、収用等の場合の特別控除など他の特例の適用を受けていないこと。
⑤**災害によって滅失**した家屋の場合は、その敷地を**住まなくなった日から 3 年目の年の 12 月 31 日までに売る**こと。
⑥住んでいた家屋または住まなくなった家屋を取り壊した場合は、次の 2 つの要件すべてに当てはまること。 イ その敷地の譲渡契約が、家屋を取り壊した日から 1 年以内に締結され、かつ、住まなくなった日から 3 年目の年の 12 月 31 日までに売ること。 ロ 家屋を取り壊してから譲渡契約を締結した日まで、その敷地を貸駐車場などその他の用に供していないこと。
⑦売手と買手の関係が、**親子(直系血族)**や**夫婦**など特別な間柄でないこと。特別な間柄には、このほか**生計を一にする親族など**、**内縁関係にある人**、特殊な関係のある法人なども含まれます。

直系血族…世代が上下に直線的に連なる血縁者のこと。自己の祖父母・父母・子・孫など。

⑵空き家の発生を抑制するための特例措置

用語

相続の開始の直前において被相続人の居住の用に供されていた家屋で、次の全要件を満たすもの。

1.昭和 56 年 5 月 31 日以前に建築された。
2.区分所有建物以外
3.相続の開始の直前に被相続人以外に居住者がいなかったこと。

参考資料

令和 6 年 1 月 1 日以後に行う譲渡で被相続人居住用家屋および被相続人居住用家屋の敷地等を相続または遺贈により取得した相続人の数が 3 人以上である場合は 2,000 万円までとなります。

相続または遺贈により取得した被相続人居住用家屋または被相続人居住用家屋の敷地等（主として被相続人の居住の用に供されていた一の建築物に限ります。なお、要介護認定等を受けて老人ホーム等に入所するなど、特定事由により相続の開始の直前において被相続人の居住の用に供されていなかった場合で、一定の要件を満たすときは、その居住の用に供されなくなる直前まで被相続人の居住の用に供されていた家屋は被相続人居住用家屋に該当します。）を、平成 28 年 4 月 1 日から令和 9 年 12 月 31 日までの間に売って、一定の要件に当てはまるときは、譲渡所得の金額から最高 **3,000 万円まで控除**されます。

次の要件を満たす必要があります。

①売った人が、相続または遺贈により被相続人居住用家屋および被相続人居住用家屋の敷地等を取得したこと
②次の売却をしたこと（さらに詳細な要件があります。） 1.相続または遺贈により取得した被相続人居住用家屋を売るか、被相続人居住用家屋とともに被相続人居住用家屋の敷地等を売ること。 2.相続または遺贈により取得した被相続人居住用家屋の全部の取壊し等をした後に被相続人居住用家屋の敷地等を売ること。 3.相続または遺贈により取得した被相続人居住用家屋を売るか、被相続人居住用家屋とともに被相続人居住用家屋の敷地等を売ること（1.に当たる場合を除き、他の要件を含む場合）。
③相続の開始があった日から 3 年を経過する日の属する年の 12 月 31 日までに売ること
④売却代金が 1 億円以下であること
⑤売った家屋や敷地等について、相続財産を譲渡した場合の取得費の特例や収用等の場合の特別控除など他の特例の適用を受けていないこと
⑥同一の被相続人から相続または遺贈により取得した被相続人居住用家屋または被相続人居住用家屋の敷地等について、この特例の適用を受けていないこと
⑦親子や夫婦など特別の関係がある人に対して売ったものでないこと

ここではコレを覚える 過去問 12-23　19-23

居住用財産を譲渡した場合の 3,000 万円控除のポイント

□譲渡時において家屋に居住している必要はなく、**所有期間・居住期間**の要件もない。
□**直系血族**はその他の親族と異なり同一生計である必要はない。
□居住用財産の買換えの特例と併用して適用が受けられないこと。
□居住用財産の軽減税率と併用して適用を受けられること。

3-3 特定の居住用財産の買換えの特例〈所得税

B

マイホームを買い換えた場合は税金が安くなります

学習時間 60分

自らの居住用として使用している物件を売って、**代わりのマイホームに買い換えたとき**は、一定の要件のもと、譲渡益に対する課税を将来に繰り延べることができます（譲渡益が非課税となるわけではありません）。これを、**特定の居住用財産の買換えの特例**といいます。

たとえば、1,000 万円で購入した自己居住用の物件を 5,000 万円で売却し、7,000 万円のマイホームに買い換えた場合には、通常の場合、4,000 万円の譲渡益が課税対象となりますが、特例の適用を受けた場合、売却した年分で譲渡益への課税は行われず、買い換えたマイホームを将来譲渡したときまで譲渡益に対する課税が繰り延べられます。この制度を図で説明すると次のとおりです（説明を簡潔にするため、減価償却などは考慮していません）。

購入 ――→ 売却 ――→ 買換え ――→ 売却

（譲渡益4,000万円）
原則：課税
特例：課税繰延べ

購入：1,000万円

売却：4,000万円／1,000万円
5,000万円

買換え：持出額 2,000万円／4,000万円／1,000万円
7,000万円

売却：実際の譲渡益 1,000万円／課税繰延べ益 4,000万円／1,000万円
8,000万円

この場合、課税が将来に繰り延べられるとは、買い換えたマイホームを、たとえば将来 8,000 万円で売却した場合に、売却価額 8,000 万円と購入価額7,000 万円との差額の 1,000 万円の譲渡益（実際の譲渡益）に対して課税されるのではなく、実際の譲渡益 1,000 万円に特例の適用を受けて課税が繰り延べられていた4,000 万円の譲渡益（課税繰延べ益）を加えた5,000 万円が、譲渡益として課税されるということです。

買換えの特例が適用されるための要件

この買換えの特例の適用を受けるためには、次の要件を満たす必要があります。

①自分が住んでいる家屋を売るか、家屋とともにその敷地や借地権を売ること。なお、以前に住んでいた家屋や敷地等の場合には、住まなくなった日から3年目の12月31日までに売ること(3,000万円控除と同じ)。
②売った年の前年、前々年に居住用財産を譲渡した場合の**3,000万円の特別控除の特例**、または**居住用財産を売ったときの軽減税率の特例**の**適用などを受けていないこと。**
③売ったマイホーム(譲渡資産)と買い換えたマイホーム(買換資産)は、日本国内にあるもので、譲渡資産について、収用等の場合の特別控除など他の特例の適用を受けないこと。
④売却代金が**1億円以下**であること。
⑤売った人の**居住期間が10年以上**で、かつ、売った年の1月1日において売った家屋やその敷地の**所有期間が共に10年を超える**ものであること。
⑥買い換えるマイホーム(**買換資産**)の**床面積が50㎡以上**のものであり、買い換える**土地の面積が500㎡以下**のものであること。
⑦マイホームを**売った年の前年から翌年までの3年の間に買い換える**こと。また、買い換えたマイホームには、**一定期限までに住むこと**。買い換えたマイホームを住まいとして**使用を開始する期限**は、そのマイホームを取得した時期により次のようになります。 **売った年かその前年に取得したとき**：売った年の翌年12月31日までに居住すること **売った年の翌年に取得したとき**：取得した年の翌年12月31日までに居住すること
⑧買い換えるマイホームが、令和6年1月1日以後に入居した(または入居見込みの)建築後使用されたことのない住宅で、次のいずれにも該当しないものである場合には、一定の省エネ基準を満たすものであること。 イ　令和5年12月31日以前に建築確認を受けているもの ロ　令和6年6月30日以前に建築されたもの
⑨買い換えるマイホームが、**耐火建築物の中古住宅**である場合には、取得の日以前**25年以内に建築されたもの**であること、または一定の耐震基準を満たすものであること。

⑩買い換えるマイホームが、**耐火建築物以外の中古住宅**である場合には、取得の日以前 **25 年以内に建築されたものであること**、または、取得期限までに一定の耐震基準を満たすものであること。
⑪マイホームを売った人とそれを買った人との関係が、**親子や夫婦など特別な間柄でない**こと。特別な間柄には、このほか**生計を一にする親族**、**内縁関係にある人**、特殊な関係のある法人なども含まれます。

ここではコレを覚える

譲渡資産	・居住用財産であること(3,000 万円控除と同様) ・譲渡に係る対価の上限額:1億円 ・居住期間が 10 年以上であること ・所有期間が 10 年を超えていること ・配偶者、直系血族、生計を一にする親族、内縁の妻または夫など、特別な関係にある者への譲渡ではないこと
買換資産	・家屋の床面積が 50 ㎡以上であること ・家屋の敷地の面積が 500 ㎡以下であること ・譲渡資産を譲渡した日の属する年の前年 1 月 1 日から当該譲渡の日の属する年の 12 月 31 日までの間に取得されること※ ・取得の日から譲渡資産を譲渡した日の属する年の翌年 12 月 31 日までの間に当該個人の居住の用に供されること ・建築後使用されたことのある一定の耐火建築物である場合には、その取得の日以前25 年以内に建築されたものであること
併用	その年、前年または前々年に 3,000 万円控除、居住用財産の軽減税率などの適用を受けていないこと

※ 譲渡資産を譲渡した年に買い換えることができなかったときは、譲渡した年の翌年の12 月 31 日までに買い換えることができればこの特例が適用される。この場合、買い換えた年の翌年の 12 月 31 日までに買い換えた建物に住むことが必要。

3-4 軽減税率＜所得税

マイホームを売った場合は税率が低くなります

学習時間 10分

(1)長期譲渡所得・短期譲渡所得～所有期間等で税率が変わる？

土地や建物を売ったときの譲渡所得は、次のとおり所有期間によって長期譲渡所得と短期譲渡所得の 2 つに区分し、税金の計算も別々に行います。

実際には、長期譲渡所得の場合、所得税が約15%、住民税が 5%で合計約 20%の税率となり、短期譲渡所得では、所得税が約 30%、住民税が 9%で合計約40%の税率となります。

譲渡のあった年の 1 月 1 日において、所有期間が 5 年を超えている土地・建物等の譲渡による譲渡所得	⇒	長期譲渡所得 (税率約 15%)
譲渡のあった年の 1 月 1 日において、所有期間が 5 年以下の土地・建物等の譲渡による譲渡所得	⇒	短期譲渡所得 (税率約 30%)

なお、上記の「所有期間」とは、土地や建物の取得の日から引き続き所有していた期間をいいます。この場合、相続や贈与により取得したものは原則として、被相続人や贈与者の取得した日から計算することになっています。

また、譲渡所得を区分する際の不動産の所有期間は譲渡(売却)した年の 1 月 1 日の時点で、その不動産を何年所有していたかで判断します。したがって、譲渡が 1 月であっても 12 月であっても、その年の 1 月 1 日時点までの経過年数が所有期間となります。

たとえば、2018 年 10 月 15 日に購入した不動産を 2023 年 12 月 1 日に売却した場合、10 月 15 日で所有して満 5 年を超えていても、売却した年の 2023 年 1 月 1 日時点では 5 年を超えていないため、長期譲渡所得とはなりません。長期譲渡所得となるには、2024 年 1 月 1 日以降に売却する必要があります。

(2)居住用財産を譲渡した場合の税率

自らの居住用として使用している物件を売って、以下の適用要件に当てはまるときは、長期譲渡所得の税額を通常の場合よりも低い税率で計算する軽減税率の特例を受けることができます。

課税長期譲渡所得金額(A)※	税額
6,000 万円以下	A×10%
6,000 万円超	(A−6,000 万円)×15%+600 万円

※　課税長期譲渡所得金額とは次の算式で求めた金額をいいます。
(土地や建物を売った収入金額)−(取得費+譲渡費用)−特別控除

《適用要件》

①日本国内にある自分が住んでいる家屋を売るか、家屋とともにその敷地を売ること。なお、**以前に住んでいた**家屋や敷地の場合には、**住まなくなった日から 3 年目の年の 12 月 31 日までに売ること**。また、これらの家屋が**災害により滅失**した場合には、その敷地を**住まなくなった日から 3 年目の年の 12 月 31 日までに売ること**。

②売った年の 1 月 1 日において売った家屋や敷地の**所有期間がともに 10 年を超えている**こと。

③売った年の**前年、前々年にこの特例を受けていない**こと。

④売った家屋や敷地について**居住用財産の買換えや交換の特例など他の特例を受けていない**こと。ただし、居住用財産を売ったときの 3,000 万円の特別控除の特例と軽減税率の特例は、重ねて受けることができます。

⑤売り手と買い手の関係が、**親子や夫婦など特別な間柄でない**こと。特別な間柄には、このほか、**生計を一にする親族、内縁関係にある人**、特殊な関係のある法人なども含まれます。

付け足し

国や地方公共団体などに譲渡したり、土地収用法に基づいて収用されたりして所得があった場合にも税率が安くなります(優良住宅地の軽減税率)。
譲渡益 2,000 万円以下の部分について 10%、2,000 万円を超える部分が 15%となります。

ここではコレを覚える　過去問　12-23　19-23

□居住用財産を譲渡した場合の長期譲渡所得の軽減税率の特例

	譲渡益	
居住用財産の軽減税率 (所有期間 10 年超)	6,000 万円以下の部分	6,000 万円を超える部分
	10%	15%

3-5 住宅ローン控除＜所得税

借金があれば税金が安くなります

学習時間 30分

住宅ローン控除(正式には、「住宅借入金等特別控除」といいます)とは居住者が住宅ローン等を利用して、マイホームの新築、取得または増築等(以下「取得等」といいます)をし、一定期限までに自己の居住の用に供した場合で一定の要件を満たす場合において、その取得等に係る住宅ローン等の年末残高の合計額等を基として計算した金額を、居住の用に供した年分以後の各年分の所得税額から控除する制度です。

住宅ローン控除の要件

①控除率・期間等

2024 年入居等の場合の借入限度額および床面積要件については以下の表を参照して下さい。

控除率:0.7%		入居年	2022 年(令和 4 年)	2023 年(令和 5 年)	2024 年(令和 6 年)
借入限度額	新築住宅・買取再販	長期優良住宅・低炭素住宅	5,000 万円		4,500 万円※
		ZEH 水準省エネ住宅	4,500 万円		3,500 万円※
		省エネ基準適合住宅	4,000 万円		3,000 万円※
		その他の住宅	3,000 万円		0 万円
	既存住宅	長期優良住宅・低炭素住宅 ZEH 水準省エネ住宅 省エネ基準適合住宅	3,000 万円		
		その他の住宅	2,000 万円		
控除期間		新築住宅・買取再販	13 年(「その他の住宅」は、2024 年以降の入居の場合 10 年)		
		既存住宅	10 年		

※ 借入限度額について、子育て世帯・若者夫婦世帯(「19 歳未満の子を有する世帯」または「夫婦のいずれかが 40 歳未満の世帯」)が 2024 年(令和 6 年)に入居する場合には一定の上乗せ措置を講ずることで、2022 年(令和 4 年)・2023 年(令和 5 年)入居の場合の水準(認定住宅:5,000 万円、ZEH 水準省エネ住宅:4,500 万円、省エネ基準適合住宅:4,000 万円)が維持されます(2024 年改正点)。

⑤その他の要件

住宅ローン控除の適用を受けるためには次の要件を満たす必要があります。

なお、自宅を売却して譲渡益が出た場合には3,000万円特別控除の適用を受けることにより、課税される金額を減らすことができますが、3,000万円特別控除と住宅ローン控除は同時に適用を受けることができません。したがって、実際に買い換えをする場合にはどちらの適用を受ける方がよいのかを検討する必要があります。

居住していること	新築または取得の日から6か月以内に居住の用に供し、適用を受ける各年の12月31日まで引き続いて住んでいること。※1
一定面積以上の床面積であること	50㎡以上(床面積の半分以上が専ら自己の居住用)※2※3
年間の所得が高すぎないこと	この特別控除を受ける年分の合計所得金額が2,000万円以下※3
特例の適用のないこと	居住年およびその前2年の計3年間に一定の譲渡所得の課税の特例の適用を受けていないこと。

※1 居住者が死亡した日の属する年にあってはこれらの日まで引き続き住んでいること。なお、居住の用に供する住宅を2つ以上所有する場合は、主として居住の用に供する1つの住宅に限られます。贈与による取得はこの特別控除は適用ありません。

※2 床面積は、登記簿に表示されている床面積により判断します。マンションの場合は、階段や通路など共同で使用している部分については床面積に含めず、登記簿上の専有部分の床面積で判断します。

※3 特例居住用家屋または特例認定住宅等の新築等については、合計所得金額1,000万円以下、床面積要件が40㎡以上50㎡未満とされています。

○前頁に対応

認定長期優良住宅…長期優良住宅の普及の促進に関する法律に規定する認定長期優良住宅に該当するものとして証明がされたものをいいます。

認定低炭素住宅…都市の低炭素化の促進に関する法律に規定する低炭素建築物に該当する家屋および同法の規定により低炭素建築物とみなされる特定建築物に該当するものとして証明がされたものをいいます。

ZEH水準省エネ住宅…断熱等性能等級(断熱等級)5以上かつ一次エネルギー消費量等級(一次エネ等級)6以上の性能を有する住宅をいいます。

省エネ基準適合住宅…断熱等性能等級(断熱等級)4以上かつ一次エネルギー消費量等級(一次エネ等級)4以上の性能を有する住宅をいいます。

ここではコレを覚える

住宅ローン控除の主要な要件

- □新築または取得の日から6か月以内に居住の用に供し、適用を受ける各年の12月31日まで引き続いて住んでいること。
- □床面積が原則50㎡以上(床面積の半分以上が専ら自己の居住用)であること。
- □控除を受ける年分の合計所得金額が原則2,000万円以下であること。
- □3,000万円控除と住宅ローン控除は併用適用できないこと。

頻出度 C

4 贈与税

親から子へ不動産を買うために贈与するとお得です

学習時間 40分

贈与税は、個人から財産をもらったときにかかる税金です。**会社など法人から財産をもらったときは贈与税がかかりません。**

贈与税の課税方法には、「暦年課税」と「相続時精算課税」の 2 つがあります。一定の要件に該当する場合に「相続時精算課税」を選択することができます。

(1)暦年課税

> **参考資料**
> 暦年課税では、毎年110 万円の基礎控除が受けられますが、贈与者が亡くなった際に、死亡前 7 年以内の贈与額(110 万円以下の贈与財産も含む)を相続財産に加算しなければなりません(2024 年改正点)。ただし、死亡前 4～7 年前に受けた贈与に関して、総額 100 万円までは加算しません。

贈与税は、1 人の人が 1 月 1 日から 12 月 31 日までの1年間にもらった財産の合計額から基礎控除額の 110 万円を差し引いた残りの額に対してかかります。したがって、**1年間にもらった財産の合計額が 110 万円以下なら贈与税はかかりません。**

税率は、課税財産額(基礎控除後の課税価格)に応じて超過累進税率が適用され、10%～55%の 8 段階となっています。

(2)相続時精算課税制度

住宅取得資金準備に際して贈与を受ける場合には、「**相続時精算課税制度**」または、「**相続時精算課税選択の特例**」の**いずれかを選択**することができます。いずれも贈与税と相続税を一体化させた課税方式であり、相続時に精算することを前提に、**将来において相続関係にある親から子への生前贈与を行いやすくするための制度**です。

贈与の額が非課税枠を超えた場合、一律 20%の税率で課税され、支払った贈与税額は**相続税を計算する際に控除**されます。

> **参考資料**
> 2024 年1 月1 日以降については、相続時精算課税制度には基礎控除(毎年)が設けられ、年 110 万円までは課税されません。従来は、相続時精算課税制度を選択した場合の基礎控除はなく、少額の贈与でも贈与税の申告が必要でした。しかし、改正後は毎年 110 万円まで贈与税がかからなくなります。

この制度を選択すると、生前の贈与に通算で 2,500 万円の贈与税非課税枠が与えられます。

《実際の適用例》

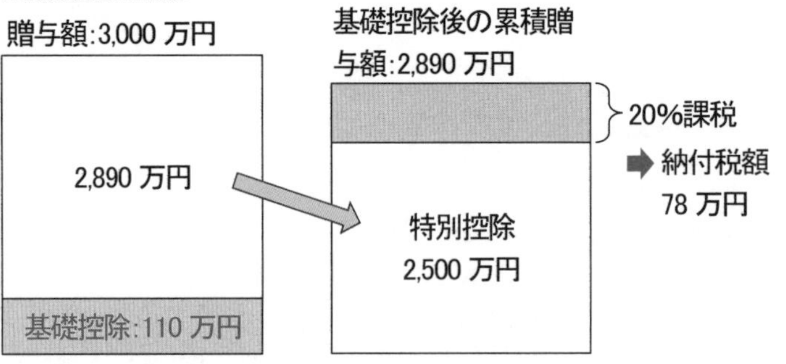

	相続時精算課税制度	相続時精算課税選択の特例
贈与者	贈与のあった年の1月1日時点で60歳以上の親、祖父母	親、祖父母(年齢制限なし)
受贈者	贈与のあった年の1月1日時点で18歳以上の推定相続人(代襲相続人を含む)である直系卑属、孫	
贈与財産	不動産・有価証券・借入金の免除・金銭など、どのような財産でも可能。贈与財産の価格、贈与回数にも制限なし。	自己の住宅※およびその敷地の購入資金、一定の増改築の対価として充てるための**金銭**でなければなりません。

※ 対象となる住宅は、床面積 40 m²以上、店舗併用住宅の場合その半分以上が住宅など

3)住宅取得等資金の非課税制度

直系尊属である両親、祖父母などから住宅取得資金として贈与を受けた場合に**一定の金額**が非課税となる制度です。

質の高い住宅	一般住宅
1,000万円	500万円

この制度は、単独で使うことも、相続時精算課税制度と組み合わせて使うこともできます。次の要件を満たす必要があります。

贈与者	直系尊属(年齢制限なし)
受贈者	贈与のあった年の1月1日時点で18歳以上の直系卑属
税率	・暦年課税の場合:非課税枠+基礎控除額を超える部分に対して累進課税(10%～55%) ・相続時精算課税制度と併用する場合:非課税枠を超える部分に対して一律20%
贈与財産	自己の住宅およびその敷地の購入資金、一定の増改築の対価として充てるための**金銭**でなければなりません。
引渡し	贈与の翌年3月15日までに、住宅の引渡しを受け、同日までに自宅として居住しているか、同日以降に遅滞なく自宅として居住することが確実と見込まれること。
物件	対象となる住宅 ・床面積40 m²以上240 m²以下(50 m²未満の場合、所得金額が1,000万円以下であること) ・店舗併用住宅の場合は半分以上が住宅など
所得	受贈者の所得金額が2,000万円(給与の場合約2,245万円)を超える場合には非課税枠が0円となります。

過去問 15-23

5 印紙税

頻出度 A

契約書や領収書に印紙を貼ることで納税します

学習時間 60分

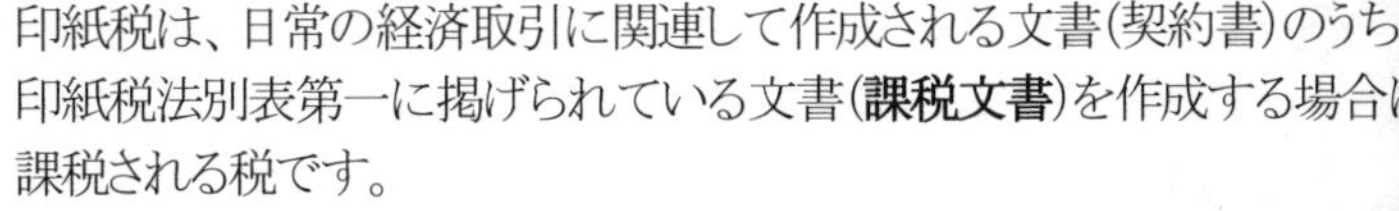

印紙税は、日常の経済取引に関連して作成される文書(契約書)のうち、印紙税法別表第一に掲げられている文書(**課税文書**)を作成する場合に課税される税です。

参考資料

作成者が課税文書であるか否かを判断し、所定の金額の印紙を貼り付けなければならないわけです。

原則として、その**文書を作成した者**が、税額に相当する**印紙をその課税文書に貼り付け**、**消印**することによって税金を納付するという自主納付方式をとっています。

(1)課税主体～誰に税金を納めるの?

課税主体は**国**です。

(2)課税客体～何に対して税金が課せられるの?

印紙税が課せられる文書(課税文書)はたくさんありますが、宅建士試験では、以下の不動産の取引(契約)を設定する場合に作成される文書がよく出題されています。

付け足し

委任に基づく代理人が、その委任事務の処理に当たり、代理人名義で作成する課税文書については、その文書に委任者の名義が表示されているものであっても、その代理人が作成者となります。ただし、代理人が作成する課税文書であっても、委任者名のみを表示する文書については、その委任者が作成者となります。
会社の業務に関して従業員の名義で契約書を作成した場合や、代表者名(社長の名前)で作成した場合は、法人(会社)が作成者つまり納税義務者となります。

課税文書	非課税文書
・土地の賃貸借契約書・地上権設定契約書 ・不動産の譲渡に関する契約書 ・請負に関する契約書 ・売上代金に係る金銭の受取書(契約金額が5万円**未満**の受取書は課税されません)	・建物の賃貸借契約書 ・委任状または委任に関する契約書(不動産の仲介契約書など) ・営業に関しない**金銭の受取書** ・質権・抵当権の設定または譲渡の契約書

(3)納税義務者～誰が税金を納めるの?

所定の課税文書(契約書等)を作成した場合、その**文書の作成者**には課税文書につき印紙税を納める義務が生じます。簡単にいえば、作成した文書に印紙を買って貼付しなければならないということです。
1つの課税文書を2人以上の者が共同して作成した場合には、その2人以上の者は、**連帯して印紙税を納める義務**があります。

4)課税標準～何に着目して課税するの？

区分		課税標準
不動産の譲渡に関する契約書	売買契約書	売買金額
	交換契約書	交換金額※
	贈与契約書	契約金額の記載のないものとして扱う
土地の賃貸借契約書 地上権設定契約書		権利金等の額(契約に際し、貸主に交付し、後日返還することが予定されていない金額)

※ 交換契約書において、**交換対象物の双方の価額が記載されている場合にはいずれか高い方の金額**を、また**交換差金のみが記載されている場合にはその交換差金の額を記載金額**とする。

※ 契約金額を変更する契約書については、変更前の契約金額を証明した契約書が作成されていることが明らかであること等を条件として、次のように扱います。

契約金額を増加させる場合	その増加金額が記載金額
契約金額を減少させる場合	**契約金額の**記載がないものとして扱う

5)記載金額の計算

つの文書に、同一種類の契約の記載金額が 2 つ以上ある場合には、その記載金額の**合計額**が記載金額になります。たとえば、1 つの契約書こ甲土地(100 万円)と乙土地(200 万円)の 2 つの売買契約が定められている場合は 300 万円が記載金額となります。

つの文書に、不動産の譲渡契約(1 号文書)と請負契約(2 号文書)の双方が記載されている場合、①1 号文書の記載金額が 2 号文書の記載金額を上回るときは1号文書となり、②1 号文書の記載金額が 2 号文書の記載金額を下回るときは 2 号文書となります。たとえば、1 つの契約書に甲土地(100 万円)の譲渡契約と乙建物の請負契約(200 万円)の 2 つの契約が定められている場合は 200 万円が記載金額となります。

6)税額～税額はいくら？

課税標準の額によって細かく税額が定められています。

宅建士試験では税額までは出題されていません。法律上、細かく設定されています。実務上は、国税庁のホームページに最新かつ正確な記載(印紙税額一覧表)がありますので、そちらを参照下さい。

7)納付方法～納める方法は？

課税文書の作成者は、課税文書に印紙を貼り付けた場合には、政令で定めるところにより、課税文書と**印紙の彩紋(模様)とにかけて、判明に印紙を消さなければなりません**(消印)。

(8)過怠税～印紙を貼らないとどうなるの？

過怠税とは、印紙税法で定められている特有の税金で、文字通り印紙税の納付を怠った場合に課せられる税金です。**印紙を貼らなかった場合**はもちろん、**消印を忘れても過怠税**が課せられます。

参考資料

実質3倍というのは、過怠税額が、当該納付しなかった印紙税の額と、その2倍に相当する金額との合計額に相当する金額であるため、実質的に3倍となるという意味です。

区分	過怠税
貼っていなかった場合	その印紙税額の実質3倍(自己申告の場合は1.1倍)
消印しなかった場合	消印していない印紙の額面金額

(9)非課税～税金がかからない場合も？

国・地方公共団体等が作成する文書は非課税です。国・地方公共団体等と、それ以外の者(私人)が、共同作成した文書の場合、国・地方公共団体等以外の者(私人)が作成して国・地方公共団体等が保存するものについては課税されますが、国・地方公共団体等が作成し国・地方公共団体等以外の者(私人)が保存するものについては課税されません。つまり作成者で判断するということです。

ここではコレを覚える 過去問 11-23 13-23 16-23 20-23 22-23 23-23

- □売上代金に係る金銭の受取書(契約金額が5万円以上)は課税文書であるが、営業に関しない**金銭の受取書は非課税文書**である。
- □1つの課税文書を2人以上の者が共同して作成した場合には、当該2人以上の者は、**連帯して**印紙税を納める義務がある。
- □贈与契約、土地の賃貸借契約・地上権設定契約(権利金等の設定がある場合はその額)、契約金額を減少させる変更契約書は、**記載金額のないもの**として印紙税が課せられる。

登録免許税

頻出度

登記をする際に課せられる税金です

学習時間 30分

登録免許税とは、不動産を購入したり、不動産に抵当権を設定したり、新築したりした場合に行う登記の際に納付する税金です。

(1)課税主体・納税義務者〜誰が誰に税金を納めるの？

課税主体は**国**です。

登録免許税の納税義務者は、登記を受ける者です。

具体例

売買による所有権移転登記の場合、売主と買主が連帯して**登録免許税を納付する義務**を負います。

(2)課税標準〜何に着目して課税するの？

原則として、**固定資産課税台帳に登録されている価格**です。

ただし、抵当権の設定登記の課税標準は債権金額となります。

なお、課税標準の金額を計算する場合、**その金額が 1,000 円未満のときは、その課税標準は、1,000 円として計算されます**。

参考資料

登記する不動産の上に、所有権以外の権利・その他の処分の制限があるときは、その権利・その他の制限がないものとした場合の価格になります。

(3)税率〜居住用家屋に係る軽減税率の特例がある？

税率は登記原因により異なります。不動産登記の主なものを解説します。

《土地の所有権の移転登記》

内 容	税 率
売 買	1,000 分の 20※
相続、法人の合併または共有物の分割	1,000 分の 4
その他(贈与・交換・収用・競売等)	1,000 分の 20

※ 令和 8 年 3 月 31 日までの間に登記を受ける場合 1,000 分の 15

《建物の登記》

内 容	税 率
所有権の保存	1,000 分の 4
売買または競売による所有権の移転	1,000 分の 20
相続または法人の合併による所有権の移転	1,000 分の 4
その他の所有権の移転(贈与・交換・収用等)	1,000 分の 20

《配偶者居住権の設定登記》

内 容	税 率
設定の登記	1,000 分の 2

ワンポイントアドバイス

宅建試験では税率の細かい数値までは出題されていません。出題が多いのは居住用家屋の軽減税率の要件ですので、そちらを正確に暗記しましょう。

なお、以下の住宅用家屋の登記の場合は軽減税率が適用されます。

登記の種類	軽減税率	条件
所有権の保存登記	1,000 分の 1.5	①家屋床面積が 50 ㎡以上 ②自己の居住用に供すること ③新築(取得)後1年以内に登記を受けること
所有権の移転登記	1,000 分の 3	
抵当権の設定登記	1,000 分の 1	

※法人に関しては、住宅用家屋の軽減税率の適用はありません。

付け足し その他の住宅用家屋の軽減税率

登記の種類	軽減税率
特定認定長期優良住宅の所有権の保存登記等	1,000 分の 1
認定低炭素住宅の所有権の保存登記等	
特定の増改築等がされた住宅用家屋の所有権の移転登記	

※ 上記の軽減税率の適用を受ける場合も、床面積が 50 ㎡以上であることや、新築または取得後 1 年以内の登記であること等の要件を満たす必要があります。

(4)納付方法・納付期日～納める時期と方法は？

登記を受ける登記所で、**現金で納めることが原則**です。ただし、**税額が万円以下のときなどは印紙で納めることもできます。**

(5)非課税～税金がかからない場合も？

表示の登記(分筆・合筆の表示変更登記は除く)には課税されません。
また、国、地方公共団体、特別の公共法人、特定の公益法人(学校法人社会福祉法人、宗教法人等)が自己のために受ける特定の登記も非課税となります。

ここではコレを覚える 過去問 14-23 18-23

□売買による所有権移転登記の場合、**売主と買主が連帯**して登録免許税を納付する義務を負う。
□法人に関しては住宅用家屋の**軽減税率の適用がない**。
□金額が 1,000 円未満のときは、その課税標準は 1,000 円として計算する。
□税額が 3 万円以下のときなどは**印紙で納めることも可能**である。

第 2 章

宅地建物の価格の評定

過去 10 年の出題分析

出題年 テキスト項目	14	15	16	17	18	19	20	21	22	23
第 2 章全体	●	●	●	●	●	●	●	●	●	●
1 地価公示法	●	●		●		●			●	
2 不動産鑑定評価基準			●		●		●	●		●

※出題されている年度に●を記入しています。

1 地価公示法

頻出度 A

国が土地の値段の目安を公表します

学習時間 60分

正常な価格…土地について自由な取引が行われるとした場合に、通常成立すると認められる価格をいいます。土地上に建物等の定着物がある場合、地上権等の権利が付着している場合は、これらの定着物や権利がないものとして価格を算定します。

地価公示法は、標準地の<u>**正常な価格**</u>**を公示**して、**一般の土地の取引の指標**を与えるとともに、**公共用地等の取得価格の算定規準**とし、**適正な地価の形成**に寄与することを目的にしています。簡単にいえば、みんなが安定して不動産を購入したりできるように適正な価格を公的に決めてあげましょう、ということです。

(1)地価公示～どうやって正常な価格を公示するの？

・国会の両議院の同意を得て土地鑑定委員を任命
・公示区域の指定

国土交通大臣

・標準地の選定
・正常な価格の判定
・年1回すみやかに官報で公示
・関係市町村の長に対し、公示事項のうち当該市町村の属する都道府県内の標準地に関する部分を記載した書面等を送付

土地鑑定委員会(7名

送付された書面等をその市町村の事務所において一般の閲覧に供する。

市町村長

(2)公示区域の指定～国土交通大臣の役割は？

国土交通大臣は、国会の両議院の同意を得て土地鑑定委員を任命します。また、**公示区域を指定**します。**公示区域**は**都市計画区域外にも定められます**。

(3)土地鑑定委員会～その役割は？

①標準地の選定

公示区域内の土地で、**自然的および社会的条件から見て類似の利用価値を有すると認められている地域**において、土地の利用状況、環境等が通常と認められる一団の土地に標準地を選定します。選定時に借地権などの利用制限があってもかまいません。

②正常な価格の判定

毎年 1 回、2 **人以上の不動産鑑定士**が**基準日(1月1日)の価格**を鑑定評価します。土地上に建物等の定着物がある場合、地上権等の権利が付着している場合は、これらの**定着物や権利がないものとして価格を算定**します。

不動産鑑定士は、次の価格を勘案して行わなければなりません。**いずれかが優先されるわけではありません。**

・近傍類地の取引価格から算定される推定の価格
・近傍類地の地代等から算定される推定の価格
・同等の効用を有する土地の造成に要する推定の費用の額

③審査・調整および官報への公示、送付

土地鑑定委員会は、鑑定評価の結果について審査・調整して、**基準日(1月1日)における標準地の単位面積(1㎡)当たりの正常な価格を判定**し、速やかに**官報で公示**します(年 1 回)。そして、**関係市町村の長**に対し、公示事項のうちその市町村の属する都道府県内の標準地に関する部分を記載した**書面等を送付**します。

(4)市町村長の役割

送付された書面等を**当該市町村の事務所において一般の閲覧に供しなければなりません。**

主な公示事項
・標準地の所在地
・標準地の単位面積当たりの価格・価格判定の基準日
・標準地の地積(面積)・形状
・標準地とその周辺の土地の利用の現況

(5)指標と規準～公示価格を無視して取引しても大丈夫？

都市およびその周辺の地域等において土地取引を行う者は、その土地に類似する利用価値があると認められる標準地の公示価格を**指標**(目安)として取引を行うように努めなければなりません。

ただし、公示区域内の土地において次の場合は、公示価格を**規準**(規範となる標準)としなければなりません。

①不動産鑑定士が公示区域内の土地について鑑定評価を行う場合
②土地収用法等によって土地を収用することができる事業を行う者が公示区域内の土地をその事業の用に供するため取得する場合(地上権等が存する場合は、その土地を取得し、かつ、その権利を消滅させる場合)
③土地収用法により、公示区域内の土地について補償金の額を算定する場合

用語

規準…対象土地の価格(その土地に建物その他の定着物がある場合または地上権等が存する場合には、これらが存しないものとして成立すると認められる価格)を求めるに際して、その対象土地とこれに類似する利用価値を有すると認められる1つまたは2つ以上の標準地との位置、地積、環境等の土地の客観的価値に作用する諸要因についての比較を行ない、その結果に基づき、その標準地の公示価格と対象土地の価格との間に均衡を保たせることをいいます。

ここではコレを覚える　過去問 11-25　13-25　14-25　15-25　17-25　19-25　22-25

□公示区域は**都市計画区域外**にも定められる。
□標準地は公示区域内の土地から選定され、**選定時に利用制限**があっても構わない。
□正常な価格とは、土地について自由な取引が行われるとした場合に、通常成立すると認められる価格をいい、土地上に建物等の定着物がある場合や、地上権等の権利が付着している場合は、これらの**定着物や権利**がないものとして価格を算定する。
□**一般の取引**の場合、公示価格を**指標**として取引を行うよう**努めなければならない**が、不動産鑑定士が**公示区域内の土地**について**鑑定評価**を行う場合や土地収用法等によって土地を収用することができる事業を行う者が公示区域内の土地をその事業の用に供するため取得する場合等は、公示価格を**規準**としなければならない。

2 不動産鑑定評価基準

不動産鑑定士はあらゆる手法で鑑定評価します

学習時間 60分

不動産の鑑定評価とは、不動産（土地や建物）を値踏みし、その**不動産の適正な価格や賃料をはじき出す**ことです。このようなことを職業としている人に、不動産鑑定士がいます。

この鑑定評価を行うときに基準とされるものが、不動産鑑定評価基準です。

不動産は野菜や魚と違って同じものがありません。そこで、市場によって需要と供給のバランスから値段を決めることが不可能なので、いろいろな技術を駆使して適正な価格や賃料を求めていくしかありません。

(1) 不動産鑑定評価の流れ

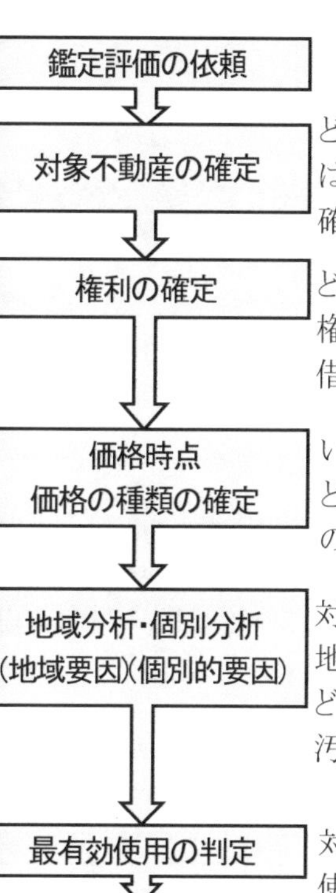

どこにあるのか、鑑定評価をする対象不動産は何か（例：マンション全体か、一部分か）（物的確定）。

どのような権利を評価するのか（例：底地〔所有権以外の権利が付いた土地〕の価格なのか、借地権の価格なのか）。

いつの価格を評価するのか（価格時点）。
どのような価格の種類で評価するのか（価格の種類の確定）。

対象不動産が所在している地域はどのような地域であるか（地域分析）。
どのような画地か（南面の画地、隣に団地の汚物処理場がある等）（個別分析）。

対象不動産は、どのような使用方法が最も使用価値があるのか。

宅建試験では、①不動産の鑑定評価の目的、②正常価格を求めるための手段の2つからの出題が多いです。特に、②からの出題が多いので、直前期には必ず目を通しておきましょう。

(2)価格を形成する要因

価格形成要因とは、不動産の効用および相対的稀少性ならびに不動産に対する有効需要の三者に影響を与える要因をいい、次の 3 つがあります。

具体例

①人口や物価などです。

①一般的要因

一般経済社会における不動産のあり方およびその価格水準に与える要因をいいます。

具体例

②駅や学校までの距離などです。

②地域要因

一般的要因の相関結合によって規模、構成の内容、機能等にわたる各地域の特性を形成し、その地域に属する不動産の価格の形成に全般的な影響を与える要因をいいます。

具体例

③建物の築年数・耐震性などです。

③個別的要因

不動産に個別性を生じさせ、その価格を個別的に形成する要因をいいます。

(3)求める価格

不動産鑑定評価基準では、以下の 4 つの価格を定義しています。

①正常価格

市場性を有する不動産について、**現実の社会経済情勢の下**で合理的と考えられる条件を満たす市場で形成されるであろう市場価値を表示する適正な価格をいいます。

具体例

②土地を借りている人が、地主からその土地を購入する場合など

②限定価格

市場性を有する不動産について、不動産と取得する他の不動産との同一の市場概念の下において形成されるであろう**市場価値と乖離**することにより、市場が**相対的に限定**される場合における取得部分の当該市場限定に基づく市場価値を適正に表示する価格をいいます。

具体例

③倒産しかかった会社が、裁判所の力を借りて再生する場合に、会社所有の不動産を売って債務の返済にあてる場合など

③特定価格

市場性を有する不動産について、法令等による社会的要請を背景とする鑑定評価目的の下で、正常価格の前提となる諸条件を満たさないことにより**正常価格と同一の市場概念の下において形成されるであろう市場価値と乖離する**こととなる場合における不動産の経済価値を適正に表示する価格をいいます。

④特殊価格

具体例

④金閣寺の価格を鑑定する場合など

文化財等の一般的に**市場性を有しない**不動産について、その利用現況等を前提として不動産の経済価値を適正に表示する価格をいいます。

(4)鑑定評価の方式～どうやって鑑定評価するの？

不動産の価格を求める鑑定評価の基本的な手法は、原価法、取引事例比較法、収益還元法の３つに分けられます。

①原価法

価格時点における対象不動産の再調達原価を求め、この再調達原価について減価修正を行って、対象不動産の試算価格を求める手法です。この手法による試算価格を積算価格といいます。

対象不動産が土地のみである場合においても、再調達原価を適切に求めることができるときは**この手法を適用することができます**。

再調達原価…対象不動産の価格時点において再調達することを想定した場合に必要とされる適正な原価の総額をいいます。

②取引事例比較法

まず**多数の取引事例を収集**して適切な事例の選択を行い、これらに係る取引価格に必要に応じて事情補正**および**時点修正を行い、かつ**地域要因**の比較および**個別的要因**の比較を行って求められた価格を比較考量し、これによって対象不動産の試算価値を求める手法です。この手法による試算価格を比準価格といいます。

用語

事情補正…取引事例等に係る取引等が特殊な事情を含み、価格に影響を及ぼしているときに、これを補正することをいいます。

時点修正…取引事例等に係る取引の時点が不動産の鑑定評価を行う時点と異なり、その間に価格水準に変動があると認められる場合に、当該取引事例等の価格を、鑑定評価を行う時点の価格に修正することをいいます。

取引事例の収集

取引事例は、取引事情が正常なものと認められるものであること、または、正常なものに補正することができるものであることであればよいので、**特殊な事情の事例であっても事情補正することができれば**、取引事例に選択することができます。ただし、**投機的取引の事例のように適正さを欠くものであってはなりません**。

また、原則として、近隣地域または同一需給圏内の類似地域における不動産に係るもののうちから選択します。

③収益還元法

対象不動産が将来生み出すであろうと期待される**純収益の現在価値の総和**を求めることにより、対象不動産の試算価格を求める手法です。この手法による試算価値を収益価格といいます。

この手法は、**賃貸用不動産、事業用不動産の価格を求める場合に特に有効**です。**文化財に指定されている建造物等以外**のものにはすべて適用すべきで、**自用の不動産といえども、賃貸を想定することにより適用**されます。

また、市場における不動産の取引価格の上昇が著しいときは、取引価格と収益価格との乖離が増大するものであるので、**先走りがちな取引価格に対する有力な験証手段として、この手法が活用されるべき**です。

付け足し 直接還元法とDCF法

収益価格を求める方法には、一期間の純収益を還元利回りによって還元する方法（**直接還元法**）と、連続する複数の期間に発生する純収益および復帰価格を、その発生時期に応じて現在価値に割り引き、それぞれを合計する方法（Discounted Cash Flow 法（**DCF法**））があります。

直接還元法における純収益は、対象不動産の初年度の純収益を採用する場合と標準化された純収益を採用する場合があることに留意しなければなりません。また、特にDCF法の適用に当たっては、毎期の純収益および復帰価格ならびにその発生時期が明示されることから、純収益の見通しについて十分な調査を行うことが必要です。

なお、直接還元法の適用に当たって、対象不動産の純収益を近隣地域もしくは同一需給圏内の類似地域等に存する対象不動産と類似の不動産または同一需給圏内の代替競争不動産の純収益によって間接的に求める場合には、それぞれの地域要因の比較および個別的要因の比較を行い、当該純収益について適切に補正することが必要であるとされています（不動産鑑定評価基準　第7章鑑定評価の方式　第1節価格を求める鑑定評価の手法　Ⅳ収益還元法）。

ここではコレを覚える 過去問 12-25 16-25 18-25 20-25 21-25 23-2

□**対象不動産が土地のみ**である場合においても、再調達原価を適切に求めることができるときは、**原価法を適用することができる**。

□**取引事例比較法**は、近隣地域もしくは同一需給圏内の類似地域等において対象不動産と類似の不動産の取引が行われている場合または同一需給圏内の代替競争不動産の取引が行われている場合に有効である。

□収益還元法は、**賃貸用不動産、事業用不動産**の価格を求める場合に特に有効である。また、**自用の不動産**といえども賃貸を想定することにより適用される。さらに、先走りがちな取引価格に対する有力な**験証手段**としてこの手法が活用できる。

第５編　免除科目

出　題	問46～問50（5問）
合格ライン	4問以上正解
最低学習時間	1か月
出題頻度の高いもの	証券化支援業務（住宅金融支援機構法） 公正競争規約　地価公示（統計）　建築着工統計（統計）　宅地の適否　建物の構造

学習のポイント

免除科目は、登録講習を受講して修了試験に合格した受験者は、免除される科目です。
それぞれ1問ずつ出題されます。
確実に4点以上は得点できるように、直前期に正確に暗記しておきましょう。

第１章
宅地建物の需給と取引の実務

過去10年の出題分析

テキスト項目＼出題年	14	15	16	17	18	19	20	21	22	23
第1章全体	●	●	●	●	●	●	●	●	●	●
1 住宅金融支援機構法	●	●	●	●	●	●	●	●	●	●
2 公正競争規約等	●	●	●	●	●	●	●	●	●	●
3 不動産の需給・統計	●	●	●	●	●	●	●	●	●	●

※出題されている年度に●を記入しています。

1 住宅金融支援機構法

頻出度 A

住宅ローンの定番です

学習時間 30分

(1)住宅金融支援機構とは？

それはなぜ？

住宅ローンは額が大きいため、返済期間も長期間になるのが通常です。お金を借りる側にとっては、その間、金利が固定されていた方が、返済計画が立てやすいといえます。また、特に市場金利が上昇しつつある時は固定金利が有利です。逆に、金融機関にとって固定金利は高いリスクを伴います。そこで、民間金融機関が安心して長期固定金利の住宅ローンを提供できるようにするために、住宅ローン債権を証券化し投資の対象にしています。

独立行政法人住宅金融支援機構(以下「機構」と略します)は、一般の金融機関による住宅の建設等に必要な資金の融通を支援するための貸付債権の譲受け等の業務を行うとともに、国民の住生活を取り巻く環境の変化に対応した良質な住宅の建設等に必要な資金の調達等に関する情報の提供その他の援助の業務を行うほか、一般の金融機関による融通を補完するための災害復興建築物の建設等に必要な資金の貸付けの業務を行うことにより、住宅の建設等に必要な資金の円滑かつ効率的な融通を図り、もって**国民生活の安定と社会福祉の増進に寄与する**ことを目的とする公的な機関です。

(2)民間住宅ローンの支援

①証券化支援業務(主要業務)

機構はこの住宅ローン債権の証券化を支援しています。証券化支援業務には、次の型があります。

《買取型》

民間金融機関の住宅ローン債権を機構が買い取り、証券化して投資家に売却するというものです。

付け足し

買取型の対象になる住宅ローンとは？

・住宅の建設または購入資金
・住宅の建設に付随する土地または借地権の取得資金
・住宅の購入に付随する土地もしくは借地権の取得またはその住宅の改良資金

証券化支援事業(買取型)の流れ

・金融機関は買取型の対象となる長期・固定金利の住宅ローンを実行し、その債権を機構に売却する。機構が金融機関から買い受けた住宅ローン債権に係る管理・回収業務については、その金融機関に委託する。
・機構は、買い受けた住宅ローン債権を、信託銀行等に担保目的で信託し、信託した住宅ローン債権を担保として、住宅金融支援機構債券(資産担保証券　MBS)を発行する。
・機構は、MBSの発行代金を投資家より受け取り、金融機関に対し、住宅ローン債権の買取代金を支払う。

・金融機関は債務者からの返済金を機構へ引き渡す。
・機構は、債務者からの返済金を元に、発行したMBSについて、投資家に対し元利払いを行う。

《保証型》
機構は、民間金融機関が融資する長期・固定金利の住宅ローンについて、住宅ローン利用者が返済不能となった場合に民間金融機関に対し保険金の支払いを行う住宅融資保険の引受けを行っています。また、機構は、その住宅ローン(その信託の受益権を含みます)を担保として発行された債券等に係る債務の支払いについて、投資家に対し期日どおりの元利払い保証を行っています。

②融資保険業務
民間金融機関の住宅ローンが焦げ付いたとき、機構が金融機関に保険金を支払う業務です。具体的には、民間金融機関により貸付けを受けた住宅ローン債務者の債務不履行により元利金を回収することができなかったことで生じる損害をてん補することです。

3)フラット 35

フラット 35 は、民間金融機関と機構が提携して提供している長期固定金利住宅ローンをいいます。主に短期の資金で資金調達を行う銀行などの民間金融機関は、長期固定金利の住宅ローンを取り扱うことが難しいとされています。そこで、機構は、フラット 35 を取り扱っている数多くの民間金融機関から住宅ローンを買い取り、それを担保とする債券を発行することで長期の資金調達を行い、民間金融機関が長期固定金利の住宅ローンを提供するしくみを支えています。

参考資料
住宅ローンを不動産投資に利用すると一括返済を求められることがあり、場合によっては詐欺罪等の犯罪が成立することもあります。

付け足し グリーンリフォームローン

一定の基準を満たす省エネリフォーム工事(「断熱性を高める工事」または「省エネ設備を導入する工事」)を行うためのリフォーム資金に対する融資です。省エネルギー性能を著しく向上させる ZEH 水準を満たすリフォームの場合は、「グリーンリフォームローン S」として低金利での融資を受けられます。工事費合計で最大500 万円を上限に、省エネリフォームと同等額までのその他のリフォームにも利用できます。担保・保証人・融資手数料はかかりません(高齢者向け返済特例(ノンリコース型)を利用する場合は担保が必要)。
満 60 歳以上の場合は毎月の返済を利息のみとする高齢者返済特例(高齢者向け返済特例(ノンリコース型))を利用できます。その場合、元金は死亡後に相続人による一括返済か担保物件の売却での返済となります。

(4)住宅の購入等に関する情報提供・相談業務

住宅金融支援機構は、住宅の建設・購入・改良・移転(以下「建設等」といいます)をしようとする者や、住宅の建設等に関する事業を行う者に対して、必要な資金の調達、良質な住宅の設計・建設等に関する情報の提供、相談その他の援助を、その業務として行います。

(5)民間住宅ローンの補完等

機構は、前記の目的を達成するため、次の業務も行います。

①**災害復興建築物の建設・購入、被災建築物の補修**に必要な資金の貸付けを行うこと。
②災害予防代替建築物の建設・購入、災害予防移転建築物の移転に必要な資金、災害予防関連工事に必要な資金または地震に対する安全性の向上を主たる目的とする住宅の改良に必要な資金の貸付けを行うこと。
③合理的土地利用建築物の建設もしくは合理的土地利用建築物で人の居住の用その他その本来の用途に供したことのないものの購入に必要な資金またはマンションの共用部分の改良に必要な資金の貸付けを行うこと。
④**子どもを育成する家庭もしくは高齢者の家庭**(単身の世帯を含む)に適した良好な居住性能および居住環境を有する賃貸住宅もしくは賃貸の用に供する住宅部分が大部分を占める建築物の建設に必要な資金、その賃貸住宅の改良に必要な資金の貸付けを行うこと。
⑤高齢者の家庭に適した良好な居住性能および居住環境を有する住宅とすることを主たる目的とする住宅の改良(高齢者が自ら居住する住宅について行うものに限る)に必要な資金または高齢者の居住の安定確保に関する法律に規定する登録住宅(賃貸住宅であるものに限る)とすることを主たる目的とする人の居住の用に供したことのある住宅の購入に必要な資金の貸付けを行うこと。
⑥住宅のエネルギー消費性能(建築物のエネルギー消費性能の向上等に関する法律2条1項2号に規定するエネルギー消費性能をいう)の向上を主たる目的とする住宅の改良に必要な資金の貸付けを行うこと。

⑦機構が前記(2)①《買取型》の業務により譲り受ける貸付債権に係る貸付けを受けた者もしくは、(5)①から③までもしくは⑥もしくは下記⑩もしくは⑬の規定による貸付けを受けた者とあらかじめ契約を締結して、その者が死亡した場合(重度障害の状態となった場合を含む)に支払われる生命保険の保険金もしくは生命共済の共済金(保険金等)を当該貸付けに係る債務の弁済に充当し、または沖縄振興開発金融公庫法19条1項3号の規定による貸付けを受けた者とあらかじめ契約を締結して、その者が死亡した場合に支払われる保険金等により当該貸付けに係る債務を弁済すること。

機構は、上記それぞれの業務に附帯する業務を行うことができます。
さらに、機構は次の業務も行います。

⑧海外社会資本事業への我が国事業者の参入の促進に関する法律7条の規定による調査、研究および情報の提供を行うこと。
⑨空家等対策の推進に関する特別措置法21条の規定による情報の提供その他の援助を行うこと。
⑩阪神・淡路大震災に対処するための特別の財政援助及び助成に関する法律77条、東日本大震災に対処するための特別の財政援助及び助成に関する法律138条または福島復興再生特別措置法31条もしくは43条の規定による貸付けを行うこと。
⑪住宅確保要配慮者に対する賃貸住宅の供給の促進に関する法律19条の規定による貸付けを行うこと。
⑫住宅確保要配慮者に対する賃貸住宅の供給の促進に関する法律20条1項の規定による保険を行うこと。
⑬勤労者財産形成促進法10条1項の規定による貸付けを行うこと。
⑭中小企業退職金共済法72条2項の規定による委託に基づき、勤労者財産形成促進法9条1項に規定する業務の一部を行うこと。

機構は、上記それぞれの業務に附帯する業務を行うことができます。

2 公正競争規約等

広告を出す際は必ず参考にする規制です

学習時間 60分

(1)不当景品類および不当表示防止法の目的

景品表示法(正確には、不当景品類及び不当表示防止法といいます)は商品および役務の取引に関連する不当な景品類および表示による顧客の誘引を防止するため、一般消費者による自主的かつ合理的な選択を阻害するおそれのある行為の制限および禁止について定めることにより**一般消費者の利益を保護することを目的とする法律**です。つまり、消費者がより良い商品・サービスを安心して選ぶことができる環境づくりのための大切な役割を担う法律ということです。

(2)不当な表示の禁止

品質や価格についての情報は、消費者が商品・サービスを選択する際の重要な判断材料であり、消費者に正しく伝わる必要があります。ところが、商品・サービスの品質や価格について、実際よりも著しく優良または有利であると見せかける表示が行われると、消費者の適正な選択を妨げられることになります。このため、景品表示法では、**消費者に誤認される不当な表示を禁止**しています。

表示…顧客を誘引するための手段として、事業者が不動産の内容または取引条件その他取引に関する事項について行う広告その他の表示であって、内閣総理大臣が指定するものをいいます。たとえば、チラシ・パンフレット・ダイレクトメール・看板・放送・インターネットなどを利用した広告表示です。

付け足し 景品類の制限及び禁止

内閣総理大臣は、不当な顧客の誘引を防止し、一般消費者による自主的かつ合理的な選択を確保するため必要があると認めるときは、景品類の価額の最高額もしくは総額、種類もしくは提供の方法その他景品類の提供に関する事項を制限し、または景品類の提供を禁止することができます。

(3)違反をした場合の措置

内閣総理大臣は、景品類の制限もしくは禁止、または不当な表示の禁止規定に反する行為があるときは、その事業者に対し、その行為の差止めもしくはその行為が再び行われることを防止するために必要な事項またはこれらの実施に関連する公示その他必要な事項を命ずることができます。**この命令は、その違反行為が既になくなっている場合でもすることができます。**

4)不動産表示に関する公正競争規約

参考資料

規約をさらに詳しく解説したものに「不動産の表示に関する公正競争規約施行規則」があります。本書では「規則」と略します。

不動産の表示に関する公正競争規約(以下、「規約」と略します。)は、景品表示法に基づき、不動産の取引について行う表示に関する事項を定めることにより、不当な顧客の誘引を防止し、一般消費者による自主的かつ合理的な選択および事業者間の公正な競争を確保することを目的として作られたものです。

以下、出題が予想される重要ポイントをまとめております。詳細を知りたい方は、不動産公正取引協議会連合会公式ホームページでご確認下さい。)

①広告表示の開始時期の制限

事業者…宅建業法3条1項の免許を受けて宅建業を営む者であって、公正取引協議会の構成団体に所属するものおよびこの規約に個別に参加するものをいいます。

事業者は、宅地の造成または建物の建築に関する工事の完了前においては、宅建業法の許可等の処分があった後でなければ、その工事に係る宅地または建物の内容または取引条件その他取引に関する広告表示をしてはなりません。

ただし、以下の2つの場合は、このルールが適用されません。

1.建築条件付土地取引に関する広告表示中に表示される建物の設計プランに関する表示

⇒ただし、以下の要件をすべて満たす必要があります。

(1) 次の事項について、見やすい場所に、見やすい大きさ、見やすい色彩の文字により、分かりやすい表現で表示していること。 ア 取引の対象が建築条件付土地である旨 イ 建築請負契約を締結すべき期限(土地購入者が表示された建物の設計プランを採用するか否かを問わず、土地購入者が自己の希望する建物の設計協議をするために必要な相当の期間を経過した日以降に設定される期限) ウ 建築条件が成就しない場合においては、土地売買契約は、解除され、かつ、土地購入者から受領した金銭は、名目のいかんにかかわらず、全て遅滞なく返還する旨 エ 表示に係る建物の設計プランについて、次に掲げる事項 ・そのプランは、土地の購入者の設計プランの参考に資するための一例であって、それを採用するか否かは土地購入者の自由な判断に委ねられている旨 ・そのプランに係る建物の建築代金その他必要となる費用の内容と額
(2) 土地取引に係る規約8条に規定する必要な表示事項(次ページ内の②)を満たしていること。

自由設計型マンション企画…特定の土地を前提とするマンション建築の基本計画を示してその計画について一般消費者の意見を聴取し、これを反映させた実施計画を確定し、広告表示の開始の要件を満たした後に、売買契約をする方式によるマンションの建築企画をいいます。

2.自由設計型マンション企画に関する表示

⇒ただし、以下の要件をすべて満たす必要があります。

(1) 次の事項について、見やすい場所に、見やすい大きさ、見やすい色彩の文字により、分かりやすい表現で表示していること。 ア 当該企画に係る基本計画である旨および基本計画の性格

イ 当該企画の実現に至るまでの手順
ウ 当該企画に関する意見聴取のための説明会等の開催時期および場所
エ 意見聴取に応じた一般消費者に対し、当該企画に基づく物件その他の物件の取引を拘束するものではなく、また、これらの取引において何ら特別の取扱いをするものではない旨
オ 当該企画の実施に際しては、宅建業法 33 条に規定する許可等の処分(建築確認等)を受ける必要がある旨および未だ受けていない旨

(2) 当該企画に係る基本計画について、建蔽率・容積率の制限の範囲内において建築可能な限度を示すための透視図並びに一般消費者の意見を求める基礎となる外観図および平面スケッチを示す場合においては、一般消費者の意見を聴取する場合の手がかりとして示すものであって、具体的な実施計画の内容を示すものではない旨を、これらの表示に接する位置に明示していること。

(3) 当該企画のコンセプトに関する説明および前号に規定する図面等を除き、建物の具体的な設計プランを表示していないこと。

②必要な表示事項

用語

規則で定める表示媒体…インターネット広告、新聞・雑誌広告、新聞折込チラシ等、パンフレット等(規則2条)

事業者は、規則で定める表示媒体を用いて物件の表示をするときは、規則で定める物件の種別(分譲宅地、現況有姿分譲地、売地、貸地、新築分譲住宅、新築住宅、中古住宅、マンション…等)ごとに、次の事項について、**見やすい場所に、見やすい大きさ、見やすい色彩の文字により、分かりやすい表現で明瞭に表示**しなければなりません(規約8条)。

(1) 広告主に関する事項
(2) 物件の所在地、規模、形質その他の内容に関する事項
(3) 物件の価格その他の取引条件に関する事項
(4) 物件の交通その他の利便および環境に関する事項
(5)前各号に掲げるもののほか、規則で定める事項

用語

一棟リノベーションマンション…共同住宅等の1棟の建物全体(内装、外装を含みます。)を改装または改修し、マンションとして住戸ごとに取引するものであって、その工事完了前のもの、もしくはその工事完了後1年未満のもので、かつ、工事完了後居住の用に供されていないものをいいます。

《適用除外》 次の広告表示については**上記の規約 8 条が適用されません**。ただし、物件の内容または取引条件を併せて表示するものには適用されます。

(1) 分譲宅地、新築分譲住宅、新築分譲マンションまたは一棟リノベーションマンションの販売に先立ち、当該物件の名称を募集するためまたは名称を考案するための手掛かりとして当該物件のおおむねの所在地(都道府県、郡、市区町村、字又は街区番号まで)、物件種別、おおむねの規模および開発理念のみを表示する広告

(2) 物件情報展示会その他の催事の開催場所、開催時期、または常設の営業所の場所を案内する広告表示であって、展示している物件数、その物件の種別および価格の幅のみを表示するもの

(3) 住宅友の会その他の顧客を構成員とする組織の会員を募集する広告表示であって、現に取引している物件または将来取引しようとする物件

について、その物件の種別、販売（賃貸を含みます。以下同じです。）中であるか販売予定であるかの別および最寄駅のみを表示するもの
(4) 企業広告の構成要素として現に取引している物件または将来取引しようとする物件の広告表示であって、その物件の種別、販売中であるか販売予定であるかの別および最寄駅のみを表示するもの（その広告の主旨が特定の物件の予告その他取引に関する広告表示と認められるものを除きます。）

一部省略》 **予告広告**にあっては、**前記規約 8 条にかかわらず**規則で定めるところにより、**必要な表示事項の一部を省略する**ことができます。

予告広告を行う場合においては、その予告広告に係る物件の取引開始前に、次に掲げるいずれかの方法により本広告を行わなければなりません。

(1)予告広告を行った媒体と同一の媒体を用い、かつ、予告広告を行った地域と同一またはより広域の地域において実施する方法
(2) インターネット広告により実施する方法 この方法により本広告を行うときは、予告広告において、インターネットサイト名（アドレスを含む。）および掲載予定時期を明示しなければなりません。

予告広告においては、予告広告である旨、販売予定時期および次の事項を、見やすい場所に、見やすい大きさ、見やすい色彩の文字により、分かりやすい表現で明瞭に表示しなければなりません。

(1) 予告広告である旨 目立つ場所に 14 ポイント以上の大きさの文字で表示しなければなりません。
(2) 価格や賃料（入札・競り売りの方法による場合は、最低売却価格または最低取引賃料）が未定である旨または予定最低価格（賃料）、予定最高価格（賃料）および予定最多価格帯（販売戸数または販売区画数が 10 未満の場合は省略可）
(3) 販売予定時期または取引開始予定時期 これは(1)の表示に近接する場所に表示しなければなりません。
(4) 本広告を行い取引を開始するまでは、契約や予約の申込みに一切応じない旨、および申込みの順位の確保に関する措置を講じない旨 これは(1)の表示に近接する場所に表示しなければなりません。
(5) 予告広告をする時点において、販売区画、販売戸数または賃貸戸数が確定していない場合は、次の事項を明示しなければなりません。 ア 販売区画数、販売戸数または賃貸戸数が未定である旨 イ 物件の取引内容および取引条件は、全ての予定販売区画、予定販売戸数または予定賃貸戸数を基に表示している旨およびその区画数

予告広告…販売区画数や戸数が 2 以上の分譲宅地、新築分譲住宅、新築分譲マンションもしくは**一棟リノベーションマンション**、または、賃貸戸数が 2 以上の新築賃貸マンションや賃貸アパートであって、価格や賃料が確定していないため、直ちに取引することができない物件について、規則に規定する表示媒体を用いて、その本広告に先立ち、その取引開始時期をあらかじめ告知する広告表示をいいます。

または戸数 ウ 予告広告以降に行う本広告において販売区画数、販売戸数または賃貸戸数を明示する旨

副次的表示…分譲宅地、新築分譲住宅、新築分譲マンションまたは**一棟リノベーションマンション**に関する広告表示であって、一の広告物において、主として取引しようとする物件の広告表示に付加して行う他の物件に関する広告表示をいいます。

《一部省略》 **副次的表示**にあっては、**前記規約 8 条にかかわらず**規則で定めるところにより、**必要な表示事項の一部を省略する**ことができます。

《一連広告》 **シリーズ広告**は、**前記規約 8 条**の適用に当たっては、次に掲げる全ての要件を満たす場合に限り、その一連の広告表示をもって一の広告表示とみなされます。

(1) 新聞、雑誌またはインターネットによる広告であること。
(2) シリーズ広告中の最後に行う広告(以下「最終広告」という。)において、次の必要な表示事項を表示していること。 ・広告主に関する事項 ・物件の所在地、規模、形質その他の内容に関する事項 ・物件の価格その他の取引条件に関する事項 ・物件の交通その他の利便及び環境に関する事項 等
(3) 各回の広告において、次の事項を、見やすい場所に、見やすい大きさ、見やすい色彩の文字により、分かりやすい表現で明瞭に表示していること。 ア シリーズ広告である旨 イ 広告の回数 ウ 広告中におけるその広告の順位 エ 次回の広告の掲載予定日(最終広告を除く。) オ 契約または予約の申込みに応じない旨および名目のいかんにかかわらず申込みの順位の確保に関する措置を講じない旨(最終広告を除く。)
(4) 宅地の造成または建物の建築に関する工事の完了前においては、宅建業法 33 条に規定する許可等の処分があった後であること。

③特定事項等の明示義務

《特定事項の明示義務》

原則として 7 ポイント以上の大きさの文字による表示をいいます。

事業者は、一般消費者が通常予期することができない物件の地勢、形質、立地、環境等に関する事項または取引の相手方に著しく不利な取引条件であって、次の事項については、見やすい場所に、**見やすい大きさ**、見やすい色彩の文字により、分かりやすい表現で明瞭に表示しなければなりません(規約 13 条)。ただし、**賃貸住宅には適用されません**。

(1) 建築条件付土地の取引については、その取引の対象が土地である旨並びにその条件の内容およびその条件が成就しなかったときの措置の内容。
(2) **建築基準法 42 条 2 項の規定により道路とみなされる部分**(セットバックを要する部分)を含む土地については、その旨。併せて、セットバック

を要する部分の面積がおおむね10%以上である場合はその面積。
(3) 道路法18条1項の規定により道路区域が決定され、または都市計画法20条1項の告示が行われた都市計画施設の区域に係る土地についてはその旨。
(4) 建築基準法42条に規定する道路に2m以上接していない土地は、「再建築不可」または「建築不可」
(5) 建築基準法40条の規定に基づく地方公共団体の条例により附加された敷地の形態に対する制限に適合しない土地については、「再建築不可」または「建築不可」と明示すること。
(6) 都市計画法7条に規定する市街化調整区域に所在する土地については、「市街化調整区域。宅地の造成及び建物の建築はできません。」と明示すること(新聞折込チラシ等およびパンフレット等の場合には16ポイント以上の大きさの文字)。 ⇒ただし、同法29条に規定する開発許可を受けている等であれば明示できますが、住宅等を建築するための条件を明示する必要があります。
(7) 土地取引において、その土地上に古家、廃屋等が存在するときは、その旨
(8) 路地状部分のみで道路に接する土地であって、その路地状部分の面積がその土地面積のおおむね30%以上を占めるときは、路地状部分を含む旨および路地状部分の割合または面積。
(9) 傾斜地を含む土地であって、傾斜地の割合がその土地面積のおおむね30%以上を占める場合(マンション及び別荘地等を除く。)は、傾斜地を含む旨および傾斜地の割合又は面積。
(10) 土地の有効な利用が阻害される著しい不整形画地及び区画の地盤面が2段以上に分かれている等の著しく特異な地勢の土地については、その旨。
(11) 土地が擁壁によっておおわれないがけの上またはがけの下にあるときは、その旨。 ⇒その土地に建築(再建築)するに当たり、制限が加えられているときは、その内容を明示する必要があります。
(12) 土地の全部または一部が高圧電線路下にあるときは、その旨およびそのおおむねの面積。 ⇒建物その他の工作物の建築が禁止されているときは、併せてその旨を明示する必要があります。
(13) 地下鉄の線路を敷設する場合等において、土地の全部または一部の地下の範囲を定めた地上権が設定されているときは、その旨。 ⇒地上権の行使のために土地の利用に制限が加えられているときは、併せてその旨を明示する必要があります。
(14) 建築工事に着手した後に、同工事を相当の期間にわたり中断していた新築住宅または新築分譲マンションについては、建築工事に着手した時期及び中断していた期間。
(15) 沼沢地、湿原または泥炭地等については、その旨。
(16) 国土利用計画法による許可または事前届出を必要とする場合は、その旨。

建築する建物が以下の同法43条2項各号に該当する建築物の場合は不要です。①4m以上の道で利用者少数の国土交通省令基準に適合する建築物、②建築審査会同意の上で許可された近場に空き地がある建築物(本書第3編第2章4-1道路規制を参照して下さい)。

参考資料

傾斜地の割合が30%以上を占めるか否かにかかわらず、傾斜地を含むことにより、その土地の有効な利用が著しく阻害される場合(マンションを除く。)は、その旨及び傾斜地の割合または面積を明示しなければなりません。

《記事広告における「広告である旨」の明示義務》

事業者は、記事広告(編集記事形式の広告表示)にあっては、その広告表示中に広告である旨を、規則で定めるところにより、前記特定事項と同様の方法で表示しなければなりません(規約14条)。

④表示基準

《物件の内容・取引条件等に係る表示基準》

以下の項目について、実際のものよりも優良であると誤認されるおそれのある表示は不当表示となります。

(1) 取引態様

「売主」、「貸主」、「代理」または「媒介(仲介)」の別をこれらの用語を用いること。

(2) 物件の所在地

ただし、パンフレット等を除き都道府県および郡は省略することができます。

都道府県(県庁所在地、政令指定都市および特別区の場合は省略可)、郡、市区町村、字および地番を表示すること。

(3) 交通の利便性

①交通の利便については、公共交通機関を利用することが通例である場合には、次の基準により表示すること。

ア 鉄道、都市モノレールまたは路面電車(以下「鉄道等」という。)の最寄りの駅または停留場(以下「最寄駅等」という。)の名称および物件から最寄駅等までの徒歩所要時間を明示。

イ 鉄道等の最寄駅等からバスを利用するときは、最寄駅等の名称、物件から最寄りのバスの停留所までの徒歩所要時間、同停留所から最寄駅等までのバス所要時間を明示。

⇒この場合は停留所の名称を省略することができます。

ウ バスのみを利用するときは、最寄りのバスの停留所の名称および物件から同停留所までの徒歩所要時間を明示。

②電車、バス等の交通機関の所要時間は、次の基準により表示すること。

ア 起点および着点とする鉄道、都市モノレールの駅もしくは路面電車の停留場(以下「駅等」という。)またはバスの停留所の名称を明示。

⇒物件から最寄駅等までバスを利用する場合で、物件の最寄りの停留所から最寄駅等までのバスの所要時間を表示するときは、停留所の名称を省略することができます。

イ 特急、急行等の種別を明示。

ウ 朝の通勤ラッシュ時の所要時間を明示。

⇒平常時の所要時間をその旨を明示して併記することができます。

ただし、新設の路線については、路線の新設に係る国土交通大臣の許可処分またはバス会社等との間に成立している協定の内容を明示して表示することができます。

エ 乗換えを要するときは、その旨を明示し、ウの所要時間には乗り換えにおおむね要する時間を含めること。

③公共交通機関は、現に利用できるものを表示し、特定の時期にのみ利用できるものは、その利用できる時期を明示。

④新設予定の駅等またはバスの停留所は、当該路線の運行主体が公表したものに限り、その新設予定時期を明示して表示することができる。

(4) 各種施設までの距離または所要時間

①道路距離または所要時間を表示するときは、起点および着点を明示(他の

規定によりその表示を省略することができることとされている場合を除く。)。

	起点・着点	注意点
物件の起点	物件の区画のうち駅その他施設に最も近い地点	マンションやアパートの場合は建物の出入口
駅その他施設の着点	その施設の出入口	施設の利用時間内において常時利用できるものに限ります。

②団地(一団の宅地または建物をいう。以下同じ。)と駅その他の施設との間の道路距離または所要時間は、取引する区画のうちそれぞれの施設ごとにその施設から最も近い区画(マンションやアパートにあっては、その施設から最も近い建物の出入口)を起点として算出した数値とともに、その施設から最も遠い区画(マンションやアパートにあっては、その施設から最も遠い建物の出入口)を起点として算出した数値も表示。

③**徒歩**による所要時間は、**道路距離 80m**につき 1 分間を要するものとして算出した数値を表示。

⇒1 分未満の**端数**が生じたときは、1 分として算出します。

④**自動車**による所要時間は、道路距離を明示して、走行に通常要する時間を表示。

⇒表示された時間が有料道路(橋を含む。)の通行を含む場合のものであるときは、その旨を明示。ただし、その道路が高速自動車国道であって、周知のものであるときは、有料である旨の表示を省略することができます。

⑤**自転車**による所要時間は、道路距離を明示して、走行に通常要する時間を表示。

(5) 団地の規模

開発区域を工区に分けて工区ごとに開発許可を受け、その開発許可に係る工区内の宅地または建物について表示をするときは、開発区域全体の規模およびその開発計画の概要を表示。

⇒全体計画中に開発許可を受けていない部分を含むときは、その旨を明示しなければなりません。

(6) 面積

①面積は、メートル法により表示。

⇒1m²未満の数値は、切り捨てて表示することができます。

②土地の面積は、水平投影面積を表示。

⇒取引する全ての区画の面積を表示しなければなりません。ただし、パンフレット等の媒体を除き、最小土地面積および最大土地面積のみで表示することができます。

③建物の面積(マンションにあっては専有面積)は、延べ面積を表示し、これに車庫、地下室等(地下居室は除く。)の面積を含むときは、その旨およびその面積を表示。

④住宅の居室等の広さを畳数で表示する場合は、畳 1 枚当たりの広さは 1.62 m²(各室の壁心面積を畳数で除した数値)以上の広さがあるという意味で用いなければなりません。

取引する全ての建物の面積を表示しなければなりません。ただし、新築分譲住宅、新築分譲マンション、一棟リノベーションマンション、新築賃貸マンション、新築賃貸アパート、共有制リゾートクラブ会員権については、パンフレット等の媒体を除き、最小建物面積及び最大建物面積のみで表示することができます。

(7) 物件の形質

①採光および換気のための窓その他の開口部の面積のその室の床面積に対する割合が建築基準法28条の規定(本書第3編第2章3-5 単体規定を参照して下さい。)に適合していないため、同法において**居室と認められない納戸その他の部分については、その旨を「納戸」等と表示。**

②遮音、断熱等を目的とした建築部材自体の性能を表示する場合において、実際の住宅内における遮音、断熱性能等がその構造等から当該部材自体の性能とは異なる可能性がある場合には、その旨を表示。

③地目は、登記簿に記載されているものを表示。

⇒現況の地目と異なるときは、**現況の地目を併記**しなければなりません。

④宅地の造成材料または建物の建築材料について、これを強調して表示するときは、その材料が使用されている部位を明示。

⑤建物を増築、改築、改装または改修したことを表示する場合は、その**内容および時期**を明示。

(8) 写真・絵図

① 宅地または建物の写真や動画は、取引するものを表示。

⇒ただし、取引する建物が建築工事の完了前である等その建物の写真や動画を用いることができない事情がある場合においては、**取引する建物を施工する者が過去に施工した建物であり、かつ、次のア・イに限り、他の建物の写真や動画を用いることができます。**この場合においては、その写真や動画が**他の建物である旨**、およびア**に該当する場合は、取引する建物と異なる部位**を、写真の場合は**写真に接する位置**に、動画の場合は**画像中に明示しなければなりません。**

ア 建物の外観は、取引する建物と構造、階数、仕様が同一であって、規模、形状、色等が類似するもの。

イ 建物の内部は、写される部分の規模、仕様、形状等が同一のもの。

②宅地または建物のコンピュータグラフィックス、見取図、完成図または完成予想図は、その旨を明示して用い、その物件の**周囲の状況について表示する**ときは、**現況に反する表示をしてはなりません。**

ただし、その写真や動画を大きく掲載するなど、取引する建物であると誤認されるおそれのある表示をしてはなりません。

(9) 設備・施設等

①上水道(給水)は、公営水道、私営水道または井戸の別を表示。

②ガスは、都市ガスまたはプロパンガスの別を明示。

③温泉法による温泉については、次の事項を明示。

ア 温泉に加温したものについては、その旨

イ 温泉に加水したものについては、その旨

ウ 温泉源から採取した温泉を給湯管によらずに供給する場合(運び湯の場合)は、その旨

エ 共同浴場を設置する場合において、循環装置または循環ろ過装置を使用する場合は、その旨

④団地内または物件内のプール、テニスコート、スポーツジム、シアタールーム等の共用施設について表示するときは、それらの施設の内容、運営主体、利用条件および整備予定時期を明示。

⑤都市計画法 29 条の開発許可を受けて開発される団地に設置することがその開発許可の内容となっている公共・公益施設および生活利便施設またはその団地に地方公共団体が設置に関し事業決定している公共・公益施設は、その整備予定時期を明示して表示することができます。

(10) 生活関連施設

①前記(9)の公共・公益施設以外の学校、病院、官公署、公園その他の公共・公益施設は、次に掲げるところにより表示。

ア 現に利用できるものを表示。

イ 物件からの道路距離または徒歩所要時間を明示。

ウ その施設の名称を表示。

⇒ただし、公立学校及び官公署の場合は、パンフレットを除き、省略できます。

②上記アの規定にかかわらず、学校については、学校の設置について必要とされる許可等の処分を受けているものまたは国もしくは地方公共団体が事業決定しているものにあっては、現に利用できるものと併せて表示する場合に限り、その整備予定時期を明示して表示することができます。

⇒学校以外の施設については、都市計画法 11 条に定める都市施設であって、同法 20 条 1 項に規定する告示があったものに限り、その内容を明示して表示することができます。

③デパート、スーパーマーケット、コンビニエンスストア、商店等の商業施設は、現に利用できるものを物件からの道路距離又は徒歩所要時間を明示して表示。

⇒ただし、工事中である等その施設が将来確実に利用できると認められるものにあっては、その整備予定時期を明示して表示することができます。

④地方公共団体等の地域振興計画、再開発計画または都市計画等の内容は、その計画の実施主体者がその整備予定時期を公表したものに限り、表示することができます。

⇒その計画に係る施設等については、整備予定時期および表示の時点において計画が実施手続のどの段階にあるかを明示して表示しなければなりません。

⑤国もしくは地方公共団体が新設する道路であって、道路法 18 条の規定による告示が行われた道路その他の道路または高速道路株式会社法 1 条に規定する株式会社もしくは地方道路公社等が新設する道路であって、その建設について許認可を受けまたは工事実施計画書について認可を受けた新設予定道路に限り、表示することができます。

⇒その整備予定時期および表示の時点において計画がその実施手続のどの段階にあるかを明示して表示しなければなりません。

(11) 価格・賃料

①土地の価格については、上下水道施設・都市ガス供給施設の設置のための費用その他宅地造成に係る費用(これらの費用に消費税及び地方消費税(以下「消費税等」という。)が課されるときは、その額を含む。)を含めて表示。

②土地の価格については、1 区画当たりの価格を表示。

⇒ただし、1区画当たりの土地面積を明らかにし、これを基礎として算出する場合に限り、1㎡当たりの価格で表示することができます。

③前記②の場合において、取引する全ての区画の価格を表示。

⇒ただし、分譲宅地の価格については、パンフレット等の媒体を除き、1 区画当たりの最低価格、最高価格および最多価格帯並びにその価格帯に属する販売区画数のみで表示することができます。また、この場合において、販売区画数が 10 未満であるときは、最多価格帯の表示を省略することができます。

④現況有姿分譲地の価格については、分割可能最小面積を明示して、1 ㎡当たりの価格を表示。

⇒1 ㎡当たりの価格が異なる土地があるときは、それぞれの面積を明示して、最低価格および最高価格を表示しなければなりません。

⑤住宅(マンションにあっては住戸)の価格については、1 戸当たりの価格を表示。

⑥前記⑤の場合において、取引する全ての住戸の価格を表示。

⇒ただし、新築分譲住宅、新築分譲マンション及び一棟リノベーションマンションの価格については、パンフレット等の媒体を除き 1 戸当たりの最低価格、最高価格及び最多価格帯並びにその価格帯に属する住宅または住戸の戸数のみで表示することができます。また、この場合において、販売戸数が 10 戸未満であるときは、最多価格帯の表示を省略することができます。

⑦賃貸される住宅(マンションやアパートにあっては住戸)の賃料については、取引する全ての住戸の1か月当たりの賃料を表示。

⇒ただし、新築賃貸マンションまたは新築賃貸アパートの賃料については、パンフレット等の媒体を除き、1 住戸当たりの最低賃料および最高賃料のみで表示することができます。

⑧管理費については、1 戸当たりの月額(予定額であるときは、その旨)を表示。

⇒ただし、住戸により管理費の額が異なる場合において、その全ての住宅の管理費を示すことが困難であるときは、最低額および最高額のみで表示することができます。

⑨共益費については、1 戸当たりの月額(予定額であるときは、その旨)を表示すること。ただし、住戸により共益費の額が異なる場合において、その全ての住宅の共益費を示すことが困難であるときは、最低額および最高額のみで表示することができる。

⑩修繕積立金については、1戸当たりの月額(予定額であるときは、その旨)を表示。

⇒ただし、住戸により修繕積立金の額が異なる場合において、その全ての住宅の修繕積立金を示すことが困難であるときは、最低額および最高額のみで表示することができます。

敷地の価格(その敷地が借地であるときは、その借地権の価格)、および建物(電気、上下水道および都市ガス供給施設のための費用等を含む)に係る消費税等の額を含みます。(11)において以下同じ扱いです。

管理費…マンションの事務を処理し、設備その他共用部分の維持および管理をするために必要とされる費用をいい、共用部分の公租公課等を含み、修繕積立金を含みません。

共益費…借家人が共同して使用または利用する設備や施設の運営および維持に関する費用をいいます。

(12) 住宅ローン等

①住宅ローンについては、次の事項を明示して表示。

ア 金融機関の名称もしくは商号または都市銀行、地方銀行、信用金庫等の種類

イ 借入金の利率および利息を徴する方式(固定金利型、固定金利指定型、変動金利型、上限金利付変動金利型等の種別)または返済例(借入金、返済期間、利率等の返済例に係る前提条件を併記すること。また、ボーナス併用払のときは、1か月当たりの返済額の表示に続けて、ボーナス時に加算される返済額を明示すること。)

②割賦販売については、次の事項を明示して表示。

ア 割賦販売である旨

イ 割賦限度額

ウ 利息の料率(実質年率)

エ 支払期間及び回数

オ 割賦販売に係る信用調査費その他の費用を必要とするときは、その旨およびその額

③購入した物件を賃貸した場合における「利回り」の表示については、その物件の1年間の予定賃料収入のその物件の取得対価に対する割合であるという意味で用い、次に掲げる事項を明示して表示。

ア その物件の1年間の予定賃料収入のその物件の取得対価に対する割合である旨

イ 予定賃料収入が確実に得られることを保証するものではない旨

ウ 利回りは、公租公課その他その物件を維持するために必要な費用の控除前のものである旨

住宅ローン…銀行その他の金融機関が行う物件の購入資金及びこれらの購入に付帯して必要とされる費用に係る金銭の貸借をいいます。

割賦販売…代金の全部または一部について、不動産の引渡後1年以上の期間にわたり、かつ、2回以上に分割して受領することを条件として販売することをいいます。

《節税効果、賃料収入の確実性の表示基準》

事業者は、リース方式によるマンション等について、節税効果について表示するときは、次の表示をしなければなりません(規約16条)。

(1) 節税効果があるのは不動産所得が赤字となる場合であり、同所得が黒字となる場合には納税額が増加する旨。

(2) 不動産所得に係る必要経費が減少した場合は、節税効果も減少する旨。

(3) 具体的な計算例を表示する場合は、その物件を購入した年度(初年度)の次の年度以降のものを表示すること。
⇒ただし、次年度以降の計算例と併せて表示し、かつ、初年度の節税額を強調しないときに限り、初年度の計算例を表示することができます。

節税効果…給与所得者等が不動産所得を得ることとなった場合等に、税法上認められた方法により、課税総所得金額を減少させ、税負担を軽減することをいいます。

事業者は、リース方式によるマンション等について、その賃料収入の確実性等について表示するときは、次の表示をしなければなりません(規約16条)。

(1) 購入者がその物件による賃料収入等を得ることができない場合には、その売主またはその指定する者(以下「売主等」という。)が賃料収入を保証する旨を表示するときは、その保証主体、保証の内容、保証期間その他の条件を明示。

(2) 購入者の希望により、売主等が購入者から当該物件を転貸目的で賃借し、賃料を支払うことを条件としている場合においてその旨の表示をするときは、売主等と購入者との賃貸借契約について、次に掲げる事項を明示。

ア 権利金、礼金等の支払の要否および支払を必要とする場合は、そ

の額 イ 敷金、保証金等の支払の要否および支払を必要とする場合は、その額 ウ 賃料(月額) エ 賃料のほかに、管理費の支払の要否 オ 賃借期間 カ 賃貸借契約の更新および賃料の改定に関する事項 キ その他の重要な条件

前記 2 つの場合において、次に掲げる広告表示は、当該広告表示を裏付ける合理的な根拠を示す資料を現に有している場合を除き、表示してはなりません。

(1) 将来にわたって、当該物件が賃貸市場における商品価値を確実に保持するかのような表示
(2) 将来にわたって、確実に安定した賃料収入が確保されるかのような表示
(3) 将来において、当該物件の資産価値が確実に増大するかのような表示

《入札および競り売りの方法による場合の表示基準》

事業者は、入札または競り売りの方法により取引する場合の表示は、前記「②必要な表示事項」を表示するほか、次に掲げる場合に応じ、それぞれに定めるところにより表示しなければなりません(規則 11 条)。

(1) 入札の方法による場合

次に掲げる事項を明示して表示。

ア 入札を行う旨
イ 入札参加手続の概要
ウ 入札の期日又は期間
エ 最低売却価格または最低取引賃料
オ 入札物件の概要および現地確認方法

(2) 競り売りの方法による場合

次に掲げる事項を明示して表示。

ア 競り売りを行う旨および競り上げまたは競り下げの別
イ 競り売り参加手続の概要
ウ 競り売りの期日または期間
エ 競り上げまたは競り下げの場合における表示事項

競り上げの場合	最低売却価格または最低取引賃料
競り下げの場合	競り開始価格または賃料、最低成立価格があるときは、その旨および競りが不成立の場合においては、最低成立価格を公開する旨

オ 競り売りが不成立の場合において、競り売り参加者のうち最も高い取引希望価格を申し出た者にその後の価格交渉権を与える場合には、その旨
カ 競り売り物件の概要および現地確認方法

⑤特定用語等の使用基準

《特定用語の使用基準》

事業者は、次に掲げる用語またはこれらの用語に類する用語を用いて表示するときは、それぞれに定める意義に即して使用しなければなりません(規約18条)。

(1) 新 築
建築工事完了後 1 年未満であって、居住の用に供されたことがないものをいいます。

(2) 新発売
新たに造成された宅地、新築の住宅(造成工事または建築工事完了前のものを含む。)または一棟リノベーションマンションについて、一般消費者に対し、初めて購入の申込みの勧誘を行うこと(一団の宅地または建物を数期に区分して販売する場合は、期ごとの勧誘)をいい、その申込みを受けるに際して一定の期間を設ける場合においては、その期間内における勧誘をいいます。

(3) ダイニング・キッチン DK
台所と食堂の機能が 1 室に併存している部屋をいい、住宅(マンションにあっては、住戸。次の(4)でも同じ。)の居室(寝室)数に応じ、その用途に従って使用するために必要な広さ、形状および機能を有するものをいいます。

(4) リビング・ダイニング・キッチン LDK
居間と台所と食堂の機能が 1 室に併存する部屋をいい、住宅の居室(寝室)数に応じ、その用途に従って使用するために必要な広さ、形状および機能を有するものをいいます。

(5) 宅地の造成工事の完了
宅地上に建物を直ちに建築することができる状態に至ったことをいい、その工事の完了に際し、都市計画法その他の法令による工事の完了の検査を受けることが必要とされるときは、その検査に合格したことをいいます。

(6) 建物の建築工事の完了
建物をその用途に従い直ちに使用することができる状態に至ったことをいいます。

広告表示において DK または LDK との表示を用いるときに、規約の要件を備えているのであれば、単に 2DK、3LDK 等と表示すればよく、また、形状や機能がどのようなものであるか解るよう積極的に間取り図などを表示し、これに各部屋の畳数を付記することが望ましいとされています。

《禁止用語》

事業者は、次に掲げる用語を用いて表示するときは、それぞれの表示内容を裏付ける合理的な根拠を示す資料を現に有している場合を除いて、使用できません。

(1) 物件の形質その他の内容または価格その他の取引条件に関する事項
「最高」、「最高級」、「極」、「特級」等、最上級を意味する用語

(2) 物件の価格または賃料等
「買得」、「掘出」、「土地値」、「格安」、「投売り」、「破格」、「特安」、「激安」、「バーゲンセール」、「安値」等、著しく安いという印象を与える用語

(1)と(2)の用語については、その表示内容の根拠となる事実を併せて表示する場合に限り使用することができます。

(3) 物件の形質その他の内容または役務の内容
「完全」、「完ぺき」、「絶対」、「万全」等、全く欠けるところがないことまたは全く手落ちがないことを意味する用語
(4) 物件の形質その他の内容、価格その他の取引条件または事業者の属性に関する事項
「日本一」、「日本初」、「業界一」、「超」、「当社だけ」、「他に類を見ない」、「抜群」等、競争事業者の供給するものまたは競争事業者よりも優位に立つことを意味する用語
(5) 物件
「特選」、「厳選」等、一定の基準により選別されたことを意味する用語、および「完売」等、著しく人気が高く、売行きがよいという印象を与える用語

⑥物件の名称の使用基準

物件の名称として地名等を用いる場合において、その物件が所在する市区町村内の町もしくは字の名称または地理上の名称を用いる場合を除いては、次に定めるところによります（規約 19 条）。

(1) 物件の所在地において、慣例として用いられている地名または歴史上の地名がある場合は、その地名を用いることができます。
(2) 物件の最寄りの駅、停留場または停留所の名称を用いることができます。
(3) 物件が公園、庭園、旧跡その他の施設または海（海岸）、湖沼もしくは河川の岸もしくは堤防から直線距離で 300m以内に所在している場合は、これらの名称を用いることができます。
(4) 物件から直線距離で 50m以内に所在する街道その他の道路の名称（坂名を含む。）を用いることができます。

別荘地（別荘またはリゾートマンションを含む。）にあっては、上記に掲げるところによるほか、次に定めるところによることができます。

(1) 物件が自然公園法による自然公園の区域内に所在する場合は、その自然公園の名称を用いることできます。
(2) 物件がその最寄りの駅から直線距離で 5,000m以内に所在する場合は、その最寄りの駅の名称を用いることができます。 ⇒ただし、当該物件がその最寄りの駅から同じく 5,000mを超える地点に所在する場合は、併せてその距離を明記する場合に限り、その最寄りの駅の名称を用いることができます。
(3) 物件が地勢および地形上、山、山脈、山塊等の一部に位置している場合は、その山、山脈、山塊等の名称を用いることができます。
(4) 物件が海（海岸）、湖沼または河川の岸または堤防から直線距離で 1,000m以内に所在している場合は、その海（海岸）、湖沼または河川の名称を用いることができます。
(5) 物件が温泉地、名勝、旧跡等から直線距離で 1,000m以内に所在している場合は、その温泉地、名勝、旧跡等の名称を用いることができます。

⑦不当な二重価格表示

事業者は、物件の価格、賃料または役務の対価について、二重価格表示をする場合において、事実に相違する広告表示または実際のものもしくは競争事業者に係るものよりも有利であると誤認されるおそれのある広告表示をしてはなりません。

二重価格表示…実際に販売する価格(実売価格)にこれよりも高い価格(比較対照価格)を併記する等の方法により、実売価格に比較対照価格を付すことをいいます。

⑧おとり広告

事業者は、次に掲げる広告表示をしてはなりません。

1.物件が存在しないため、実際には取引することができない物件に関する表示
2.物件は存在するが、実際には取引の対象となり得ない物件に関する表示
3.物件は存在するが、実際には取引する意思がない物件に関する表示

⑨不当な比較広告

事業者は、比較広告において、次に掲げる広告表示をしてはなりません。

実証されていない、または実証することができない事項を挙げて比較する表示

一般消費者の物件等の選択にとって重要でない事項を重要であるかのように強調して比較するものおよび比較する物件等を恣意的に選び出すなど不公正な基準によって比較する表示

一般消費者に対する具体的な情報ではなく、単に競争事業者またはその物件等を誹謗しまたは中傷する表示

比較広告…自己の供給する物件または役務について、これと競争関係にある特定の物件等を比較対象物件等として示し(暗示的に示す場合を含む。)、物件等の内容または取引条件について、客観的に測定または評価することによって比較する広告表示をいいます。

⑩表示の修正・取りやめおよび取引の変更等の公示

事業者は、継続して物件に関する広告その他の表示をする場合において、当該広告その他の表示の内容に変更があったときは、速やかに修正し、またはその表示を取りやめなければなりません。

また、物件に関する広告その他の表示を行った後、やむを得ない事情により当該表示に係る物件の取引を変更し、延期しまたは中止したときは、速やかにその旨を公示しなければなりません。

3 不動産の需給・統計

A

不動産に関わる統計資料

学習時間 10分

宅地建物取引士試験で出題される統計情報の主要なデータは以下のつです。毎年、試験対策情報はKenビジネススクールのホームページで6月頃に公表しております。
また、例年6月頃に出版する「これで合格宅建士要点整理」においては、最新のデータを記載しておりますので、そちらも併せてご利用下さい。

地価公示	地価公示法に基づいて、国土交通省土地鑑定委員会が、適正な地価の形成に寄与するために、毎年1月1日時点における標準地の正常な価格を3月に公示するものであり、毎年選択肢の1つとして出題されています。
住宅着工統計	住宅着工統計には、月報、年計、年度計があります。月報からの出題はありません。年計か年度計からの出題となります。
法人企業統計	法人企業統計は、日本の営利法人等の決算計数をとりまとめたものです。不動産業の売上高または経常利益から出題されています。
土地の動向	土地取引件数の推移、土地の利用現況から出題されています。
宅地建物取引業者数等	国土交通白書に記されたデータから出題されています。

第 2 章
土地と建物

過去 10 年の出題分析

テキスト項目 ＼ 出題年	14	15	16	17	18	19	20	21	22	23
第 2 章全体	●	●	●	●	●	●	●	●	●	●
1 土地	●	●	●	●	●	●	●	●	●	●
2 建物	●	●	●	●	●	●	●	●	●	●

※出題されている年度に●を記入しています。

1 土地

宅地に適する土地か否かの判断は重要です

学習時間 40分

(1)山地

傾斜が急で表土の下に岩盤やその風化土が現れる地盤です。大部分か森林となっています。地すべりや崖崩れ、土石流等の危険性が高く、一般に**宅地利用には適していません。**

(2)丘陵地・台地・段丘

地表面は比較的平坦で、よく締まった砂礫や硬粘土からなる地形です。一般に地耐力があり、水はけもよく、洪水や地震に対する安全性も比較的高いため、**宅地利用に適しています。**

(3)低地

一般に洪水や地震に対して弱く、防災上の点からは宅地利用には適していません。しかし、扇状地や自然堤防など**宅地に適するところもあります**

扇状地…河川の氾濫によって主に砂礫層から成り立っている地形であり扇状地の頂点を扇頂、中央部を扇央、末端を扇端といいます。扇端部では災害も比較的少なく宅地に適しています。それに対して扇頂や扇央では、土石流や洪水流などの危険性が高く、宅地に適しているとはいえません。低地部は、一般的には洪水や地震に弱く、宅地に適しているとはいえませんが、低地部であっても、扇状地や自然堤防などの微高地では、地盤が主に砂礫質からなり、構造物の基礎について支持力もあります。

自然堤防…氾濫原において河川の流路に沿って形成される微高地をいいます。砂質・砂礫質の土質からなり排水性がよく地盤の支持力もあるため、宅地に適しているといわれています。

(4)後背低地・後背湿地

河川の氾濫が収まったときに河川から溢れ出した水が自然堤防に妨げられて河川に戻れないために、沼や湿地となって残っていることがあるため、多くは水田として利用されてきた地形です。洪水などの水害を被りやすく、また、粘土、シルト(砂と粘土の中間の粒径)、泥炭、場合によっては腐植土などが堆積しているため**地盤沈下の恐れ**もあり、**地震動に対しても弱い**とされています(地下水位が高く、排水性も悪い)。

5)旧河道

過去における河川流路の跡の地形をいいます。泥土が堆積しており、周囲の土地よりも低い帯状の地形で湿地になっていることが多く、粘土層や砂礫層が不均一で軟弱地盤(不同沈下が起きやすい)、排水も悪く、低湿で地震・洪水による被害を受けやすいので宅地には向いていません。ただし、天井川で廃川になった旧河道では、表面が砂や砂礫からできていることが多く、周囲よりも1m〜1.5mほど高くなっているため、**宅地としても利用されています**。

天井川とは、土砂の堆積で河床がしだいに高くなって、河川の両側の平地の面よりも高くなっている川のことをいいます。

2 建物

頻出度 A

建物の基本的な構造です

学習時間 60分

(1)木造建築

木造建築物とは、木材でその骨組みを造った建築物をいいます。加工や組み立てが容易であり、日本では伝統的に多くの建築物に使われてきました。

《木造建築の特徴》

構造部分	安全を高めるために必要な構造方法等
屋根	耐震上…軽い材料を使用し、下地に緊結する。
	耐風上…重い材料を使用し、形を単純にする。
結合部分	金物で緊結する。
柱	・1階と2階は通し柱にする。※1 ・3階建てにおける1階の構造耐力上主要な部分の柱の小径は原則として、13.5cm以上とする。※2
壁	骨組の要所に筋かい(斜めに入れる材)を均等に設ける。※3、4
基礎	コンクリート造の布基礎を使用する。※5
土台	・防腐・白あり防除措置を講ずる。 ・アンカーボルトで基礎に緊結する。 ※6
構造計算	3階建以上または延べ面積が500㎡、高さ13m、軒の高さ9mのいずれかを超える場合は必要。

※1 枠組壁工法(ツーバイフォー工法=2インチ×4インチの規格断面の角材で壁枠を作り、構造用合板などの面材を釘打ちして一体化し、その壁を組み立てて構造体とする木造建築の工法をいう)の場合、箱を積み重ねるように2階を組み立てるので、通し柱でなくてもよい。この枠組壁工法は、床・壁・天井・屋根などがパネル化していて、壁全体で建物を支えるため構造強度が強い(特に耐震性に優れている)からである。また、この工法は、内壁・天井に石こうボードを張るため、自家発生の火災にも強いという特徴を有する。

※2 柱の仕口(接合部分)に補強金物を適切に利用し、かつ構造計算により安全性を確認した建築物であれば、その柱の小径は13.5cmを下回ってもよい。

※3 筋かい…変形防止のために壁に入れる斜材をいう。

※4 真壁造(しんかべづくり)…壁を柱の間に納め、柱が外部から見えるようにしたもの(和風木造に用いる)。

大壁造(おおかべづくり)…柱の外面を壁でおおうもの(洋風木造に用いる)。

※5 布基礎…外枠に連続した基礎をいう。

※6 「アンカーボルト」とは、コンクリートの基礎と土台とを緊結するボルト。U字型に曲がった下部をコンクリートに埋め込み、ボルト部分を土台の穴に通し座金をあて、ナットを締めて固定する。

2)鉄骨造・鉄筋コンクリート造

鉄骨造とは、骨組を鉄鋼材で構成するものをいいます。また、鉄筋コンクリート造とは、鉄筋とコンクリートを複合した材料で骨組を形成するものをいいます。

《鉄骨造の特徴》

構造部分	安全を高めるために必要な構造方法等
柱の脚部	基礎にアンカーボルトで緊結する。
柱	モルタルその他の断熱材で被覆する。
壁	スリット入り鉄筋コンクリート耐力壁などを用いる。
構造計算	2階以上、または延べ面積が200㎡を超える場合は必要である。

《鉄筋コンクリート造の特徴》

構造部分	安全を高めるために必要な構造方法等
コンクリートの材料	1. 骨材、水および混和材料は、鉄骨をさびさせ、またはコンクリートの凝結および硬化を妨げるような酸、塩、有機物または泥土を含まないこと。 2. 骨材は、鉄筋相互間および鉄筋とせき板との間を容易に通る大きさであること。「せき板」とは、鉄筋をとりまく型枠板をいい、コンクリートが流されたあとに取り外されるものである。 3. 骨材は、適切な粒度および粒形のもので、かつ、当該コンクリートに必要な強度、耐久性および耐火性が得られるものであること。
鉄筋の継手および定着	鉄筋の末端は、かぎ状に折り曲げて、コンクリートから抜け出ないように定着しなければならない。
柱	1. 鉄筋コンクリート造の柱については、主筋は4本以上とし、主筋と帯筋は緊結しなければならない。 2. 鉄筋コンクリート造における柱の帯筋や梁(はり)のあばら筋は、地震力に対するせん断補強のほか、内部のコンクリートを拘束したり、柱主筋の座屈を防止したりする効果がある。

コンクリートの養生	コンクリート打込み中および打込み後 5 日間は、コンクリートの温度が 2 度を下らないようにし、かつ乾燥、震動等によってコンクリートの凝結および硬化が妨げられないように養生しなければならない。
構造計算	2 階以上、または延べ面積が 200 ㎡を超える場合は必要である。

(3)建物の構造

①ラーメン構造

構造形式のひとつで、主に長方形に組まれた骨組み(部材)の各接合箇所を剛接合したものをいいます。

地震力・風圧力など水平外力を柱と梁のみで受け止める構造で、間口方向、桁行方向ともに筋交いや耐力壁を必要としない構造です。開口部や間仕切りの位置や大きさが、**自由に設定できる**というメリットがあります。鉄筋コンクリート造、鉄骨造などに使われる、一般的な構造です。**中高層のビルやマンションの建築によく採用されている構造**です。

②ブレース構造

柱と梁の接合部は多少動くようにして、木造の筋交いのような斜め材(ブレース)で横からの力に耐える構造をいいます。

ラーメン構造よりも少し柱などの材を小さくできる、**施工が比較的楽である**などの特徴があります。

③トラス構造(平面トラス・立体トラス)

構造形式のひとつで、部材の節点をピン接合(自由に回転する支点)とし**三角形を基本にして組んだ構造**です。材質としては木材や鋼鉄が使われることが多いです。

④壁構造・壁式構造

壁面や床板などの平面的な構造材を組み合わせた、柱を持たない箱状の骨組をいいます。

板状の薄い壁梁は付きますが、柱や梁型が室内に出っ張らないので**すっきりした空間ができます**。

壁で構造を支えるために、室内空間に耐力壁(構造壁)を設ける必要があり、ラーメン構造に比べると**空間構成の自由度は低く、大空間はできません**。通常は、鉄筋コンクリート造で 5 階建て以下の中低層マンションに多いです。規模も比較的小さいです。

問1 相続による不動産の取得については、不動産取得税が課される。(2014)

問2 不動産取得税は、不動産の取得に対し、当該不動産所在の市町村及び特別区において、当該不動産の取得者に課する。(2023)

問3 固定資産税は、固定資産の所有者に課するのが原則であるが、固定資産が賃借されている場合は、当該固定資産の賃借権者に対して課される。(2022)

問4 固定資産税の徴収については、特別徴収の方法によらなければならない。(2022)

問5 市町村長は、不動産鑑定士に当該市町村所在の固定資産の状況を毎年少なくとも一回実地に調査させなければならない。(2011)

問6 令和6年1月1日において所有期間が10年以下の居住用財産については、居住用財産の譲渡所得の3,000万円特別控除を適用することができない。(2012)

問7 令和6年1月1日において所有期間が10年を超える居住用財産について、その譲渡した時にその居住用財産を自己の居住の用に供していなければ、居住用財産を譲渡した場合の軽減税率の特例を適用することができない。(2012)

問8 令和6年中に居住用家屋を居住の用に供した場合において、住宅ローン控除の適用を受けようとする者のその年分の合計所得金額が2,000万円を超えるときは、その超える年分の所得税について住宅ローン控除の適用を受けることはできない。(2006)

問9 60歳未満の親から住宅用家屋の贈与を受けた場合でも、特定の贈与者から住宅取得資金の贈与を受けた場合の相続時精算課税の特例(60歳未満の親からの贈与についても相続時精算課税の選択を可能とする措置)の適用を受けることができる。(2010)

問 10 土地の取引を行う者は、取引の対象となる土地が標準地である場合には、当該標準地について公示された価格により取引を行なう義務を有する。(2017)

問 11 鑑定評価の各手法の適用に当たって必要とされる取引事例等については、取引等の事情が正常なものと認められるものから選択すべきであり、売り急ぎ、買い進み等の特殊な事情が存在する事例を用いてはならない。(2016)

問 12 住宅金融支援機構は、市街地の土地の合理的な利用に寄与する一定の建築物の建設に必要な資金の貸付けを業務として行っている。(2014)

問 13 宅建業者が行う広告に関し、不当景品類及び不当表示防止法(不動産の表示に関する公正競争規約を含む。)の規定によれば、直線距離で 50m 以内に街道が存在する場合、物件名に当該街道の名称を用いることができる。(2023)

問 14 半径 300m 以内に小学校及び市役所が所在している中古住宅の販売広告においては、当該住宅からの道路距離の表示を省略して、「小学校、市役所近し」と表示すればよい。(2016)

問 15 台地の上の浅い谷は、豪雨時には一時的に浸水することがあり、注意を要する。(2022)

問 16 鉄筋コンクリート構造は、地震や風の力を受けても、躯体の変形は比較的小さく、耐火性にも富んでいる。(2023)

問 1:(×)課税されません。 問 2:(×)課税主体は道府県(都道府県)において課されます。 問 3:(×)所有者に課せられます。 問 4:(×)普通徴収の方法によらなければなりません。 問 5:(×)不動産鑑定士ではなく固定資産評価員です。 問 6:(×)適用要件に所有期間はありません。 問 7:(×)譲渡時に自己の居住の用でなくても適用できます。 問 8:(○) 問 9:(×)住宅用家屋の贈与を受けた場合には適用されません。 問 10:(×)努力義務に過ぎません。 問 11:(×)正常なものに補正できるものであれば採用できます。 問 12:(○) 問 13:(○) 問 14:(×)道路距離を明示しなければなりません。 問 15:(○) 問 16:(○)

索引

2024年度　宅建士講座ラインナップ

宅建士基本講座（Zoom 講義＆Web）

本書を使用して出題頻度の高い分野を中心に講義します。各講義のはじめに確認テスト（〇×式 20 問）を実施し、前回の講義で学習した知識の定着を図ります。
講義形式は、双方向のネットシステムである Zoom を活用した生講義、事前に収録した動画を Web 上で視聴する講義等、受講スタイルに合った受講形式をご選択いただけます。
講義は 4 月下旬のガイダンスからスタートし、8 月中旬には全範囲を終えます。

権利関係マスター短期集中講座（ 8 月実施）

宅建本試験で 14 問程度出題される民法を中心とした権利関係科目をマスターし、14 問中 10 問以上得点できる実力を身につけることを目標とした講座です。頻出分野を中心に、講義と問題演習を 2 日間で完結します。宅建試験の頻出分野をまとめた要点整理テキストと、当講座専用に書き下ろした「厳選 500 問の一問一答問題集」を活用して、出題パターンに慣れつつ、頻出分野を正確に理解・暗記することで合格を確実にします。

法令上の制限・税・価格評定マスター短期集中講座（ 9 月実施）

宅建本試験で約 8 問出題される法令上の制限と、約 1 問出題される土地等評価、そして約 2 問出題される税法をマスターし、11 問中 8 問以上得点できる実力を身に付けることを目標とした講座です。宅建試験の頻出分野をまとめた要点整理テキストと、当講座専用に書き下ろした「厳選 500 問の一問一答問題集」を活用して、どこをどのように暗記すれば合格できるのかピンポイントで講義します。

宅建業法マスター短期集中講座（ 9 月実施）

宅建本試験で約 19 問出題される宅地建物取引業法、約 1 問出題される住宅瑕疵担保履行法をマスターし、20 問中 18 問以上得点できる実力を身に付けることを目標とした講座です。試験対策として暗記すべき事項を、趣旨も含め効率よく暗記するため、宅建試験の頻出分野をまとめた要点整理テキストと、当講座専用に書き下ろした「厳選 500 問の一問一答問題集」を活用して講義と問題演習に取り組みます。

予想模試（ 8 月～10 月実施）

本試験と同様に 50 問四肢択一式の予想模試の受験と講師による解説講義です。全 5 回で出題範囲を網羅します。直前期において弱点を発見し復習の方向性を自覚することと、法改正・新判例を含めた出題予想を知ることが目的です。過去 4 年間の的中率は、82～90%、そして本試験では 50 問中 40～43 問の条文的中率を誇る予想模試です。

宅建士ヤマ当て模試+前日やるべき講座（本試験前日実施）

本試験前日に実施するヤマ当て模試の受験と講師による解説&全範囲の総復習講座です。試験を明日に控えた前日に、明日の試験に出題が予想される問題を解き、その解説を受講し、さらにヤマ当て模試問題をベースとした全範囲の総復習と試験前日に覚えるべきことを正確に暗記することを目的とした講座です。この講座を受講することで、本試験であと 4～6 点アップさせることを目指します。

著者紹介

田中　嵩二

中央大学法学部 卒業
中央大学大学院 法学研究科 博士前期課程 修了（法学修士）
明海大学大学院 不動産学研究科 博士後期課程 在籍

株式会社 Ken ビジネススクール代表取締役社長
株式会社オールアバウト宅建試験専門ガイド
全国賃貸住宅新聞 宅建試験連載記事執筆者
楽待不動産投資新聞 連載者

2004 年に設立し経営する株式会社 Ken ビジネススクールは、国土交通大臣より登録講習（5点免除講習）、登録実務講習の実施機関として認められています。また、会社経営・執筆だけでなく、積極的に社内研修講師を行い、講義だけでないトータルな人事サポートの提案により高い合格実績（最高合格率は社員の 100%・4 年連続）を実現しています。
2020 年 1 月に「Ken 不動産研究」を設立し、出版事業にも本格的に参入しています。
2022 年以降は、新しい都市環境を考える会において「投資不動産販売員」資格制度の創設に向けて試験問題作成や公式テキストの執筆を行い、不動産投資会社の人材育成にも力を入れています。
2023 年以降は、明海大学大学院 不動産学研究科において不動産投資理論や ESG 不動産投資について研究し、同大学不動産学部論集にて「ESG 不動産投資と融資制度」について論文を寄稿しています。

《執筆書籍》
「これで合格宅建士シリーズ」（Ken 不動産研究）
「これで合格賃貸不動産経営管理士シリーズ」（Ken 不動産研究）
「サクッとうかる宅建士テキスト」（ネットスクール出版）
「うかるぞ宅建士シリーズ」（週刊住宅新聞社）
「パーフェクト賃貸不動産経営管理士」（住宅新報社）
「楽学賃貸不動産経営管理士」（住宅新報社）
「宅建士登録実務講習公式テキスト」（Ken 不動産研究）
「投資不動産販売員公式テキスト」（Ken 不動産研究）
上記以外にも多数出版しています。

（本書の内容のお問合せにつきまして）
本書の記述内容に関しましてのご質問事項は、文書にて、下記の住所または下記のメールア
レス宛にお願い申し上げます。著者に確認の上、回答をさせていただきます。
お時間を要する場合がございますので、あらかじめご了承くださいますようお願い申し上げ
す。また、お電話でのお問合せはお受けできかねますので、何卒ご了承くださいますようお
い申し上げます。

本書の正誤表の確認方法
Ken ビジネススクール HP 内の以下の公開ページでご確認下さい。
https://www.ken-bs.co.jp/book/

本書の内容についてのお問合わせは、下記までお願いいたします。

Ken 不動産研究

（ご郵送先）〒160-0022 東京都新宿区新宿 2-5-12-4F
株式会社 Ken ビジネススクール内
（メールアドレス）question@ken-bs.co.jp

これで合格宅建士 基本テキスト（下巻） 2024 年版

令和 3 年 3 月 31 日 初版発行
令和 6 年 3 月 25 日 2024 年版発行

著　　　者　田中 嵩二
発　行　者　田中 嵩二
発　行　所　Ken 不動産研究
〒160-0022 東京都新宿区新宿 2-5-12-4F 株式会社 Ken ビジネススクール内
電話 03-6685-8532 https://www.ken-bs.co.jp
印　刷　所　亜細亜印刷株式会社

ISBN 978-4-910484-12-9